D1826074

Literarische Reisen zu fernen Planeten

Eine ideengeschichtliche Untersuchung
zur französischen Literatur des 19. Jahrhunderts

von

Stephan Edinger

Tectum Verlag
Marburg 2005

Die vorliegende Arbeit ist als Dissertation unter dem Titel „Interplanetarische Reisen in der französischen Literatur des 19. Jahrhunderts" an der Neuphilologischen Fakultät der Universität Heidelberg eingereicht und angenommen worden. Der Betreuer der vorliegenden Dissertation war Herr Prof. Dr. Arnold Rothe, das Zweitgutachten verfasste Frau Prof. Dr. Frauke Gewecke.

Umschlagabbildung: G. le Faure, *Les Robinsons lunaires* (1893), S. 141; mit freundlicher Genehmigung der Universitätsbibliothek Mannheim

Edinger, Stephan:
Literarische Reisen zu fernen Planeten.
Eine ideengeschichtliche Untersuchung zur französischen Literatur
des 19. Jahrhunderts.
/ von Stephan Edinger
- Marburg : Tectum Verlag, 2005
Zugl.: Heidelberg, Univ. Diss. 2004
ISBN 978-3-8288-8944-6

© Tectum Verlag

Tectum Verlag
Marburg 2005

Für Dich, Micha!

Danke!

Bei vielen Menschen möchte ich mich sehr herzlich bedanken. Mein besonderer Dank gilt dabei Herrn Prof. Dr. Rothe, der mir bei der Vorbereitung meiner Dissertation stets mit Rat und Tat zur Seite gestanden ist. Herzlich danken möchte ich auch Frau Prof. Dr. Gewecke für die Zweitkorrektur und die von ihr erstellten Gutachten im Rahmen meiner Bewerbungen für Stipendien. Mein Dank gilt auch der Landesgraduiertenförderung der Universität Heidelberg für das monatliche Stipendium, welches mir meine Dissertation finanziell ermöglicht hat; genauso danke ich der Robert E. Schmitt Stiftung, deren finanzielle Unterstützung mir einen, für die Entstehung dieser Arbeit sehr wichtigen, Forschungsaufenthalt an der französischen Nationalbibliothek (BNF) ermöglicht hat. Vielen Dank auch der Universitätsbibliothek Mannheim für das Einscannen der Graphik auf der Umschlagseite. Sehr herzlich danken möchte ich meiner Frau, zum einen für ihre Hilfe beim Korrekturlesen dieser Arbeit, zum anderen aber auch für ihre Geduld in den vielen Stunden, in denen ich die Protagonisten meiner Bücher in Gedanken auf den Mond begleitet habe. Genauso herzlich danke ich meinen Eltern für ihre langjährige finanzielle und moralische Unterstützung, und speziell meinem Vater, der mir schon in meiner Kindheit von Jules Vernes Mondromanen erzählt hat. Meiner ganzen Familie, der Familie meiner Frau und allen meinen Freunden danke ich sehr herzlich, vor allem auch Frank für die computertechnische Unterstützung, sowie allen denen, die mich – vor allem in der Anfangsphase meiner Arbeit – auf literarische Werke oder bibliographische Hilfsmittel aufmerksam gemacht haben. *Last but not least* danke ich auch meinem Bruder, der mir an Weihnachten 1996 Gerdt von Bassewitz' Roman *Peterchens Mondfahrt* geschenkt hat, eine Lektüre, die mich auf eine Idee gebracht hat!

1 Einleitung

„That's one small step for a man, one giant leap for mankind": Mit diesen – Geschichte gewordenen – Worten betrat am 21. Juli 1969 Neil Armstrong als erster Mensch den Mond. Als er an diesem Tag vor den Augen unzähliger Fernsehzuschauer erstmals den wetterlosen Mondstaub aufwühlte, gingen Träume in Erfüllung: Zum einen für die NASA, die in diesem Moment offensichtlich ihr Ziel einer bemannten Mondlandung erreicht hatte, zum anderen erfüllte sich in diesem Moment aber auch ein alter Menschheitstraum, den viele Schriftsteller in ihren Werken thematisiert hatten. Um diese Literatur, man könnte sie Mondliteratur oder allgemeiner Weltraumliteratur nennen, soll es in dieser Arbeit gehen.

Die vorliegende Arbeit beschäftigt sich also mit dem Motiv interplanetarischer Reisen in der französischen Literatur des 19. Jahrhunderts, wobei es zunächst einmal interessant ist festzustellen, dass es diese Literatur überhaupt gibt, stellen doch die berühmten Mondromane *De la Terre à la Lune* (1865) und *Autour de la Lune* (1869) von Jules Verne auch bei Kennern der französischen Literatur häufig die einzige Assoziation zu diesem Thema dar. In der Tat erschienen in dieser Zeit allerdings zu dieser Thematik eine Vielzahl an Werken, die häufig nur eine Auflage gesehen haben und heute nur noch in vereinzelten Exemplaren erhalten sind. Einen möglichst vollständigen und umfassenden Überblick über diese Literatur zu geben, ist daher die Aufgabe dieser Arbeit. In darstellender und vergleichender Weise sollen also im Folgenden interplanetarische Reiseschilderungen behandelt werden, wobei der Tatsache, dass viele dieser Werke nur noch in vereinzelten Exemplaren zugänglich sind, dadurch Rechenschaft getragen wird, dass sich ihr Inhalt in dieser Arbeit in knapper Form resümiert findet. Auch Zitate fallen aus diesem Grunde oft etwas länger aus, denn im deutschen Fernleihsystem ist eine Vielzahl der zitierten Werke nicht einsichtlich (eine lohnende Quelle bei der Literaturrecherche ist daher auch der Katalog *Gallica* der französischen Nationalbibliothek, der unter http://gallica.bnf.fr/ ältere Texte zum kostenlosen Download anbietet). Auf die Tatsache, dass viele französische Populärromane des 19. Jahrhunderts – zu Unrecht! – von der auf Hochliteratur konzentrierten Literaturkritik ignoriert wurden und z.T. immer noch werden, hat sehr schön Hans-Jörg Neuschäfer in seinem Buch *Populärromane im 19. Jahrhundert* (1976) hingewiesen. Den Zuwachs solcher Literatur im 19. Jahrhundert erklärt er dabei mit

„de[m] wachsenden Unterhaltungs, Kompensations und Informationsbedarf einer breiten Zwischenschicht von Lesern, die vor allem dem halbgebildeten Mittelstand und dem Kleinbürgertum angehörte, sich später aber auch in dem Maße aus der städtischen Arbeiterschaft zu rekrutieren begann, wie deren Alphabetisierung voranschritt"[1].

Im Zentrum der vorliegenden Untersuchung soll – aus noch näher zu erläuternden Gründen - der Zeitraum zwischen 1835 und 1877 stehen; ideengeschichtliche Vorläufer aus früheren Jahrhunderten und auch aus anderen Nationalphilologien sind aber bei einer motivischen Arbeit von größter Wichtigkeit und sollen daher ebenfalls behandelt werden. Auf die hier nur an vereinzelten Beispielen angeschnittene Entwicklung des Motivs im 20. Jahrhundert soll dabei aber weniger Wert gelegt werden, als auf die Literatur des 18. Jahrhunderts. Dies hat zwei Gründe: Zum einen ist die Anzahl der Texte aus dieser Zeit recht gering, und eine relativ vollständige Betrachtung erscheint daher durchaus lohnend (die Literatur des 20. Jahrhunderts zu diesem Thema ist kaum noch zu überschauen). Zum anderen wird im Laufe der vorliegenden Untersuchung aber auch deutlich werden, in welcher ideengeschichtlichen Tradition viele literarische Werke – auch die eines scheinbar so zukunftsorientierten Autors wie Jules Verne! – stehen.

Ziel dieser Arbeit ist es nicht, die behandelte Literatur zu bewerten. Viele der untersuchten Werke wurden von unbekannten Autoren verfasst und sahen nie eine zweite Auflage; eine scharfe stilistische Untersuchung hätte es häufig leicht, sie auf ein recht niedriges Niveau einzustufen. Im Vordergrund des Interesses sollen vielmehr auf einer rein inhaltlichen Ebene die Gemeinsamkeiten, aber auch die Verschiedenheiten dieser literarischen Erzählungen stehen, die häufig von einer ähnlichen Leidenschaft für die Weite des Universums beseelt sind. Ein wohlwollender Leser kann bei der Lektüre all dieser Werke also durchaus ein ähnliches Vergnügen empfinden wie Charles Guyons Protagonist Madison, der über seine Erlebnisse auf dem Planeten Venus schreibt: „j'allai de surprise en surprise"[2].

---

[1]   H.-J. Neuschäfer (1976), S. 7f.

[2]   C. Guyon (1888), S. 96.

2 Kurzer ideengeschichtlicher Abriss des Motivs

Seit jeher beschäftigte die Frage nach dem Wesen der Himmelskörper die Menschheit. Die Faszination eines möglichen Fluges zu einem anderen Planeten schlug sich schon früh in der Literatur nieder, wie mehrere Erzählungen griechischer Dichter beweisen. Bereits 393 v. Chr. beinhaltet Platons *Politeia* die Schilderung einer Reise in den Raum über der Erde, welcher nach den Vorstellungen der damaligen Zeit aus acht übereinander gestülpten, die Himmelskörper beinhaltenden Kristallkugeln bestand. Der Philosoph Diogenes dahingegen schildert in einer (leider verloren gegangenen) Erzählung, wie der Mond einem der Erdpole so nahe kommt, dass man von dort aus leicht auf diesen Himmelskörper springen kann, wohingegen Plutarch in seiner Erzählung *Vom Gesicht im Monde* zwar keine Reise zu diesem Himmelskörper schildert, wohl aber die Frage diskutiert, ob dort die Seelen der Toten hausen[3]. Die im Zusammenhang mit der vorliegenden Arbeit wichtigsten antiken Erzählungen stammen allerdings zweifelsohne von Lukian, der in seinem satirischen Dialog *Ikaromenippos oder die Luftreise* beschreibt, wie ein Mann mit einem Geierflügel am linken und einem Adlerflügel am rechten Arm zum Mond fliegt. In *Der wahren Geschichte erstes Buch*, einer anderen fiktiven Mondreise, erzählt Lukian - voller Spott auf die Abenteuererzählungen seiner Zeit – wie ein Sturm ein Schiff aus dem Meer emporhebt, es sieben Tage und Nächte lang umherwirbelt und es schließlich auf den Mond wirft.

Die wohl bekannteste interplanetarische Reise des Mittelalters „begann" am 25. März 1300 und dauerte zehn Tage: Besucht wird hierbei der komplette Himmel nach Aristoteles, welcher zum Teil an die Bedürfnisse des Christentums angepasst worden war. Die Rede ist von Dante Alighieri (1265-1321) und seiner *Divina Comedia* (1555 posthum veröffentlicht). Die einzigen „Bewohner", die auf dieser Reise durch alle Planetensphären, durch die Hölle, das Fegefeuer, den Himmel und das Paradies angetroffen werden, sind Engel und Seelen. Ähnlich „unphysikalisch" ist auch noch der Mond in Ludovico Ariostos (1474-1533) *Orlando Furioso* von 1516, einem Heldenepos in 46 Gesängen; auch hier wird in einem der Gesänge eine Reise zum Mond beschrieben.

Der Beginn der Neuzeit änderte durch einen enormen Wissenszuwachs auf dem Gebiet der Astronomie das Bild der Himmelskörper und insbesondere das des Mondes. Im Jahre 1543 verdrängte hierbei Nikolaus Kopernikus (1473-1543) in seinem 1543 veröffentlichten Werk *De revolutionibus orbium coelestium libri VI* die Sonne aus dem Zentrum des Weltalls, wo sie seit dem Ptolemäischen Weltbild gestanden hatte. Die Erde wur-

---

[3]   Vgl. hierzu: H. Swoboda (1969), S. 9.

de also zu einem von mehreren Planeten, die allesamt – sozusagen „gleichberechtigt" – um die Sonne kreisen. Auch die Erfindung des Fernrohres um das Jahr 1600 herum nahm der Erde ein Stück weit ihre althergebrachte Sonderrolle, zeigte doch diese neue Erfindung, dass auch der Mond eine Himmelskugel wie unser Planet ist. Insbesondere von Galileo Galilei (1564-1642) vermeintlich auf dem Mond beobachtete Meere machten diesen Himmelskörper im 17. Jahrhundert sehr populär, und so verfasste auch der Astronom Johannes Kepler (1571-1630), der im Jahre 1609 die Bahnen der Planeten als Ellipsen entlarvt hatte[4], in seiner 1634 posthum veröffentlichten Schrift *Somnium* eine imaginäre Reise in diese Welt. Vier Jahre später erschienen dann in England gleich zwei Monderzählungen, nämlich *The Man in the Moone* von Francis Godwin (1572-1633) und *A Discovery of a world in the moon* von John Wilkins, und auch in der französischen Literatur finden sich ähnliche Beispiele, von denen das wohl bekannteste die 1657 veröffentlichte *Histoire comique des États et Empires de la Lune* von Cyrano de Bergerac (1619-1655) ist. Hier – wie auch in der 1662 folgenden *Histoire comique des États et Empires du Soleil* – erfindet der Autor gleich mehrere Möglichkeiten für die Reise zu den Planeten, denen es allerdings fast gänzlich an einer wissenschaftlichen Grundlage fehlt. Auch die *Comédie Italienne* leistete mit ihrem 1684 von Anne Mauduit de Fatouville verfassten Stück *Arlequin empereur dans la Lune* ihren Beitrag zu dieser Mondbegeisterung, welche Lucian Boia folgendermaßen kommentiert: „Le XVIIe siècle fut non seulement le siècle de Louis XIV, du Roi-Soleil, mais aussi le siècle de la Lune"[5]. Eng mit der Frage nach der Beschaffenheit der Himmelskörper verknüpft ist auch die Frage nach deren Bewohnbarkeit, welche Bernard le Bouyer de Fontenelle (1657-1757) in seinen *Entretiens sur la pluralité des mondes* von 1686 diskutiert. In der literarischen Form des Gesprächs zwischen einem Gelehrten und einer schönen Dame und mit dem leitmotivischen Argument „Pourquoi non?"[6] bevölkert der Autor hier fast das gesamte Sonnensystem, bezeichnet die Wesen auf den anderen Himmelskörpern dabei aber stets als *habitants* und nicht etwa als *hommes*, fügte sich damit also der kategorischen Lehrmeinung der katholischen Kirche, welche alle Menschen (=*hommes*) als leibliche Nachfahren von Adam und Eva ansah, und auf anderen Planeten daher höchstens *habitants* zuließ (Siehe Abbildung S. 266). Von einem rein naturwissenschaftlichen Standpunkt aus währte die Gültigkeit dieser *Entretiens* allerdings gerade einmal ein Jahr,

---

[4]   Bis dahin galt fast 2000 Jahre lang die Ansicht von Aristoteles, nach der sich die Himmelskörper auf Kreisbahnen bewegen. Der Kreis galt hierbei als die vollendetste geometrische Gestalt.

[5]   L. Boia (1987), S. 15.

[6]   B. de Fontenelle (1998), S. 111.

da Sir Isaac Newton (1643-1727) im Jahre 1687 in seinem Werk *Principia mathematica philosophiae naturalis* das Gravitationsgesetz aufstellte, welches auch heute noch unangefochten gültig ist. Fontenelle dahingegen blieb bis zu seinem Ableben im Jahre 1757 ein Anhänger der *tourbillons* von René Descartes (1596 – 1650) und war damit einer der letzten Newtongegner Frankreichs.

Auch im 18. Jahrhundert spielen Reisen - und insbesondere auch fiktive Reisen an imaginäre Orte - eine große Rolle in der französischen Literatur. Besonders zu erwähnen ist in diesem Zusammenhang die Schriftenreihe *Voyages imaginaires, Songes, Visions, et Romans cabalistiques*, welche zwischen 1787 und 1789 von Charles-Georges-Thomas Garnier in 36 Bänden herausgegeben wurde[7]. Neben älteren Texten, so z.b. einer ins Französische übersetzten und dabei weitererzählten Version der *Wahren Geschichte erstes Buch* von Lukian und den erwähnten Erzählungen von Cyrano de Bergerac[8] wurden in dieser Sammlung auch imaginäre Reisen des 18. Jahrhunderts erneut aufgelegt. Am wohl bekanntesten hiervon ist die 1752 im Original erschienene Erzählung *Micromégas*, ein *conte philosophique* von Voltaire (1694-1778), in welchem ein Bewohner des Sterns Sirius und ein Bewohner des Planeten Saturn die Erde besuchen[9]. Weniger bekannt dahingegen ist die 1750 erschienene *Relation du monde de Mercure*[10] des Chevalier de Béthune[11], die eine interessante Schilderung der Welt auf dem Merkur enthält, oder die von Marie-Anne de Roumier verfassten *Voyages de Milord Céton dans les sept planètes*[12] (1765), in denen in sieben Bänden eine Rundreise durch das gesamte damals bekannte Sonnensystem unternommen wird. Die Tatsache, dass dieses Werk heutzutage kaum noch gelesen wird, kommentiert Lucian Boia folgendermaßen: „il faut de nos jours une certaine dose de courage pour s'attaquer à la lecture de ce volumineux ouvrage"[13]. Galt also im 17. Jahrhundert das Interesse der Schriftsteller fast ausschließlich dem Mond, so ist deutlich geworden, dass im 18. Jahrhundert durchaus eine Vielzahl an Himmelskörpern thematisiert wurde.

---

7   Ein wertvolles bibliographisches Hilfsmittel ist hierbei eine komplette Angabe aller beinhalteter Titel, einschließlich der Autorennamen und des Veröffentlichungsjahres der Originalausgabe, welche sich bei P. Versins (1972) auf den Seiten 944ff findet.

8   Beide Werke in Band 13 in der Ausgabe von C.-G.-T. Garnier.

9   Band 23 in der Ausgabe von C.-G.-T. Garnier.

10   Band 16 in der Ausgabe von C.-G.-T. Garnier.

11   Die Lebensdaten dieses Autors sind nicht bekannt laut: P. Versins (1972), S. 111.

12   Band 17 und 18 in der Ausgabe von C.-G.-T. Garnier.

13   L. Boia (1987), S. 18.

Eine erneut aufblühende Mondfaszination brachte dahingegen das frühe 19. Jahrhundert mit sich, wobei besonders das Jahr 1835 in zweifacher Hinsicht eine zentrale Rolle spielt: Zum einen erschien in diesem Jahr die Erzählung *The Unparalleled Adventure of one Hans Pfaal* von Edgar Allan Poe (1809–1849), welche eine Reise zum Mond schildert und auch in Frankreich rezipiert wurde[14]. Wie noch zu zeigen sein wird, war Poes Erzählung deutlich mehr an wissenschaftlichen und reisetechnischen Einzelheiten interessiert als die Romane des 18. Jahrhunderts, was eine neue Etappe der hier behandelten Literatur einläutete. Darüber hinaus hielt aber im Jahr 1835 auch ein künstlich in die Welt gesetztes Gerücht die Welt in Atem, nach welchem der englische Astronom Sir John Herschel[15] auf dem Mond mit einem großen Teleskop fliegende Lebewesen beobachtet haben soll. Der Astronom, der sich zu diesem Zeitpunkt zu Beobachtungszwecken am Kap der guten Hoffnung aufhielt, konnte diese Mystifikation zwar recht bald widerrufen, doch eine gewisse Mondeuphorie hatte sich bereits felsenfest in den Herzen der Bevölkerung festgesetzt. Liliane Durand-Dessert und René Guise berichten in diesem Zusammenhang von einem „véritable engouement du public pour la Lune"[16], welches sie zu ihrer Überraschung[17] in der französischen Tagespresse ab 1835 feststellen konnten; so werden in der vorliegenden Arbeit Zeitungsartikel, Erzählungen, Theaterstücke und Romane behandelt werden, die diese Fehlmeldung entweder direkt zum Thema haben oder implizit referieren. Aus diesen Gründen soll das Jahr 1835 der Beginn der Phase sein, welche in der vorliegenden Arbeit schwerpunktmäßig zu untersuchen sein wird.

Interessant und gegenüber früheren Zeiten neu ist, wie nahe sich im 19. Jahrhundert erzählende und wissenschaftliche Schriften kommen – ein Sachverhalt, der für ein bemerkenswertes intertextuelles Netz sorgt (siehe Kapitel 10). Dabei spielt auch die alte Frage nach der *pluralité des mondes* eine große Rolle, welche vor allem von dem Pariser Astronomen Camille Flammarion (1842-1925) eingehend behandelt und im Sinne eines allgemein bevölkerten Universums beantwortet wurde[18]. Neben populärwissenschaftlichen Schriften – sein bekanntestes Werk *La pluralité des*

---

[14]   C. Flammarion (1865), S. 549ff.

[15]   Sir John Frederick William Herschel (1792 – 1871) ist der Sohn des Astronomen Friedrich Wilhelm Herschel (1738 – 1822), welcher den Planeten Uranus entdeckt hatte.

[16]   L. Durand-Dessert; R. Guise (1978), S. 17.

[17]   L. Durand-Dessert; R. Guise (1978), S. 17.

[18]   Gegen die Mehrzahl bewohnter Welten sprachen sich z. B. Alexander Maxwell in seiner 1817 erschienenen *Plurality of Worlds* und William Whewell in seiner 1853 erschienenen *Of the Plurality of Worlds* aus.

mondes habités (1862) erinnert sowohl dem Namen als auch den Thesen nach an die Schrift Fontenelles – ist Camille Flammarion aber auch der Autor erzählender Werke, wenn man z.B. an seine beiden Romane *Uranie* (1889) und *Stella* (1897) denkt. Flammarions Veröffentlichungen dienten dabei vielen Autoren als Quelle für astronomische Informationen und in der Tat lässt sich in der Mitte des 19. Jahrhunderts eine rege Produktion von Populärromanen zu diesem Thema feststellen. Viele dieser Romane sind heute nur noch in vereinzelten Exemplaren erhalten und werden kaum noch rezipiert. Bekannt dahingegen sind die beiden „Mondromane" von Jules Verne *De la Terre à la Lune* (1865) und *Autour de la Lune* (1869); weniger bekannt allerdings ist, dass diese zusammen mit dem 1889 erschienenen Roman *Sans dessus dessous*[19] eine Trilogie bilden.

Das Jahr 1877 schließlich begrenzt zum 20. Jahrhundert hin den Zeitraum der hier schwerpunktmäßig behandelten Literatur, was erneut zwei Gründe hat: Zum einen entdeckte in diesem Jahr der Amerikaner Asaph Hall (1829 – 1907) die zwei kleinen Monde des Planeten Mars; im selben Jahr beobachtete aber auch der Italiener Giovanni Virginio Schiaparelli (1835 – 1910) auf diesem roten Planeten ein System von Rillen, welche er auf italienisch als *canali* bezeichnete. Fälschlicherweise nicht als „Rillen" oder „Furchen" sondern vielmehr als „Kanäle" ins Deutsche übersetzt, wurden diese *canali* in der Folgezeit als Produkt einer hoch entwickelten Zivilisation angesehen, die versucht, ihren austrocknenden Planeten künstlich zu bewässern. Diese Notwendigkeit einer künstlichen Bewässerung implizierte in vielen Köpfen alsbald die Möglichkeit einer baldigen Auswanderung der Marsianer auf die Erde: Der „Mythos Mars" war geboren. Von den vielen in der Folgezeit erschienenen Marsromanen und Marserzählungen sollen in dieser Arbeit nur einzelne, wie z.B. Guy de Maupassants (1850-1893) Novelle *L'homme de Mars* (1887-1888) oder Camille Flammarions Romane *Uranie* und *Stella*, - sozusagen exemplarisch – behandelt werden; zahlreiche Veröffentlichungen beschäftigen sich bereits mit der „furie martienne"[20] dieser Zeit (siehe Kapitel 3). Interessanterweise hatte der Mars aber bereits im Jahre 1865 in Henri de Parvilles Roman *Un Habitant de la planète Mars* seinen ersten literarischen Soloauftritt, in einem Jahr also, in dem neben Jules

---

[19] Dieser Roman erzählt, wie die Mitglieder des *Gun-Club* erneut mit der *Columbiad* schießen, um damit die – gegenüber der Ekliptik um ca. 23° geneigte - Rotationsachse der Erde aufzurichten, was das Ende der wechselnden Jahreszeiten bedeuten würde. Denselben Gedanken haben auch die Protagonisten in *A journey in other worlds* (1894) von John Jacob Astor.

[20] L. Boia (1987), S. 44.

Vernes bekanntem Werk *De la Terre à la Lune* auch noch – wie zu sehen sein wird - einige andere Romane zum Thema erschienen sind.

Die *Science-Fiction* Literatur des 20. Jahrhunderts stellt ein kaum noch zu überschauendes Feld dar und zahlreich sind auch die verschiedensten Studien zu dieser Literatur. Am 30. Oktober 1938 allerdings bestimmte noch einmal die Literatur des 19. Jahrhunderts das Weltgeschehen; an diesem Tag nämlich wurde in Amerika eine von Orson Welles (1915-1985) produzierte Hörspielfassung von Herbert George Wells Roman *The War of the Worlds* (1898) im Radio gesendet. Diese Erzählung des Autors von *The First Men in the Moon* (1901) berichtet von einer Invasion der Marsianer und interessanterweise beinhaltet das Hörspiel auch die Meldung eines Radiosprechers, der von dieser feindlichen Invasion berichtet. In vielen Städten der Vereinigten Staaten sorgte dies für eine wahre Massenhysterie, da Zuhörer, die sich erst später zugeschaltet hatten, die Berichte für real hielten. So intensiv wie am 30. Oktober 1938 wurden interplanetarische Phantasien des 19. Jahrhunderts im 20. Jahrhundert nie wieder rezipiert; das folgende Kapitel wird im Gegenteil zeigen, welch geringe Beachtung die dabei interessierenden Werke in der aktuellen Literaturkritik finden.

3 Überblick über den Forschungsstand

Einen guten Überblick über die Werke, die zu einem bestimmten literarischen Motiv geschrieben worden sind, liefern stets Motivlexika, wobei das Werk *Themen und Motive in der Literatur* von Ingrid G. Daemmrich und Horst S. Daemmrich (1995) beispielsweise eine Standardreferenz ist. Hierbei wird jedoch sehr schnell klar, dass in solchen Lexika außer den wirklichen „Klassikern" zu einem bestimmten Motiv (wie es im vorliegenden Fall beispielsweise die Mondreisen des Cyrano de Bergerac oder die Mondromane Jules Vernes sind) keine weiteren Referenzen zu finden sind. Bei der daraus resultierenden Suche nach spezielleren Bibliographien fällt deutlich auf, wie wenig die im Rahmen der vorliegenden Arbeit behandelte Thematik in der französischen Literatur bis jetzt untersucht wurde, was in einem deutlichen Gegensatz zur englischsprachigen Literatur steht: Mit *Voyages in Space, A Bibliography of interplanetary fiction 1801-1914* (1975) von George Locke, *Pilgrims Through Space ans Time* (1947) von J. O. Bailey und *Science Fiction Criticism. An Annotated Checklist* (1973) von Thomas Clareson seien hier nur drei der wichtigsten bibliographieartigen Werke genannt, die zwar durchaus auf die Mondromane Jules Vernes und z.T. auch auf unbekanntere französische Literatur zum Thema verweisen, den Schwerpunkt aber deutlich auf die englischsprachige Literatur legen. Dabei ist es aber nicht so, dass es keine französischsprachigen, vergleichbaren Erzählungen gibt, wie die sehr lohnende und zu Recht oft gelobte *Encyclopédie de l'utopie, des voyages extraordinaires et de la science-fiction* (1972) von Pierre Versins eindrucksvoll unter Beweis stellt. Die Einträge in diesem Lexikon beinhalten nebst einer kurzen Information zum Autor stets eine kurze Inhaltsangabe des interessierenden Werkes und zumeist auch ein etwas längeres Zitat hieraus, denn viele der besprochenen Texte sind nur noch in vereinzelten Exemplaren zugänglich. Gezwungenermaßen – denn das Lexikon deckt alle Nationalliteraturen aller Epochen ab – bleiben diese Ausführungen recht knapp und geben nur einen ersten Eindruck wieder. Oft findet man aber Aussagen über ein weniger bekanntes Werk ausschließlich in diesem Kompendium. Es sind jedoch auch nicht alle literarischen Werke der französischen Literatur zu der in dieser Arbeit interessierenden Thematik bei Versins verzeichnet, denn viele Texte finden heutzutage gar keine Erwähnung mehr. Hilfreich bei der Suche sind daher – neben der auf Titelschlagwörtern beruhenden Recherche in Onlinekatalogen – auch Bibliographien des 19. Jahrhunderts selbst. In Kapitel 10 der vorliegenden Arbeit wird gezeigt werden, was für ein dichtes, intertextuelles Netz viele der behandelten Werke bilden und somit verwundert es nicht, dass sich in erzählenden Texten der Zeit auch Verweise auf andere literarische Werke der Zeit finden, was z.T. sogar einer – kommentierten oder unkommentierten – „Bibliographie im laufenden Text" gleichkommt.

Eine zentrale Stellung nimmt hierbei das Jahr 1865 ein: Neben Jules Vernes bekanntem Roman *De la Terre à la Lune* und einer ganzen Reihe anderer literarischer Werke erschienen in diesem Jahr auch Camille Flammarions *Les mondes imaginaires et les mondes réels*. Die Behandlung der *mondes imaginaires* beinhaltet dabei eine kritische Darstellung der literarischen Werke des interessierenden Themas und behandelt auch z.t. heutzutage nicht mehr häufig erwähnte Texte.

Neben den erwähnten Bibliographien stellt sich natürlich auch die Frage nach tiefergehenden Darstellungen der Thematik. Der vorliegenden Arbeit von der Zielsetzung recht ähnlich, allerdings auf das 17. Jahrhundert begrenzt ist beispielsweise eine von E. Hönncher veröffentlichte Untersuchung über *Fahrten nach Mond und Sonne. Studien insbesondere zur französischen Literaturgeschichte des XVII. Jahrhunderts*. Mit Marjorie Hope Nicolsons Studie *Voyages to the Moon* von 1960 ist es wieder die englischsprachige Literatur (hier insbesonore diejenige bis zum Jahr 1800), die sich als am besten erforscht erweist. Nicolsons oft zitiertes Werk stellt somit einen gewissen Klassiker dar, die Autorin veröffentlichte aber auch einige Artikel zu der hier interessierenden Thematik, die allerdings hauptsächlich die englische Literatur zum Thema haben und sich mit der Zeit vor dem 19. Jahrhundert befassen. Für die vorliegende Arbeit von größter Bedeutung ist dahingegen die von Luian Boia verfasste und 1987 veröffentlichte *L'exploration imaginaire de l'espace*, in der auch relativ unbekannte französische Werke des 19. Jahrhunderts Erwähnung finden. Boia liefert hierin nicht nur einen schönen Überblick über die zeitliche Entwicklung des Motivs (in welchem er auch intensiv auf die Diskussion um die *Pluralité des mondes* eingeht), vielmehr beleuchtet der Autor die behandelten Werke gleich unter mehreren Aspekten (so z.B. *La vie dans l'univers* oder *Les habitants des planètes*), so dass ein einzelner Roman z.T. in mehreren Kapiteln des Buches Erwähnung findet. Die vorliegende Arbeit hat mit Boias Werk also eine gewisse Ähnlichkeit, dem breiten Raum, der in Boias Buch den in den erzählenden Werken abgedruckten Illustrationen zukommt, entspricht hier ein Bildteil im Anhang. Ähnliches gilt auch für Pierre Poix's *Ils ont rêvé l'espace: de Plutarque au space art* von 1992. Hatte sich Lucian Boia in seiner Darstellung schwerpunktmäßig mit den Bewohnern anderer Welten beschäftigt, so gilt das Interesse von Pierre Poix hauptsächlich dem technischen Aspekt der Reisemittel. Auch dieses Buch legt einen großen Wert auf Illustrationen, was ja bereits auch der Titel verrät. Einen sehr guten Überblick über die französische Literatur vor 1870 liefert auch Marc Angenot in seinem 1978 erschienenen Aufsatz *Science Fiction in France before Jules Verne*. Ähnlich wie in der vorliegenden Arbeit ist die Kernaussage dieses Artikels, dass es in der Mitte des 19. Jahrhunderts durchaus eine heutzutage zwar größtenteils vergessene, damals aber sehr wohl rezipierte Weltraumliteratur gab; der Autor gibt hierzu in seinem Artikel eine schöne und recht vollständige Liste von dabei interessierenden Romanen der französischen Literatur an. Die diesem Aufsatz entsprechende Aufgabe für die in Zeitungen erschienenen Erzählungen leisten Liliane Durand-Dessert und René Guise in ihrem Artikel *Le voyage dans la lune en France, au début du XIXe siècle – l'originalité de Jules Verne* von 1978, welcher eine wertvolle bibliographische Referenz zu mehreren in anderen Büchern nicht erwähnten Erzählungen darstellt und zugleich die Sonderstellung Jules Vernes im Vergleich zu seinen Zeitgenossen sehr schön herausarbeitet.

Das Apollo Mondlandeprogramm in der Mitte des 20. Jahrhunderts sorgte für ein neues Interesse an Jules Verne und hat das Ansehen dieses Autors und das Interesse, welches ihm die literarische Forschung zuteil werden lässt, nachhaltig gesteigert. Aus der Fülle der Artikel die um das Jahr 1969 herum in der Sekundärliteratur – größtenteils im *Bulletin de la Société Jules Verne* – erschienen sind, seien hier nur zwei der wichtigsten genannt. In seinem Artikel *A propos du vol d'Apollo, Jules Verne ou la vérité du roman* von 1969 behandelt François Raymond auf den verschiedensten Ebenen Ähnlichkeiten und Unterschiede zwischen Jules Vernes Mondromanen und dem tatsächlichen Apolloprogramm und geht dabei auch besonders auf die beiden Raumkapseln ein (siehe Anhang 12.1.2 und Anhang 12.1.3). Der Aufsatz *Autour de la Lune, de la Columbiad à Apollo VIII* (1969) von R. Taussat verfolgt eine ähnliche Thematik, verweist dabei aber auch auf literarische Werke anderer Autoren.

Der Zeitraum, der in der vorliegenden Arbeit schwerpunktmäßig untersucht werden soll, liegt (aus den in Kapitel 2 dargelegten Gründen) zwischen 1835 und 1877; über die Zeit danach, über die Euphorie für den Planeten Mars und auch über die *Science-Fiction* Literatur des 20. Jahrhunderts gibt es unzählige Veröffentlichungen. Als Beispiel sei z.B. das 1984 erschienene *Das Jahrhundert der Marsianer, der Planet Mars in der Science Fiction bis zur Landung der Viking-Sonden 1976* von Helga Abret und Lucian Boia erwähnt, welches zunächst einen exzellenten ideengeschichtlichen Abriss zum roten Planeten liefert und dann einige Marsromane des späten 19. und des 20. Jahrhunderts ausführlich beschreibt. Konkret mit den Auswirkungen des am 30. Oktober 1938 gesendeten Hörspiels von Orson Welles beschäftig sicht Howard Koch in seinem Buch *The panic broadcast, portrait of an event* (1970) welches durch seine zahlreichen Dokumentationen und Illustrationen eine Informationsquelle von besonderem Wert darstellt.

Im Vorangehenden ist deutlich geworden, dass eine umfassende Darstellung des Motivs der interplanetarischen Reisen in der französischen Literatur des 19. Jahrhunderts noch nicht vorhanden ist. Die erwähnten Werke von Lucian Boia und Pierre Poix sind zwar vom Aufbau her der vorliegenden Arbeit ähnlich, haben aber nicht deren Ausführlichkeit. Naturgemäß ist auch aufgrund der gebotenen Kürze in Marc Angenots

Überblicksaufsatz über *Science Fiction in France before Jules Verne* nur eine recht knappe Behandlung einzelner Werk möglich. Auffallend ist auch, um wie viel mehr die englischsprachige Literatur zu diesem Thema diskutiert worden ist und wie sehr die Beschäftigung mit dem hier interessierenden Motiv erst mit dem 20. Jahrhundert einsetzt. All diese Überlegungen rechtfertigen den Ansatz und die Zielsetzung der vorliegenden Arbeit, deren Argumentation darüber hinaus in der Beschreibung eines intertextuellen Netzes mündet, welches in keinem der angeführten Werke dargestellt und lediglich bei Liliane Durand-Dessert und René Guise angedeutet wird.

4 Reisemittel

Im vierten Jahrhundert vor unserer Zeitrechnung erklärte der griechische Philosoph Aristoteles, dass es in der Natur keine leeren Räume, also kein Vakuum, gäbe. Diese auch unter dem Namen *Horror vacui* bekannte Fehlauffassung bestimmte in der Folgezeit fast zwei Jahrtausende lang das wissenschaftliche Denken im Abendland. Im Weltbild von Aristoteles waren also alle Himmelskörper von einer gemeinsamen Lufthülle umgeben, zumindest was diese Atmosphäre betrifft, war folglich die in der Erzählung von Lukian von Samosate beschriebene Reise zum Mond dem Wissensstand der damaligen Zeit angemessen: Der Held Ikaromenippos legt diese Strecke aus eigener Kraft und mit Vogelflügeln an den Armen zurück[21]. 1609 und 1619 formulierte der deutsche Astronom Johannes Kepler (1571 – 1630) in seinen drei Axiomen die Tatsache, dass sich die Planeten auf Ellipsenbahnen um die Sonne bewegen. Der über so lange Zeit konstante Ablauf dieser Bewegungen (Kepler konnte sich u.a. auf von Tycho Brahe (1546-1601) gesammeltes Beobachtungsmaterial stützen), ließ nur einen Schluss zu: Die Planeten erfahren auf ihren Bahnen keinerlei Reibung, sie haben folglich keine gemeinsame Lufthülle. Da aber alle Fortbewegungsarten auf der Erde auf dem Reibungsprinzip beruhen[22] (Räder „greifen" auf dem Boden, Propeller „schieben" Luft nach hinten), hatte Kepler das große Problem der Fortbewegung im luftleeren Weltraum entdeckt. Er selbst konnte keine wissenschaftliche Antwort auf diese Frage geben: In seinem *Somnium* wird die Reise zum Mond daher mit der Hilfe von Dämonen vollbracht, welche während einer Mondfinsternis, vom Erdschatten geschützt, zu unserem Trabanten fliegen können[23]. Auch drei Jahrhunderte später gehörte die Weltraumfahrt noch ausschließlich in den Bereich der Phantasie. So reichte einer der späteren „Väter" der Raumfahrt, Hermann Oberth, im Jahre 1922 an der Universität Heidelberg eine Doktorarbeit mit dem Titel *Die Rakete zu den Planetenräumen* ein - eine Arbeit, die allerdings abgelehnt wurde, da sich kein Professor für die Weltraumfahrt zuständig erklärte[24].

Auch in der Literatur wurden verschiedene Reisemittel für das Weltall erfunden: In diesem Kapitel soll gezeigt werden, wie vielfältig diese sind. Es wird deutlich werden, dass die Autoren erst im Laufe der Zeit angefangen haben, mehr oder weniger aufwendig geschilderte Reisemittel für den Weg zu den Planeten zu „erfinden", war doch dieser Weg

---

21   Vgl. hierzu: H. Swoboda (1969), S. 22.

22   Vom Düsenjet, den es zur Zeit Keplers noch nicht gab, sei hier abgesehen.

23   Vgl. hierzu: H. Swoboda (1969), S. 42ff.

24   G. Breuer (1967), S. 48ff.

lange Zeit die Domäne von Dämonen und Geistern. Andere Autoren allerdings umgehen die Problematik eines Transportes zu einem anderen Himmelskörper ganz, so wird z.B. in der 1750 erschienenen *Relation du monde de Mercure* nur berichtet, was der Erzähler von der Erde aus auf dem Planeten Merkur beobachten kann, mit Hilfe eines „microscope philosophique"[25], von dem es heißt: „il est construit avec un tel art, qu'il rend visibles les objets les plus éloignés, comme les plus proches"[26].

Es ist sehr interessant, in den beschriebenen Reisen ein häufig vorhandenes Spannungsfeld zwischen einer gewissen Plausibilität und einer reinen Fiktion zu untersuchen; im Folgenden sind die verschiedenen Reisemittel also in der Reihenfolge „zunehmender Technisierung" dargestellt. In zweiter Linie dient dieses Kapitel auch der Vorstellung des Textcorpus, da hier fast alle untersuchten Texte Erwähnung finden. Einige dieser Werke werden in diesem Kapitel zum einzigen Male Erwähnung finden, da sie quasi nur aus einer reinen Reiseschilderung bestehen.

4.1 Geister und magische Kräfte

Als erster Astronom beschrieb der deutsche Johannes Kepler in einem 1634 posthum veröffentlichten Manuskript mit dem Titel *Somnium* einen Flug zum Mond. Hier wird von einem Geist einer isländischen Familie erzählt, der Menschen bei einer Mondfinsternis auf den Erdtrabanten transportieren kann. Dieser Geist selbst sagt hierzu:

> „Fünfzigtausend deutsche Meilen weit im Äther liegt die Insel Levania [= der Mond]. Der Weg zu ihr von der Erde und zurück steht sehr selten offen. [...] Der ganze Weg, so lang er ist, wird in einer Zeit von höchstens vier Stunden zurückgelegt. Uns Vielbeschäftigten steht die Zeit zum Antritt der Reise nicht frei, wir erfahren davon erst, wenn der Mond in seinem östlichen Teile sich zu verfinstern beginnt. Bevor er wieder in vollem Lichte strahlt, müssen wir die Fahrt beendet haben, wenn nicht ihr Zweck vereitelt werden soll"[27].

Ein Rückflug ist dahingegen nur bei einer Sonnenfinsternis möglich. Doch auch in der französische Literatur finden sich Beispiele für eine ähnliche Reise, das wohl bekannteste hiervon sind die 1765 erschienenen *Voyages de Milord Céton dans les sept planètes* von Marie-Anne Robert. Dieser Roman erzählt, wie zwei Geschwister von einem Geist namens

---

25   C. de Béthune (1750), Bd. I, S. 3.

26   C. de Béthune (1750), Bd. I, S. 3f.

27   Johannes Kepler, zitiert nach: H. Swoboda (1969), S. 43.

Zachiel in Fliegen verwandelt werden und mit ihm zusammen auf die Reise durch das Sonnensystem gehen. Diese Reisen „sur les ailes de Zachiel"[28] finden allesamt in extrem kurzer Zeit statt, Zachiel ist dabei ein mächtiger Geist, der über eine Vielzahl anderer Geister herrscht[29]. Lucian Boia bezeichnet dieses Werk, in dem sowohl der Mond als auch die Planeten angeflogen werden als eine „épopée astronomique complète".[30] Wenig später findet auch in der 1790 anonym veröffentlichten *Voyage de Trauttmansdorff et de d'Alton dans la Lune* die Reise mit Hilfe eines „Homme célèbre en la sorcellerie / Dans ce grand art cultivé chez les mages"[31] statt.

Aber auch ohne Geister und sozusagen auf eine rein spirituelle Weise kann eine Reise zu den Planeten beschrieben werden: Nicolas-Edme Réstif de la Bretonnes (1734-1806) Briefroman *Les posthumes, Lettres reçues après la mort du Mari par sa femme* (1802) erzählt von der unglücklichen Liebe des M. de Fontlhète zu seiner Angebeteten Mad. De Chazu, die sein Flehen erst erhört, als er seinem Leben bereits durch ein langsam wirkendes Gift ein Ende gesetzt hat. In der ihm auf Erden verbleibenden Zeit verfasst der Liebende in der Folge Briefe, die er seiner Frau nach seinem Tod durch einen Helfer sukzessive zukommen lässt, während diese ihn auf einer diplomatischen Reise wähnt. Ein narratives Element dieser auf die Todesbotschaft vorbereitenden Briefe ist die Reise des Duc-Multipliandre durch das gesamte bekannte und in der Phantasie des Autors erweiterte Sonnensystem. Der Reisende legt hierbei, um die Erde verlassen zu können, seinen Körper an einem sicheren Ort hoch oben auf einem Berg ab:

> „Il n'avait donc qu'un parti à prendre, ét [sic] il le prit. Ce fut de se décorporer. [...] Alors, son âme dégagée ala [sic] où elle voulut: parceque [sic] n'étant plus dans la sphère de la vie corporée, mais dans celle des Ames, elle pouvait se dispenser d'entrer dans un corps"[32].

Trotz dieser völligen Entkörperung des Reisenden dauert der Weg zum Mond aber immer noch eine halbe Stunde, für den deutlich längeren Weg zum Planeten Jupiter werden sogar drei Stunden benötigt[33].

Sechs Jahre später, also im Jahre 1808, erschienen gleich zwei Romane, die hier von Bedeutung sind: Die *Voyages d'Hyperbolus dans les planètes*

---

28 M.-A. Robert (1787), S. 32.
29 M.-A. Robert (1787), S. 30.
30 L. Boia (1987), S. 18.
31 Anonym (1790), S. 4.
32 N.-E. Réstif de la Bretonne (1988), Bd. II, S. 177f.
33 N.-E. Réstif de la Bretonne (1988), Bd. II, S. 178 bzw. S. 221.

von André-Jacques Coffin-Rony erzählen in fünf Bänden, wie Hyperbolus, ein „malheureux Persan"[34] und sein Freund, der Franzose Narrator, von einem Geist namens Oromaze auf drei Reisen zum Mond, zur Venus und zum Saturn mitgenommen werden. Dort angekommen gibt das Zusammentreffen mit den dortigen Bewohnern der Planeten stets Anlass zu Gesprächen über Fragen der Moral. Oromaze bezeichnet sich dabei als „le bon génie qui veille sur l'homme, et qui ne le quitte que quand il l'y force"[35]. Er kann aber auch nach Belieben menschliche Gestalt annehmen und herrscht über andere Geister, so z. B. über den „génie qui préside à la volupté"[36], der die Reisenden auf ihrer zweiten Reise begleitet. Das folgende Zitat verdeutlicht, wie „einfach" die Reise zu den anderen Himmelskörpern in diesem Roman vonstatten geht:

> „Il [=Oromaze] frappe du pied le plancher; le nuage qui s'était écarté, enveloppe Hyperbolus et Narrator, et Callias est au milieu d'eux. La voûte de la maison s'entrouvre, et nos voyageurs planent dans les airs"[37].

Die ebenfalls sehr kurz geschilderte Landung auf dem Mond erfolgt mitten heraus aus einem Gespräch über Gott: „A peine [le génie] a dit, que le nuage entre dans la lune, se perd dans les airs et les dépose sur une grande route à l'entrée d'une ville"[38].

Ist in den *Voyages d'Hyperbolus* der Saturn das entfernteste Reiseziel, so schildert die ebenfalls 1808 anonym erschienene *Voyage dans la nouvelle planète* die Reise der Erzählerin Elize auf den im Jahre 1781 entdeckten Planeten Uranus. Elize berichtet hierin in einem Brief an ihre beste Freundin, wie sie von einem Geist in diese Welt entführt wurde, um dort über viele Geister zu herrschen. Sie beschreibt ihren neuen Wohnsitz als ein Paradies und fordert ihre Freundin auf, diesen Brief – quasi als Zeichen für die Geister - unter ihr Kopfkissen zu legen, falls auch sie in dieser neuen Welt wohnen will. In dieser kurzen Erzählung ist die Reise ebenfalls im Handumdrehen vollbracht:

> „Lorsqu'Elizas me transporta dans cette planète, j'étais endormie; il me sembla que, dans un songe, il me présentait à boire d'une liqueur délicieuse; aussitôt que je l'eus avalée, je me sentis enlever [sic], comme si j'eusse eu des ailes, pendant un assez grand espace; enfin j'arrivai dans une terre nouvelle"[39].

---

34   C.-R. André-Jacques (1808), Bd. II, S. 175.
35   C.-R. André-Jacques (1808), Bd. II, S. 177.
36   C.-R. André-Jacques (1808), Bd. IV, S. 71.
37   C.-R. André-Jacques (1808), Bd. II, S. 179.
38   C.-R. André-Jacques (1808), Bd. II, S. 179.
39   Anonym (1808), S. 10.

Auch einer der Vorreiter der Evolutionstheorie, der seinerzeit sehr bekannte Archäologe Jacques Boucher de Perthes (1788-1868), kurz auch
Boucher de Perthes genannt, schildert in seiner Erzählung *Mazular*, welche in seinem 1832 erschienenen Band *Nouvelles* enthalten ist, eine Reise
zum Mond. Der Protagonist Mazular ist hierin ein Schuhmacher in einem fernen Land, der – von einem guten Abendessen sehr ermüdet –
einschläft und von allerlei Abenteuern träumt, so auch von einer (ähnlich wie in den *Voyages d'Hyperbolus*) in einer Wolke stattfindenden Reise
in eine märchenhafte Mondwelt:

> „Mazular tomba; [...] il vit une masse qu'il crut solide; il sauta
> dessus: c'était un nuage; il passa tout à travers, et il commença à
> rouler avec une si grande rapidité, qu'il pouvait à peine respirer;
> il lui sembla qu'il descendait ainsi pendant quinze jours et quinze
> nuits; enfin, il distingua quelque chose de rond et de brillant, où il
> fut jeté avec un choc terrible: c'était la lune"[40].

Die Rückreise auf die Erde ist dann eher ein Versehen, da Mazular eines
Tages vom Mond herunterfällt, als er sich zu weit hinausgelehnt hatte.

Einen eher moralischen und geistlichen Hintergrund findet man in den
Voyages dans les planètes et découverte des véritables destinées de l'homme,
welche 1864 von G. Descottes veröffentlicht wurden. Dieser lange Roman schildert, wie ein – Faust ähnlich – nach Wissen und Erkenntnis
Lechzender erhört wird: Révélael stellt sich dem Protagonisten als eine
Art von Gott geschicktem Engel vor, der ihn während seines Schlafes als
unsichtbare „forme éthérée"[41] zu den Planeten führen soll. Die Welten
und die Bewohner, die sie dort finden, sind für die beiden in den gemeinsamen Nächten der Reise Anlass zu Gesprächen über Moral und
über Gott. Die Reisenden bedürfen keiner Reisemittel, sie bewegen sich
„einfach so" von Ort zu Ort („je m'élance à côté de lui"[42]); dies geschieht
dabei oft ohne Zeitverzögerung, also „A l'instant"[43]. Der Reisende zeigt
sich überrascht von der Geschwindigkeit der Reise: „trois cent quarante
mille kilomètres entre la Terre et la Lune... et cette distance franchie en
moins d'une seconde...!", was der Geist kommentiert mit den Worten:
„Cesse ton étonnement [...]. Pour les esprits l'espace est comme s'il
n'était pas"[44].

Nicht ganz so allmächtig ist eine teuflische Gestalt, die in Paracelses 1870
erschienenem Roman *Voyage à Sirius* einen von den Sternen träumenden

---

40   J. Boucher de Perthes (1832), S. 161.
41   G. Descottes (1864), S. 3.
42   G. Descottes (1864), S. 3.
43   G. Descottes (1864), S. 138.
44   G. Descottes (1864), S. 5 (auch die wörtliche Rede des Menschen).

Passagier in der Eisenbahn nachts zu einer interplanetarischen Reise einlädt. Die beiden entfernen sich im Folgenden immer weiter von der Erde, bis sie am Ende die Milchstraße verlassen haben, ohne dass allerdings eine Rückreise zur Erde geschildert wird. Die magische Gestalt ist eine Art Mischung aus dem gestiefelten Kater und dem Teufel, so hat sie „deux yeux de chat"[45] und behauptet im Folgenden, der „manteau du Diable boiteux"[46] könne eine Reise zum Stern Sirius problemlos bewerkstelligen. Asmodée, so der Name dieser „apparition"[47], wird auch ganz explizit *diable* genannt und hat die Physiognomie des „bon génie de Don Cléophas"[48]. Asmodée befreit also den Reisenden von der Erdenschwere und macht ihn zu einem „pur esprit"[49], was den Menschen der Notwendigkeit der Atmung enthebt und ihn unverwundbar macht. Die eigentliche Fortbewegung findet dann Schritt für Schritt mit so genannten „bottes de sept lieues"[50], also mit Siebenmeilenstiefeln statt, wobei sich die bei einem Schritt zurückgelegte Distanz sukzessive auf bis zu 10 Milliarden Meilen pro Schritt erhöht; diese atemberaubende Geschwindigkeit wird von Asmodée ironisch mit den Worten *Qui va piano va sano*"[51] kommentiert. Trotz dieser hohen Geschwindigkeit gibt auch Asmodée zu, dass es schwierig ist, den Stern Sirius (das Traumziel des Reisenden) zu erreichen; ferner gibt er auch zu, selbst noch nie so weit gereist zu sein und zeigt sich, wie der Reisende auch, überwältigt von Gottes Schöpfung. So endet der Roman auch nicht etwa mit einer Rückkehr zur Erde, oder mit dem Erwachen des Reisenden (was die Reise als einen Traum im Wagon des Nachtzuges entlarvt hätte, siehe Kapitel 7.2), sondern vielmehr mit einem Gespräch, in dem Asmodée sagt:

> „Avez-vous des limites à poser à la Création? [...] les emportements d'imagination auxquels vous vous livrez n'aboutissent qu'à concevoir des mondes finis, disposés sur une sorte d'échelle, tels – qu'ils ne pèsent pas un fétu dans l'harmonie divine"[52].

Der bekannte französische Astronom Camille Flammarion, von dem in dieser Arbeit noch häufiger die Rede sein wird, hat nicht nur populärwissenschaftliche Abhandlungen geschrieben, sondern auch Romane, so z.B. seinen 1889 erschienenen Roman *Uranie*. Dieses Werk ist in drei *Livre*

---

[45]   Paracelse (1870), S. 9.

[46]   Paracelse (1870), S. 12.

[47]   Paracelse (1870), S. 12.

[48]   Paracelse (1870), S. 12.

[49]   Paracelse (1870), S. 42.

[50]   Paracelse (1870), S. 80.

[51]   Paracelse (1870), S. 69.

[52]   Paracelse (1870), S. 100.

aufgeteilt, von denen nicht alle immer handlungsrelevant sind; berichtet wird von einem Astronomen aus Paris, der stets von einer Uraniestatue fasziniert ist. Eines Tages reist dieser Protagonist (der höchstwahrscheinlich für den Autor selbst steht) im Traum auf den Planeten Mars, wobei gewisse Abhandlungen im Roman darauf schließen lassen, dass ein Traum für den Autor eine gewisse Form der Telepathie darstellt.[53] Doch auch eine Reise vom roten Planeten auf die Erde wird geschildert, als nämlich dem Astronomen ein verstorbener und mittlerweile auf dem Mars wiedergeborener Freund erscheint; dabei kann der Protagonist seinen Freund berühren, wie wenn dieser lebendig wäre und auch seine Gestalt ist dieselbe, die er auf Erden hatte[54].

4.2 Fabeltiere

Neben den im Vorangehenden geschilderten geisterhaften Gestalten stellten in der Phantasie der Schriftsteller auch gewisse Fabeltiere eine Möglichkeit dar, Reisenden einen Weg zu den Planeten zu bahnen. In Ariostos 1516 veröffentlichtem *Orlando furioso* beispielsweise beinhaltet der 34. Gesang eine Reise auf den Mond, bei der der Britenherzog Astolfo in Begleitung des Evangelisten Johannes auf dem Mond Rolands Verstand suchen soll, welcher dort in einer Flasche lagert. Zu diesem Zweck werden „vier Rösser, röter noch als Feuerflammen" vor den „Feuerwagen"[55] gespannt. In intertextueller Hinsicht hochinteressant ist, dass C. J. Rougemaitre in seinem 1819 erschienen Werk *La lune ou le pays des coqs* diese Reise auf Pferden zum Mond aufgreift, indem er seinen Protagonisten auf Ariostos Fabelwesen zum Mond reisen lässt. Jener hatte gerade im Bois de Boulogne im *Orlando furioso* gelesen, als ihm ein wunderschönes, geflügeltes Pferd erscheint, das ihn alsdann emporhebt: „dans l'espace de temps qu'un autre cheval mettrait à faire un pas, il était déjà élevé deux fois plus haut que les tours de Notre-Dame"[56].

An die mythologische Gestalt des Zentauren gewohnt, überrascht den Leser die Tatsache, dass ein Pferd in der Literatur fliegen kann, nicht; anders sieht es dahingegen schon in Pierre Gallets 1803 erschienenen Roman *Voyage d'un habitant de la lune, à Paris, à la fin du XVIIIe siècle* aus: Der Autor scheint hier mit sämtlichen Plausibilitätsüberlegungen des Lesers zu kokettieren und lässt Alphonaponor, seinen Reisenden vom Mond, auf den Schwingen von zwei geflügelten Mondelephanten zur

---

53   C. Flammarion (1893), Livre III, Kapitel *Télépathie*, S. 185-242.
54   C. Flammarion (1893), S. 272.
55   Ludovico Ariosto. Zitiert nach: H. Swoboda (1969), S. 35.
56   C. J. Rougemaitre (1819), S. 17.

Erde reisen. Bereits in einer Art Vorwort macht Gallet hierbei deutlich, dass der Roman die Erlebnisse des Reisenden vom Mond erzählen und somit ein „tableau satirique de Paris"[57] darstellen wird. Am Ende des Romans allerdings kehrt Alphonaponor in die bessere, eine Utopie darstellende (siehe Kapitel 9) Mondwelt zurück und nimmt dabei zwei Menschen, die er auf der Erde lieb gewonnen hat, mit. Seine beiden Elephanten, die jeweils eine Spannweite von über 60 Metern haben, werden von Alphonaponor liebevoll behandelt und auch erst aufgrund ihres guten Charakters aus einer Vielzahl beflügelter Vierbeiner ausgewählt, als „des êtres doués de la force, et sur-tout [sic] de l'intelligence; car dans la Lune, comme chez nous, ces animaux attirent l'admiration par cette dernière faculté"[58].

Ein nahe liegenderes Tier für eine Reise zum Mond ist natürlich der Vogel, und auch diese Phantasie fand Eingang in die Literatur: Hatte schon Ikaromenipp bei Lukian seine Reise mit der Hilfe eines Adler- und eines Geierflügels zurückgelegt, so schickt der Engländer Francis Godwin im Jahr 1638 seinen Protagonisten Domingo Gonsales in einem von 25 Vögeln getragenen Wagen zum Mond. Hierbei handelt es sich um eine spezielle Art von Wildgänsen, die der Schiffbrüchige auf einer einsamen Insel findet, und die es sonst nirgends auf der Welt gibt. Diese Gänse sind Zugvögel, die die Hälfte des Jahres auf dem Mond verbringen und somit den Protagonisten, ohne dass dieser das eigentlich will, mit auf den Erdtrabanten nehmen:

---

57   P. Gallet (1803), S. ii.

58   P. Gallet (1803), S. 8f.

24

„It was now the season that these Birds were wont to take their flight away, as our Cuckoes and swallowes doe in *Spaine*, towards the Autumne. They [...] rose up, and having no other place higher to make toward, to my unspeakeable feare and amazement strooke bolt upright, and never did linne towring upward, and still upward, for the space, as I might guesse, of one whole hower [=hour]"[59].

Ähnlich verhält es sich in einem genau 50 Jahre nach dem Erscheinen dieser Schrift, also im Jahre 1684, uraufgeführten Stück des *Théâtre Italien*: Die von Anne Mauduit de Fatouville verfaßte Komödie in drei Akten *Arlequin empereur dans la Lune* erzählt im Rahmen einer heiteren Heiratskomödie, wie sich der Diener Arlequin, um sich mehr Bedeutung zu verschaffen, als Botschafter vom Mond ausgibt, um im Namen seines Herrschers um die Hand der Tochter des Hauses anzuhalten. Sehr deutlich erzählt er dabei auch, wie er den weiten Weg vom Mond auf die Erde zurückgelegt hat, als er eine Gans fangen wollte:

„voilà six vautours affamés qui se ruent sur mon oye, & qui l'enlevent. Moi qui craignois de la perdre, je la tenois ferme par le col, de maniere qu'à mesure que les vautours enlevoient l'oye, ils m'enlevoient avec elle"[60].

Genauso sieht auch die Reise in dem 1845 anonym erschienenen Roman *Voyage tout récent dans la Lune* aus: Der Reisende Albert berichtet seinem Freund Dalcourt hierbei in einer Art Brief von seinem Aufenthalt auf dem Mond, und von der friedlichen und guten Gesellschaft, die er dort erlebt hat. In seinem Antwortbrief geht Dalcourt die Erzählungen seines Freundes Punkt für Punkt durch und kommentiert diese, was er *Paraphrase* nennt. Seine Reise zum Mond verdankt Albert, ähnlich wie Domingo Gonsales, einem Vogel:

„je distingue un grand oiseau, qui, plus rapide qu'une flèche, vient s'abattre devant moi, et s'arrange de manière que je puisse commodément me placer sur son dos. Je comprends!.... et, sans mot dire, me voilà à cheval sur ce coursier ailé, qui, en deux minutes, me dépose dans la Lune [...] et s'envole"[61].

Nicht nur einen, sondern gleich mehrere Vögel bemüht der französische Weinbauspezialist Jacques Bujault (1771-1842), um in seiner (ebenfalls 1845 erschienenen) *Voyage dans la Lune* seinem Erzähler Franck nebst mehrerer anderer lustiger Erlebnisse auch eine Reise in eine burlesk geschilderte Mondwelt in den Mund zu legen. Ähnlich dem berühmten

---

59   D. Gonsales (1972), S. 45f.

60   E. Gherardi (1969), S. 155.

61   Anonym (1845), S. 13f.

Ausspruch *Veni, vidi, vici* schildert dieser in einer kurzen Aufzählung, wie leicht er sich seinen Weg zum Erdtrabanten bahnte: „Je fis de suite un charriot. [...] J'attelai 20 mille corbeaux à cette voiture, et des plus gros. Puis, flic flac! – Mes cavales s'envolent et je suis parti"[62].

Der wohl bekannteste in diesem Zusammenhang zu erwähnende französische Autor ist aber mit Sicherheit Alexandre Dumas (1802-1870), der in einer 1860 erschienen *Causerie*, welche den Titel *Un voyage à la Lune* trägt, seinen Protagonisten Moquet auf den Schwingen eines Adlers auf den Mond fliegen lässt. Moquet ist Diener und bringt seinem Herren pünktlich einen Brief, allerdings ist er dabei der Meinung, eine Woche verspätet zu sein, da er einen Traum, in dem er zum Mond und zurück gereist ist, für die Realität hält. Den Flug zum Mond absolvierte er dabei auf einem recht gesprächigen „aigle superbe, ayant plus de dix pieds d'envergure"[63], seinen Sturz zurück auf die Erde fangen ebenso gesprächige Gänse ab[64].

4.3 Meteoriten und Kometen

Auf ihrer Suche nach Reisemöglichkeiten durch den Kosmos kamen die Schriftsteller auch auf die Idee, ihre Protagonisten auf kleinen Himmelskörpern, wie z.B. Meteoriten oder Kometen, die sozusagen „sowieso schon" durch das All fliegen, mitfliegen zu lassen. Das wohl bekannteste Beispiel hierfür ist die 1752 erschienene Erzählung *Micromégas* von Voltaire, in der es heißt:

> „Notre voyageur connaissait merveilleusement les lois de la gravitation, et toutes les forces attractives et répulsives. Il s'en servait si à propos que, tantôt à l'aide d'un rayon de soleil, tantôt par la commodité d'une comète, il allait de globe en globe"[65].

Deutlich an diese Schrift angelehnt ist eine *Voyage dans le soleil* von Pierre Boitard, welche zwischen Dezember 1838 und Februar 1840 unter der Rubrik *Études astronomiques* im *Musée des familles* erschienen ist. Hier berichtet der Erzähler, wie er an einem schönen Abend voller Emotionen den Sternenhimmel betrachtet und sich für ihn Traum und Wirklichkeit zu vermischen beginnen. Im Folgenden hat er den Eindruck, in Begleitung eines *diable boiteux* auf einem Meteoriten sitzend eine Rundreise durch das Sonnensystem zu unternehmen: „Tantôt, [...] d'une emjambée je passais d'une planète dans une autre; tantôt, [...] je m'asseyais sur le

---

62   J. Bujault (1845), S. 199.
63   A. Dumas (1860), S. 85.
64   A. Dumas (1860), S. 97ff.
65   Voltaire (1970), S. 23.

front radieux d'une comète."[66] Über die Reise zum Mond heißt es konkret: „pendant cette conversation le génie et moi, nous nous étions assis sur l'aérolithe et nous voyagions ainsi comme sur un dragon volant"[67]. Pierre Boitard wendet sich in dieser Erzählung an ein jugendliches Publikum, das er stets – unter dem Vorwand der Schilderung von Abenteuern – zu belehren versucht (siehe Kapitel 8).

Als einen „curieux roman conjectural"[68] bezeichnet Pierre Versins den 1865 erschienenen *Un habitant de la planète Mars* von Henri de Parville. Der Autor tarnt sich hier zunächst als Herausgeber von insgesamt 14 Briefen, welche von den Sitzungen einer amerikanischen Gesellschaft berichten, die es sich zum Ziel gesetzt hat, die Herkunft eines seltsamen, auf die Erde gestürzten Meteoriten zu klären. Am Ende steht fest, dass die darin enthaltene Mumie durch einen Vulkan vom Mars auf die Erde geschleudert wurde - der Marsianer in diesem ersten „reinen" Marsroman der Literatur tritt seine Reise zur Erde also nicht nur posthum, sondern auch unfreiwillig an.

Interessant ist in diesem Zusammenhang auch Jules Vernes 1877 erschienener Roman *Hector Servadac*, der erzählt, wie ein Teil der Erde von einem Kometen losgeschlagen wird. Die unfreiwilligen „Reisenden" nennen ihren Miniaturplaneten *Gallia* und nutzen die Zeit auf ihrem Rundflug durch das Sonnensystem zu für den Leser lehrreichen astronomischen Beobachtungen; einem glücklichen Umstand und einem Ballon (siehe Fazit dieses Kapitels) verdanken sie am Ende aber dennoch die Rückkehr auf ihren Heimatplaneten.

4.4 Antigravitation

Von Sir Isaac Newton im Jahre 1686 veröffentlicht, ist das Gravitationsgesetz, wonach sich alle physikalischen Körper gegenseitig anziehen, bis heute gesicherter Bestandteil der Physik; auf eine ähnliche Kraft der allgemeinen Abstoßung gibt es allerdings bis heute keinerlei experimentelle Hinweise. Nachdem alle bisher im Rahmen der vorliegenden Arbeit behandelten Möglichkeiten, zu den Sternen zu gelangen, fast gänzlich der Phantasie angehörten, bemühen andere Autoren zu diesem Zweck die imaginäre Kraft der Antigravitation und versuchen dadurch, ihre Fiktionen in einem wissenschaftlicheren Licht erscheinen zu lassen.

---

66   P. Boitard (1838), I, S. 65.
67   P. Boitard (1838), I, S. 70.
68   P. Versins (1972), S. 655.

Bereits in den 1726 veröffentlichten *Gullivers Travels* von Jonathan Swift (1667-1745) ist im dritten Teil eine Reise nach Laputa enthalten, einer Insel, welche durch eine der Antigravitation ähnlichen Kraft in der Luft gehalten wird. Die Funktionsweise dieses magnetähnlichen *Load-Stone* wird hierbei sehr ausführlich geschildert:

> „By Means of this Load-Stone, the Island is made to rise and fall, and move from one Place to another. For, with respect to that Part of the Earth over which the Monarch presides, the Ston is endued at one of its Sides with an attractive Power, and at the other with a repulsive. Upon placing the Magnet erect with its attracting End towards the Earth, the Island descends; but when the repelling Extrimity points downwards, the Island mounts directly upwards"[69].

Sehr einfach und auch absolut nebensächlich wirkt ein gewisser „courant *répulsif*"[70], der einem Mondbewohner namens Djémil in Alfred Gourdets *L'habitant de la Lune* den Flug auf die Erde ermöglicht. Die erste Folge dieses M. Alexandre Dumas gewidmeten Werkes erschien am 24. Oktober 1868 und sollte wöchentlich fortgesetzt werden[71]; im ersten Kapitel (*L'arrivée à Paris*) berichtet der Reisende in einem Brief an seine daheim gebliebene Frau (Montesquieus *Lettres Persanes* ähnlich), welch seltsame Dinge ihm bei seiner Ankunft in dieser anderen Gesellschaft widerfahren sind. Der Untertitel des Werkes *Personnage rond, caractère carré* verstärkt den satirischen Charakter dieser lustigen Beschreibung der Pariser Gesellschaft.

Eine wissenschaftlichere Behandlung findet die Antigravitation erstmals im Jahre 1813 in dem Roman *A Voyage to the Moon* des Amerikaners George Tucker (1775 – 1861), der sich dieser Kraft bedient, um seine Protagonisten auf den Mond reisen zu lassen; David G. Hartwell bezeichnet diesen Roman als „the first American interplanetary voyage and a foundation work in the development of science-fiction"[72]. Hier wird erzählt, wie ein Schiffbrüchiger Offizier aus den USA vor der Küste von Borneo gefangen genommen wird und in dieser Gefangenschaft einen alten Mann kennen lernt, der ihm von einem geheimen, seit Generationen in seinem Stamm bekannten Stoff erzählt, von dem es heißt:

> „There is a principle of repulsion as well as gravitation in the earth. It causes fire to rise upwards. It is exhibited in electricity. It

---

69   J. Swift (1995), S. 163.

70   A. Gourdet (1868), S. 10.

71   Weder in der *Bibliothèque Nationale de France* noch anderswo ist allerdings mehr als nur diese erste Nummer zu finden.

72   David G. Hartwell im Vorwort zu G. Tucker (1975), S. vii.

occasions water-spouts, volcanoes, and earthquakes. [...] this principle has been found embodied in a metallic substance, which is met with in the mountain in which we are [...]. This metal when separated and purified, has as great a tendency to fly off from the earth, as a piece of gold or lead has to approach it"[73].

Bei George Tucker (auch bekannt unter dem Pseudonym Joseph Atterley, demjenigen Namen, den im Roman auch der schiffbrüchige Protagonist trägt) liegt aber nicht ein reines Gegenstück zur Gravitation vor, in dem Sinne, dass das Metall von allen Körpern gleichermaßen abgestoßen würde, vielmehr heißt es: „this same metal, which was repelled from the earth, was in the same degree attracted towards the moon"[74]; eine Eigenschaft, die der Substanz den Namen *lunarium* verleiht. Der alte Mann berichtet, schon drei mal auf dem Mond gewesen zu sein und geht mit seinem jüngeren Freund Atterley in einer Art von *lunarium* getragenen Würfel[75] erneut auf die Reise zu unserem Erdtrabanten[76]. Über drei ganze Kapitel hinweg wird im Folgenden der Flug zum Mond geschildert; immer wieder wird dabei auf den sich ändernden Anblick der Erde eingegangen. Am Reiseziel angekommen erleben die beiden eine hochinteressante Zivilisation auf dem Mond.

41 Jahre später, also im Jahre 1854, veröffentlichte auch der Franzose Charlemagne-Ischir Defontenay (1819–1856) seinen Roman *Star ou psi de Cassiopée, histoire merveilleuse de l'un des mondes de l'espace*, in welchem beschrieben wird, wie ein Reisender in Indien eine Schatulle findet, welche – von einem Vulkan durch den interstellaren Raum geschleudert – in Buchform die Geschichte der Menschheit auf Star, einem Planeten in einem Sternensystem im Sternbild Kassiopeia, beinhaltet. Neben der Beschreibung der dort vorherrschenden Gesellschaften (welche in Kapitel 9 behandelt werden sollen) beinhaltet dieser Roman die Schilderung eines *abare* genannten Raumschiffs, mit dem sich einzelne Vertreter der dortigen Menschheit vor den weltzerstörerischen Taten einer Sekte auf eine Reihe von Monden retten. Diese Raumschiffe werden dadurch in der Luft gehalten, dass ein spezielles Metall die Schwerkraft abschirmen kann:

„C'était [...] cette lame métallique, qui enveloppait les abares de tous côtés [...], et qui suspendait pour les corps enveloppés par elle l'effet de la pesanteur, ou même imprimait aux abares une

---

73   G. Tucker (1975), S. 35.
74   G. Tucker (1975), S. 36.
75   G. Tucker (1975), S. 44.
76   Durch die anziehende Wirkung, die das *lunarium* auf den Mond hat, dient den Reisenden bei der Landung eine Kugel dieses Metalls als Anker (G. Tucker (1975), S. 89.).

tendance plus ou moins forte à lutter en sens inverse de l'attraction terrestre"[77].

Wie bereits am Ende von Kapitel 2 erwähnt, ist das Jahr 1865 in der französischen Literatur für die in dieser Arbeit behandelte Thematik von großer Bedeutung; neben dem bekannten Roman *De la Terre à la Lune* von Jules Verne, Henri de Parvilles Marsroman *Un habitant de la planète Mars* und Achille Eyrauds *Voyage à Vénus* erschien in diesem Jahr auch ein Roman, der von der imaginären Kraft der Antigravitation Gebrauch macht. Es handelt sich hierbei um Alexandre Cathelineaus Roman *Voyage à la lune*, bei dem sich der Autor als Herausgeber eines vom Mond gefallenen Manuskriptes tarnt. Die Binnenhandlung, die diese Handschrift darstellt, erzählt, wie der junge Franzose Beaupré auf eine alte Legende von fliegenden Steinen stößt, aber erst lange Zeit später wieder an diese Begebenheit denkt, als ein befreundeter Wissenschaftler, der Deutsche Carl Geister, seine Notizen hierzu liest. Geister erkennt in dieser Legende das Prinzip der Antigravitation, genannt *répulsion*, dessen Existenz er wie folgt rechtfertigt:

> „toutes les propriétés sont douées de leur contraire: la chaleur, - le froid; la lumière, - l'obscurité; le plaisir; – la douleur; la beauté, - la laideur; le positif, - le négatif; la force centrifuge, - la force centripète; et ainsi de suite. Pourquoi pas l'attraction et la répulsion […]?"[78].

Geister reist daher nach Amerika, findet den beschriebenen Ort und bringt von dieser Reise zwei verschiedene Arten von Erde mit, die miteinander vermischt und mit Wasser versetzt zu Steinen werden, welche alle anderen Körper – also auch die Erde und den Mond - abstoßen. Die Tatsache, dass diese Abstoßungskraft durch Eisen abgeschirmt wird, ermöglicht es im Folgenden für den Flug zum Mond ein Raumschiff zu bauen, welches durch abschirmende Ruder lenkbar wird (siehe Abbildung S. 271). Auch Alexandre Cathelineau widmet der Schilderung der eigentlichen Reise einigen Platz; nach ihrer Landung verbringen die beiden Freunde den Rest ihres Lebens in der von ihnen vorgefundenen einfachen, aber äußerst harmonischen Mondgesellschaft (siehe Kapitel 9.3.1), schicken aber durch den Ausbruch eines Vulkans mehrere handgeschriebene Berichte ihrer Erlebnisse auf die Erde.

Zwei Jahre später, also im Jahre 1867, erschien mit der *Prodigieuse découverte et ses incalculables conséquences sur les destinées du monde* eines gewissen X. Nagrien ein weiterer Roman zum Thema Antigravitation, wobei

---

77   C.-I. Defontenay (1972), S. 82.

78   A. Cathelineau (1865), S. 43f.

oft vermutet wird, dass Jules Verne der wahre Autor dieses Werkes ist[79]. Der Roman erzählt, wie in ganz Paris in schwer zugängliche Dachfenster Flugblätter eingeworfen werden, welche ein außergewöhnliches Ereignis für den 1. Juni an der *Place de la Concorde* ankündigen. Die Tatsache, dass viele Augenzeugen einen schwarzen Handschuh an den Fenstern gesehen hatten, legt bereits nahe, dass die Thematik des Fliegens im Folgenden von zentraler Bedeutung sein wird und in der Tat erscheint an dem angekündigten Tag vor den Augen einer versammelten Menschenmenge ein fliegender Mann, der sich nach Belieben in der Luft fortbewegen kann. In der Folge wird berichtet, wie dieser anonym bleibende Erfinder immer längere Luftreisen mit immer mehr Passagieren plant und auch durchführt. Der Protagonist berichtet aber dabei zuerst von seiner Überzeugung, alle bislang angedachten Arten der Luftfahrt, sowohl die der *ballonistes* als auch diejenigen der Befürworter schwerer Flugapparate, seien zum Scheitern verurteilt; seiner Meinung nach brauche es „une conception primordiale tout autre et radicalement différente"[80], um die Luft zu erobern. Sein Nachdenken über die Gravitation führt ihn dann zu der Einsicht, dass diese Kraft eine spezielle Erscheinungsform der Elektrizität ist. Da es aber eine *électricité positive* und eine *électricité négative* gibt, vermutet er in Analogie hierzu die Existenz einer „gravitation négative, ou anti-gravitation"[81], die er schließlich auch findet. Konkret gelingt es ihm, diese Prinzipien in zwei „corps électro-métallo-chimiques"[82] zu extrahieren, welche er in Anlehnung an die Begriffe *posi-*

---

[79] In der hier benutzten (einzigen französischen!) Ausgabe aus dem Verlag von Pierre Hetzel deutet hierauf allerdings nichts hin. Simone Vierne macht deutlich darauf aufmerksam, dass diese Vermutung lediglich darauf zurückzuführen ist, dass im Jahre 1872 eine spanische und im Jahre 1875 eine italienische Übersetzung des Romans den – verkaufsversprechenden - Namen des bekannten französischen Autors benutzten. Ferner zitiert Simone Vierne einen Brief Jules Vernes an seinen Verleger Hetzel, der recht eindeutig beweist, dass der Autor die *Prodigieuse découverte* nicht geschrieben hat, denn er schreibt hierin: „J'ai lu ‚Prodigieuse découverte'. C'est de l'Edgar Poe pour l'insuffisance des moyens physiques, moins le génie de cet étrange conteur. En somme, je ne trouve pas cela fameux.'" (S. Vierne (1967), S. 7). Laut Simone Vierne passt auch die Art und Weise, wie in dem besagten Roman die technischen Details in einer *Paranthèse* eingeschoben werden (siehe Kapitel 7.1), nicht zu der Verneschen Art, Wissen geschickt in den Text einzuflechten (zu verschiedenen Arten, Wissen zu vermitteln, siehe Kapitel 8).

[80] X. Nagrien (o.J.), S. 38.

[81] X. Nagrien (o.J.), S. 42. Der Autor bezieht sich in dieser Überlegung höchstwahrscheinlich auf elektrisch positive und negative Ladungen.

[82] X. Nagrien (o.J.), S. 43.

tif und *négatif* dann *pos* und *neg* tauft. Das *pos* ist von goldener Farbe und strömt eine anziehende Kraft aus, das *neg* dahingegen ist weiß wie Silber und von ihm geht die gegenteilige, abstoßende Wirkung aus, was das folgende Experiment ermöglicht:

> „Je confectionnai une boule composée d'un hémisphère de pos et d'un hémisphère de neg. Quand le pos était tourné vers la terre, la boule tombait. Quand c'était au contraire le neg, elle s'élevait avec une grande force"[83].

Auf diesem Prinzip aufbauend entwickelt der Erfinder dann seine verschiedenen Flugapparate, wobei er zunächst ohne jeglichen Flugapparat, dann in einer Art fliegendem Sessel und schließlich in einem großen, 50 Passagieren Platz bietenden Wagen unterwegs ist. Die Basis der Realisierung bildet hierbei stets ein so genannter „négopos sphéro-conique"[84], der aus drei verschiedenen Schichten besteht, seien es zwei Schichten *pos* und ein Schicht *neg* oder umgekehrt. Die Genauigkeit, mit welcher der Autor die vermeintliche Erfindung beschreibt, kommentiert Pierre Versins folgendermaßen:

> „NAGRIEN s'est donné beaucoup de mal pour préciser les détails de son invention [...]. Par moments, on croirait la découverte réelle et le roman compte rendu d'expériences de laboratoire"[85].

Das abrupte Ende dieses Romans, das den vermeintlichen Erfinder als einen Verrückten entlarvt und damit die geschilderten Reisen als eine reine Ausgeburt der Phantasie darstellt, wird in Kapitel 7.3 im Hinblick auf die Thematik der Authentizität noch von Bedeutung sein.

Das bekannteste Werk in Sachen Antigravitation ist aber unumstritten der 1901 erschienene Roman *The First Men in the Moon* von Herbert George Wells (1866-1946). In ihm fliegen der Erzähler, ein junger, erfolgloser Geschäftsmann, und der Wissenschaftler Cavor zum Mond und treffen dort auf eine unterirdische Zivilisation von ameisenähnlichen und kampflustigen Wesen. Während der Erzähler auf die Erde zurückkehrt und das Erlebte als Bericht herausgibt, bleibt der Wissenschaftler auf dem Mond zurück. Die Überwindung der Erdenschwere gelingt den Reisenden hier allerdings nicht durch eine imaginäre Antigravitation, sondern lediglich durch eine – real allerdings genauso wenig existierende - Abschirmung der tatsächlich existierenden Gravitation:

> „The object of Mr Cavor's search was a substance that should be „opaque" [...] to ‚all forms of radiant energy'. [...] Now all known substances are ‚transparent' to gravitation. You can use

---

83   X. Nagrien (o.J.), S. 44.

84   X. Nagrien (o.J.), S. 59.

85   P. Versins (1972), S. 622.

screens of various sorts to cut off the light or heat, [...] but nothing will cut off the gravitational attraction of the sun or the gravitational attraction of the earth"[86].

Eben ein solches, für Gravitationsstrahlen[87] undurchdringliches Material findet Cavor nach langem Forschen, baut eine Art Glaskugel, umgibt sie mit diesem Material, dem *Cavorite*, und nimmt in diesem Gefährt seinen jungen Gefährten mit auf den Mond. Die Lenkung ist recht einfach: Ist die Glaskugel komplett von *Cavorite* umschlossen, so erfährt das Raumschiff keinerlei Anziehung und fliegt geradlinig durch das All; öffnet man allerdings diese Abschirmung an einer Stelle, so wird man zu dem in dieser Richtung gelegenen Himmelskörper gezogen.

4.5 Helikopterprinzip

Beruhen alle bis jetzt geschilderten Fortbewegungsmittel für den Weltraum gänzlich auf der Phantasie der Schriftsteller, so werden in anderen literarischen Werken durchaus auch Erfindungen geschildert, die zumindest vom Prinzip her realistisch sind. Schon im 16. Jahrhundert erfand der italienische Gelehrte Leonardo da Vinci (1452-1519) das Prinzip des Helikopterfluges, eine Idee welche M. D. la Folie 1775 in seinem Roman *Le philosophe sans prétention* aufgreift. Hier wird – der Vorliebe der Zeit für den Orient folgend - die Geschichte des arabischen Gelehrten Nadir erzählt, welcher, als er seine gesamte, große Bibliothek herschenkt und dabei lediglich vor den naturwissenschaftlichen Werken halt macht, Besuch von einem vermeintlichen Merkurianer namens Ormasis bekommt. Bevor die durchaus dramatische Handlung weitergeht, bestehen im Folgenden lange Teile des Romans aus Gesprächen über eine Vielzahl naturwissenschaftlicher Themen. Seine Reise vom Merkur zur Erde absolvierte der Besucher hierbei auf einer Art fliegendem Stuhl, wobei der Autor im Jahre 1775 schon erstaunlich früh auf die Kraft der Elektrizität

---

86   H. G. Wells (2002), S. 14.

87   In der modernen Quantenfeldtheorie werden Wechselwirkungen wie z.B. die elektromagnetische Wechselwirkung durch den Austausch von Quanten, also Teilchen, beschrieben. Auch für die Gravitation gibt es einige Quantenfeldtheorien, das zugrundliegende Austauschteilchen, das so genannte Graviton, konnte allerdings noch nicht experimentell beobachtet werden. In einem gewissen Sinne stimmt also noch immer die Aussage von Newton in Friedrich Dürrenmatts Theaterstück *Die Physiker* (Neufassung 1980) „Ich bin Newton. Sir Isaac Newton. [...] aber die Frage nach dem Wesen der Schwerkraft mußte ich offenlassen." (Dürrenmatt, Friedrich (1985): *Die Physiker, Eine Komödie in zwei Akten*, Diogenes, Zürich. (Diogenes Taschenbuch, 20837), S. 86)

baut, war doch noch das folgende 19. Jahrhundert von der Kraft der Dampfmaschine bestimmt. Diese „machine électrique d'une nouvelle forme"[88] beschreibt der vermeintliche Merkurianer folgendermaßen:

> „je vis deux globes de verre de trois pieds de diamètre, montés au-dessus d'un petit siège assez commode. Quatre montans de bois couverts de lames de verre soutenoient ces deux globes"[89].

Durch den elektrischen Antrieb werden nun diese Kugeln zum Start in starke Rotation versetzt, was eine gewisse Auftriebskraft erzeugt: „pour m'élever en l'air, mon principal moyen est d'annuler au-dessus de ma tête la pression de l'atmosphère"[90]. Interessanterweise kommt nun aber auch der – eigentlich erst im Jahre 1901 nachgewiesene – Lichtdruck als sozusagen „von unten" treibende Kraft hinzu:

> „Observez que la percussion de la lumière agit actuellement au-desous de ma méchanique. C'est elle qui va m'enlever sans beaucoup d'efforts, & maître du mouvement de mes globes, je descendrai ou monterai en telles proportions qu'il me plaira"[91].

Mit solch einer Art fliegendem Stuhl gibt der vermeintliche Merkurianer Ormasis vor, vom Merkur auf die Erde gekommen zu sein; im weiteren Verlauf des Romans gesteht er allerdings seinem Gastgeber, ein ganz normaler Mann auf der Suche nach seiner Tochter zu sein, die er nun auch im Hause des Wissenschaftlers wieder gefunden habe. Nachdem auch weitere Familienangehörige gefunden sind, nimmt also eine Handlung ein Ende, die im Prinzip lediglich die Aufgabe hat, die im Roman dargestellten, wissenschaftlichen Themen in spannender Weise zu verpacken; nicht verwunderlich ist in dieser Hinsicht auch der Untertitel des Werkes: *Ouvrage physique, chymique, politique et moral, dédié aux Savans* [sic] (zur Vulgarisation von Wissen siehe Kapitel 8).

4.6 Ballon

Das im Vorangehenden geschilderte Prinzip des Helikopters war zwar schon im 16. Jahrhundert erkannt worden, seine technische Realisierung ließ allerdings noch bis zum Jahre 1907 auf sich warten. Das einzige Reisemittel, das der Luftfahrt im 18. und 19. Jahrhundert zur Verfügung stand, war also der Ballon, und so war diese Fortbewegungsart im 18. und 19. Jahrhundert bei der Schilderung imaginärer Reisen zu den Pla-

---

88   M. D. la Folie (1775), S. 30.
89   M. D. la Folie (1775), S. 30.
90   M. D. la Folie (1775), S. 31.
91   M. D. la Folie (1775), S. 31.

neten sehr beliebt. Dies verwundert nicht, wenn man bedenkt, dass der erste bemannte Flug einer *Montgolfière* in Paris im Jahre 1783 stattfand.

Unabhängig davon, ob es sich um einen Heißluftballon oder um einen mit Gas gefüllten Ballon handelt, beruht diese Art des Fliegens[92] stets auf dem Archimedischen Prinzip. Dieses besagt, dass weniger dichte Medien in dichteren Medien eine Auftriebskraft erfahren. Offensichtlich kann also ein Ballon nicht im luftleeren Raum aufsteigen, da das Archimedische Prinzip auf der Wechselwirkung des Ballons mit dem ihn umgebenden Medium beruht; dieses Fortbewegungsprinzip ist also zu einer interplanetarischen Reise gänzlich ungeeignet. Dies ist aber natürlich kein Hinderungsgrund für die Phantasie der Schriftsteller, und so schildert der Franzose Cyrano de Bergerac schon gut 100 Jahre vor dem ersten bemannten Flug einer *Montgolfière* den Aufstieg Énocs mit Hilfe von rauchgefüllten Behältern: „La fumée aussitôt qui tendait à s'élever droit à Dieu […] poussa les vases en haut, et […] [les vases] enlevèrent avec eux ce saint homme"[93]. Ein anderes, ähnliches und oft zitiertes Mittel Cyranos macht vom Morgentau Gebrauch, der bekanntlich zum Himmel emporsteigt (siehe Abbildung S. 265):

> „J'avais attaché autour de moi quantité de fioles pleines de rosée, sur lesquelles le Soleil dardait ses rayons si violemment, que la chaleur qui les attirait, comme elle fait les plus grosses nuées, m'éleva si haut, qu'enfin je me trouvai au-dessus de la moyenne région"[94].

Dieses zweite Beispiel macht deutlich, wie sehr es Cyrano de Bergeracs Fortbewegungsmitteln an einer wissenschaftlichen Grundlage mangelt, dennoch ist diese Erzählung äußerst reizvoll und schildert - in den Worten Jean Serviers - ein „climat féerique de ces voyages"[95].

Natürlich gewinnt mit dem Beginn der Ballonluftfahrt im späten 18. Jahrhundert dieses Fortbewegungsmittel auch in der Literatur an Bedeutung, und so erschienen bereits ein Jahr nach dem ersten bemannten Flug einer *Montgolfière*, also im Jahre 1784, gleich zwei Romane, die eine Reise zum Mond mit Hilfe des Ballonprinzips schildern. Aber auch im 19. Jahrhundert hat der Ballon weder in der Realität, noch in der Literatur etwas von seiner Faszination eingebüßt, man denke hierbei nur an den französischen Autor Jules Verne, der seinen schriftstellerischen Durchbruch im Jahre 1863 seinem Roman *Cinq semaines en ballon* ver-

---

92 Die Fortbewegung mit Hilfe eines Ballons wird üblicherweise als *Fahren* bezeichnet. Hier geht es allerdings um das vertikale Aufsteigen.

93 C. de Bergerac (1968), S. 30.

94 C. de Bergerac (1968), S. 20.

95 J. Servier (1993), S. 48.

dankt[96]. Die hier beschriebene Fahrt hat allerdings keinen fremden Himmelskörper zum Ziel, sondern ist vielmehr der Suche nach den Quellen des Nils, also einem aktuellen Forschungsthema der Zeit, gewidmet. Genauso aktuell im 19. Jahrhundert ist auch ein Grundsatzstreit über die richtige Art des Fliegens, bei dem sich die *ballonistes* und die Befürworter schwerer Flugapparate, wie sie sich schließlich durchgesetzt haben, gegenüberstehen. Letztere warfen ihren Widersachern hierbei die unzulängliche Lenkbarkeit der Ballone und deren Abhängigkeit vom Wind vor. Jules Vernes 1886 erschienener Roman *Robur-le-conquérant* hat eben diesen Streit zum Thema, was Simone Vierne folgendermaßen kommentiert: „C'est l'actualité qui donne le branle à l'imagination: la question de la navigation aérienne était plus que jamais à l'ordre du jour"[97]. Trotz seiner erwähnten Liebe zum Ballon trat Jules Verne voller Überzeugung der von Nadar gegründeten *Société du plus-lourd-que-l'air*[98] bei[99], welche sich für schwere Flugapparate einsetzte, was sie allerdings nicht davon abhielt, einen Riesenballon namens *Géant* zu bauen, um Geld zu beschaffen[100].

Wie im Folgenden ersichtlich sein wird, gibt es zwei verschiedene Arten einer fiktiven Weltraumreise im Ballon, im ersten Fall wird ein herkömmlicher Ballon ohne weitere Erklärungen verwendet, im zweiten Fall wird versucht, wissenschaftlich zu rechtfertigen, warum das beschriebene Gefährt eine Reise durch den Weltraum aufnehmen kann; zwei Phänomene, die im Folgenden als herkömmlicher bzw. als gerechtfertigter Ballon bezeichnet werden sollen.

4.6.1 Der herkömmliche Ballon

Zwar ohne Ballon aber auf dem Ballonprinzip beruhend findet in dem 1784 erschienen, von Jacques-Antoine Dulaure verfassten Roman *Le retour de mon pauvre oncle* eine eher unfreiwillige Reise zu unserem Erdtrabanten statt: Auf recht burleske Weise wird hier geschildert, wie der Verfasser der *Préface* und damit der vermeintliche Herausgeber des Buches, seinem Onkel ein Klistier verabreicht, dabei jedoch keine Flüssigkeit, sondern Luft in dessen Körper einführt. Zu einer Art „ballon humain"[101] geworden fliegt der Onkel davon:

---

96   V. Dehs (1993), S. 49.

97   S. Vierne (1993), S. 255.

98   Diese Schreibweise ist übernommen aus: D. Compère; J.-M. Margot (1998), S. 195.

99   S. Vierne (1993), S. 255.

100   V. Dehs (1993), S. 48.

101   P. Poix (1992), S. 29.

„Soudain je vis ce cher Oncle s'élever de son lit par degrés, voler au plafond, y faire deux ou trois tours, puis s'échapper par la fenêtre. Je voulus l'arrêter par les pieds: mais son soulier me resta à la main; & tout déculotté, il s'envola majestueusement sur les nuages"[102].

Für viele andere Autoren als Vorlage (siehe Kapitel 10.1.1) diente die ebenfalls sehr lustige *Histoire fantastique de mon illustre cousin Benoit Laroutine, et de son grand voyage au fin fond de la lune*, welche einen Teil der zwischen 1835 und 1836 im *Journal des Enfants* erschienenen *Aventures de Robert-Robert* von Louis Desnoyers darstellt. Der kleine Junge Robert-Robert reist hier an Bord eines Schiffes und lauscht voller Spannung den allabendlichen Erzählungen des so genannten *Parisien*, dessen Cousin angeblich auf den Mond geflogen sein soll. In dieser kurzweiligen, immer wieder durch Seenot oder andere Ereignisse unterbrochenen Binnenerzählung steigt Benoit Laroutine in der Anfangszeit des Ballons („Le ballon venait d'être imaginé tout nouvellement"[103]) in einen Ballon, felsenfest davon überzeugt, dass dieser sich nicht erheben wird: „Il n'y a pas de danger! [...] C'est encore de la jonglerie, les ballons."[104] Doch der Ballon steigt sogar schneller als geplant in die Lüfte, da viele Passagiere die Reise aus Angst nicht angetreten haben, und so wird der Protagonist in eine märchenhafte Mondwelt entführt, in der er so manches Abenteuer erlebt, bevor er flieht und in seinem Ballon wieder auf die Erde zurückkehrt. Die Reise zum Mond findet hier also in einem völlig herkömmlichen Ballon und quasi „aus Versehen" statt, was genauso für die *Voyage dans la planète Vénus* (1888) von Charles Guyon gilt. Hier wollen die Reisenden im *Franklin*, dem größten bis dahin in den USA gesehenen Ballon[105] (siehe Abbildung S. 281), als erste den Atlantik überqueren, neidische Konkurrenten allerdings, die nicht mit auf die Reise durften, sabotieren das Projekt indem sie sämtlichen Ballast von vorne herein nur an unzulänglichen Knoten befestigen, was den Ballon „comme un éclair"[106] emporsteigen und in einer zehntägigen Reise (die Passagiere sind in dieser Zeit bewusstlos) zur Venus fliegen lässt. Dort wird einer der Protagonisten von einem bösen Volk entführt, von seinen Gefährten lange gesucht, schließlich auch gefunden aber kurz darauf in einem

---

102   J.-A. Dulaure (1784), S. 3f.
103   L. Desnoyers (1839), Bd. II, S. 63.
104   L. Desnoyers (1839), Bd. II, S. 68.
105   C. Guyon (1888), S. 8. Interessant anzumerken ist, dass dieser Ballon nicht mit Heißluft sondern mit Wasserstoff gefüllt ist (C. Guyon (1888), S. 15.).
106   C. Guyon (1888), S. 18.

Krieg getötet; die Überlebenden reisen als Geschoss einer Kanone zur Erde zurück.

Auch im Rahmen der bereits in Kapitel 2 erwähnten Mondeuphorie in der Tagespresse nach 1835 finden sich entsprechende Beispiele, so veröffentlichte z.B. P.-F. Mathieu am 20. März 1840 im *Écho du Nord* ein kurzes Prosagedicht mit dem Titel *Voyage dans la Lune*. Der Protagonist leiht sich hier einfach einen normalen Ballon und fliegt darin zum Mond und zurück. Mit dem Ausspruch „Le firmament n'a-t-il pas sa voiture?"[107] macht er auf die Einfachheit einer solchen Reise, welche er „en moins de rien" [108] absolviert, aufmerksam. Genauso einfach macht es sich auch ein gewisser M. Jacquemart (d'Aubagne), dessen Erzählung seiner Reise zum Mond am 5. Oktober 1841 in der Wochenzeitung *La Caricature* zu lesen ist. Auch er hält keinerlei Rechtfertigungen bezüglich des Reisemittels für notwendig, gibt die Faszination für den Erdtrabanten aber sehr schön wieder:

> „On n'ira plus voyager dans les contrées trop connues [...]. Les vrais amateurs de voyages n'iront plus désormais visiter notre vieille planète.... Les chemins sont trop battus, trop usés, trop décrits.... Ceux qu'un goût de périgrination, qu'une fantaisie d'artiste, qu'un besoin de changer d'air, poussent hors de leur patrie... iront tous dorénavant.... [...] Dans la lune!"[109].

In der folgenden Ausgabe findet der Leser aber nicht – wie eigentlich angekündigt – weitere Berichte dieser Reise sondern einen erbosten Brief eines gewissen Henri Lacaze, der behauptet, er selbst sei als „premier et unique"[110] auf den Mond geflogen; doch auch hier finden sich über den benutzten Ballon keinerlei Angaben.

Ähnlich verhält es sich mit dem *Nouveau Bonardin, ou Retour d'un voyage dans la lune*, einer *pièce féerie en deux actes*, welche – von Félix Leroy verfasst – am 16. April 1842 in Châlons uraufgeführt wurde. Hier braucht der Protagonist Justin, um die Tänzerin Aline zu heiraten, die Einwilligung seines Onkels und führt diesem deshalb in einer Theateraufführung (was einer *mise en abîme* entspricht) vor Augen, wie auch er einst auf den Mond gereist war, um dort – fern ab von allen sozialen Zwängen – ebenfalls eine Tänzerin zu heiraten. Diese Schilderung des in der märchenhaften Mondwelt Erlebten erhitzt allerdings Justins Tante so sehr, dass die Aufführung abgebrochen wird und das Jawort zur Hochzeit gegeben wird. Die Tatsache, dass der Ballon zum Mond fliegen kann wird

---

107   P.-F. Mathieu (1840), S. 2.
108   P.-F. Mathieu (1840), S. 2.
109   Anonym (1841, a), S. 157.
110   Anonym (1841, b), S. 159.

hier mit keinem Wort gerechtfertigt und die Reisenden landen friedlich auf dem Mond „suspendus à une sorte de parasol"[111], wie es ein Mondastrologe kommentiert, wobei dieser Fallschirm eher komisch wirkt und nicht als technische Erfindung geschildert ist.

Zwei Jahre später veröffentlichte ein Lehrer an einem *collège* in Buis (Drôme) eine *Voyage dans la lune* als einen in Versen verfassten Dialog, in dem Tréchomane seinem Freund Philomathe von einer harmonischen Gesellschaft, die er auf dem Mond erlebt hat, erzählt. Hin- und Rückreise in einem Ballon[112] sind dabei so nebensächlich dass sie nur kurz erwähnt werden und auch der benutzte Ballon wird nicht näher beschrieben.

4.6.2 Der motivierte Ballon

Wie bereits erwähnt, warfen die Befürworter schwerer Flugapparate den Ballonpionieren vor, stets vom Wind abhängig zu sein. Die Frage nach der Lenkbarkeit der Ballone ist also ein aktuelles Thema im 19. Jahrhundert. In diesem Zusammenhang veröffentlichte Samuel-Henri Berthoud (1803-1891) im Jahre 1841 in der Zeitschrift *La Presse* eine kurze Geschichte mit dem Titel *Voyage au ciel, histoire anectodique du XIXe siècle*. Hier fliegt der vom Tod seines Kindes betrübte Wissenschaftler Ludwig Klopstock in einem Ballon mit und will immer höher hinaus, was der Ballonbesitzer nur mit Mühe verhindern kann. Wieder auf der Erde zurück widmet sich Klopstock dem Problem der Lenkbarkeit von Luftschiffen, löst es und fliegt zusammen mit seiner Frau in einem von ihm gebauten Ballon fort und wurde nie wieder gesehen. Das Ziel seiner Reise wird zwar nicht genannt, ist aber seinen Kommentaren während der ersten Fahrt zu entnehmen, als er sagt: „je veux aller au-delà […]. Oui, je veux franchir ces barrières imposées à l'homme. […] gagnons le ciel!"[113].

Im Allgemeinen gilt jedoch Edgar Allan Poes *The Unparalleled Adventure of one Hans Pfaal* von 1835 als die Erzählung, die technischen Details und der Beschreibung der eigentlichen Reise erstmals einen größeren Platz einräumt. Recht genau beschrieben wird hierbei der verwendete Ballon, wobei der Autor durch das Vorhandensein eines „extremely *rare ethereal medium*"[114] das Funktionieren dieser Fortbewegungsart auf einem Flug zum Mond rechtfertigt. Die technischen Neuerungen, die der Autor in dieser Erzählung anbringt sind dabei zum einen eine von einem Herrn Grimm erfundene Luftkomprimierungsmaschine, mit welcher der Pro-

---

111   F. Leroy (1842), S. 31.
112   Anonym (1844), S. 8 und S. 23.
113   S. H. Berthoud (1841), S. 136.
114   E. A. Poe (1990), S. 567.

tagonist die Restatmosphäre zu Atmungszwecken ansaugen will[115] und zum anderen ein von einem Physiker in Nantes entdecktes Gas, von dem es heißt:

> „The gas [...] is a gas never generated by any other person than myself – or at least never applied to any similar purpose. I can only venture to say here, that it is a constituent of azote, so long considered irreducible, and that its density is about 37.4 times less than that of hydrogen"[116].

Aus der Sicht der heutigen Naturwissenschaften ist ein solcher Stoff, der leichter als Wasserstoff ist, nicht denkbar; das dieser Überlegung zugrunde liegende Atommodell war allerdings im Jahre 1835 noch nicht entwickelt. Ferner ist der aus Batistmusselin gebaute Ballon mit 40000 Kubikfuß Gas sehr groß und aus Sicherheitsgründen mit drei weiteren Schichten überzogen.

Ähnlich technisch ausgerichtet ist jedoch auch die bereits im Jahre 1784 erschienene und anonym veröffentlichte *Histoire intéressante d'un nouveau voyage à la lune*, in der ebenfalls der reine Reiseaspekt eines Fluges zum Mond sehr ausführlich beschrieben wird. Am Reiseziel angekommen erleben die drei Reisenden hier eine Mondgesellschaft mit utopischen Zügen, der Protagonist verliebt sich in eine junge Monddame und fliegt mit ihr zusammen in seinem Ballon nach Paris, um sie der dortigen Gesellschaft vorzustellen; weitere Reisen sind geplant. Auch in diesem Werk rechtfertigt die Lenkbarkeit des Ballons einen Flug zum Erdtrabanten: „L'enthousiasme des ballons, qui, encore dans leur berceau, tournaient toutes les têtes, avait tellement échauffé mon génie, qu'il me fit naître l'envie d'en chercher la direction"[117]. Im Folgenden wird auch dieser „ballon bien conditionné, d'un genre tout nouveau [...] d'une figure oblongue"[118] mit seinen 100 Metern Länge und 33 Metern Durchmesser genau beschrieben; auch die Tatsache, dass er ein komfortables kleines Schlösschen als Gondel tragen kann, wird im Hinblick auf das Archimedische Prinzip mit der enormen Größe des Ballons gerechtfertigt, da das Gewicht der insgesamt verdrängten Luft zu dem des gesamten Gefährtes sich wie 60 zu 5 verhält[119]. Die Finanzierung des Projektes wird ebenfalls thematisiert und durch einen reichen Mann ermöglicht;

---

115 E. A. Poe (1990), S. 568. In den Anmerkungen der Ausgabe von Stuart Levine und Susan Levine wird darauf hingewiesen, dass dieser Physiker wohl real existiert hat (E. A. Poe (1990), S. 613).

116 E. A. Poe (1990), S. 562.

117 Anonym (1784), S. 1.

118 Anonym (1784), S. 3.

119 Anonym (1784), S. 3.

über den Bau des Ballons heißt es: „Tout cela se fit sans éclat"[120]. Ähnlich wie bei Edgar Allan Poe wird auch hier der Verlauf der Reise im Einzelnen beschrieben, so wird berichtet, dass die Erde bereits nach sechs Stunden unsichtbar wird und auch das Problem der Luftverdünnung wird angesprochen[121]. In der ebenfalls 1784 erschienenen Erzählung *Le retour de mon pauvre oncle* von Jacques-Antoine Dulaure findet die Rückreise vom Mond zur Erde in einem lenkbaren Gefährt statt, das gleich vier Ballone beinhaltet und bei dem eine Art Blasebalg der Lenkbarkeit dient:

> „J'avois construit en conséquence quatre Ballons aërostatiques, que j'avais attachés aux quatre angles d'une espèce de bâteau, dans lequel étoit un énorme soufflet, dont la force du vent agissant dans l'intérieur de la machine, devoit l'emporter sur le vent de l'atmosphère, ou du moins lui résister & servir à la direction"[122].

Deutlich an ein jugendliches Publikum wendet sich Alfred Driou in seinem 1856 erschienenen Roman *Aventures d'un aéronaute parisien*. Hier steigt ein kleiner Junge in einem Traum als Erwachsener in einem Ballon auf und fliegt so hoch, dass sich Mondbewohner in ihrem Ballonen zu ihm gesellen. Er darf zwar nicht auf dem Mond landen, ist aber dennoch traurig, als die Stunde des Abschieds naht; kurz darauf trifft ein Blitz den Ballon und der Reisende fällt genau in das Bett, in dem er geschlafen hat. Wie in der *Histoire intéressante* von 1784 ist auch hier die Lenkbarkeit diejenige Eigenschaft, die einem Ballon das Aufsteigen in kosmische Höhen ermöglicht und mehrere Arbeiter sind insgesamt fünf Tage damit beschäftigt, den Ballon zu bauen.

Den französischen Autor Georges le Faure bezeichnet Pierre Versins in seiner *Encyclopédie de l'utopie, des voyages extraordinaires et de la science-fiction* als einen

> „écrivain populaire français (1858-1953) [sic], de ceux que le succès de Jules VERNE dut empêcher de dormir. On lui doit plusieurs romans d'anticipation pour adolescents, à commencer par **La guerre sous l'eau**, **Les robinsons** [sic] **lunaires** et une suite de cinq récits"[123].

Im Rahmen der vorliegenden Arbeit von Interesse ist vor allem der Roman *Les Robinsons lunaires*, findet sich doch hier der technisch aufwendigste Ballon des gesamten Textcorpus. Der unterhaltsame Roman er-

---

[120]   Anonym (1784), S. 5.
[121]   Anonym (1784), S. 7f.
[122]   J.-A. Dulaure (1784), S. 53f.
[123]   P. Versins (1972), S. 521.

zählt von einem wissenschaftlichen Streit eines Lehrers mit einem seiner Ex-Schüler. Während der Lehrer davon überzeugt ist, dass sich zwischen den Planeten ein luftleerer Raum befindet und darüber hinaus der Mond unbewohnt ist, ist der Schüler jeweils von dem Gegenteil überzeugt und baut folglich einen Ballon, um damit zum Mond zu fliegen. Im weiteren Verlauf des Romans fliegt der skeptische Lehrer in einem Traum samt dem Erfinder des Ballons, seiner Tochter und seinen Schülern zum Mond und erleidet dort Schiffbruch. Nach langer Suche auf unserem Trabanten ist endlich Wasser gefunden, als der Träumende wieder erwacht (siehe Kapitel 7.2).

Der Ballon *Gigas* verdient einige Beachtung, so ist der Raum für die Passagiere nicht etwa ein Korb, sondern ein echtes Schiff, was auch Landungen im Meer erlaubt (siehe Abbildung S. 282). Der 120 Meter lange eigentliche Ballon besteht aus einer Aluminiumschicht von knapp einem halben Millimeter Dicke[124], was das Gefährt sehr leicht macht. Die in den Worten des Lehrers „principale originalité du Gigas"[125] besteht darin, dass der Ballon in zwei Hälften geteilt ist, welche durch einen luftundurchlässigen Stoff miteinander verbunden sind. Mittels einer Winde kann der Abstand zwischen den beiden Metallteilen also variiert werden, was das Volumen des Ballons verändert, ihm somit also einen geringeren oder einen größeren Auftrieb verleiht. Das Abwerfen von Ballast und das Ablassen von Gas entfallen dadurch[126] und der *Gigas* ist dank eines Propellers und eines Ruders auch lenkbar[127]. Darüber hinaus ist das Schiff nicht an einem festen Ort mit dem Ballon verbunden, sondern kann an einer Art Seilbahn auch ganz an dessen Heck befördert werden, was dem *Gigas* ein sehr schnelles Aufsteigen ermöglicht[128]. Da der Erfinder mit diesem Gefährt bis zum Mond gelangen will, ist noch eine Maschine vorhanden, welche am Bug des Ballons aus allen Richtungen die Restatmosphäre ansaugt, um sie am Heck komprimiert wieder frei zu setzen. Dies gibt dem Propeller die nötige Angriffsfläche[129]. Hier wird deutlich, dass der Erfinder mit seinem Flug die Existenz einer Atmosphäre zwischen den Himmelskörpern beweisen will.

---

[124] G. le Faure (1893), S.36.

[125] G. le Faure (1893), S.37.

[126] G. le Faure (1893), S. 37f.

[127] G. le Faure (1893), S. 48.

[128] G. le Faure (1893), S. 49.

[129] G. le Faure (1893), S. 65f.

4.7 Kanone

Schon mehr als hundert Jahre vor Jules Verne beschrieb der Brite Murtagh Mc Dermot in seinem Roman *A Trip to the Moon* (1728) eine Reise vom Mond zurück zur Erde mittels einer Art Kanone. Hierzu graben die Reisenden von der Erde mit Hilfe der Mondbewohner ein großes Loch in den Mondboden, in welches Schießpulver gefüllt wird[130]. In der deutschen Literatur dahingegen ist der „Lügenbaron" Münchhausen für seinen Ritt auf einer Kanonenkugel bekannt, welcher allerdings nur zu einem irdischen Ziel führt[131] – seine Reisen zum Mond hat der Baron einmal einem Orkan[132], ein andermal schnell wachsenden Bohnen[133] zu verdanken.

Die beiden „Mondromane" von Jules Verne (*De la Terre à la Lune* von 1865 und *Autour de la Lune* von 1869) sind allerdings mit Sicherheit die bekanntesten Werke der französischen Literatur, die eine Reise zu einem anderen Himmelskörper thematisieren: Hier wird erzählt, wie der Amerikanische *Gun-Club*, von einer „paix inféconde"[134] nach dem Sezessionskrieg gelangweilt, eine Kanone namens *Columbiad* baut, um damit ein *boulet* zum Mond zu schießen. Recht spät erst meldet sich dann ein Franzose namens Michel Ardan als Passagier des zuerst unbemannt geplanten Projektils; zwei weitere Reisende finden sich im weiteren Verlauf des Romans. Durch einen Asteroiden abgelenkt, erreicht das Geschoss den Mond aber nicht, der Roman endet vielmehr mit dem Feststellen seiner ungeklärten Flugbahn um den Mond. In der 1869 erschienenen „Fortsetzung" *Autour de la Lune* umfliegt die dreiköpfige Besatzung dieses *boulet* dann den Mond und landet wohlbehalten im Pazifik.

Jules Vernes Kanone *Columbiad* fand bei den späteren Vätern der Weltraumfahrt einige Beachtung. So hat der Raketenpionier Max Valier (1895-1930) in seiner Veröffentlichung *Der Vorstoß in den Weltraum – eine technische Möglichkeit?* (1924) zusammen mit Hermann Oberth (1894-1989) ausgerechnet, dass die *Columbiad* (270 Meter lang[135] und direkt in den Boden Floridas eingegossen) nicht funktioniert hätte, da allein die Luftsäule in der Kanone genügt hätte, um das - im Roman *obus* genannte - Raumschiff wie durch eine Feder zurückzudrücken und zu zerschmet-

---

[130]   P. Poix (1992), S. 25.

[131]   G. A. Bürger (1984), S. 51ff.

[132]   G. A. Bürger (1984), S. 157ff.

[133]   G. A. Bürger (1984), S. 56f.

[134]   J. Verne (1966, b), S. 23.

[135]   J. Verne (1966, b), S. 101.

tern[136]. Von Jules Verne mit der Bemerkung abgetan: „La résistance [...] de l'air, sera peu importante. En effet, l'atmosphère terrestre n'a que quarante milles"[137], stellt der Luftwiderstand der Erdatmosphäre in Wirklichkeit das Hauptproblem eines solchen Unternehmens dar. Oberth und Valier schlugen deshalb vor, eine 1000 Meter lange Kanone in einen 5000 Meter hohen Berg zu gießen, um weniger Atmosphäre durchschießen zu müssen. Weiter forderten sie, eine luftleere und am oberen Ende verschlossene Kanone zu verwenden, deren Pulver nicht wie im Roman rasch, sondern möglichst langsam explodieren sollte[138]. Ein weiteres Problem stellt der ungeheure Rückstoß dar, den das von Jules Verne geschilderte Gefährt beim Abschuss erfahren würde. Die Romanfiguren Jules Vernes sind sich dessen durchaus bewusst und lösen das Problem mittels eines Wasserpolsters unter der Kabine, das sich beim Abschuss entleert. Doch schon als Gymnasiast hatte Oberth ausgerechnet, dass eine solche Polsterung, um funktionieren zu können, 1700 Kilometer [sic] dick sein müsste[139]. Waren Oberth und Valier noch von der Machbarkeit eines Schusses zum Mond überzeugt, so änderte sich dies mit dem Wiener Ingenieur Guido von Pirquet, der seinerseits eine noch größere Kanone fordert, bei der das abzufeuernde Geschoss bei seinem Flug durch das Kanonenrohr an mehreren Stellen beschleunigt wird[140] (zu den verschiedenen Kanonenmodellen, incl. der *Columbiad* von Jules Verne, siehe Abbildung S. 284).

Doch nicht nur bei Wissenschaftlern hat Jules Vernes *Columbiad* Gefallen gefunden sondern durchaus auch bei anderen Schriftstellern, so scheut sich z.B. Alexandre de Lamothe in seinem 1883 erschienenen Roman *Quinze mois dans la Lune* nicht, die komplette Handlung der beiden berühmten Mondromane aufzunehmen und ihnen Handlung vorausgehen und folgen zu lassen. De Lamothes Roman schildert den Konkurrenzkampf zwischen dem Südstaatler William Jackson und dem Nordstaatler Georges Burnet, die immer attraktivere Rundreisen anbieten wollen. Jules Vernes Romane stellen hierbei den ersten gescheiterten Versuch von William Jackson dar, eine Reise zum Mond anzubieten, und der Autor lässt nun in seinem Roman einen zweiten, diesmal erfolgreichen Versuch folgen, bei dem aus derselben Kanone fünf Reisende auf den Mond geschossen werden. Hierzu wird allerdings ein neuer *obus* gebaut, dem „incontestables avantages"[141] nachgesagt werden. Zu nennen sind hier-

136	G. Breuer (1967), S. 20.
137	J. Verne (1966, b), S. 97.
138	G. Breuer (1967), S. 21.
139	G. Breuer (1967), S. 50.
140	G. Breuer (1967), S. 22.
141	A. de Lamothe (1883), S. 18.

bei Liegen, die den Rückstoß des Abschusses abfangen sollen[142], waren doch Jules Vernes Protagonisten beim Start ohnmächtig geworden. Neu sind ferner auch Fallschirme, die die Landung auf dem Mond abbremsen sollen, wobei auch ein Teil des *obus* abgeworfen wird und sozusagen eine Art Landeeinheit vorliegt.

Ähnlich eng an die berühmten Mondromane angelehnt ist der 1886 erschienene, von Pierre de Sélènes verfasste Roman *Un monde inconnu, deux ans sur la Lune,* der schildert, wie zwei Franzosen und ein Engländer die vom *Gun-Club* in Jules Vernes Romanen hergestellte Kanone *Columbiad* samt allem Zubehör kaufen[143], um damit einen erneuten Flug zum Mond zu wagen. Dort angekommen finden sie eine unterirdisch lebende Menschheit vor, in deren Mitte sie zwei Jahre verbringen, bevor sie wieder zur Erde zurückkehren. In diesem Roman müssen die Reisenden ihr Fortbewegungsmittel lediglich kaufen, Marcel prüft allerdings den Zustand der Kanone und stellt fest, dass diese dank eines luftdichten Verschlusses und einer schützenden Harzschicht im Inneren völlig intakt geblieben ist[144]. Auch die Kapsel hatte den hohen Druck der Gase beim ersten Abschuss gut überstanden, lediglich kleinere Gegenstände der Inneneinrichtung hatten in den achtzehn[145] Jahren seit dem ersten Flug gelitten und müssen ausgewechselt werden[146]. Die Wasserfederung wird ebenfalls beibehalten, da diese gut funktioniert hatte: „il suffisait de refaire ce qui avait déjà été fait."[147] Durch die beim ersten Abschuss gemachte – im Text nicht weiter spezifizierte – Erfahrung gelingt bei diesem Versuch ein besserer, rauchfreierer und erschütterungsärmerer Start[148]. Auch die Rückkehr vom Mond geschieht mit Hilfe einer Kanone, die – ähnlich wie im Roman von Murtagh Mc Dermot - in einen Krater hineingegossen wird.

Deutlich weniger wissenschaftlich ist dahingegen die Kanone in einer am 28. Oktober 1875 uraufgeführten, von E. Leterrier, A. Mortier und A.

---

142   A. de Lamothe (1883), S. 33.

143   P. Poix (1992), S. 26.

144   P. de Sélènes (1886), S. 40.

145   In der fiktiven Wirklichkeit des Romans *Autour de la Lune* wird der Flug um den Mond auf das Jahr 186. [sic] datiert, die Reise bei Pierre de Sélènes findet im Jahre 188. [sic] statt (P. de Sélènes (1886), S. 10). Die in *Un monde inconnu, deux ans sur la Lune* angegebenen achtzehn Jahre sind also genau die Zeit, die zwischen den Erscheinungsdaten der Romane liegt.

146   P. de Sélènes (1886), S. 44.

147   P. de Sélènes (1886), S. 46.

148   P. de Sélènes (1886), S. 52.

Vanloo verfassten Operette *Le voyage dans la Lune*, zu der Jacques Offenbach die Musik komponiert hatte. Dieses lustige Stück erzählt, wie drei Reisende auf einen Mond fliegen, dessen Bewohner die Liebe nicht kennen; durch von der Erde mitgebrachte Äpfel breitet sich aber das Gefühl der Liebe auch auf diesem Planeten aus, was zu einer lustigen Komödie mit gutem Ausgang führt. Die nicht in ihrem Verlauf geschilderte Reise zum Mond findet durch den Schuss aus einer 20 Meilen langen, 300.000 kg schweren Kanone statt, von der es in einer Regieanweisung heißt: „Le canon s'étend à travers la campagne, au-dessus des villes et des villages et va se perdre au sommet d'une montagne élevée"[149].

Einen vermeintlich erloschenen Vulkan auf der Kanarischen Insel Teneriffa benutzen der Franzose Gabriel Lion und sein englischer Onkel in Henri de Graffignys (1863-1942) Roman *De la Terre aux étoiles* von 1882. Hier findet die Besatzung eines Schiffes ein in einer Metallkugel eingeschlossenes Manuskript, welches die beiden Reisenden vom Mond aus zur Erde geschossen haben, um ihren Mitmenschen von ihren Erlebnissen in dieser anderen Welt zu erzählen. Um die Erde zu verlassen hatten sie durch eine Sprengung den Vulkan Pico de Teide zum Ausbruch gebracht und diesen damit zu einer „canon naturel"[150] gemacht.

4.8 Rakete

Das von Kepler entdeckte Problem der Fortbewegung im Weltall löste vom Prinzip her Sir Isaac Newton in seinen 1687 veröffentlichten *Principia mathematica philosophiae naturalis*. Hierin besagt das dritte Axiom, dass jede Kraft eine gleich große, aber entgegengesetzt gerichtete Kraft zur Folge hat. Eine Konsequenz hieraus ist die Impulserhaltung, welche aus dem Alltag als Rückstoßprinzip bekannt ist. Diese Impulserhaltung ist allerdings auch die Grundlage des Raketenantriebes, welcher unabhängig von einer umgebenden Lufthülle funktioniert. Bereits Newton selbst hatte die Bedeutung dieses Prinzips erkannt, denn er schreibt: „Das ist das Prinzip, welches den Menschen späterer Jahrhunderte einmal den Flug nach den Sternen ermöglichen wird"[151].

Raketen waren allerdings schon seit langer Zeit als Feuerwerkskörper bekannt, und auch Cyrano de Bergerac beschrieb im Jahre 1657 in seiner *Histoire comique des États et Empires de la Lune* eine Reise zum Mond mit Hilfe von Raketen (also gut 30 Jahre vor deren theoretischen Erklärung

---

149   E. Leterrier; A. Mortier; A. Vanloo (1877), S. 9.

150   R. Marquis (o.J.), Bd. I, S. 59.

151   Sir Isaac Newton: *Principia mathematica philosophiae naturalis*. Zitiert nach: G. Breuer (1967), S. 15.

durch Newton). Hierbei handelt es sich um Feuerwerkskörper, die von der Seite Dritter als Schmuck am Wagen des Reisenden befestigt werden: „quelques-uns dirent qu'il fallait attacher quantité de fusées volantes […], et [je] me jetai tout furieux dans ma machine […], [et] à peine y eus-je les deux pieds que me voilà enlevé dans la nue."[152] Der Autor kann aber dieses Prinzip der Rakete nicht richtig erkannt haben, denn ein anderes von ihm beschriebenes Reisemittel ist ein magnetischer Wagen, der sich dadurch in die Lüfte erhebt, dass sein Insasse kontinuierlich einen Magneten in die Luft wirft und ihn dann wieder auffängt[153]; es ist also gerade das Raketenprinzip des Rückstoßes, das diese Fortbewegungsart unmöglich macht. An demselben Argument scheitert auch der Versuch des Lügenbarons von Münchhausen, sich selbst an seinem eigenen Haarschopf aus einem Moor zu ziehen[154].

Im 19. Jahrhundert, also bereits über 100 Jahre nach Newtons Erklärungen, ist das Raketenprinzip allerdings noch immer nicht durchgehend in der Literatur erkannt; dies gilt z.B. für die 1865 erschienene, von Achille Eyraud verfasste *Voyage à Vénus*, welche die Reise eines Phantasten zu unserem Nachbarplaneten beschreibt. Die Welt, die er dort vorfindet, ist der Erde in moralischer und technischer Hinsicht überlegen. Der Protagonist verliebt sich, kehrt allerdings traurig auf seinen Heimatplaneten zurück, als seine angebetete Venusianerin stirbt. Der gesamte Roman spielt auf der Erde in einem Wirtshaus; die Reise wird in Form einer Erzählung bei Bier und Tabak vermittelt. Pierre Versins unterstreicht eine

> „importance thématique beaucoup plus grande que celle qu'on lui [= dem Roman Eyrauds] a accordée jusqu'à présent. Sauf erreur ou omission, c'est là le premier voyage interplanétaire basé sur le principe de la fusée à réaction, et **uniquement** [sic] sur ce principe, dont en outre la théorie est donnée d'une façon tout à fait claire"[155].

Der eigentliche „Raketenmotor" des Protagonisten besteht aus einem rechteckigen Behälter, aus dem mittels einer Pumpe Wasser ins Weltall geschossen wird[156]. Der Autor begeht aber einen gravierenden Fehler:

> „L'eau n'était pas perdue, car le jet se trouvait arrêté et dévié à une certaine distance par une petite roue à palettes qui la faisait

---

152   C. de Bergerac (1968), S. 24.
153   C. de Bergerac (1968), S. 32.
154   G. A. Bürger (1984), S. 53f.
155   P. Versins (1972), S. 304.
156   A. Eyraud (1865), S. 17.

tomber dans un bassin pour y être puisée de nouveau par le corps de pompe"[157].

Offensichtlich wäre eine solche Fortbewegung aufgrund des Rückstoß-prinzips nicht möglich, Pierre Versins bezeichnet diese Flugmaschine folglich als „un peu fou"[158], ähnlich urteilt auch Jean-Jacques Bridenne, der Eyrauds Erfindung als „embryonnaire"[159] bezeichnet. Der Aufenthalt im luftleeren Raum wird dem Reisenden durch eine Kabine aus Kristall ermöglicht, in der auf chemischem Wege Sauerstoff und Stickstoff erzeugt werden können[160]. Ebenfalls durch chemische Prozesse ist die Kabine samt Wasserstrahl heizbar durch die Wärme, die bei bestimmten Reaktionen abgegeben wird[161].

Auch Jules Verne, der den eigentlichen Abflug seiner Helden wie bereits gesehen einer gigantischen Kanone überlässt, greift auf das Raketenprinzip zurück, so schlägt der heitere Franzose Michel Ardan vor, den Sturz auf den Mond mit Hilfe von Raketen zu bremsen: „qui m'empêchera de retarder ma chute au moyen de fusées convenablement disposées et en-flammées en temps utile?"[162]. So werden dann 20 – als „artifices renfer-més dans des petits canons d'acier taraudés"[163] bezeichnete - Raketen in den Boden des *obus* eingebaut. Von ihnen wird gesagt, man müsse sie lediglich anzünden, der zur Verbrennung nötige Sauerstoff sei in ihnen selbst enthalten[164]. Bei Jules Verne kommt also das Prinzip der Fest-stoffrakete zum Einsatz, welches zum Teil auch heute noch in der be-mannten Raumfahrt Anwendung findet[165]. Der Sturz auf den Mond, den diese Raketen eigentlich bremsen sollten, findet allerdings gar nicht erst statt, da eine Art Asteroid die Bahn des *obus* gekreuzt und dieses damit abgelenkt hatte. Nun werden die Raketen (wiederum auf die Idee von Michel Ardan hin[166]) benutzt, um den Sturz auf den Mond überhaupt erst einzuleiten. Die dabei entwickelte Schubkraft reicht allerdings nicht aus, und so fällt das Raumschiff nach einer Umrundung des Mondes

---

[157]   A. Eyraud (1865), S. 18.

[158]   P. Versins (1972), S. 304.

[159]   J.-J. Bridenne (1950), S. 109.

[160]   A. Eyraud (1865), S. 23.

[161]   A. Eyraud (1865), S. 24.

[162]   J. Verne (1966, b), S. 261.

[163]   J. Verne (1966, a), S. 137.

[164]   J. Verne (1966, a), S. 137.

[165]   Die ersten in der bemannten Raumfahrt angewendeten Feststoffraketen waren die beiden seitlich angebrachten Hilfsraketen bei einer Spaces-huttle-Mission.

[166]   J. Verne (1966, a), S. 273.

wieder auf die Erde zurück. Es ist äußerst interessant festzuhalten, dass stets Michel Ardan auf die Idee kommt, Raketen zu benutzen. Dies verwundert, da er ansonsten von sich behauptet: „vous avez affaire à un ignorant, mais son ignorance va si loin qu'il ignore même les difficultés"[167]. Möglicherweise war Jules Verne nicht vollständig von der Nutzbarkeit der Raketen in der Weltraumfahrt überzeugt, wird doch auch die Hauptetappe der Reise mit der beschriebenen Kanone bewältigt.

Auch in dem deutlich an Jules Verne angelehnten Roman *Un monde inconnu, deux ans sur la Lune* von Pierre de Sélènes soll der gekaufte und erneut auf die Reise geschickte *obus* des ersten Versuchs beim Sturz auf den Mond mit Hilfe von Raketen abgebremst werden. Marcel kommt jedoch zu dem Schluss, dass die Leistung der Raketen beim ersten Flug ungenügend gewesen sei:

> „Mais cette idée de fusées dont la déflagration devait en quelque sorte repousser l'obus et amortir sa chute, était ingénieusement trouvée. Marcel était résolu à s'y tenir; il jugea utile seulement d'en augmenter le nombre et d'en aménager trois séries qui seraient mises en jeu à des intervalles calculés et en raison inverse de la distance à franchir"[168].

Das später tatsächlich angewendete Prinzip der Stufenrakete tritt hier deutlich zu Tage, neben der Quantität ändert sich in diesem Roman aber auch die Qualität der Raketen, so kommen nicht wie bei Jules Verne Feststoffraketen zum Einsatz; die neue Antriebsart besteht vielmehr in unter Druck verflüssigtem Sauerstoff, welcher in Flaschen gespeichert wird[169]. Der Rückstoß entsteht hierbei durch das – im Gegensatz zum Abbrennen der Feststoffraketen im Roman von Jules Verne – kontrollierbare Ausströmen des Gases.

4.9 Fazit

In diesem Kapitel ist deutlich geworden, wie vielseitig die Phantasie der Schriftsteller im 19. Jahrhundert (und auch davor) war. Fiktive Fabeltiere erfreuen sich, wie z.B. bei C. J. Rougemaitre, immer noch einer großen Beliebtheit, zu einer Zeit, in der die Naturwissenschaft mit der Antigravitation ein neues Naturgesetz angedichtet wurde, und dies sogar auf drei verschiedene Weisen: Im Jahre 1813 findet man bei George Tucker eine „spezielle Mondkraft", durch die das *Lunarium* zwar von der Erde abgestoßen, aber vom Mond angezogen wird. Weniger mysteriös und

---

[167]   J. Verne (1966, b), S. 234.

[168]   P. de Sélènes (1886), S. 44.

[169]   P. de Sélènes (1886), S. 46.

bedeutend plausibler ist dahingegen die in kompletter Analogie zur Gravitation stehende Kraft der Antigravitation: In der *Voyage à la Lune* von Alexandre Cathelineau (1865) findet sich beispielsweise eine *répulsion* getaufte Kraft, die von einer gewissen, alle anderen Körper abstoßenden Gesteinsart ausgeht; ähnlich verhält es sich auch mit der *antigravitation* aus der *Prodigieuse découverte* von X. Nagrien (1867), welche die Antigravitation (in Analogie zu den zwei verschiedenen Arten elektrischer Ladung) antizipiert. H. G. Wells kommt im Jahre 1901 bereits ohne eine neue Naturkraft aus, findet er hier doch lediglich ein imaginäres Mittel, die Gravitation abzuschirmen[170]. Es lässt sich also durchaus eine gewisse Plausibilisierung im Laufe der Zeit feststellen, wobei man nicht vergessen darf, dass auch noch im späten 19. Jahrhundert, wie z.B. bei Camille Flammarion in seinem Roman *Uranie*, spirituelle Kräfte zum Einsatz kommen.

Auch was die Reise an sich betrifft, lässt sich eine zeitliche Entwicklung feststellen: Finden bis zum späten 18. Jahrhundert fast alle Reisen mehr oder weniger in einem einzigen Moment statt oder werden nur in ein paar Sätzen beschrieben, so ändert sich dies mit dem frühen 19. Jahrhundert. Im allgemeinen gilt die Erzählung von Edgar Allan Poe dabei als die erste ausführliche und technische Details beachtende Reiseerzählung, doch konnte gezeigt werden, dass dasselbe auch schon für die im Jahre 1784 anonym erschienene *Histoire intéressante d'un voyage à la lune* gilt.

Auffällig ist ferner, dass die Rakete, obwohl schon von Newton als zukünftiges Fortbewegungsmittel für den Weltraum vorhergesagt, in der Literatur des 19. Jahrhunderts noch keine große Rolle spielt: Der einzige Roman, bei dem sie den Transport zu einem anderen Himmelskörper übernimmt, die *Voyage à Vénus* von Achille Eyraud (1865), beinhaltet einen generellen, logischen Fehler im Fortbewegungsprinzip; in anderen Romanen, so z.B. in den Mondromanen von Jules Verne oder in *Un monde inconnu* von Pierre de Sélènes, wird dieses Prinzip zwar richtig erkannt und eingesetzt, dient allerdings in beiden Fällen lediglich dem Abbremsen eines Sturzes auf den Mond. Richtige „Raketenromane" ließen noch eine gewisse Zeit auf sich warten; sehr bekannt hierbei ist der 1928 erschienene, von Thea von Harbou verfasste Roman *Frau im Mond*, der im Jahre 1929 von Fritz Lang verfilmt wurde. In diesem Liebesroman kommt eine – nicht sehr genau beschriebene – Flüssigkeitsrakete zum Einsatz. Aus der französischsprachigen Literatur bekannt geworden ist

---

[170]   Dieses Prinzip der Abschirmung findet sich auch schon im Jahre 1854 bei Charlemagne-Ischir Defontenay, wobei hier keine reine Abschirmung vorliegt, sondern auch eine gewisse Abstoßung von der Erde (siehe Kapitel 4.4).

vor allem die rot-weiße „Mondrakete" aus den beiden Comics von Hergé: *Objectif Lune* (1953) und *On a marché sur la Lune* (1954).

Von einem rein quantitativen Gesichtspunkt aus gesehen ist auffällig, in wie vielen Werken der Ballon beschrieben wird. Die daraus resultierende Lesererwartung kommt in Alfred Gourdets *Habitant de la Lune* deutlich zum Ausdruck, als der Mondbewohner Djémil einem Polizisten seine Herkunft verrät und jener ihn daraufhin fragt: „Où est votre ballon alors? [...] Vous êtes venu en ballon, puisque vous n'avez pas d'ailes"[171]. Auch Jules Verne hat dieses Fortbewegungsmittel häufig in seinen Werken eingesetzt (man denke nur an seinen ersten Erfolg mit *Cinq semaines en ballon* (1863)); Volker Dehs führt diesbezüglich an, dass diese Leidenschaft dem Autor den Vorwurf der Wiederholung eingebracht hat, was er mit einer Stelle aus Jules Vernes Roman *Hector Servadac* (1877) belegt: Als sich der durch den himmlischen Zusammenstoß entstandene Miniaturplanet *Gallia* wieder der Erde nähert, schlägt Leutnant Procope vor, in einem Ballon von einer Lufthülle in die andere zu wechseln, um so wieder auf den Heimatplaneten zu gelangen. Diesen Vorschlag kommentiert Hector Servadac allerdings nur mit den Worten: „Un ballon! [...] Mais c'est bien usé, votre ballon! Même [sic] dans les romans, on n'ose plus s'en servir!"[172] (siehe Abbildung S. 277).

Anzumerken bleibt, dass nicht alle Autoren die Natur ihres Reisegefährtes erklären. Dies kann sich zum einen darin äußern, dass die diesbezüglichen Angaben extrem knapp gehalten werden, wie beispielsweise in der Erzählung *Le char volant* von 1783, in der lediglich gesagt wird, dass dieser *char* „ailes" hat, welche auf Wind ansprechen und somit dem Leser das Segelprinzip oder den Vogelflug als Funktionsweise suggerieren[173]. Eine explizite Geheimhaltung des Reisemittels liegt da schon in der ebenfalls anonym erschienenen *Première relation du voyage fait dans la lune, par Monsieur **** vor, in der der Protagonist sich folgendermaßen über seine Erfindung äußert:

> „Je ne m'arrêterai point à dire par quel moyen j'ai pû parvenir à me rayer une route d'ici dans la Lune, ni de quelle voiture je me suis servi pour ce voyage. C'est un secret qu'il n'est point à propos de divulguer à la curiosité naturelle des hommes, & qu'on ne trouvera peut-être pas même dans mes papiers"[174].

---

171 A. Gourdet (1868), S. 44f.

172 J. Verne (o.J.), S. 369; vgl. hierzu: V. Dehs (1993), S. 78.

173 Anonym (1783), S. 122. Auch die Reise an sich wird in diesem Roman mit drei Wochen Dauer im Vergleich zu anderen Erzählungen des 18. Jahrhunderts recht realistisch geschildert; dennoch wird der Verlauf der Reise nicht im Detail beschrieben und auf nur zwei Seiten kurz abgetan.

174 Anonym (1751, a), S. 5.

Der Protagonist behauptet aber dennoch, das Geheimnis u.U. preisgeben zu wollen, falls diese Welt Interesse daran haben sollte, genauso wie auch der Protagonist in Alfred Drious Roman *Aventures d'un aéronaute parisien* (1856) seine jugendliche Leserschaft explizit dazu einlädt, die von ihm erfundene Lösung des Problems der Lenkbarkeit von Ballonen bei sich zu Hause zu bewundern:

> „Je vous le dirais, bien assurément, car j'ai confiance en vous, mes jeunes lecteurs, mais, d'une part, si je publiais ainsi mon secret, il perdrait déjà sa première et sa plus essentielle qualité, le mys-tèeeeeere [sic]; ensuite, quoique d'une facture des plus simples, un mécanisme ne se comprend guère que quand on le voit, quand on le tient, quand on le fait jouer sous vos yeux. […] venez chez moi, […] [j]e serai flatté d'avoir l'occasion de vous être agréable […] en le faisant jouer en votre présence"[175].

Die Vorstellung einer interplanetarischen Reise faszinierte nicht zuletzt auch den französischen Schriftsteller Victor Hugo (1802-1885), dessen in der Zeit von 1859 bis 1883 erschienene *La légende des siècles* im 58. Teil (*Vingtième siècle*) ein langes Gedicht mit dem Titel *Plein Ciel* enthält. Inspiriert durch die technischen Fortschritte des 19. Jahrhunderts träumt der Autor hier von einer Flugmaschine, die dem Menschen – quasi als Sinnbild seiner Größe – einen Flug zu den Planeten ermöglicht. In seinem Vorwort erklärt der Autor seine Absicht, in der *légende des siècles* eine Geschichte der Menschheit schreiben zu wollen („On y trouvera quelque chose du passé, quelque chose du présent […] et comme un vague mirage de l'avenir"[176]) und auch die Fortschrittsgläubigkeit des 19. Jahrhunderts findet sich deutlich in seinen Aussagen: „ces poëmes […] n'ont entre eux d'autre nœud qu'un fil, […] le grand fil mystérieux du labyrinthe humain, le Progrès"[177]. In *Plein Ciel* heißt es dabei über das für das 20. Jahrhundert antizipierte Raumschiff konkret:

> „Il va, descend, remonte; il fait ce qu'il veut faire;
>
> Il approche, il prend forme, il vient; c'est une sphère;
>
> C'est un inexprimable et surprenant vaisseau,
>
> Globe comme le monde et comme l'aigle oiseau;
>
> C'est un navire en marche. Où? Dans l'éther sublime!"[178]

Dieses majestätische Raumschiff scheint hier zum einen ein Sinnbild für den Menschen zu sein („Qu'est-ce que ce navire impossible? C'est

---

175 A. Driou (1856), S. 47f.

176 V. Hugo (1977), S. 4.

177 V. Hugo (1977), S. 4.

178 V. Hugo (1977), S. 719.

l'homme"[179]), zum anderen aber auch eine gedankliche Weiterentwicklung einer – nie verwirklichten – Erfindung des Ingenieurs Pétin, über die auch Théophile Gautier (1811-1872) am 4. Juli 1850 in der *Presse* einen Artikel mit dem Titel *Locomotion aérienne. Système de M. Pétin* veröffentlichte[180]. Im Text wird dieses Raumschiff daher auch explizit „aéroscaphe" genannt, aber weder seine Funktionsweise, noch der Verlauf seiner Reise werden erwähnt, und Victor Hugo beschränkt sich auf den Abflug des Gefährtes:

> „Calme, il monte où jamais nuage n'est monté;
>
> Il plane à la hauteur de la sérénité, [...]
>
> Et peut-être voici qu'enfin la traversée
>
> Effrayante, d'un astre à l'autre, est commencée!"[181].

179   V. Hugo (1977), S. 720.

180   Vgl. hierzu eine Anmerkung in: V. Hugo (1977), S. 1252.

181   V. Hugo (1977), S. 724ff.

5 Beschaffenheit der Himmelskörper

Lange Zeit hielten die Menschen die Erde für eine Scheibe, die von den Himmelsgestirnen umkreist wird. 1543 allerdings veröffentlichte Nikolaus Kopernikus in seinem Werk *De revolutionibus orbium coelestium libri VI* die Vorstellung, dass sich die Erde – wie die anderen Planeten auch - um die Sonne dreht. 66 Jahre später richtete Galileo Galilei erstmals das von ihm gebaute Teleskop[182] auf die Sterne: Er sah einen Mond voller Wälder und voller Meere und einen Jupiter, der von vier Monden umkreist wird. Bereits Kepler hatte darauf hingewiesen, dass diese Monde nicht für uns bestimmt sein können, da wir nicht fähig sind, sie mit bloßem Auge wahrzunehmen; vielmehr sei es ihre Aufgabe, die Nächte der Jupiterbewohner zu erhellen[183]. Die geschilderten Ereignisse kommentiert Lucian Boia folgendermaßen:

> „Avant cette période, la fantaisie cosmique concernait soit des mondes très lointains, dans un débat strictement philosophique et abstrait, soit, plus près de nous, la Lune, mais d'une manière très épisodique et marginale. Tout changea rapidement de 1543 à 1610. La Terre devint une planète comme les autres [...]. Les autres mondes quittaient les confins de l'univers et s'installaient près de nous, sinon à portée de nos mains, du moins à portée de nos lunettes (et de notre fantaisie)"[184].

Mit der Frage nach der physikalischen Natur der Planeten eng verknüpft ist auch die Frage nach deren Bewohnbarkeit. Über die diesbezügliche Diskussion schreibt Martin Schwonke:

> „Das Problem der ‚pluralité des mondes' [...], das zu Giordano Brunos Zeiten mit Inquisition und Scheiterhaufen bedroht war, wird [im 17. Jahrhundert] zum Modethema. Fontenelle schreibt seine ‚Entretiens sur la pluralité des mondes' und damit den ersten ‚Bestseller' populärwissenschaftlicher Literatur"[185].

Mit dem sich leitmotivisch wiederholenden und oft zitierten Argument *Pourquoi non?* bevölkert Fontenelle in diesem Werk fast unser gesamtes Sonnensystem, was die schöne Marquise mit den Worten „Mais, [...] en disant toujours *pourquoi non?* vous m'allez mettre des habitants dans

---

182   Zur selben Zeit wurde unabhängig von Galileo auch in Holland ein Teleskop entwickelt.
183   L. Boia (1987), S. 15.
184   L. Boia (1987), S. 14.
185   M. Schwonke (1957), S. 8.

toutes les planètes?" [186] kommentiert; der Autor stützt sich dabei auf die Aussage, dass die Erde ein Planet wie die anderen sei[187].

Die 1862 erschienene, von dem französischen Astronomen Camille Flammarion (1842-1925) verfasste Studie *La Pluralité des mondes habités* hat mit dem Werk Fontenelles mehr Gemeinsamkeiten, als nur die recht ähnlich lautenden Titel. Der Autor - von Pierre Versins als „précoce"[188] bezeichnet - widmete seine Doktorarbeit der Bewohnbarkeit anderer Planeten und veröffentlichte zu diesem Thema mehrere Romane und populärwissenschaftliche Schriften. Seine *Pluralité des mondes habités* soll im Folgenden zum Vergleich herangezogen werden, wenn es um den astronomischen Kenntnisstand in den zu untersuchenden Werken geht. Dabei wird ein möglicher Einfluss auf mehrere literarische Texte anderer Autoren deutlich werden. Dieser Vergleich greift also in einem gewissen Sinne der in Kapitel 10 zu behandelnden Intertextualität vor. Dies ist aber nötig, um eine schlüssige Beschreibung der astronomischen Fakten in den zu untersuchenden Werken zu ermöglichen (Die hier gezeigten Parallelen werden daher in Kapitel 10 nicht erneut angesprochen werden). Um den Text der vorliegenden Arbeit nicht unnötig mit Zahlen zu belasten, finden sich die von Flammarion angegebenen Daten über das Sonnensystem in Anhang 12.1.1 in einem Vergleich den aktuellen Kenntnissen unserer Zeit gegenübergestellt. Hierbei fällt auf, dass die Größe, die Masse und damit auch die Dichte der Planeten im Jahre 1862 bereits erstaunlich gut bekannt waren. Dasselbe gilt – durch die Kenntnis des Gravitationsgesetzes - auch für die Dauer derer Umlaufzeiten um die Sonne, also für die Jahreslänge eines Planeten. Die Geschwindigkeit, mit der sich die Planeten um ihre eigenen Achsen drehen, also die Tageslänge eines Himmelskörpers, war dahingegen oft noch nicht genau bekannt. Auf seiner Bahn um die Sonne bewegt sich jeder Planet in einer Ebene. Dabei muss die Achse, um die er sich „jeden Tag" einmal dreht, nicht senkrecht auf dieser Ebene stehen, sondern kann mit ihr jeden beliebigen Winkel einschließen. Diese Neigung der Rotationsachse ist ausschlaggebend dafür, ob es auf einem Planeten verschiedene Jahreszeiten gibt, oder nicht. Anhang 12.1.1 macht deutlich, dass man 1862 oftmals falsche Werte für diese Winkel annahm. Gesicherter Bestand des Wissens war also ein Bild, in dem sich Kugeln – die Planeten – von bekannter Größe und von bekanntem Gewicht auf berechenbaren Bahnen bewegten, die Eigendrehung dieser Kugeln und ihre Oberflächenbeschaffenheit dahin-

---

[186]   B. de Fontenelle (1998), S. 111.

[187]   Fontenelle macht hierbei allerdings vor den Saturnringen halt, die der Wissenschaftler in seinen *Entretiens* als eine „habitation trop irrégulière" bezeichnet (B. de Fontenelle (1998), S. 137).

[188]   P. Versins (1972), S. 336.

gegen stellten keinen gesicherten Bestandteil des Wissens dar. Aufschluss über die verschiedenen Planetenatmosphären gaben (und geben immer noch) letztendlich die Sonden der modernen Weltraumfahrt. Im 19. Jahrhundert standen an dieser Stelle lediglich die teleskopische Beobachtung und die als „chimie du ciel"[189] bezeichnete Spektralphotometrie[190]. Diese steckte 1864 allerdings noch in den Kinderschuhen: Sie gewährte zwar erste Einblicke in die Lufthüllen der Planeten, konnte aber dabei keineswegs Sauerstoff oder Wasser mit Sicherheit feststellen oder ausschließen. In den Aussagen über diese *Terres du ciel* und über ihre eventuellen Bewohner finden sich folglich die verschiedensten Argumentationen, die zumeist auf einer Plausibilität, einer Analogie oder auf einer Proportionalität beruhen. So weist Camille Flammarion darauf hin, dass die Erde ein Planet wie jeder andere ist[191]: Als dritter von acht Planeten (der Planet Pluto wurde erst 1930 entdeckt) nimmt sie im Sonnensystem keinen besonderen Platz ein[192], und auch was die Anzahl der Monde betrifft, hat sie mit nur einem Mond gegenüber Saturn mit acht damals bekannten Monden einen Nachteil. Zu dieser Zeit nahmen manche Astronomen – im Gegensatz zu Flammarion - an, der Zweck der Monde sei es, die Nächte eines Planeten zu erhellen und seine Gezeiten zu steuern[193]. Der Astronom bemerkt weiter richtig, dass die Größe, die Masse, die Dichte und ähnliche Eigenschaften eines Planeten nicht in einer direkten Beziehung zu seinem Abstand zur Sonne stehen[194]. Dies gilt natürlich nicht für die Intensität des einfallenden Sonnenlichts; der Autor führt allerdings an, dass die innere Wärme eines Planeten auch in Sonnenferne lebensfreundliche Bedingungen ermöglichen kann[195], genauso kann eine geeignete Atmosphäre in Sonnenferne Wärme speichern oder in Sonnennähe vor Wärme schützen[196]. Neben der Temperatur und der Atmosphäre stellt schließlich das Vorhandensein von Wasser eine zentrale Frage dar, wobei Flammarion stets von *atmosphère* und

---

189   C. Flammarion (1864), S. 143.

190   Chemische Elemente emittieren Licht in für sie charakteristischen Wellenlängen. Die Spektralphotometrie zerlegt das Licht, im vorliegenden Falle eines Planeten, in seine Bestandteile und kann somit über diese charakteristischen Wellenlängen Aufschluß über die auf einem Planeten oder in seiner Atmosphäre vorhandenen Elemente geben.

191   C. Flammarion (1862), S. 33.

192   C. Flammarion (1864), S. 86f.

193   Diese Auffassung vertrat z.B. der Astronom Proctor (C. Flammarion (1884), S. 520.).

194   C. Flammarion (1864), S. 271.

195   C. Flammarion (1862), S. 26.

196   C. Flammarion (1862), S. 25.

collection aqueuse und nicht etwa von *air* oder *eau* spricht[197], da er auch Lebensformen für möglich hält, die nicht wie diejenigen auf der Erde aufgebaut sind. Der Autor führt noch weitere vergleichbare Argumente an, so z.B., dass die Erde bei einem Größenvergleich mit den anderen Planeten weder genau in der Mitte, noch an einer sonst wie ausgezeichneten Stelle liegt[198]. Camille Flammarion folgert aus all diesen Überlegungen:

> „la Terre n'a aucune prééminence marquée dans le système solaire de manière à être le seul monde habité, et […] astronomiquement parlant, les planètes sont disposées aussi bien qu'elle au séjour de la vie"[199].

In diesem Kapitel soll die Diskussion um die Bewohnbarkeit und die Beschaffenheit der Planeten in der zu untersuchenden Literatur dargestellt werden. Um dem nächsten Kapitel, das die Frage nach den Bewohnern dieser Himmelskörper behandelt, nicht vorzugreifen, soll dies zum einen recht knapp geschehen (für genaue astronomische Daten sei auf Anhang 12.1.1 verwiesen), darüber hinaus soll eine Beschränkung auf die am häufigsten thematisierten Himmelskörper – also den Mond, die Venus und den Mars – stattfinden, um die vorliegende Arbeit nicht unnötig zu längen; im Hinblick auf die Bewohner der Planeten wird dann wieder das gesamte Sonnensystem zu untersuchen sein.

5.1 Der Mond

Ein gutes Beispiel für die bereits in Kapitel 2 angesprochene Mondeuphorie im 17. Jahrhundert ist mit Sicherheit Johannes Kepler, der sich im Jahre 1610 begeistert von dem von Galileo Galilei entdeckten, erdähnlichen Mond zeigte. In einem Brief an diesen Astronomen behauptet er, „an Kolonisten werde es, wenn erst die Kunst des Fliegens erlernt sei, aus unserem Menschengeschlecht nicht fehlen"[200]. 28 Jahre später erschienen in England die beiden Monderzählungen von John Wilkins und Francis Godwin, während in Frankreich im Jahre 1657 Cyrano de Bergeracs Mondreisen erschienen. Hierin eröffnet der Protagonist bereits auf der ersten Seite seinen Gesprächspartnern: „la Lune est un monde comme celui-ci, à qui le nôtre sert de Lune"[201].

---

197   C. Flammarion (1862), Fußnote 1, S. 26.

198   C. Flammarion (1862), S. 27.

199   C. Flammarion (1862), S. 33.

200   Johannes Kepler: *Dissertatio cum Nuncio Sidereo*, geschrieben 1610, in den gesammelten Werken IV, S. 305. Zitiert nach: M. Schwonke (1957), S. 8.

201   C. de Bergerac (1968), S. 19.

5.1.1 Das wissenschaftliche Bild des Mondes im 19. Jahrhundert

Hatte schon Galileo Galilei seinen anfänglichen Optimismus bezüglich des Mondes bald widerrufen, so häuften sich bald die Argumente gegen eine Bewohnbarkeit dieses Himmelskörpers. Bereits Fontenelle hatte in seinen *Entretiens* unseren Trabanten als „pays qui n'a point d'eaux"[202] bezeichnet, daneben stellte die im Teleskop feststellbare Abwesenheit einer Atmosphäre eines der Hauptargumente für eine leblose Mondwelt dar. Ein wichtiges Indiz war hierbei, dass das Licht eines Sternes, wenn es vom Mond zugedeckt wird, keinerlei Ablenkung erfährt, wie dies der Fall sein müsste, wenn der Mond eine Atmosphäre hätte; ferner schienen die extremen Temperaturschwankungen aufgrund der jeweils 14 Erdtage[203] dauernden Mondnächte und Mondtage problematisch. Während der französische Astronom François Arago nüchtern die (im zwanzigsten Jahrhundert verifizierte) Unbewohnbarkeit des Mondes zugab[204], verteidigte Camille Flammarion die *pluralité des mondes habités* auch an dieser Stelle[205]. Als mögliche Orte, an denen es Leben geben könnte, führt er die uns immer unsichtbare Rückseite des Mondes und die Ebenen und Täler der Mondvorderseite an – beides Ideen, die in der Literatur aufgegriffen wurden (siehe Kapitel 5.1.3). Ferner hält Flammarion an einer (wenn auch dünnen) Atmosphäre fest, was Lucian Boia folgendermaßen kommentiert:

> „Pour Flammarion, la Lune, *presque* morte aujourd'hui, a dû être autrefois un astre vivant. Elle a perdu peu à peu la plus grande partie de son atmosphère et de son eau"[206].

Die Gottesgläubigkeit des Astronomen tritt hier deutlich zu Tage, denn er schreibt, es sei eine „prétention voisine du ridicule d'affirmer que nous sommes le but unique de la création de la Lune"[207]. Nichtsdestotrotz war aber in der zweiten Hälfte des 19. Jahrhunderts die überwiegende Mehrheit der Wissenschaftler von der Unbewohnbarkeit des Mondes überzeugt: „Après 1850 […] [la] mort de la Lune fut décrétée et votée sinon unanimement, en tout cas à la grande majorité"[208]. Das Apollo-Mondlandeprogramm des 20. Jahrhunderts stellte eindeutig fest,

---

[202]   B. de Fontenelle (1998), S. 102.

[203]   Im Folgenden bezeichnen alle Zeitangaben wie Tag, Stunde, Monat oder Jahr, wenn nicht anders vermerkt, die jeweilige Dauer auf der Erde.

[204]   L. Boia (1987), S. 35.

[205]   C. Flammarion (1864), S. 89.

[206]   L. Boia (1987), S. 38.

[207]   C. Flammarion (1864), S. 90f.

[208]   L. Boia (1987), S. 36.

dass der Mond über keinerlei Restatmosphäre verfügt und dass auf ihm nicht einmal mikroskopisch kleine Lebewesen zu finden sind[209].

5.1.2 Der bewohnte Mond in der Literatur

Die beschriebene wissenschaftliche Debatte fand in viele literarische Werke der Zeit Eingang, jedoch längst nicht in alle, so finden sich in der Literatur des 18. Jahrhunderts noch fast durchgehend „unphysikalische" Mondbilder. Der 1783 erschienene Roman *Le char volant, ou voyage dans la Lune* beispielsweise erzählt, wie ein Erfinder mit seiner neuen Maschine auf den Mond fliegt: Die Welt, die er dort antrifft ist in fünf Königreiche aufgeteilt, die jeweils von einer allegorischen Gottheit beherrscht werden, so z.B. Justalilla, die Göttin der *justice* oder Moderasanna, die Göttin der *modération*. Ferner leben in all diesen Königreichen in so genannten *antres* (=Höhlen) allegorische Figuren, die an irdische – zumeist schlechte – Charakterzüge erinnern, wie z.B. die Raffgier, die Leidenschaft, etc. Ähnlich allegorisch ist auch der Mond, auf dem die Reisenden in der ein Jahr später erschienenen, ebenfalls anonymen *Histoire intéressante* landen: „Tout nous paraissait singulier dans cette nouvelle terre. […] ce globe est soumis à d'autres lois"[210].

Doch auch im 19. Jahrhundert, welches ja im Allgemeinen durch eine starke Technisierung geprägt ist, finden sich noch viele recht märchenhafte Beschreibungen einer Mondwelt: In seiner 1832 erschienenen Erzählung *Mazular* beschreibt Boucher de Perthes eine in seltsamer Weise halbierte Mondwelt, in der sowohl die Mondbewohner (siehe Kapitel 6.2.1) als auch die Zeiteinheiten halbiert sind, letztere richten sich hierbei nicht nach astronomischen Gegebenheiten, sondern nach dem irdischen Vorbild: Ein Mondjahr dauert somit sechs Monate und ein Mondmonat 15 Tage[211]. Ähnliches findet sich auch in der Operette *Le voyage dans la Lune* von Eugène Leterrier: Hier wächst auf dem Mond alles sehr schnell, was die Reisenden bemerken, als ihnen eine Zigarre zu Boden fällt und sogleich eine Tabakpflanze emporsprießt, an der bereits fertige Zigarren als Früchte hängen[212]. Genauso wird auch in der anonym veröffentlichten *Voyage tout récent dans la lune* von 1845 der Mond als eine allegorische Welt geschildert: „Il ne pleut point. […] Un doux zéphir ne gâte rien. [Le soleil] n'est jamais trop ardent. […] Il n'y a point d'hiver, la nature est toujours dans son printemps"[213].

---

209   C. Stott; C. Twist (1996), S. 84.

210   Anonym (1784), S. 20ff.

211   J. Boucher de Perthes (1832), S. 164.

212   E. Leterrier; A. Mortier; A. Vanloo (1877), S. 12.

213   Anonym (1845), S. 37.

Neben diesen märchenhaften Schilderungen findet man aber auch Autoren, die die Beschaffenheit des Mondes überhaupt nicht schildern und somit dem Leser implizit eine Mondwelt suggerieren, die der Erde gleicht. Dies gilt z.B. für die *Voyage dans la Lune* von Jacques Bujault (1845), die *Voyages d'Hyperbolus dans les planètes* von André-Jacques Coffin-Rony (1808) und den *Nouveau Bonardin* von Félix Leroy (1842). Etwas genauer dahingenen beschriebt C. J. Rougemaitre in seinem Roman *La lune ou le pays des coqs* die der Erde ähnelnde, allerdings mit gelblichen Gewächsen bedeckte Mondwelt: „c'était le même climat; je voyais le même ciel, le même soleil; je le voyais à la même distance, à la même hauteur"[214].

Als einen „séjour moins heureux que celui de ta planète [= la Terre]"[215] bezeichnet dahingegen der Geist Révélaël in G. Descottes *Voyages dans les planètes* auf wertende Weise den Mond. Anders als in der Novelle *Mazular* wird hier ein Mondjahr physikalisch definiert und da dieses so kurz ist, kann auf dem Mond außer schnell gedeihenden Pilzen nichts wachsen[216]. Ansonsten ist diese Welt sehr monoton, mit einer dünnen Atmosphäre und einer gleich bleibenden Temperatur versehen. Regen, Wind, Wolken, Schnee oder Stürme gibt es in dieser Welt allerdings nicht. Das von den Gegnern einer bewohnten Mondwelt hervorgebrachte Argument der Trockenheit löst G. Descottes durch eine wasserdampfhaltige Atmosphäre, die nachts kondensiert und somit für die nötige Feuchtigkeit für den folgenden Mondtag sorgt. Eine „variable zone of running water" und eine „atmosphere so peculiarly modified"[217] um den vulkanisch aktiven Mond wird auch bei Edgar Allan Poe beschrieben. Dies wird mit wissenschaftlichen Argumenten gerechtfertigt, die sich sowohl auf die Beobachtung des Enckeschen Kometen und des Zodiakallichts als auch auf die Argumente des Astronomen Schroeter stützen[218].

5.1.3 Literarische „Schlupfwinkel" des Lebens auf dem Mond

Es ist bereits deutlich geworden, wie sehr die Argumente der großen Temperaturschwankungen und die scheinbare Abwesenheit einer Atmosphäre gegen einen bewohnten Mond sprachen. Schon sehr früh begannen deshalb die Autoren damit, „Schlupfwinkel" für eventuelles Leben zu erfinden; Fontenelle führte in seinen *Entretiens* beispielsweise an, die

---

214   C. J. Rougemaitre (1819), S. 34.
215   G. Descottes (1864), S. 12.
216   G. Descottes (1864), S. 10.
217   E. A. Poe (1990), S. 583.
218   E. A. Poe (1990), S. 581.

Mondbewohner könnten vor der Sonnenhitze in tiefen Mondkratern geschützt leben:

> „Que sait-on si les habitants de la Lune, incommodés par l'ardeur
> perpétuelle du Soleil, ne se réfugient point dans ces grands puits?
> Ils n'habitent peut-être point ailleurs, c'est là qu'ils bâtissent leurs
> villes. [...] Tout un peuple est dans un puits, et d'un puits à
> l'autre il y a des chemins souterrains pour la communication des
> peuples"[219].

Diese Idee einer unterirdischen Mondwelt findet ihre Motivation in der geringen Monddichte und wurde später häufig von anderen Autoren aufgegriffen, so verfügt z.B. der Mond in Georges le Faures Roman *Les Robinsons lunaires* über eine für die Reisenden von der Erde zu atmende Atmosphäre[220], eine Mondvegetation findet sich allerdings nur in Form eines Mondwaldes in einem tiefen Krater[221], was eine These darstellt, auf die einige Photographien der Zeit hinzudeuten schienen[222]. Auch Nicolas-Edme Réstif de la Bretonne schließt sich dieser Theorie an und schildert das Leben auf dem Mond hauptsächlich in den tiefen Mondkratern[223].

Einen weiteren „Schlupfwinkel" für mögliches Leben auf dem Mond stellt die von der Erde aus nie sichtbare Mondrückseite, die sprichwörtliche *Dark side of the Moon*, dar. Auch diese Idee beflügelte die Phantasie der Schriftsteller sehr und so beschreibt Alexandre Cathelineau in seinem Roman *Voyage à la Lune* (1865) eine bewohnte Mondrückseite, welche durch einen *gouffre* von der unbewohnten, wasserlosen, wenn auch mit einer Atmosphäre versehenen Mondvorderseite getrennt ist[224].

Gleich beide Ideen zusammen verwirklicht finden sich in Pierre de Sélènes Roman *Un monde inconnu, deux ans sur la Lune* von 1886, der damit ein für das späte 19. Jahrhundert typisches Mondbild malt. Der Protagonist Marcel vermutet hierin an den besagten Stellen Leben auf dem Mond, genauer gesagt in den tief gelegenen Gegenden, welche den Namen „Meere" tragen[225]; dort ist seiner Meinung nach eine – wenn auch dünne – Atmosphäre vorhanden, welche Leben beherbergen könnte. Der Flug verläuft – anders als im Roman von Jules Verne – erfolgreich, die drei Reisenden fallen in eine Furche des Mondes und landen weich in

---

219   B. de Fontenelle (1998), S. 109.
220   G. le Faure (1893), S. 196.
221   G. le Faure (1893), S. 247.
222   G. le Faure (1893), S. 218ff.
223   N.-E. Réstif de la Bretonne (1988), Bd. II, S. 185.
224   A. Cathelineau (1865), S. 225.
225   P. de Sélènes (1886), S. 6.

einem unterirdischen Fluss. Im weiteren Verlauf des Romans beschreibt der Autor eine im Mondinneren gelegene, von 12 Millionen Menschen bewohnte Welt, deren Mitte ein Meer von der Größe des Mittelmeeres bildet. Die Bewohner des Mondes hatten sich, als sich das Wasser und die Luft an der Oberfläche verflüchtigten, in diese, auf natürlichem Wege entstandene Unterwelt zurückgezogen. Aber auch auf der Oberfläche der Mondrückseite treffen die drei Reisenden noch Menschen an, die allerdings unter der Verflüchtigung der Luft leiden und daher die letzten Vertreter einer dort einst lebenden Menschheit sind[226].

Der unumstritten bekannteste Roman in diesem Zusammenhang ist allerdings *The First Men in the Moon* von Herbert George Wells: Hier finden die Reisenden auf dem Mond ein kompliziertes unterirdisches Höhlennetz vor, welches von ameisenähnlichen Mondbewohnern geschaffen wurde.

5.1.4 Der „tote" Mond in der Literatur

Wurde in all den angesprochenen Romanen jeweils Leben auf dem Mond ohne Probleme hingenommen oder aufwendig gerechtfertigt, so gibt es auch Autoren, die in ihren Werken andere Schauplätze bevorzugen und damit die – im 19. Jahrhundert ja fast allgemein von der Wissenschaft anerkannte – Unbewohnbarkeit des Mondes zugeben. In dem Roman *Voyage à Sirius* (1870) von Paracelse z.B. sieht der Reisende in Begleitung Asmodées den Mond einfach als eine Wüste, ohne Atmosphäre und ohne Vegetation[227]. Ähnliches findet sich auch bei Achille Eyraud in seinem Roman *Voyage à Vénus* (1865): Hier fliegt der Protagonist Volfrang lediglich am Mond vorbei. Auf die Frage hin, ob ihn ein Aufenthalt auf dem Mond nicht gereizt hätte, antwortet er, der Mond sei ein „cimetière abandonné"[228], er habe bei seinem Vorbeiflug weder eine Atmosphäre, noch Bewohner, noch Tiere, noch Pflanzen bemerkt. Dabei schließt er die Rückseite des Mondes, die er ebenfalls sehen konnte, ein. Aus einem religiösen Grund merkt er aber dennoch an, dass es auch auf der Erde an Orten mit extremen Bedingungen Lebewesen gibt, die speziell an ihr Umfeld angepasst sind, und dass demzufolge Leben auf dem Mond nicht auszuschließen sei[229].

In seinem Marsroman *Un habitant de la planète Mars* erweist sich Henri de Parville im Jahre 1865 als ein Anhänger der These, nach der alle Planeten mit der Sonne zusammen denselben Ursprung haben, und dass sich die-

---

226   P. de Sélènes (1886), S. 377ff.

227   Paracelse (1870), S. 35f.

228   A. Eyraud (1865), S. 33f.

229   A. Eyraud (1865), S. 35.

se noch als heiße Gaskugeln voneinander gelöst haben[230]. Bei der Abkühlung dieser Gaskugeln bildeten sich dann zuerst Flüssigkeiten und erst später Festkörper; dieser als *refroidissement* bezeichnete Prozess entspricht folglich dem Leben eines Planeten: „il [= l'astre] vit; il a eu sa jeunesse, il a eu son âge viril; il aura sa vieillesse; il mourra"[231]. Da bekanntlich die Abkühlung schwerer Körper langsamer vonstatten geht, als die leichter Körper, bestimmt die Masse eines Planeten folglich seine Lebensdauer: „Sa vie sera d'autant plus longue ou plus courte que sa masse sera plus grande ou plus petite. De là une méthode permettant de juger l'âge d'une planète"[232]. Als Bedingung für die Bewohnbarkeit eines Planeten sieht Henri de Parville dabei eine Atmosphäre an, deren Temperatur und deren Druck das Vorhandensein von Flüssigkeiten erlauben[233]. Mit diesen Annahmen beginnt der Astronom M. Greenwight im Roman seine als „voyage d'exploration"[234] bezeichnete Rede: Hierbei erklärt er, der Mond habe 80 Mal so schnell, wie die Erde gelebt[235], da er nur ein achtzigstel derer Masse habe. Folglich sei unser Trabant im Augenblick nicht mehr bewohnt, auch wenn er es ganz sicher gewesen sei[236]. Ferner besitzt der Mond in diesem Bild nur noch eine sehr dünne und tief liegende Atmosphäre und keinerlei Flüssigkeiten, was die Abwesenheit von Wolken beweise[237].

Ein pessimistischeres Bild des Mondes beinhaltete schon knapp 30 Jahre früher der bekannteste Mondroman der Zeit: *De la Terre à la Lune* von Jules Verne. Ist schon zu Beginn angeklungen, dass die Frage nach einer eventuellen Mondatmosphäre im 19. Jahrhundert noch eine gewisse Relevanz hatte, so wird dieser Wissenschaftsstreit hier in ein eigenes Kapitel gekleidet, welches den Titel *Attaque et riposte*[238] trägt. Kapitän Nicholl, zuerst Gegner des Unternehmens, später Mitreisender, vertritt hierbei in einer öffentlichen Diskussion die Theorie eines unbewohnbaren Mondes ohne Luft und ohne Wasser, sein Widersacher Michel Ardan dahingegen ist von dem Gegenteil überzeugt und kommentiert die Luftknappheit auf dem Mond voller Humor mit den Worten: „je tâcherai de l' [= l'air]

---

[230] H. de Parville (1865), S. 86ff.

[231] H. de Parville (1865), S. 84.

[232] H. de Parville (1865), S. 90f.

[233] H. de Parville (1865), S. 95f.

[234] H. de Parville (1865), S. 133.

[235] Die zitierten Daten zu den Himmelskörpern finden sich in Tabellen im Roman auf den Seiten 100, 101 und 105.

[236] H. de Parville (1865), S. 125.

[237] H. de Parville (1865), S. 125f.

[238] J. Verne (1966, b), Kapitel XX, S. 249-267.

économiser de mon mieux et de ne respirer que dans les grandes occasions"[239]. Bei Jules Verne bleibt diese Frage nach der Bewohnbarkeit des Mondes letzten Endes offen, denn in *Autour de la Lune* findet keine Landung auf diesem Himmelskörper statt. Der Autor scheint allerdings die vorherrschende Meinung der Zeit zu teilen und den Mond für tot zu halten, denn im Text wird die mögliche Abwesenheit einer Mondatmosphäre als eine der „véritables impossibilités de l'expédition"[240] bezeichnet und auch der mutige Reisende Michel Ardan, der ja für die Bewohnbarkeit des Mondes plädiert, wird nicht als besonders wissenschaftlich dargestellt, verkündet er doch: „celui-là est toujours brave qui ne soupçonne pas le danger!"[241]

5.2 Die Venus

Die Venus ist sowohl als Abendstern (*Vesper*) als auch als Morgenstern (*Lucifer*) gut mit bloßem Auge sichtbar und war daher schon im Altertum bekannt. Sie ist sozusagen unser Zwillingsplanet und stellt die uns - nach dem Mond - am nächsten gelegene *Terre du ciel* dar. Nach der römischen Liebesgöttin benannt, macht sie diesem Namen in der Literatur alle Ehre, schreibt doch schon Fontenelle: „Le climat est très favorable aux amours, Vénus est plus proche que nous du Soleil, et en reçoit une lumière plus vive et plus de chaleur"[242]. So ist die Venus bei Fontenelle die „mère des amours"[243], eine Haltung die Bernardin de Saint-Pierre (1737-1814) in seinen *Harmonies de la Nature* von 1815 folgendermaßen kommentiert: „considérée de tout temps comme l'astre des amours [, Vénus] doit son nom à son éclat, car c'est la plus brillante des planètes pour les habitants de la terre"[244]. In ideengeschichtlicher Hinsicht ist auch in der Folgezeit auffällig, wie eindeutig dieses positive Venusbild zu finden ist: In den *Voyages de Milord Céton* von 1765 bezeichnet die junge Monime diesen Planeten als „île de Cythère" und fügt hinzu: „Toute la nature ne respire que le plaisir, la joie & la volupté [...] je me fais une idée la plus jolie, la plus riante & la plus agréable du monde de Vénus"[245]. Gut hundert Jahre später bezeichnet auch Paracelse diesen

239	J. Verne (1966, b), S. 258.
240	J. Verne (1966, b), S. 253.
241	J. Verne (1966, b), S. 252.
242	B. de Fontenelle (1998), S. 122.
243	B. de Fontenelle (1998), S. 121.
244	J.-H.-B. de Saint-Pierre (1826), Bd. X, S. 310.
245	M.-A. Robert (1787), S. 279.

Himmelskörper in seinem Roman *Voyage à Sirius* als „la planète amoureuse"[246].

5.2.1 Das wissenschaftliche Bild der Venus im 19. Jahrhundert

In seinem Werk *La pluralité des mondes habités* bezeichnet Camille Flammarion die Venus als

> „une planète de mêmes dimensions que la Terre, avec des montagnes et des plaines, des saisons et des années, des jours et des nuits analogues aux nôtres; on étendit cette analogie à la conclusion suivante, que, semblables par leur conformation, ces deux mondes devaient l'être aussi par leur rôle dans l'univers"[247].

Er rechtfertigt damit seine Überzeugung, dass die Venus bewohnt sein muss, da die Erde bewohnt ist. Von einer Atmosphäre ist dieser Planet in seinen Augen ebenfalls umgeben: „Sur Vénus, les phénomènes crépusculaires, les taches nuageuses en révèlent l'existence"[248]. Eben diese Atmosphäre schützt die Venus in der Argumentation Camille Flammarions auch vor der Hitze der Sonne, ist doch die Venus dem Zentralgestirn im Mittel 25 % näher als die Erde. Damals nahm man an, diese Lufthülle sei doppelt so dicht, wie die der Erde; heute wissen wir, dass sie in Wirklichkeit 100 mal [sic] so dicht ist, zum größten Teil aus Kohlendioxyd besteht und keine wie früher angenommene ausgleichende, sondern im Gegenteil eine (durch den Treibhauseffekt) aufheizende Wirkung besitzt; die Oberflächentemperatur dieses Himmelskörpers beträgt dabei circa 480 [sic] Grad Celsius[249]. Gerade diese Atmosphäre macht aber auch die Beobachtung der Venusoberfläche extrem schwierig; ein Punkt in Bezug auf welchen Lucian Boia anmerkt, wie wenig kohärent der Forschungsstand bezüglich der Venus im 19. Jahrhundert war. Im frühen Venusbild fest verankert waren lange Zeit vermeintlich beobachtete hohe Berge, die schon bei Fontenelle den Zwillingsplaneten der Erde als „fort affreuse de près"[250] erscheinen ließen. Auch in vielen der literarischen Werke werden diese extrem hohen Berge beschrieben, nach heutigen Erkenntnissen ist der höchste Berg auf diesem Planeten allerdings „nur" 11.000 Meter hoch[251]. Ging ferner der französische Astronom Giovanni Domenico Cassini (1625-1712) schon im 17. Jahrhundert – wie auch Camille Flammarion - von einer Tageslänge von 23 h und 15 min aus, so nahmen im 19.

---

[246]   Paracelse (1870), S. 40.

[247]   C. Flammarion (1862), S. 32.

[248]   C. Flammarion (1864), S. 98.

[249]   L. Boia (1987), S. 54.

[250]   B. de Fontenelle (1998), S. 122.

[251]   R. Sauermost (1995), Bd. II, S. 355.

Jahrhundert Schiaparelli und der amerikanische Astronom Percival Lowell (1855-1916) hierfür 8 Monate [sic] an[252]; heute wissen wir, dass dieser Planet sich so langsam um seine eigene Achse dreht, dass auf ihm ein Tag länger als ein Jahr [sic] dauert[253]. War ferner Camille Flammarion davon überzeugt, die Rotationsachse des Planeten sei sehr stark gegen die Bahnebene des Planeten geneigt, so vertrat Garrett Serviss (1851-1929) in seinem Werk *Other Worlds* aus dem Jahre 1901 die Meinung, diese Achse stehe völlig senkrecht auf dieser Ebene; heute wissen wir, dass diese Achse um fast 180 [sic] Grad gegen die Bahn der Venus geneigt ist. Einzig und allein gesichert war im 19. Jahrhundert also die Tatsache, dass dieser Himmelskörper ungefähr genauso groß ist, wie unsere Erde.

5.2.2 Die Venus in der Literatur

Henri de Parville beschreibt die Venus als den der Erde am ähnlichsten Planeten[254]. Grund hierfür ist die Tatsache, dass dieser Planet 88,5% der Erdmasse und circa 96% des Erdvolumens hat - zwei Zahlenwerte, die identisch mit den Werten bei Camille Flammarion (1862) übereinstimmen. Durch diese ähnlichen Massen sind diese beiden Himmelskörper in etwa gleich stark abgekühlt und befinden sich auf derselben Entwicklungsstufe. Diese Theorie sehen die Wissenschaftler im Roman durch die teleskopische Beobachtung von Bergen und einer „atmosphère absolument comme sur notre globe"[255] bestätigt.

Eine ausführlichere Beschreibung liefert Achille Eyraud in seinem Roman *Voyage à Vénus*: Als sein Reisender Volfrang sein Ziel erreicht, fällt ihm sofort eine „végétation luxuriante"[256] auf, welche durch starke und häufige Regenfälle bevorteilt ist. Die Venus ist bewohnt von Menschen, welche umgeben sind von Blumen und Vögeln in den buntesten Farben. Die Früchte zeichnen sich durch einen extrem guten Geschmack aus, und das Getreide wächst sehr viel höher, als auf der Erde. Wie Camille Flammarion geht auch Achille Eyraud davon aus, dass die Wolkendecke die Venusoberfläche vor der heftigen Sonneneinstrahlung schützt[257], dennoch ist die Temperatur recht hoch. Ebenso teilt der Autor die Auffassung des französischen Astronomen, die Rotationsachse des Planeten sei stark gegen die Bahnebene geneigt: Gibt Eyraud in seinem Roman einen Winkel von 72 Grad an, so findet man in der *Pluralité des mondes*

---

252   L. Boia (1987), S. 52ff.
253   C. Stott; C. Twist (1996), S. 78.
254   H. de Parville (1865), S. 119f.
255   H. de Parville (1865), S. 120.
256   A. Eyraud (1865), S. 46.
257   A. Eyraud (1865), S. 44.

habités einen Wert von 75 Grad[258]. Hieraus resultieren zum einen extreme Schwankungen, was die Bedingungen zu verschiedenen Jahreszeiten betrifft, zum anderen ändert sich die Tageslänge nicht nur jeden Tag um 3 min und 36 sec wie auf der Erde, sondern um 42 min und 15 sec[259]. Dies bleibt von dem Reisenden nicht unbemerkt: „J'avais abordé vers le vingtième degré de latitude. Le jour était d'environ trois heures à ce moment-là; trois semaines après il était de dix-neuf!"[260] Aus diesem Grund folgt er dann seinem Gastgeber Mélino zu dessen Landsitz auf einer Anhöhe im kühleren Norden; überhaupt wohnt die Mehrheit der Venusianer in arktischen Gefilden[261].

Im späten 19. Jahrhundert – die Euphorie für den Planeten Mars hatte längst begonnen – erschienen aber immer noch Werke, die die Venus thematisieren: In der 1880 veröffentlichten Erzählung *Voyage sur la terre d'un habitant de Vénus* von Jules Rouquette besucht ein Arzt von der Venus den Autor, der ebenfalls Arzt ist. Die Handlung dieser Schrift besteht im Folgenden aus den Gesprächen, die bei diesem Zusammentreffen über die beiden Planeten geführt werden. Der Venusianer bestätigt in diesem Zusammenhang das Bild, das sich die Astronomen des 19. Jahrhunderts von der Venus machen; die Werte, die er über die Dauer eines Tages, über die Neigung der Rotationsachse, über die Schwerkraft und ähnliches angibt sind fast identisch mit jenen, die sich 1862 bei Camille Flammarion finden.

Bei G. Descottes ist die Venus als ein „grand vestibule du séjour éternel"[262] ein friedlicher, wetterloser Planet, auf dem das ganze Jahr gesät und geerntet wird. Durch die dichte Atmosphäre vor der Sonneneinstrahlung geschützt, besteht diese extrem bunte Welt aus einem einzigen Kontinent mit mehreren kleinen, untereinander nicht verbundenen Meeren. Wie auch bei Achille Eyraud ist dieses Planetenbild ausgesprochen positiv, was auch noch in Kapitel 9.1 im Hinblick auf utopische Gesellschaften Thema sein wird.

Abenteuerlicher sind dahingegen die Ausführungen von Charles Guyon in seinem Roman *Voyage dans la planète Vénus* von 1888: Von der Sonne geblendet erfahren die drei Reisenden von der Erde auf der Venus eine sehr warme Atmosphäre: „Ils se trouvaient au bord de la mer, sur un rivage bordé de magnifiques forêts. Il leur semblait être dans une région

---

258   A. Eyraud (1865), S. 255.

259   A. Eyraud (1865), S. 255.

260   A. Eyraud (1865), S. 258.

261   A. Eyraud (1865), S. 44.

262   G. Descottes (1864), S. 301.

tropicale, où les plantes avaient toutes des proportions énormes"[263]. Im Laufe der Entdeckungen wird deutlich, dass die geschilderte Venus eine Urwelt ist, in der noch Tiere leben, die auf der Erde längst ausgestorben sind; die Venus wird also als „monde primitif" [264] beschrieben.

5.3 Der Mars

Mars ist mit bloßem Auge gut sichtbar und wurde wegen seiner rötlichen Farbe im Altertum als Kriegsgott verehrt. Bis ins 19. Jahrhundert hinein konnte er allerdings, was die *pluralité des mondes* betrifft, nicht mit unserem Mond Schritt halten, so schreibt z.B. Fontenelle in seinen *Entretiens*: „Mars n'a rien de curieux que je sache [...]; enfin Mars ne vaut pas trop la peine qu'on s'y arrête"[265]. Auch die beiden Reisenden in Voltaires *Micromégas* fliegen ohne größeres Interesse am Mars vorbei:

> „ils côtoyèrent la planète de Mars, [...] [ils] trouvèrent cela si petit qu'ils craignirent de n'y pas trouver de quoi coucher, et ils passèrent leur chemin comme deux voyageurs qui dédaignent un mauvais cabaret de village et poussent jusqu'à la ville voisine"[266].

Dieses Desinteresse am roten Planeten findet sich auch noch im Jahre 1870 bei Paracelse in seinem Roman *Voyage à Sirius*, in dem sich die Protagonisten einig sind: „C'est Mars, la planète sombre, sans cesse tourmentée par d'horribles ouragans. [...] Mais hâtons le pas, car nous n'avons rien de curieux à voir dans ces parages"[267]. Erst die Zeit ab 1877 machte den Planeten Mars zu einer Hochburg der Weltraumliteratur.

5.3.1 Das wissenschaftliche Bild des Mars im 19. Jahrhundert

Bereits im 17. Jahrhundert entdeckte Cassini die Polkappen des Mars und fand heraus, dass seine Tage ungefähr genauso lange dauern, wie die auf der Erde[268]. Gut hundert Jahre später vertrat der deutsche Astronom Wilhelm Herschel die Meinung, diese Polkappen seien aus Eis und Schnee[269]. Somit war der Mars schon zu Beginn des 19. Jahrhunderts als ein der Erde sehr ähnlicher Planet bekannt; Camille Flammarion weist diesbezüglich auf die Ähnlichkeit der Atmosphären, der Wolken, der

---

263   C. Guyon (1888), S. 24f.
264   C. Guyon (1888), S. 62.
265   B. de Fontenelle (1998), S. 128.
266   Voltaire (1970), S. 32.
267   Paracelse (1870), S. 59.
268   L. Boia (1987), S. 41.
269   L. Boia (1987), S. 42.

Polkappen und der Jahreszeiten auf beiden Planeten hin[270]. In der Folgezeit bestätigte die Spektralphotometrie die Beobachtung einer erdähnlichen Lufthülle; ist heute bekannt, wie dünn diese Atmosphäre jedoch ist, wird sie z.b. bei Bernardin de Saint-Pierre noch als „beaucoup plus considérable"[271] bezeichnet. Das Jahr 1877 verstärkte das Interesse am roten Planeten deutlich: Zum einen entdeckte zu diesem Zeitpunkt der Amerikaner Asaph Hall die zwei kleinen Monde des Planeten, zum anderen beobachtete der italienische Astronom Giovanni Virginio Schiaparelli ein System von Kanälen, welches den gesamten Himmelskörper zu überziehen schien[272]. Die Interpretation dieser Beobachtungen lieferte allerdings der amerikanische Astronom Percival Lowell (1855-1916): Laut seiner Theorie bildeten diese Kanäle ein System, welches, von intelligenten Wesen geschaffen, den gesamten Planeten überzieht. Seiner Meinung nach dienten diese Kanäle dazu, das Wasser der im Sommer schmelzenden Polkappen über die Oberfläche des Mars zu verteilen, um es dann im Winter wieder zurückzuführen. Die Bewohner des Mars erschienen in dieser Darstellung sehr überlegen und fortgeschritten, da nur ihre Zusammenarbeit das Überleben auf einem alternden Planeten ermöglichte[273]. Den Höhepunkt dieser „'furie martienne'"[274] stellte das Jahr 1907 dar; in der Folgezeit jedoch entpuppten sich die beobachteten Kanäle als eine optische Täuschung: Mit besseren Teleskopen konnte man die geraden Linien der vermeintlichen Kanäle als einzelne Punkte auflösen. Heute wissen wir, dass der Mars eine trockene, kalte Welt ist, die nur von einer dünnen, hauptsächlich aus Kohlendioxyd bestehenden Atmosphäre umgeben ist. Ein Marstag ist, wie von Cassini bereits angenommen, ungefähr so lang wie ein Tag auf der Erde und auch die für die Argumentation im 19. Jahrhundert so wichtigen Polkappen sind in der Tat vorhanden[275].

5.3.2 Der Mars in der Literatur

Rund zehn Jahre vor der Entdeckung der famosen Marskanäle spielte der rote Planet in der von G. Descottes geschilderten Reise durch das Sonnensystem noch keine besondere Rolle: Hier hat der Planet – entgegen den heutigen Erkenntnissen – durch seine innere Wärme und seine sehr dichte, von heftigen Gewittern durchtriebene Atmosphäre ein sehr

---

[270]   C. Flammarion (1864), S. 70.

[271]   J.-H.-B. de Saint-Pierre (1826), Bd. X, S. 323.

[272]   L. Boia (1987), S. 43.

[273]   L. Boia (1987), S. 45f.

[274]   L. Boia (1987), S. 44.

[275]   C. Stott; C. Twist (1996), S. 88ff.

70

heißes Klima. Die berühmten Polkappen des Planeten finden sich hier nicht, vielmehr liegen die bewohnten Pole des Planeten in den gemäßigten Zonen. Der Mars als „monde moins bien doté que [la Terre]"[276] ist bei Descottes durch seine Farbe charakterisiert: Auf dem roten Planeten fließt orangefarbenes Wasser unter einem Himmel voller rötlicher Wolken. Ein ebenfalls noch recht unphysikalisches Marsbild malt Nicolas-Edme Réstif de la Bretonne in seinen *Posthumes* von 1802: Die hier beschriebenen Reisen des Duc-Multipliandre vermitteln ein Weltbild, nach dem alle Planeten eines Tages in die Sonne stürzen werden und nach dem die Planeten umso trockener und damit höher entwickelter sind, je näher sie bei der Sonne sind. Entgegen allen anderen literarischen Marsbildern, die den roten Planeten (vor allem ab dem „Marsjahr" 1877) aus heutiger Sicht zu Recht als eine trockene Wüste schildern, ist dieser Himmelskörper bei G. Descottes noch sehr stark mit Wasser überzogen, da er weiter von der trocknenden Sonne entfernt ist, als die Erde; bevölkert ist der Mars daher von amphibienartigen Wesen.

Der erste Roman der französischen Literatur, der den Mars zum zentralen Thema hat, ließ bis zum Jahre 1865 auf sich warten; die Rede ist hierbei von Henri de Parvilles Roman *Un habitant de la planète Mars*. Der Autor stellt hier den Mars als den nach dem Mond am besten bekannten Himmelskörper dar; durch seine geringe Masse (13,2% der Erdmasse, auch dieser Wert stimmt mit Flammarions Angaben von 1862 exakt überein) ist dieser Planet der Erde voraus, da ein leichterer Planet schneller abkühlt: „Il y a longtemps déjà que les conditions vitales analogues à celles de la Terre ont disparu de sa surface"[277]. Die teleskopische Beobachtung scheint Kontinente, Meere und Eismassen von veränderlicher Größe zu enthüllen, wobei gerade diese Variabilität – die auf das Vorhandensein von verschiedenen Jahreszeiten schließen lässt – für voreilige Schlüsse gesorgt hat:

> „S'il y a de la glace sur Mars, c'est qu'il y a de la neige, de l'eau, des pluies, et pour qu'il y ait de l'eau, il faut bien qu'il y ait aussi une atmosphère pour la retenir à l'état liquide. Les conditions méterologiques de la planète Mars se rapprochent donc encore assez considérablement des nôtres"[278].

Hierbei sei allerdings die Atmosphäre dichter als auf unserem Planeten, was nicht mit dem heutigen Marsbild übereinstimmt.

Mit dem Einsetzen der Marseuphorie ab 1877 häufen sich die Marserzählungen und auch Guy de Maupassant behandelt diese Thematik: Pi-

---

[276]   G. Descottes (1864), S. 99.

[277]   H. de Parville (1865), S. 128f.

[278]   H. de Parville (1865), Fußnote 1, S. 131.

erre Versins weist allerdings darauf hin, dass die Erzählung *L'homme de Mars* weniger bekannt ist; erstmals erschien sie in *Paris-Noël* zwischen 1887 und 1888 und wurde dann später, am 30.06.1889 in den *Annales politiques et littéraires* und am 10.10.1889 in der *Lanterne*, erneut abgedruckt[279]. In dieser Erzählung empfängt der Autor Besuch von einem Mann, der ihn zuerst von der Bewohnbarkeit des Planeten Mars überzeugt und ihm daraufhin berichtet, wie er eines Abends ein seltsames Objekt hat ins Wasser stürzen sehen. Es bleibt im Folgenden offen, ob es sich dabei um einen Marsianer oder nur um einen einfachen Meteoriten gehandelt hat. Auch der Gast in dieser Erzählung argumentiert, was die Bewohnbarkeit des Mars betrifft, mit der Ähnlichkeit der beiden Planeten:

> „Mars présente à nos yeux à peu près l'aspect que la Terre doit présenter aux observateurs martiaux. […] Les modifications géographiques sont fréquentes sur cette planète et prouvent l'activité de sa vie"[280].

Die Polkappen und die ähnlichen Jahreszeiten werden ebenfalls erwähnt; das Hauptargument stellen aber auch hier die berühmten Marskanäle dar:

> „Sachez donc qu'en 1884 […] M. Schiaparelli […] découvrit tout à coup une grande quantité de lignes noires droites ou brisées suivant des formes géométriques constantes, et qui unissaient, à travers les continents, les mers de Mars! Oui, oui, Monsieur, des canaux rectilignes, des canaux géométriques, d'une largeur égale sur tout leur parcours, des canaux construits par des êtres! Oui, Monsieur, la preuve que Mars est habitée, qu'on y vit, qu'on y pense, qu'on y travaille, qu'on nous regarde"[281].

Die Möglichkeit, Kanäle einer solchen Breite zu bauen, wird durch die geringere Marsdichte[282] und durch die geringere Schwerkraft an der Planetenoberfläche gerechtfertigt[283].

In gleich zwei Romanen beschreibt der französische Astronom Camille Flammarion den roten Planeten als eine der Erde und der Venus überlegene Welt: „Vénus est un monde analogue à la Terre et moins priviligié

---

[279] P. Versins (1972), S. 577.

[280] G. de Maupassant (1976), S. 348.

[281] G. de Maupassant (1976), S. 349.

[282] Die Dichte des Mars wurde um 1862 zu hoch eingeschätzt. Die bei Maupassant gegen Ende des 19. Jahrhunderts angegebenen Werte stimmen fast mit den heutigen überein.

[283] G. de Maupassant (1976), S. 350.

encore"[284]. Der 1897 erschienene Roman *Stella* erzählt von einem Liebespaar auf der Erde, das stirbt und gemeinsam auf dem roten Planeten wiedergeboren wird; eine Thematik also, die auch schon im Roman *Uranie* von 1889 behandelt worden war. Auch das Marsbild, welches die beiden Erzählungen vermitteln, ist dasselbe: In den Augen des Autors ist dieser Planet „plus ancien et plus avancé que la Terre dans son cycle vital; il est [...] mieux réussi que notre planète comme ensemble de conditions d'habitabilité"[285]. In beiden Fällen finden sich in dieser Welt große, rote Ebenen, durchzogen von den famosen „canaux innombrables"[286], deren Bau der Mangel an Wasser nötig gemacht hatte. Die wolkenlose, reine Luft ist nahrhaft und ohne Stürme; alles in allem sind sich also die Erde und der Mars recht ähnlich („Un habitant de la Terre ne s'y trouve pas trop dépaysé"[287]), der Hauptunterschied zwischen den beiden Planeten liegt vielmehr in der Natur ihrer Bewohner (siehe Kapitel 6.3.2).

5.4 Fazit

Im Laufe dieses Kapitels ist deutlich geworden, wie sehr ein gewisser Himmelskörper in einer ideengeschichtlichen Tradition steht und wie sich ein Planetenbild im Laufe der Zeit kontinuierlich verändern kann. Erlebte der Mond im 17. Jahrhundert eine Blütezeit als Schauplatz für phantasievoll und liebevoll beschriebene bessere Welten (Cyrano de Bergeracs Mondphantasien stellen hierfür das beste Beispiel dar), so wird er im 18. Jahrhundert, als auch andere Planeten beginnen, das Interesse der Autoren zu gewinnen, zu einem moralischen Planeten; in der Erzählung *Le char volant* von 1783 beispielsweise leben auf ihm allegorische, für verschiedene Charakterzüge stehende Figuren in Höhlen. Die physikalische Beschaffenheit des Mondes wird dabei sowohl im 17. als auch im 18. Jahrhundert nicht thematisiert, was sich zum Teil auch noch in das frühe 19. Jahrhundert hinein fortsetzt, wie die märchenhaft halbierte Mondwelt in der Erzählung *Mazular* (1832) von Boucher de Perthes beweist. In der Mitte des 19. Jahrhunderts allerdings wird der Mond zum Gegenstand einer heftigen Diskussion über seine eventuelle Bewohnbarkeit: Dieser Wissenschaftsstreit schlägt sich nicht nur in Jules Vernes Kapitel *Attaque et riposte* nieder, sondern sorgt vielmehr für ein-

---

284   C. Flammarion (1893), S. 295. Gerechtfertigt wird dieses negative Bild der Venus u.a. mit ihren kurzen und schnell wechselnden Jahreszeiten, die es Organismen schwer machen, sich der Umgebung anzupassen.

285   C. Flammarion (1897), S. 201.

286   C. Flammarion (1897), S. 462.

287   C. Flammarion (1893), S. 287. Den Seiten 287ff sind auch alle Angaben über den Mars aus diesem Roman entnommen.

deutig „physikalischere" Bilder aller Planeten in der Literatur. Schließen sich viele Autoren dem Astronomen François Arago an und halten den Mond für unbewohnbar (so z.B. Achille Eyraud und Paracelse), so gibt es dennoch auch weiterhin nicht wenige „Optimisten" in der Folgschaft von Camille Flammarion. Dabei ist allerdings eine bewohnte Mondvorderseite, wie sie sich z.B. bei G. Descottes findet, sehr selten: „Sicherer" fühlen sich die Schriftsteller hierbei in bestimmten „Schlupfwinkeln" des Lebens, wie z.B. der von der Erde aus unsichtbaren Mondrückseite oder in einem unterirdischen Höhlensystem; letztere Idee wurde schon von Fontenelle angedacht, von Pierre de Sélènes aufgegriffen und findet ihre bekannteste Verwirklichung im Jahre 1901 bei H. G. Wells in *The First Men in the Moon*. Allen Werken gemeinsam ist hierbei die Ansicht, dass der Mond ein alternder Himmelskörper ist.

Eindeutiger ist die Lage da schon im Fall der Venus: Ihre Sonnennähe und ihr helles Leuchten als Morgen- und Abendstern machten diesen Planeten seit jeher zu einem Sitz der Muße und der Liebe; das Bild der Venus machte also im Laufe der Jahrhunderte keine Wandlung durch. Lediglich Camille Flammarion sieht das Paradies unseres Sonnensystems nicht auf diesem Himmelskörper sondern auf dem lange Zeit – wie z.B. bei Fontenelle und Voltaire – ignorierten Planeten Mars. Jener hatte im Jahre 1865 seinen ersten „Soloauftritt" in der Literatur in Henri de Parvilles Roman *Un habitant de la planète Mars*. In der Zeit ab 1877 häuften sich dann die Erzählungen über diesen Planeten, wie es in der vorliegenden Arbeit Guy de Maupassants Novelle *L'homme de Mars* und Camille Flammarions Marsromane *Stella* und *Uranie* belegen. Die durch die Entdeckung der beiden Marsmonde und die Beobachtung der vermeintlichen Marskanäle losgetretene Marseuphorie machten den roten Planeten dabei zu einem Gemeinplatz der Weltraumliteratur.

Was den astronomischen Kenntnisstand des 19. Jahrhunderts angeht, lässt sich sagen, dass optische Beobachtungen auf den Planeten oft zu nachhaltigen Missverständnissen geführt haben: Auch wenn Galileo Galilei die von ihm zuerst beobachteten Mondwälder und Mondmeere bald widerrufen hat, war die Idee eines bewohnten Mondes in den Köpfen der Menschen nicht mehr wegzudenken. Ähnliches gilt auch für die Falschmeldung von fliegenden Mondmenschen, die dem Astronomen Herschel im Jahre 1835 in den Mund gelegt worden war: Auch er widerrief diese Mystifikation zwar so schnell es ging, die neu auflebende Begeisterung für den Mond konnte er damit aber genauso wenig bremsen, wie genauere teleskopische Beobachtungen die Faszination für den Planeten Mars stoppen konnten, denn auch ohne seine Kanäle war der rote Planet aus der Phantasie der Schriftsteller nicht mehr wegzudenken.

Vergleicht man ferner die in Anhang 12.1.1 gegebenen Daten miteinander, so wird deutlich, wie früh bereits bei den einzelnen Planeten die

Größe, die Dichte und der Abstand zur Sonne gut bekannt waren. Zum Teil stützten sich die Argumentationen der Schriftsteller ja auch gerade auf diese gesicherten Kenntnisse: In Guy de Maupassants *L'homme de Mars* beispielsweise wird die Möglichkeit, Marskanäle zu bauen, durch die geringere Marsdichte gerechtfertigt. Genauso sorgte die geringere Dichte des Mondes bereits früh für die Idee unterirdischen Lebens auf dem Mond. Das eindeutig positive Bild der Venus findet sich begründet in ihrer Nähe zur Sonne, das viele Licht sorgt dabei für Muße und Liebe. Ähnliche Argumente werden auch im nächsten Kapitel über die Bewohner der Planeten von besonderer Bedeutung sein.

6 Die Bewohner der Planeten

Mit dem permanenten Argument „Pourquoi non?"[288] bevölkert der Gelehrte in Fontenelles *Entretiens* fast das gesamte Sonnensystem. Er wagt dabei auch eine Hypothese über die Natur der jeweiligen Bewohner der Planeten:

> „Apparemment les différences augmentent à mesure que l'on s'éloigne, et qui verrait un habitant de la Lune et un habitant de la Terre, remarquerait bien qu'ils seraient de deux mondes plus voisins qu'un habitant de la Terre et un habitant de Saturne"[289].

Setzt Fontenelle das Wesen eines Bewohners in eine direkte Beziehung zu dessen Abstand zur Erde, so mokiert sich Voltaire in seinem *Micromégas* über die weit verbreitete Meinung seiner Zeit, dass die Körpergröße eines Bewohners mit der Größe seines Heimatplaneten zunimmt: Sein Reisender Micromégas kommt von einem großen, um den Stern Sirius kreisenden Planeten und ist knapp 39.000 [sic] Kilometer hoch[290]. In der *Pluralité des mondes habités* von Camille Flammarion verrät allein schon der Titel, dass der Autor von der Mehrzahl bewohnter Welten überzeugt ist; allerdings lehnt der Astronom es strikt ab, Aussagen über die Natur der Bewohner zu machen. Für ihn macht es lediglich Sinn festzuhalten, dass das Leben sich an allen Stellen nach denselben Prinzipien und je nach den physikalischen Gegebenheiten des Planeten entwickelt[291]; den Titel eines „colonisateur de planètes"[292] lehnt er folglich ab. Dennoch gibt er seiner Überzeugung Ausdruck, dass alles in der Natur seinen Sinn hat, dass also eine bewohnbare Welt nicht unbewohnt bleibt[293]. Als ein „grand problème"[294] bezeichnet auch Michel Ardan in *De la Terre à la Lune* die Frage nach der Bewohnbarkeit der Planeten; interessanterweise findet sich bereits in der berühmten *Encyclopédie* der Aufklärung folgender Eintrag zum Stichwort *problème*:

---

288   B. de Fontenelle (1998), S. 111.
289   B. de Fontenelle (1998), S. 115.
290   Voltaire (1970), S. 19ff.
291   C. Flammarion (1864), S. 299.
292   C. Flammarion (1864), S. 300.
293   C. Flammarion (1864), S. 149.
294   J. Verne (1966, b), S. 243.

„*en terme de logique*, signifie une question douteuse, ou une pro-
position qui paroît n'être ni absolument vraie, ni absolument
fausse; mais dont le pour & le contre sont également probables, &
peuvent être soutenus avec une égale force. Ainsi c'est un *problème* que de savoir si la lune & les planetes [sic] sont habitées par
des êtres qui soient en quelque chose semblables à nous"[295].

In diesem Kapitel sollen die in der zu untersuchenden Literatur beschriebenen Bewohner der Planeten dargestellt werden. Dabei soll nicht
wie in Kapitel 5 Planet für Planet vorgegangen werden; vielmehr sollen
mehrere Prinzipien herausgearbeitet werden, die es erlauben, trotz der
Vielfältigkeit der geschilderten Bilder, die Bewohner der Planeten zu
klassifizieren. Die Gliederung ist hierbei angelehnt an eine Aussage von
Lucian Boia, der diese Thematik folgendermaßen kommentiert: „On a
toujours oscillé entre *identité, ressemblance* et *diversité*. Avec tout de même
un penchant pour l'anthropomorphisme"[296]. Innerhalb dieser drei die
Gliederung dominierenden Rubriken soll dann ein gewisses Augenmerk
der von Voltaire kritisierten Theorie gelten, nach der die Größe eines
Bewohners von der Größe seines Heimatplaneten abhängt. Solche Ana-
logieschlüsse sind typisch für das 19. Jahrhundert; im Folgenden wird
deutlich werden, welch unterschiedliche, ja sogar gegensätzliche Ergebnisse hierbei aus ein und derselben Grundannahme gefolgert werden
können.

6.1 Identité

Viele Schriftsteller erwähnen das Aussehen der Bewohner der Planeten
überhaupt nicht und implizieren damit, dass diese den Erdenmenschen
gleichen. Dies gilt vor allem für Erzählungen aus dem 18. Jahrhundert:
In den *Voyages de Milord Céton* wird beispielsweise das Aussehen der
Mondbewohner genauso wenig erwähnt wie in der 1751 von einem anonym gebliebenen Monsieur *** veröffentlichten *Première relation du
voyage dans la lune*. In beiden Werken stehen die Bewohner der Himmelskörper lediglich für einen bestimmten Charakter; ihr äußeres Erscheinungsbild ist dabei belanglos.

---

[295] *Encyclopédie, ou Dictionnaire raisonné des sciences, des arts et des metiers, par
une société des gens de lettres. Mis en ordre & publ. Par M. (Denis) Diderot,
…; quant à la partie mathématique, par M. (Jean Le Rond) d'Alembert …*
(Nachdruck der 1. Originalausgabe), Readex Microprint, Pergamon Pr. ,
Vol. 1-5, New York, 1969. S. 107.

[296] L. Boia (1987), S. 63.

Doch auch über das gesamte 19. Jahrhundert hinweg finden sich solche fehlenden Beschreibungen, so z.B. in den – noch stark an das 18. Jahrhundert erinnernden - *Voyages d'Hyperbolus dans les planètes* von 1808, oder in der *opéra-féerie* von E. Leterrier, A. Mortier und A. Vanloo aus dem Jahre 1877. In diesen beiden Werken wird weder das Aussehen der Außerirdischen noch ein Verständigungsproblem zwischen ihnen und den Reisenden von der Erde erwähnt: Ermöglicht in den *Voyages d'Hyperbolus* ein Geist die Verständigung, so wird bei Eugène Letterier in *Voyage dans la Lune* von 1877 deutlich, dass die Mondbewohner nicht nur wie wir aussehen, sondern auch noch, wie ihre Besucher von der Erde, Französisch sprechen. Ähnlich verhält es sich auch in der *Voyage dans la planète Vénus* (1888) von Charles Guyon, in der über die Venusianer lediglich gesagt wird, sie seien – wohl durch die Nähe zur Sonne - „de figure très brune"[297]; in G. Descottes Roman *Voyages dans les planètes* (1864) dahingegen wird das Aussehen der Venusianer mit keinem Wort erwähnt, die Nähe zur Sonne wirkt sich hier aber direkt auf den positiven Charakter der als „créatures [...] parfaites"[298] bezeichneten Bewohner aus. Genauso unterscheiden sich die Mondbewohner in dem 1886 erschienenen Roman *Un monde inconnu, deux ans sur la Lune* von Pierre de Sélènes nicht durch ihr Äußeres, sondern vielmehr durch ihren erhabenen Charakter von den Besuchern von der Erde[299]; auf das positive Erscheinungsbild gewisser Personen im Rahmen utopischer Gesellschaften wird in Kapitel 9 noch zurückzukommen sein. In politischer Hinsicht interessant ist auch der 1883 erschienene Roman *Quinze mois dans la lune* von A. de Lamothe: Hier begegnen den Reisenden von der Erde Menschen, die genauso aussehen wie sie[300], aber die räumliche Reise auf den Mond stellt gleichermaßen auch eine Reise in die Zukunft dar, da der Mond der Erde um genau 100 Jahre voraus ist und dieselbe Geschichte durchläuft. Dies ist ein Anlass für den Autor, die in seinen Augen verheerenden Folgen der – im Erscheinungsjahr 1883 in Frankreich herrschenden – Republik zu schildern und sich deutlich für die Wiedereinführung der Monarchie auszusprechen (siehe Kapitel 9.4.3). Unter einem ähnlichen Aspekt von Interesse ist auch der 1854 erschienene Roman *Star ou psi de Cassiopée* von Charlemagne-Ischir Defontenay, in dem die Bewohner des Planeten *Star* genauso aussehen wie die Menschen auf der Erde: „Ils sont semblables à nous mêmes.... Ce sont bien là les mortels

---

[297]   C. Guyon (1888), S. 21.

[298]   G. Descottes (1864), S. 294.

[299]   P. de Sélènes (1886), S. 97f.

[300]   Zumindest wird das Aussehen der Mondmenschen mit keinem Wort beschrieben, obwohl das erste Zusammentreffen mit ihnen im Detail erzählt wird.

que nous connaissons. Là, comme partout, l'homme est l'homme; la nature jusqu'alors n'a rien produit de plus parfait"[301]. Auf diesem Planeten stellen allerdings die so genannten *repelux*, als kleine, tollpatschige und affenähnliche Wesen, eine recht dominante Spezies dar, die sogar einmal mit einer weltzerstörerischen Sekte zusammen die Herrschaft des Planeten übernimmt, was eine Flucht auf die Monde notwendig macht (siehe hierzu auch Kapitel 9.3.5).

6.1.1 Identité - Proportional

Beschreiben viele Autoren das Aussehen der Außerirdischen überhaupt nicht, so ist oft die Körpergröße das erste erwähnte Charakteristikum. In diesem Abschnitt soll erläutert werden, dass viele Autoren die Größe einer Kreatur in Zusammenhang zum Volumen ihres Heimatplaneten gesetzt haben. Es ist bereits erwähnt worden, dass Voltaire durch seinen extrem großen *Micromégas* mit dieser Argumentation kokettiert, aber auch in den *Voyages de Milord Céton* von 1765 werden die Bewohner des kleinen Planeten Merkur als „petits individus"[302] beschrieben.

Auch im 19. Jahrhundert findet sich das Motiv kleiner Mondbewohner häufig, so heißt auch in der Monderzählung *Voyage dans la Lune* (1845) von Jacques Bujault das angetroffene Mondvolk *Picolins*[303] und die Kleinheit ist das einzige Element, das von ihrem Aussehen geschildert wird: „ce petit bonhomme de peuple me venait alors à la ceinture, et chacun se dressait, levait la tête pour me regarder"[304]. Auch der Protagonist in dem anonym erschienenen Roman *Voyage tout récent dans la Lune* (1845) träumt von „des hommes, des femmes, des enfants, plus petits que nous, mais d'une physionomie tout à fait charmante, pleine d'expression, de grâce, de bonheur"[305]; ähnlich beschreibt auch Alexandre Cathelineau die Mondbewohner in seinem Roman *Voyage à la Lune* (1865):

> „C'étaient évidemment des hommes, absolument semblables à nous par les membres, le visage, et les traits, - mais de plus petite stature. Les hommes ne paraissent pas avoir plus de un mètre vingt centimètres tandis que les femmes comme sur la terre étaient encore plus petites"[306].

---

[301] C. I. Defontenay (1972), S. 46f.

[302] M.-A. Robert (1787), S. 150.

[303] J. Bujault (1845), S. 200.

[304] J. Bujault (1845), S. 200.

[305] Anonym (1845), S. 16.

[306] A. Cathelineau (1865), S. 184f.

Weniger quantitativ sind im Vergleich hierzu die Aussagen in G. Descottes Roman *Voyages dans les planètes* (1864): Der Reisende begegnet hier den unterschiedlichsten Kreaturen (siehe Kapitel 6.2.2), so auch Riesen auf dem großen Planeten Jupiter, welche er von weitem für „tours ambulantes"[307] hält.

In Jules Vernes Roman *Autour de la Lune* (1869) findet keine Landung auf dem Mond statt, die Frage nach eventuellen Mondbewohnern und nach deren Natur bleibt folglich offen, wird aber im Verlauf des Fluges auf hypothetischem Wege diskutiert, so sagt Kapitän Nicholl: „si la taille des Sélénites est proportionelle à la masse de leur globe, ils [= les Sélénites] seront hauts d'un pied à peine"[308]. Ferner wird darauf hingewiesen, dass die Bewohner schwerer Planeten in dieser Theorie Riesen sein müssten, so werden z.B. eventuelle Bewohner der Sonne als 200 Fuß hoch angenommen[309]; Grund genug für den heiteren Franzosen Michel Ardan vorzuschlagen, lediglich den Mond anzufliegen: „Là , au moins, nous ferons grande figure!"[310]. Bei Jules Verne bleibt diese Rechnung allerdings letzten Endes ein reines Gedankenexperiment und reine Spekulation, was auch bereits das einleitende Wort *si* andeutet.

6.1.2 Identité - Antiproportional

Nahm in allen bisher geschilderten Werken die Größe einer Kreatur mit der Größe seines Heimatplaneten zu, so findet sich aber auch die umgekehrte Argumentation, dass diese Körpergröße auf kleinen Planeten zunimmt, ein Gedanke, der sich wohl darauf stützt, dass ein aufrecht gehendes Lebewesen auf einem leichteren Himmelskörper besser gegen die Schwerkraft ankommt. Bereits in der 1638 erschienenen Erzählung *The Man in the Moone* von Francis Godwin findet sich die Beschreibung von Mondmenschen „twice the height of ours"[311] und auch in der wenige Jahre später erschienenen heiteren Monderzählung von Cyrano de Bergerac zeichnen sich die Seleniten dadurch aus, dass sie auf allen Vieren gehen (weshalb sie auch den Reisenden von der Erde für ein Tier

---

307   G. Descottes (1864), S. 271.

308   J. Verne (1966, a), S. 132.

309   Bei dieser Rechnung berücksichtigt Jules Verne nicht nur die Masse, sondern auch das Volumen und die Dichte der Sonne, und rechnet somit – als für die Größe der Bewohner relevante Größe - die Fallbeschleunigung an ihrer Oberfläche aus.

310   J. Verne (1966, a), S. 133.

311   D. Gonsales (1972), S. 70.

halten) und ca. sechs Meter groß sind[312]. Die Nacktheit dieser Seleniten verstärkt erneut den burlesken Charakter dieser Mondwelt.

Im 19. Jahrhundert finden sich dann z.B. bei Achille Eyraud Venusianer, von denen es heißt: „Les habitants de Vénus [...] sont d'une taille plus haute et d'un tempérament plus vif que ceux de notre planète"[313]. Genauso weiß auch der Mondkönig in Pierre Gallets Roman *Voyage d'un habitant de la Lune* von 1803 von früheren Erdexpeditionen seiner Untertanen, dass die Erdbewohner „moins grands et moins forts que ceux de sa planete [sic]"[314] sind. Sehr interessant sind auch die Sonnenbewohner, die sich in Pierre Boitards *Voyage dans le Soleil* (1838-1840) finden, denn auf diesem großen Himmelskörper sind die Bewohner nur knapp über einem Meter groß, zeichnen sich allerdings durch einen großen Kopf aus, der von der moralischen Überlegenheit der Sonnenbewohner zeugt (siehe Abbildung S. 268)[315].

6.1.3 Die Klimatheorie

Im Zeitalter der Aufklärung entwickelten einige Denker eine Theorie, die so genannte Klimatheorie, nach der sich der Charakter eines Menschen nach dem Klima seines Heimatlandes richtet. Eine ähnliche – auf das gesamte Sonnensystem erweiterte - Argumentation findet sich aber bereits im Zeitalter der Frühaufklärung in den *Entretiens* (1686) von Fontenelle und auch in vielen Werken des 19. Jahrhunderts; die Bewohner der anderen Planeten unterscheiden sich in diesen Vorstellungen nicht etwa durch ihr unterschiedliches Aussehen von den Menschen auf der Erde, sondern vielmehr durch einen unterschiedlichen Charakter, was mit dem jeweiligen Abstand zur Sonne in Verbindung gebracht wird.

Zu ganz unterschiedlichen Ergebnissen kommen die Autoren dabei, was den Planeten Merkur betrifft, der als sonnennächster Planet das meiste Licht bekommt: Fontenelle sieht dessen Bewohner in seinen *Entretiens* folgendermaßen: „Je crois qu'ils n'ont point de mémoire, non plus que la plupart des nègres, qu'ils ne font jamais de réflexion sur rien, qu'ils n'agissent qu'à l'aventure"[316]. Positiv wirkt sich im Gegensatz dazu das Sonnenlicht in den Vorstellungen von Bernardin de Saint-Pierre aus, der in seinen *Harmonies* von 1815 über die Merkurianer schreibt:

---

[312]   C. de Bergerac (1968), S. 34.

[313]   A. Eyraud (1865), S. 14.

[314]   P. Gallet (1803), S. 2.

[315]   P. Boitard (1838-1840), Bd. I, S. 77f.

[316]   B. de Fontenelle (1998), S. 123.

„Les habitants fortunés de Mercure n'ont pas besoin de soutenir leur vie par la mort des animaux, ni de se livrer aux rudes travaux de l'agriculture. Des fruits mille fois plus délicieux que ceux de nos vergers croissent spontanément sur une planète dont les pôles, par leur température, doivent produire les litchis et les mangoustans. [...] Au sein de l'abondance et des plus riches productions de la nature, ils doivent être semblables à ces sages Indiens, livrés aux plus sublimes méditations"[317].

Eine ähnlich positive Wirkung hat die Sonnennähe auch in der 1750 veröffentlichten *Relation du monde de Mercure* des Chevalier de Béthune, die eine utopische Gesellschaft auf diesem Planeten schildert.

Eindeutiger ist dahingegen die Lage im Falle der Venus: Nach Merkur der zweite Planet von der Sonne aus gesehen, macht ihre Sonnennähe sie zum eindeutigen Sitz der Muße und der Liebe. Schon Fontenelle pries, wie bereits erwähnt, das liebesfreundliche Klima dieses warmen Planeten und malte darauf aufbauend folgendes Bild seiner Bewohner:

„Ils ressemblent aux Mores grenadins, un petit peuple noir, brûlé du soleil, plein d'esprit et de feu, toujours amoureux, faisant des vers, aimant la musique, inventant tous les jours des fêtes, des danses et des tournois"[318].

Nicht weniger positiv ist auch das von Bernardin de Saint-Pierre entworfene Bild der Venusianer, in dem es heißt (siehe Abbildung S. 267):

„Ses habitants [...] doivent donner tout leur temps aux amours. Les uns, faisant paître des troupeaux sur les croupes des montagnes, mènent la vie des bergers; les autres, sur les rivages de leurs îles fécondes, se livrent à la danse, aux festins, s'égayent par des chansons, ou se disputent des prix à la nage, comme les heureux insulaires de Taïti"[319].

Diese interplanetarische Erweiterung der Klimatheorie zieht sich auch wie ein roter Faden durch das Werk von Camille Flammarion und wird von Achille Eyraud übernommen, der in seinem Roman *Voyage à Vénus* schreibt: „La providence divine a conformé chaque créature suivant le climat sous lequel elle l'a placée"[320]. Konkret finden sich in diesem Roman sonnengebräunte Venusianer mit langen, die Augen vor den vielen Regenfällen schützenden Wimpern[321] und kleinen schwarzen Augen, de-

---

[317] J.-H.-B. de Saint-Pierre (1826), Bd. X, S. 307f.

[318] B. de Fontenelle (1998), S. 122.

[319] J.-H.-B. de Saint-Pierre (1826), Bd. X, S. 315.

[320] A. Eyraud (1865), S. 45.

[321] A. Eyraud (1865), S. 55.

ren Pupillen nur einen Teil des vielen einfallenden Lichts aufnehmen[322]. Neben diesen eher pragmatischen Anpassungen reiht sich Achille Eyraud aber auch deutlich in die Tradition einer erotischen Welt auf der Venus ein:

> „Revêtues d'une longue tunique, surmontée d'éclatantes draperies qui laissent couler autour du corps les flots de leurs plis harmonieux, elles laissent vaguement transparaître, sous ces voiles pudiques, toute la souplesse et la grâce des formes admirables dont les dota le Créateur pour en faire son chef-d'œuvre"[323].

Interessant sind auch die Schilderungen von Merkur, Venus und Mars in der *Voyage dans le soleil* von Pierre Boitard, welche deutlich an die Klimatheorie angelehnt sind, noch deutlicher aber als die bis jetzt geschilderten Beispiele von einem kolonialistischen Denken geprägt scheinen. Auf dem Planeten Merkur trifft der Reisenden von der Erde einen knapp drei Meter hohen, als „être épouvantable"[324] und als „monstre"[325] bezeichneten Affen, der mit seinen Artgenossen zusammen auf diesem Planeten die Menschenrolle innehat. Menschenähnlicher ist dahingegen schon die auf der Venus lebende Mischung aus Mensch und Affe, von der es heißt:

> „ils manquaient de cuisses et de mollets, comme les habitants de quelques îles de l'Australasie; leurs pieds étaient fort longs, ainsi que les pieds des insulaires de plusieurs îles de la Nouvelle-Zélande, et, chose fort remarquable, leur pouce du pied était opposable aux autres doigts, ainsi que chez quelques sauvages de l'Amérique méridionale"[326].

Auf der nächsten Station der Reise, dem Planeten Mars, haben die Bewohner keine affenähnlichen Merkmale mehr und in ihrer Beschreibung heißt es:

> „Je ne vous ferai pas la description des habitants de Mars, par la raison que vous avez sans doute vu leurs analogues identiques sur la terre: ils ressemblent, à s'y méprendre, à des nègres du Congo, à cette seule différence que leurs cheveux, au lieu d'être crépus et laineux, étaient longs et flottants"[327].

Alle diese drei Bilder schildern auf deutliche Weise Wesen, die Schwarze und Affen in einen gewissen Zusammenhang bringen, und Lucian Boia

---

322   A. Eyraud (1865), S. 46.
323   A. Eyraud (1865), S. 52.
324   P. Boitard (1838-1840), II, S. 142.
325   P. Boitard (1838-1840), II, S. 142.
326   P. Boitard (1838-1840), III, S. 37f.
327   P. Boitard (1838-1840), III, S. 41.

kommentiert das Bild von Boitards Marsianern zu Recht mit den Worten „ce qui, dans le langage de l'époque, n'était pas précisément un compliment"[328].

6.2 Ressemblance

Hatten die bis jetzt beschriebenen Bewohner der Planeten - bis auf ihre u.U. andere Größe – dasselbe Aussehen wie wir, so wagten sich einige Autoren auch weiter vom „irdischen Vorbild" fort: Im Folgenden sollen einige Wege dargestellt werden, auf denen dies geschah.

6.2.1 Zahlenspiele

Ein einfacher Weg, etwas scheinbar anderes zu schildern, ohne damit aus gesicherten Bahnen auszubrechen, ist es, die von der Erde her gewohnte Anzahl gewisser Körperteile zu variieren. In der *Histoire intéressante* von 1784 finden sich somit beispielsweise zerbrechliche, als „squelettes ambulans [sic]"[329] bezeichnete, ca. 1,50 m große Mondbewohner, von denen es heißt: „Ils ont la tête triangulaire comme leurs maisons [...]. Ils ont trois yeux, un placé directement au-dessus du nez, et les deux autres à côté du nez, vers son millieu"[330]. Die Zahl drei findet sich auch in einer anonymen Kurzerzählung mit dem Titel *Un Habitant de la lune, arrivé sur la terre dans un ballon*, welche die Landung eines Wesens vom Mond mit drei Beinen und drei Augen auf der Erde schildert[331]. Genauso „um eins höher als gewohnt" wählt auch Pierre Boitard die Zahl sechs für die Anzahl der Finger der Sonnenbewohner in seiner *Voyage dans le Soleil* (1838-1840)[332]. Doch auch die Zahl eins kann – quasi als die Hälfte der gewohnten Zahl zwei – eine ähnliche Rolle übernehmen: In einer wundersam halbierten Welt auf dem Mond in der Erzählung *Mazular* (1838) von Boucher de Perthes leben „hommes qui n'avaient qu'une jambe, qu'un bras, qu'un oeil, qu'une oreille, et pas de nez"[333], außerdem haben diese Wesen nur 16 Zähne und auch die Vierbeiner haben in die-

---

328   L. Boia (1987), S. 41.

329   Anonym (1784), S. 26.

330   Anonym (1784), S. 26.

331   Anonym (o.J.), S. 1.

332   P. Boitard (1838-1840), I, S. 77.

333   J. Boucher de Perthes (1832), S. 163.

ser Welt nur zwei Pfoten[334], was den Reisenden von der Erde schnell als ein „être double"[335] erscheinen lässt.

Auch Nicolas-Edme Réstif de la Bretonne greift in seien *Posthumes* (1802) zu ähnlichen Zahlenspielen, um die Überlegenheit der sonnennahen, inneren Planeten zum Ausdruck zu bringen: Die Venusianer sind in seinen Augen kleine, affenähnliche Wesen, die, obwohl sie Orang-Utans ähneln, den Menschen auf der Erde in vielfacher Hinsicht überlegen sind. Sie haben beispielsweise einen sechsten Sinn, um Gedanken lesen zu können[336] und eine dritte Hand, um sich gegen ein wildes Tier auf ihrem Heimatplaneten zu verteidigen [337]. Gleich vier Hände, vier Füße und sieben Sinne (zu den sechs Sinnen der Venusianer kommt hier noch der die Ausscheidungen dieser Kreaturen regelnde *contre-goût* hinzu[338]) haben in diesem Roman dahingegen die als *Oa* bezeichneten Merkurianer[339]. Die hoch entwickelte merkurianische Gesellschaft wird darüber hinaus dadurch bevorteilt, dass ein Merkurianer zwar nur eine Seele, dafür aber zwei Gehirne hat, wobei das eine Gehirn sich um alle körperlichen Dinge kümmert, wohingegen das andere sich ohne abgelenkt zu werden um die rein geistigen Dinge kümmern kann. Die Rundreise des Duc-Multipliandre ist aber an dieser Stelle noch nicht zu Ende: Im Inneren der Merkurbahn entdeckt er einen von den Astronomen der Erde für einen Sonnenflecken gehaltenen Planeten namens Argus, dessen durch die Sonnennähe ebenfalls hoch entwickelte Bewohner eine karikativ hohe Anzahl an Gliedmaßen haben: Vier Köpfe, acht Ohren, 40 Finger und 1001 Augen[340]. Die galante Ehefrau des Reisenden, die gerne in gebildeten *Salons* verkehrt und damit der Marquise in Fontenelles *Entretiens* ähnelt, kommentiert dies mit den folgenden Worten: „Voici encore des Habitans différens [sic], ét [sic] d'un genre tout-à-fait extraordinaire"[341].

---

[334] In der deutschen Literatur findet sich auch in dem 1911 erschienenen Roman *Wunderwelten* von W. Mader ein dreibeiniges Tier (S. 56ff).

[335] J. Boucher de Perthes (1832), S. 163.

[336] N.-E. Réstif de la Bretonne (1988), Bd. II, S. 285.

[337] N.-E. Réstif de la Bretonne (1988), Bd. II, S. 279f.

[338] Dieser *contre-goût* ist nur ein Beispiel dafür, wie häufig der Reisende sowohl die Sexualität als auch die Ausscheidungen der Bewohner der verschiedenen Planeten thematisiert.

[339] N.-E. Réstif de la Bretonne (1988), Bd. II, S. 325f.

[340] N.-E. Réstif de la Bretonne (1988), Bd. II, S. 353.

[341] N.-E. Réstif de la Bretonne (1988), Bd. II, S. 352.

6.2.2 Karikaturen

Die veränderte Anzahl verschiedener Körperteile stellt aber nicht das einzige karikative Element dar; die Wesen auf den anderen Planeten können in vielerlei Hinsicht als eine Karikatur der Erdenmenschen gesehen werden. In der Erzählung *Le char volant* von 1783 beispielsweise sehen die kleinen Mondbewohner – sie werden nicht größer als 1,50 m - im Prinzip aus wie die Menschen auf der Erde, die Männer tragen allerdings auf der Stirn eine kleine Flamme, die im Laufe ihres ca. fünf Jahrhunderte langen Lebens wächst; die Frauen haben an dieser Stelle einen weißen Fleck, der ebenfalls mit der Zeit wächst und sich in der Farbe verändert, wenn sie von ihrem Eheversprechen abweichen wollen[342].

Dieses Prinzip der *ressemblance* findet sich auch im 19. Jahrhundert oft wieder – beschreibt ja auch der Reisende in P.-F. Mathieus Erzählung *Voyage dans la Lune* von 1840 einen Mondbewohner schlichtweg als „individu fait à ma ressemblance"[343]. Genauer ist dahingegen die Beschreibung der Mondmenschen in G. Descottes Roman *Voyages dans les planètes* von 1864. Von diesen als „Êtres disgraciés…. affreuses caricatures!"[344] bezeichneten Lebewesen wird ein detailliertes Porträt gegeben:

> „Taille petite; port sans grâce et sans noblesse; figure étroite et allongée; yeux petits et si rapprochés qu'il semble qu'un seul œil vaudrait autant; […] nez semblable à un tuyau menu sans apparance de narines; bouche grandement fendue; lèvres nulles; dents longues, jaunâtres et peu serrés; […] oreilles longues et dressés"[345].

Als sehr farbenprächtige Wesen werden dahingegen die Mondmenschen in Louis Desnoyers *Histoire fantastique de mon illustre cousin Benoit Laroutine* beschrieben; über sie heißt es:

> „Les Lunatiques avaient généralment les cheveux bleu de ciel, les yeux rouges, la prunelle jaune, la peau verte, les lèvres violettes et les dents d'un beau noir d'ébène. Plus leur tint était vert, leurs yeux rouges et leurs dents noires, plus ils se croyaient beaux"[346],

aber auch die durchaus eckige Gestalt („la tête carrée, le corps carré, les jambes carrées, les bras carrés, tout carré"[347]) fällt bei diesen Wesen auf.

---

342   M. la Baronne de V*** (1783), S. 129.

343   P.-F. Mathieu (1840), S. 3.

344   G. Descottes (1864), S. 11.

345   G. Descottes (1864), S. 28.

346   L. Desnoyers (1839), Bd. II, S. 158.

347   L. Desnoyers (1839), Bd. II, S. 159f.

Im Prinzip auch als menschenähnlich, aber als „ugly little people"[348] beschreibt Edgar Allan Poe in seiner Erzählung *Hans Pfaal* die Mondbewohner, die aufgrund der so dünnen Mondatmosphäre keine Ohren haben und sich nicht auf akustischem Wege miteinander verständigen (ihr „substitute for speech"[349] wird hierbei allerdings nicht näher erläutert).

Der Marsianer, der in dem Aerolithen im Roman von Henri de Parville gefunden wird, passt ebenfalls in die von Lucian Boia *ressemblance* getaufte Rubrik. Der Autor folgt hierbei der Argumentation, nach der die Größe eines Wesens proportional zum Volumen seines Heimatplaneten ist[350], somit ist der Marsianer nur ca. 1,35m groß; seine Beschreibung erfolgt recht genau (siehe Abbildung S. 273):

> „Il semble au premier coup d'œil que l'on ait devant soi un gros singe de 1 mètre 35 centimètres de hauteur couché tout au long et à moitié blanchi à la chaux. [...] Il n'est en effet, rien de si étrange que la figure. Cela tient à la fois du singe, de l'homme et de l'éléphant. Prenez une tête humaine; frappez le derrière du crâne avec un battoir jusqu'à ce qu'il s'aplatisse [...]; c'est là très-exactement la conformation de la tête. [...] Bras de 80 centimètres. Mains de 30 centimètres. Doigts effilés et pointus, le quatrième plus court que les autres"[351].

Hat dieser Marsianer mit uns sogar den etwas kürzeren Daumen gemeinsam, so fällt bei ihm um so mehr sein Rüssel auf: „elle [= la trompe] a été très-endommagée; elle mesure encore 15 centimètres sur 4 à 5 de diamètre. Elle recouvre à moitié une toute petite bouche à très-grosses lèvres"[352]. Interessanterweise findet sich aber auch schon in der 26 Jahre früher erschienenen Erzählung von Louis Desnoyers ein Rüssel bei den Mondbewohnern: „Une autre condition de beauté selon leurs goûts, c'était d'avoir de longues oreilles à la façon de nos baudets, une bouche d'un demi-pied, un nez en trompette, et des dents d'une longueur à rendre jaloux nos éléphans [sic]"[353].

6.3 Différence

Die dritte von Lucian Boia erdachte Kategorie ist die *différence* und es ist mit Sicherheit bis zu einem gewissen Grade willkürlich, ab wann eine

---

348   E. A. Poe (1990), S. 582.

349   E. A. Poe (1990), S. 583.

350   H. de Parville (1865), S. 141.

351   H. de Parville (1865), S. 24ff.

352   H. de Parville (1865), S. 26.

353   L. Desnoyers (1839), Bd. II, S. 158.

Schilderung schon in diese Rubrik, oder noch in die Rubrik *ressemblance* einzuordnen ist (die Feststellung einer *identité* war da noch bedeutend eindeutiger). Ein erstes Beispiel für eine solche *différence* ist der in Alfred Drious Roman *Aventures d'un aéronaute parisien* (1856) geschilderte Mondmensch, der – mit blondgelocktem Haar von engelhafter Gestalt - unsterblich ist und dessen Seele durch ein Leuchten in seinem Kopf sichtbar ist[354]. Ebenfalls mit Sicherheit in diese Rubrik der *différence* fällt der *Rondin*, welchen der Reisende Duc-Multipliandre in Nicolas-Edme Réstif de la Bretonnes *Posthumes* auf dem Mond antrifft; hierbei handelt es sich um ein kugelförmiges Lebewesen, das auf dem Mond die Rolle des Menschen hat, sich rollend fortbewegt und eine Vielzahl kleiner Füße besitzt[355]. Noch primitiver sind die Lebewesen auf dem noch weiter von der Sonne entfernten Planeten Jupiter: Diese als „Baquëts volans-nageans-trombés" [356] bezeichneten Kugeln können sich durch das Ausstoßen von Wasser in die Höhe schießen und denken lediglich an ihre Nahrungsaufnahme.

6.3.1 Fabeltiere

Auffallend oft werden auch Kreaturen auf anderen Planeten als Mischung aus Mensch und Tier beschrieben, ein deutliches Beispiel hierfür ist der Roman von C.-J. Rougemaitre, bei dem allein schon der Titel *La lune ou le pays des coqs* (1819) das Wesen der als „presqu'hommes"[357] bezeichneten Mondbewohner vorwegnimmt:

> „Les habitants du pays des Coqs [...] ont une figure et une conformation de corps qui tient le milieu entre la bête et l'homme, ou, pour mieux dire, qui participe de ces deux espèces. [...] [S]ouvent, en voyant un Lunain, vous serz tenté, malgré le plumage dont il se couvre ou se pare, de vous écrier: Voilà un chat! voilà un renard!"[358].

Speziell das *pays des coqs* erhält seinen Namen allerdings aus dem Verhalten seiner Einwohner, welches durch Gebalze und ständiges Gekrähe an das der Gockel erinnert. In den *Posthumes* (1802) von Nicolas-Edme Réstif de la Bretonne findet sich ein anderes Fabeltier, das auf dem durch die Sonnenferne noch sehr wasserbeladenen Planeten Mars lebt. Dieses *Nüfüfümü* genanntes Amphibienwesen ist eine Art geflügeltes Nilpferd, was die Empfängerin der Briefe die ihr geschilderte Marswelt folgen-

---

354   A. Driou (1856), S. 70.

355   N.-E. Réstif de la Bretonne (1988), Bd. II, S. 178ff.

356   N.-E. Réstif de la Bretonne (1988), Bd. II, S. 224.

357   C.-J. Rougemaitre (1819), S. 75.

358   C.-J. Rougemaitre (1819), S. 78f.

dermaßen kommentieren lässt: „Mais tout est donc poisson, ou amphibie dans Mars..."[359].

Eine noch größere Vielfalt an interessanten Kreaturen bietet Pierre Boitard in seiner *Voyage dans le soleil* (1838-1840); in Begleitung des *diable boiteux* von der Sonne aus startend wird hier nach und nach das gesamte Sonnensystem besucht und Bekanntschaft mit den jeweiligen Bewohnern der Planeten geschlossen. Auch vor den beiden äußersten in den Erscheinungsjahren 1838-1840 bekannten Planeten, dem Saturn und dem Uranus, macht der Autor dabei nicht halt: Auf dem Saturn treffen die Reisenden hierbei eine Art Mischung aus Mensch, Hase, Eule und Katze an, wobei vor allem die Augen sehr genau beschrieben werden, die deutlich denen nachtaktiver Tiere auf der Erde ähneln[360]. Der Autor rechtfertigt dies in impliziter Anlehnung an die Klimatheorie mit der Tatsache, dass der sonnenferne Planet Saturn nur recht wenig Licht von der Sonne erhält, sich die Bewohner dieses Planeten also im Verlauf ihrer Entwicklung den gegebenen Verhältnissen angepasst haben. Ähnliches gilt auch für den Planeten Uranus, der von einer Art Mischung aus Mensch und Gans bewohnt wird; der gansartige Körper trägt hierbei menschenähnliche, schöne und mit Federn geschmückte Gesichter. Implizit wird auch hier wieder die Klimatheorie angesprochen, überlegt doch der Reisende bei sich: „dans un pays froid comme Uranus, la nature avait bien fait de couvrir de plumes l'espèce humaine"[361](siehe Abbildung S. 269). Pierre Boitards bereits in Kapitel 6.1.3 dargestellten Schilderungen affenähnlicher Bewohner auf dem Merkur, der Venus und dem Mars scheinen G. Descottes in seinem Roman *Voyages dans les planètes* (1864) zu dem Bild seiner Marsianer inspiriert zu haben, schildert dieser sie doch als Wesen mit Fell, die auf vier Beinen gehen, wobei das (implizit damit nahe gelegte!) Wort *singe* allerdings nicht explizit fällt. Anders als bei Pierre Boitard wirkt aber diese Schilderung nicht degradierend und der Geist Révélaël macht seinen Reisegefährten auf die in den Gesichtern der Marsmenschen leuchtende Intelligenz aufmerksam.

6.3.2 Kreaturen mit Flügeln

Wie bereits mehrfach erwähnt, hielt im Jahre 1835 eine bewusst in die Welt gesetzte Falschmeldung die Welt in Atem, nach welcher der Astronom Herschel auf dem Mond fliegende Lebewesen beobachtet haben soll. Diese Mondphantasie erschien ursprünglich in der 36. Ausgabe des

---

359   N.-E. Réstif de la Bretonne (1988), Bd. II, S. 199.

360   P. Boitard (1838-1840), IV, S. 131.

361   P. Boitard (1838-1840), IV, S. 132.

London and Edinburgh philosophical Magazine and Journal of Science sowie in einer Beilage dieser Ausgabe, wurde aber – immer noch im Jahre 1835 – von der Zeitschrift *Sun* in den Ausgaben 615 bis 619 komplett neu abgedruckt. Nachdem hierbei Herschels angebliche Beobachtungen von lunaren Vierbeinern beschrieben worden waren, gipfelte die Erzählung in der Beschreibung der famosen *Vespertilio homo*, über die dem Astronomen in den Mund gelegt wurde: „Nous appelâmes scientifiquement ces êtres hommes chauve-souris"[362]. Ebenfalls hatte Herschel mit den Worten „Messieurs, voilà mes théories justifiées; j'étais sûr que si nous découvrions des êtres avec une forme humaine, ce serait à cette longitude"[363] seiner Freude Ausdruck gegeben und auch die Beschreibung dieser „Menschenfledermäuse", die sowohl aufrecht gehen als auch fliegen können, geschieht minuziös:

> „Ils avaient taille moyenne, quatre pieds de haut; ils étaient couverts, excepté à la face, de longs poils touffus comme des cheveux, mais brillans et couleur de cuivre; ils avaient des ailes composées d'une membrane très-mince qui pendaient derrière leur dos très-confortablement, depuis le haut des épaules jusqu'au mollet. Leur figure d'une couleur de chair jaunâtre était un peu mieux conformée que celle de l'Orang-outan"[364].

Eine genaue Beschreibung kommt auch den Flügeln dieser Wesen zu:

> „leurs ailes avaient une énorme étendue et étaient semblables pour leur structure à celles de la chauve-souris; elles étaient formées d'une membrane demi-transparente [...]. Ce qui nous étonna le plus, ce fut de voir que cette membrane continuait depuis les épaules jusqu'aux jambes, liée au corps, et diminuant graduellement de largeur"[365].

Genau diese Genauigkeit in der Schilderung der vermeintlichen Mondbewohner war es aber auch, die bald erste Zweifel an der Authentizität dieser *Vespertilio homo* aufkommen ließ; die Kritiker argumentierten dabei, dass Herschel diese Lebewesen ja nur von oben und nicht im Relief gesehen haben könne und ihr genaues Aussehen dabei nicht so detailliert hätte erkennen können. In der Tat wird in dem vermeintlichen Bericht des Astronomen aber über die reine Schilderung von Äußerlichkeiten hinaus auch die Ausstrahlung dieser Lebewesen beschrieben: „Ils avaient une expression plus ouverte, plus intelligente, et leurs fronts

---

362   A. Grant (1836), S. 46.
363   A. Grant (1836), S. 44.
364   A. Grant (1836), S. 44f.
365   A. Grant (1836), S. 46.

étaient beaucoup plus larges. [...] Ce sont sûrement des êtres innocents et heureux"[366].

War zwar diese Meldung bald widerrufen, so war doch der Mythos der fliegenden Mondbewohner geboren und nicht mehr aus den Köpfen der Schriftsteller wegzudenken, wie sowohl an den folgenden Beispielen als auch an den in Kapitel 10.2.1 dargestellten Überlegungen zur Intertextualität deutlich werden wird. A. Lefranc und E. Chauffer erzählen somit z.B. im Jahre 1836, also direkt ein Jahr nach der Fehlmeldung, in einem *À-propos-vadeville* in zwei Akten, welcher den Titel *L'habitant de la lune* trägt, wie der Kneipier Gobard seine Tochter Aventurine an den Astronomen Gibraltar verheiraten will, mit welchem er häufig durch ein Teleskop den Himmel beobachtet. Gobards Angestellter Polyte, der Aventurine liebt, verkleidet sich im Folgenden, von Herschels Beschreibungen inspiriert, mit Flügeln und einem Bart als Mondmensch, taucht im Verlaufe einer Mondfinsternis auf und beginnt, die beiden Männer gegeneinander auszuspielen. Als ein Zeitungsartikel schließlich die angeblichen Entdeckungen Herschels widerlegt, fällt natürlich seine Maske, genauso fliegt aber auch der Betrug des Astronomen Gibraltar auf und der Hochzeit der beiden jungen Leute steht nichts mehr im Wege. Ebenfalls eine verzwickte Liebeskomödie stellt Félix Leroys 1842 uraufgeführter *Nouveau Bonardin* dar, eine *pièce féerie* in zwei Akten. Auch hier haben die Mondbewohner lange Bärte und Flügel, was auch durchaus komische Elemente ermöglicht, sagt doch die schöne Mondprinzessin als sie ihren geliebten Erdenmenschen im Schlaf beobachtet: „Oh mais! Il n'a pas d'ailes….: tant mieux, il ne m'échappera pas…."[367]. In diesem Zusammenhang aber auch zu nennen ist eine anonym erschienene, in Dialogform verfasste *Voyage dans la Lune* aus dem Jahre 1844, im Rahmen welcher sich folgende durchweg positive Beschreibung der Mondbewohner findet:

> „Leur nez est aquilin, leur front large et saillant,
>
> Et toujours couronné d'un teint rose et brillant;
>
> Deux ailes de vermeil, à leurs flancs ajustées,
>
> Les transportent au sein des plages éthérées;
>
> La taille de six pieds, leurs membres musculeux,
>
> Leur donnent une allure, un port majestueux"[368].

Wie der Mond, so ist auch der Mars ein Himmelskörper, der kleiner als die Erde ist und so hat sich die Phantasie von fliegenden Menschen auch

---

366   A. Grant (1836), S. 45.

367   F. Leroy (1842), S. 45.

368   Anonym (1844), S. 12f.

an diesem Planeten festgemacht. Als erstes Beispiel für diese Marseuphorie soll hier nun die nicht allzu bekannte Novelle *L'homme de Mars* (1887-1888) von Guy de Maupassant stehen. Die geringere Schwerkraft auf dem Mars resultiert darin nämlich in einem „état de légèreté qui y rend la vie toute différente [...] et doit y faire prédominer les espèces ailées. Oui, Monsieur, l'Etre Roi sur Mars a des ailes"[369]. Diese theoretischen Überlegungen des Besuchers finden sich in den von ihm gemachten Beobachtungen bestätigt:

> „Tout à coup j' [...] aperçus [...] [un] globe lumineux, transparent entouré d'ailes immenses et palpitantes ou du moins j'ai cru voir des ailes dans les demi-ténèbres de la nuit. Il faisait des crochets comme un oiseau blessé, tournait sur lui-même avec un grand bruit mystérieux, semblait haletant, mourant, perdu. Il passa devant moi. On eût dit un monstrueux ballon de cristal, plein d'êtres affolés, à peine distincts mais agités comme l'équipage d'un navire en détresse qui ne gouverne plus et roule de vague en vague"[370].

Aus dieser Beschreibung geht nicht hervor, ob es sich um ein einzelnes (*Il faisait des crochets...*) oder um mehrere Wesen (*ballon de cristal plein d'êtres affolés*) handelt; so verabschiedet sich dann auch der verunsicherte Gast mit den Worten: „Alors...j'ai peut-être vu seulement la Terre arrêter un petit monde errant [= Sternschnuppe]..."[371] (siehe hierzu auch die Überlegungen zum Thema der Authentizität in Kapitel 7).

Die Idee von geflügelten Marsianern findet sich auch in den von Camille Flammarion verfassten Romanen *Uranie* (1889) und *Stella* (1897), wobei die beiden Bilder der Marsianer hierbei zusammen geschildert werden können, so ähnlich sind sie sich, bzw. so wenig eindeutig werden sie geschildert. Camille Flammarion scheint dadurch, dass deskriptive Elemente der Marsbewohner an verschiedenen Stellen der Erzählung eingeflochten und nicht - wie in fast allen anderen untersuchten Texten üblich - zusammenhängend geschildert werden, das genaue Aussehen der Marsianer verschleiern und gleichzeitig die Phantasie des Lesers anregen zu wollen. Das körperliche Aussehen dieser Wesen ist für Flammarion auch gar nicht von zentraler Bedeutung; wichtiger ist die Schilderung, dass in beiden Romanen Menschen, die auf der Erde sterben, auf dem Mars ein weiteres, besseres Leben führen dürfen. Die Wesen auf dem Mars sind hierbei mit zwölf Sinnen ausgestattet (von denen einer magnetischer Natur ist und das Gedankenlesen ermöglicht); sie haben ferner sechs Extremitäten und können nachts leuchten, wenn sie das wol-

---

369   G. de Maupassant (1976), S. 350.

370   G. de Maupassant (1976), S. 351.

371   G. de Maupassant (1976), S. 352.

len[372]. Die geringere auf dem Mars herrschende Schwerkraft führt zu dem Vorhandensein von „êtres incomparablement moins pesants, plus aériens, plus sensibles"[373] und wie eindeutig diese geflügelten Wesen in die Rubrik *différence* fallen, belegt auch folgende Aussage des Protagonisten Spero, der mit seiner Seele auf den Mars reist: „On pourrait appeler les Martiens des fleurs vivantes, ailés et pensantes. Mais, en fait, aucun être terrestre ne peut servir de comparaison pour nous aider à concevoir leur forme et leur mode d'existence"[374].

6.3.3 Geister

Sind die Marswesen bei Camille Flammarion schon recht „unkörperlich" und stark an geistigen Dingen ausgerichtet, so gehen andere Autoren noch einen Schritt weiter und schildern die Bewohner der anderen Planeten komplett körperlos als Geister. Alfred Gourdet wählt für seinen *Habitant de la Lune* (von dessen Erlebnissen im Paris des 19. Jahrhunderts einmal die Woche zu berichten der Plan war) diese rein spirituelle Natur: „nous ne mourrons jamais, c'est que la vie matérielle nous est inconnue"[375]. Der Mondbewohner nimmt folglich für seinen Besuch auf der Erde eine irdische Gestalt an; Anlass genug für den Autor in der kritischen Aussage eines Polizisten die humoristische Absicht des Werkes deutlich werden zu lassen: „suivez-moi! [...] [p]arce qu'on ne circule pas dans les rues, vêtu comme vous l'êtes; nous ne sommes pas en carnaval"[376].

Weniger humoristisch, sondern eher an eine romantische Erzählung des 18. Jahrhunderts erinnernd, ist dahingegen die 1808 anonym erschienene *Voyage dans la nouvelle planète*. Hier wird die „planète d'Herschel"[377] (der Name Uranus fällt nie explizit) von Geistern bewohnt, deren Natur nicht genauer beschrieben wird. Die Erzählerin wird im Schlaf von einem Geist in diese neue Welt transportiert und herrscht dort über eine große

---

372 C. Flammarion (1893), S. 251ff und S. 261ff.

373 C. Flammarion (1893), S. 276.

374 C. Flammarion (1893), S. 281. In Flammarions Roman *Stella* findet sich allerdings auch eine Aussage über ein doch recht menschenähnliches Aussehen der Marsianer als es von den beiden auf der Erde verstorbenen und auf dem Mars wieder zum Leben erwachenden Liebenden heißt: „Ils avaient un corps ressemblant à leur corps terrestre, mais impondérable, substance électrique, corps fluidique astral auquel l'esprit est attaché." (C. Flammarion (1897), S. 464.

375 A. Gourdet (1868), S. 20.

376 A. Gourdet (1868), S. 38f.

377 Anonym (1808), S. 7.

Anzahl von Geistern, die in einer extrem harmonischen Weise zusammenleben.

6.4 Fazit

Die vorangehenden Überlegungen haben gezeigt, wie vielseitig die geschilderten Wesen auf den anderen Planeten sind, angefangen von Erzählungen, bei denen das Aussehen der am Reiseziel angetroffenen Kreaturen überhaupt nicht erwähnt wird, was eine völlige Identität mit den Bewohnern der Erde impliziert, über kleinere Abweichungen, die sich zum Teil nur auf die Körpergröße beziehen, über kleinere karikative Elemente wie z.b. die Anzahl einzelner Körperteile bis hin zu fliegenden Wesen oder gar völlig entkörperten Geistern. Bei einer rein quantitativen Betrachtung des Textcorpus fällt hierbei deutlich auf, wie sehr die Schilderung der *identité* dominiert; im Rahmen der Überlegungen zu den geschilderten Gesellschaften (Kapitel 9) wird ersichtlich werden, dass dies z.T. in einer „erzieherischen Vorbildfunktion" der außerirdischen Gesellschaften begründet ist. Dem Leser soll in ihnen sozusagen „der Spiegel vorgehalten werden", was Lucian Boia folgendermaßen kommentiert:

> „Ces personnages étaient faits pour refléter [...] notre propre société, nos erreurs ou nos possibilités, notre avenir. Pour un tel rôle, ils devaient se déguiser en hommes"[378].

Auf diese Weise kommen also die der Kategorie *identité* zugehörigen Wesen zustande, von denen Lucian Boia voller Humor – hier am Beispiel der Venusianer bei Achille Eyraud – sagt: „En les [= les Vénusiens] rencontrant en plein Paris, on ne se retournerait même pas sur eux"[379].

Was die Rubrik der *ressemblance* betrifft, bleibt anzumerken, dass gewisse Argumentationen, die die Größe einer Kreatur in ein Verhältnis zu der Größe ihres Heimatplaneten setzen, nur qualitative, nicht jedoch quantitative Überlegungen darstellen. Es wäre pedantisch und der liebevollen Schilderungen der Autoren gegenüber ungerecht und nicht zuletzt - aufgrund der nicht ganz einheitlichen Verwendung des Längenmaßes *pied* – schlichtweg unmöglich, alle angegeben Daten diesbezüglich genau durchzurechnen. Allein die Tatsache, dass in den betreffenden Argumentationen stets keine Proportionalitätskonstanten angegeben sind, zeigt, wie sehr qualitativ diese Schilderungen gemeint sind[380]. In seinem

---

378   L. Boia (1987), S. 63.

379   L. Boia (1987), S. 64.

380   Dass diese Proportionalitätskonstante deshalb nicht ohne weiteres als gleich eins angenommen werden darf zeigt folgende Überlegung: Bei Henri de Parville sind die respektiven Größen von Bewohner und Planet

Roman *Le retour de mon pauvre oncle* (1784) spricht Jacques-Antoine Dulaure diese Thematik auch explizit an: Die in diesem Roman geschilderten Mondbewohner sehen wie Menschen auf der Erde aus, nur werden sie nicht größer als ca. 1,20 Meter. Der vermeintliche Herausgeber der Schrift (siehe Kapitel 7.1) merkt hierzu in einer Fußnote an, Wissenschaftler könnten ja nun kritisieren, dass diese Körpergrößen nicht genau proportional zu den Durchmessern der beiden Planeten sind, wendet sich aber entschieden gegen solche genauen Argumentationen: „tant pis pour ceux qui trouvent des rapports géométriques par tout. Mais mon Oncle a vu; on ne peut rien répliquer à cela"[381]. Überhaupt bleibt festzustellen, dass mit ein und demselben Argument, nämlich dem der Proportionalität, aus einer Grundannahme zwei gegensätzliche Schlussfolgerungen gezogen werden: Zum einen wird nämlich (wie z.B. in der Monderzählung von Jacques Bujault) gefolgt, dass auf kleinen Planeten kleine Bewohner leben, zum anderen wird aber ebenso (wie z.B. in der *Voyage à Vénus* von Achille Eyraud) gefolgt, dass auf kleinen Planeten große Bewohner zu Hause sind.

Anzumerken bleibt ferner auch, wie relativ diese *ressemblance* ist, so erscheinen z.T. auch den Bewohnern anderer Planeten die Menschen von der Erde als recht eigenartig. In Louis Desnoyers *Aventures de Robert-Robert* beispielsweise wird der Reisende Laroutine für ein „croquemitaine"[382] und für ein wildes Tier gehalten, weil er sich gegen eine Riesenlaus gewehrt hat[383]; genauso fliegt der Mondmensch in Edgar Allan Poes Monderzählung sofort wieder zum Mond zurück, da ihn die „savage appearance of the burghers of Rotterdam"[384] offensichtlich abschreckt.

Sehr auffällig ist darüber hinaus auch die Tatsache, dass es in den geschilderten Welten stets genau eine (und nicht etwa mehrere) Gattung gibt, die dem Menschen entspricht und somit „die Krone der Schöpfung" darstellt. Der Geist Révélaël in G. Descottes Roman *Voyages dans les planètes* (1864) weist diesbezüglich den Reisenden von der Erde am Beispiel der Bewohner des Kleinplaneten Pallas darauf hin, wie wenig das „Menschsein" dabei an körperlichen Äußerlichkeiten festzumachen ist:

---

proportional; geht man ferner von einer Proportionalitätskonstanten aus, die gleich eins ist, dann müsste ein dem 1,35m großen Marsianer entsprechender Mensch auf der Erde 9,64m [sic] hoch sein. Umgekehrt dürfte dann aber auch dieser *habitant de la planète Mars*, von einem 1,80m großen Erdbewohner ausgehend, nur 25cm groß sein.

381   J.-A. Dulaure (1784), Fußnote 1, S. 10.

382   L. Desnoyers (1839), Bd. II, S. 156.

383   L. Desnoyers (1839), Bd. II, S. 167.

384   E. A. Poe (1990), S. 584.

„Ces hommes n'ont ni ta taille, ni ta figure; ils ressemblent ni aux Lunariens, ni aux Marsiens [sic]. Pourquoi leur ressembleraient-ils? [...] Comme ils sont, comme tu les vois, ils ont l'entendement, la raison, un langage et des lois; c'est-ce qui les fait hommes"[385].

Überhaupt ist beachtenswert, mit welcher Selbstverständlichkeit die Reisenden stets bewohnte Himmelskörper antreffen; sogar in den stark an technischen Aspekten orientierten Mondromanen von Jules Verne steht als Motivation am Anfang des Projektes die Kontaktaufnahme mit den Seleniten. Diese im 18. und frühen 19. Jahrhundert herrschende selbstverständliche Bewohntheit der Planeten (stets gerechtfertigt mit dem Argument: wofür wären diese Himmelskörper sonst erschaffen worden?) wird durch das Nichtlanden in Jules Vernes Romanen nahezu erstmals in Frage gestellt. Im ausgehenden 19. Jahrhundert dann ist es mit dieser Selbstverständlichkeit vorbei: Von nun an finden die Reisen oft nicht mehr zu einer Art „Rendez vous" mit vermuteten Nachbarn im All statt, die Reise hat vielmehr zunächst einmal den Planeten an sich zum Ziel. Beispiele hierfür sind die Schilderungen der öden Mondlandschaft in Jerzy Zulawskis Roman *Auf dem Silbermond* von 1903 oder aber auch Thea von Harbous 1928 erschienener Roman *Frau im Mond* (bekannt durch die Fritz Lang Verfilmung von 1929).

---

[385] G. Descottes (1864), S. 185.

7 Authentizität

In der Realität fand der erste bemannte Weltraumflug zu einem anderen Planeten erst Ende der sechziger Jahre des 20. Jahrhunderts statt; die Vermutung liegt folglich nahe, im 19. Jahrhundert habe noch niemand wirklich an die Realisierung eines solchen Projekts geglaubt. Wie bereits in Kapitel 4 angesprochen, wurde ja auch noch im Jahre 1922 an der Universität Heidelberg Hermann Oberths Doktorarbeit über die Möglichkeit eines Weltraumfluges abgelehnt. Vor diesem Hintergrund wählt Georg Breuer für sein 1967 (also zwei Jahre vor der ersten bemannten Mondlandung) erschienenes Buch über die (bis dahin gerade einmal zehn Jahre alte) Geschichte der Weltraumfahrt den Titel *Triumph der Phantasten, die Väter der Raumfahrt* und geht hier – wie im Folgenden noch zu erwähnen sein wird – auch auf literarische Werke ein. Phantasievolle Schilderungen interplanetarischer Reisen in vergangenen Jahrhunderten haben also nicht nur zum Teil wirklich geschehene Ereignisse vorweggenommen, sie können vielmehr auch als Grundlage dessen angesehen werden, was seit den zwanziger Jahren des 20. Jahrhunderts unter dem Namen *Science-Fiction* bekannt ist. Diesen Begriff (ursprünglich *Scienti-Fiction*) prägte H. Gernsback im Jahre 1929; der Beginn dieses Genres wird im Allgemeinen mit dem Aufkommen ausschließlich dieser Thematik gewidmeter Zeitschriften, wie z.B. *Amazing Stories* (New York, ab 1926), gleichgesetzt.

In Anbetracht dieser Tatsachen erscheint es nicht verwunderlich, dass in vielen der zu untersuchenden Werke auch der Realitätsanspruch des Geschilderten thematisiert wird. Über das Verhältnis der dichterischen Wirklichkeit zur außerdichterischen Wirklichkeit im Allgemeinen schreibt Gero von Wilpert:

> „Dichterische Wirklichkeit [...] braucht nicht mit der äußeren Wirklichkeit in Natur und Geschichte übereinzustimmen, nicht einmal auf sie zu verweisen, sie darf nicht an der Realität gemessen werden, sondern muß nur in sich stimmig sein. [...] Da jedoch zumindest die pragmat. Gattungen ihre Stoffe und ihr Anschauungsmaterial im wesentlichen aus der Erfahrungswelt und damit aus der außerdichterischen Wirklichkeit beziehen, ist das Verhältnis zu dieser bestimmend für viele Stilepochen "[386].

Unter *Mimesis* versteht von Wilpert eine „nachbildende Darstellung [...] insbesondere als Nachahmung der Natur"[387], wobei er ihre Funktion folgendermaßen beschreibt: „Mimesis ist [...] Gradmesser der Stufen von

---

[386]   G. von Wilpert (1989), S. 1035.
[387]   G. von Wilpert (1989), S. 574.

Wirklichkeitsverarbeitung über Kopie, erfundene Wirklichkeitsnähe, Übersteigerung aus produktiver Phantasie oder Idealismus"[388].

Unter solchen Gesichtspunkten lassen sich auch die zu untersuchenden Werke betrachten, da sich hier die unterschiedlichsten Grade von Realitätsansprüchen feststellen lassen. Als Gliederungskriterium für dieses Kapitel sollen verschiedene literarische Verfahren bzw. Phänomene dienen, die sich wie ein roter Faden durch die untersuchten Werke ziehen. Dabei wird deutlich werden, dass häufig der Beginn und das Ende eines Werkes im Bezug auf die Authentizität eine große Rolle spielen.

7.1 Herausgeberfiktion

Im Zeitalter der Aufklärung versuchten viele Autoren, ihre Schriften vor der Zensur zu schützen, indem sie behaupteten, den – natürlich in Wirklichkeit von ihnen selbst verfassten Text – nur herauszugeben; ein literarisches Verfahren, das unter dem Namen „Herausgeberfiktion" Eingang in die Literaturgeschichte gefunden hat. Aber auch bei vielen literarischen Reisen zu anderen Planeten geben die Autoren vor, ihrer Veröffentlichung läge eine von einer anderen Person verfasste Schrift zugrunde. Im 19. Jahrhundert ist es allerdings noch fraglicher als im 18. Jahrhundert, ob sich die Leser von dieser Illusion wirklich täuschen ließen. Ist dieses Prinzip der „Herausgeberfiktion" ein gewisses „Erbe" der Aufklärung, so scheint es nicht verwunderlich, dass es auch in der 1783 erschienenen, von Madame la Baronne de V*** verfassten Erzählung *Le char volant* zum Einsatz kommt. Nicht nur der geheimnisvolle Name der Verfasserin, sondern auch der angebliche Veröffentlichungsort London schützen hier die Autorin bei ihrer kritischen Darstellung der französischen Gesellschaft des späten 18. Jahrhunderts (siehe auch Kapitel 9). Der erste Teil dieser Erzählung besteht dabei aus dem in der dritten Person erzählten Bericht der Reisevorbereitungen des Philosophen Eraste; den zweiten und letzten Teil stellt dahingegen der von diesem Protagonisten selbst in der ersten Person verfasste Reisebericht dar, welcher angekündigt wird mit den Worten: „il [=Eraste] leur donneroit [sic] sa relation par écrit. La voici, copiée d'après l'original"[389]. Auch in Edgar Allan Poes 1835 erschienener Erzählung *The Unparalleled Adventure of one Hans Pfaal* basiert der Reisebericht auf einem Manuskript, welches ein Mondbewohner in einem Ballon auf die Erde bringt.

Ähnlich verhält es sich auch in der 1784 erschienenen Erzählung *Le retour de mon pauvre oncle*, in der der Protagonist seine unfreiwillige Reise

---

388   G. von Wilpert (1989), S. 574.
389   Anonym (1783), S. 120.

zum Mond als ich-Erzähler schildert. Eingeleitet wird diese Erzählung allerdings durch eine von seinem Neffen verfasste *Préface*, in welcher geschildert wird, auf welche Weise die Reise stattfindet (siehe Kapitel 4.6) und in welcher es heißt:

> „Après trois mois d'absence, il est de retour, ce pauvre Oncle. Le tendre intérêt que les Parisiens [...] ont pris à son merveilleux événement [et] les travaux qu'ils ont faits [...] forcent ma reconnoissance [sic] à publier cette Relation"[390].

Eine an dem Wort *Relation* angebrachte Fußnote verweist hierbei noch auf eine Komödie und mehrere Bilder, zu welchen diese Erzählung die Pariser Gesellschaft inspiriert hat, was genauso wie die Fiktion eines vorliegenden, authentischen Reiseberichtes zum Ziel hat, das Dargestellte als Wirklichkeit erscheinen zu lassen.

Eine Herausgeberfiktion im klassischen Sinne liegt auch den *Posthumes* (1802) von Nicolas-Edme Réstif de la Bretonne zugrunde, in denen ein Mann namens Cazote als angeblicher Autor des Werkes genannt wird. Zum einen von einem Tribunal als Aufklärer verfolgt, zum anderen auf den guten Ruf des Herausgebers hoffend, soll dieser sein Manuskript an De la Bretonne weitergegeben haben, wie es in einer Art Vorwort heißt[391]. Der Herausgeber macht darüber hinaus explizit darauf aufmerksam, dass Cazote als einer der *„Illuminés"*[392] das in der Romanfigur Fontlhète dargestellte aufklärerische Gedankengut voll teile.

Aber auch im 19. Jahrhundert gibt es Erzählweisen, die an die Herausgeberfiktion der Aufklärung erinnern. In Charlemagne-Ischir Defontenays Roman *Star ou psi de Cassiopée* von 1854 beispielsweise findet der Erzähler und vermeintliche Herausgeber in einem auf die Erde gestürzten Meteoriten eine Schatulle mit mehreren Schriften: „Le Bolide était creux!... [...] J'ouvris en palpitant! Je trouvai plusieurs livres, avec un petit nombre de papiers manuscrits"[393]. Der Finder berichtet im Folgenden, wie er mühevoll die Sprache des Planeten Psi (im Sternbild Kassiopeia) lernen musste, dann aber berichtet er den Inhalt der gefundenen Schriften, wie wenn er ihn selbst erlebt hätte, wobei sich für ihn seine Lektüre mit der Realität zu mischen beginnt und somit einer Art Reise gleichkommt; er schreibt hierzu:

> „C'est vers ce point de l'espace que j'ai dirigé mes esprits, et, tout pénétré de la lecture et de mes livres stariens, plus rapide que la lumière j'ai traversé les cieux; rien de terrestre n'occupe plus ma

390   J.-A. Dulaure (1784), S. 4.
391   N.-E. Réstif de la Bretonne (1988), Seite ist nicht nummeriert.
392   N.-E. Réstif de la Bretonne (1988), Seite ist nicht nummeriert.
393   C. I. Defontenay (1972), S. 21ff.

pensée: je me crois, je suis réellement sur un globe dans le tourbillon de Star"[394].

Der Autor nimmt hierbei den Leser mit auf die Reise und spricht diesen auch direkt an: „C'en est fait! D'un seul bond, vous avez pénétré avec moi dans ce nouvel univers"[395]. Die Welt auf dem Planeten Star wird im Folgenden auch so dargestellt, wie wenn ankommende Reisende sie entdecken würden, wobei der Autor durch die *nous*-Form hierbei erneut den Leser mit einbezieht. Die Herausgeberfiktion wird gegen Ende des Werkes noch einmal erneut dadurch hervorgehoben, dass der Finder der Schriften einige literarische Werke aus der Welt *Psi* unkommentiert, also lediglich ins Französische übersetzt, in extenso wiedergibt[396]. Dennoch endet der Roman in einem *Épilogue* damit, dass die Herausgeberfiktion quasi aufgehoben wird, indem der Autor einen mit *Adieux au lecteur* betitelten und mit dem Namen Defontenay unterschriebenen Abschnitt als eine Art nachträgliches Vorwort darstellt[397]; und auch bereits ganz zu Anfang, also unmittelbar vor der Darstellung der gefundenen Schriften, hatte der vermeintliche Herausgeber bezüglich seiner persönlichen Arbeitsweise angemerkt: „peut-être trouvera-t-on que je l'ai fait avec moins de méthode que de fantaisie"[398].

Aus 14 Briefen besteht dahingegen Henri de Parvilles Roman *Un habitant de la planète Mars* von 1865; diese Briefe erzählen hierbei von dem Fund einer seltsamen Mumie in einem Aerolithen und deren Untersuchung. In einer mit den Initialien des Autors (H. de P.) signierten *Préface* wird dann auf die Herkunft dieser Schriften eingegangen: „L'origine de cette mystérieuse correspondance nous resta inconnue, malgré les recherches les plus minutieuses"[399]. Nachdem die ersten beiden Briefe durch die gesamte Presse gegangen seien, enthalte nun die vorliegende Ausgabe alle 14 Briefe, wobei angemerkt wird: „Nous les [= les lettres] reproduisons absolument comme nous les avons reçues, sans y rien retrancher ni rien y ajouter"[400]. In der *Préface* stellt sich folglich ein um Authentizität bemühter Autor vor, der der Herkunft dieser Post nachgegangen ist. Wie bereits erwähnt ist also der Beginn des Romans – hier in Form der *Préface* – für die Thematik der Authentizität von großer Bedeutung; in Kapitel

---

[394] C. I. Defontenay (1972), S. 32.

[395] C. I. Defontenay (1972), S. 32.

[396] So z.B. ein *Poème historique* in sechs *Chants* mit dem Titel *Élia*, dessen Autor als Isrich de Tasbar angegeben wird.

[397] C. I. Defontenay (1972), S. 249.

[398] C. I. Defontenay (1972), S. 28.

[399] H. de Parville (1865), S. VII.

[400] H. de Parville (1865), S. VIII.

7.4 wird sich zeigen, dass in dieser Hinsicht auch noch das Ende des Romans – in Form einer *Postface* – wichtig ist.

Noch einmal eine andere Form der Herausgeberfiktion liegt der im Jahre 1867 erschienenen *Prodigieuse dévouverte* von X. Nagrien zugrunde. Hier berichtet ein er-Erzähler im ersten Kapitel von dem rätselhaften Auftauchen von Flugblättern, welche für den 1. Juni ein großes Ereignis ankündigen, bevor sich der Erzähler in einer *Paranthèse*, welche somit ein retardierendes Moment darstellt, direkt an den Leser wendet und vorgibt, die nächsten Kapitel seien eine wörtliche Wiedergabe der gefundenen Notizen des seltsamen Erfinders:

> „Nous ne pouvons mieux faire que de transcrire quelques extraits de notes trouvées dans les papiers de l'inventeur. On y verra que tout ce qui pourrait paraître étrange dans cette véridique histoire devient […] aussi naturel que le spectacle d'une locomotive marchant sans chevaux"[401].

In den folgenden drei Kapiteln berichtet dann der Erfinder in der Ich-Form von seinen Nachforschungen und von seiner Entdeckung der Antigravitation (siehe Kapitel 4.4), bevor in Kapitel V wieder der erstgenannte Erzähler in der Er-Form die angekündigten Ereignisse des 1. Juni erzählt. Dieser Tag stellt dabei jedoch nur den Anfang immer abenteuerlicherer Luftreisen dar, deren Erzählung allerdings kurz vor dem Beginn der angekündigten Weltreise abbricht. Der Roman endet dann mit der Wiedergabe eines Briefes an die Zeitung *L'Universel*, durch die der geheimnisvolle Luftschiffer die ganze Zeit über Kontakt mit der Öffentlichkeit gehalten hatte, in dem sich diese Zeitung als „journal qui n'existait pas"[402] herausstellt. In diesem unzustellbaren Brief entpuppt sich der Schreiber als ein Geisteskranker, der sich als Opfer eines „complot"[403] der Eisenbahner sieht, denen seine angebliche Erfindung die Existenzgrundlage entzogen hatte. Diese Eisenbahnangestellten begegnen ihm als „monstres horribles qui empruntent, pour épier [ses] moindres actes, les déguisements les plus variés"[404], so z.B. auch das Kostüm eines Arztes in dem Krankenhaus, in dem er so überrascht ist, aufzuwachen.

Das Ende des Romans spielt auch in Charles Guyons Roman *Voyage dans la planète Vénus* von 1888 eine große Rolle: In einem *Épilogue* referiert hier der Autor einen Zeitungsartikel, der von dem Fund eines von der Venus zur Erde gestürzten Raumschiffs berichtet; in den Trümmern findet man hierbei nicht nur die verstorbenen Insassen, sondern auch das Tagebuch

---

[401] X. Nagrien (o.J.), S. 33.

[402] X. Nagrien (o.J.), S. 219.

[403] X. Nagrien (o.J.), S. 221.

[404] X. Nagrien (o.J.), S. 220.

von einem der drei Reisenden namens Samuel Dixton. Von dieser gefundenen Schrift heißt es in dem allerletzten Satz des Romans: „C'est de ce manuscrit que nous avons extraits les détails du voyage merveilleux qu'on vient de lire"[405]. Am Ende des Romans wird somit also eine Art Herausgeberfiktion nachgeliefert, die das Erzählte nachträglich als aus einem Tagebuch entnommen darstellt.

Von Anfang an als Wiedergabe eines Manuskriptes deklariert ist dahingegen die Handlung in Alexandre Cathelineaus 1865 erschienenem Roman *Voyage à la Lune*. In einer Art Vorwort, welches den Titel *Découverte du manuscrit* trägt, schreibt hier der Autor:

> „Moi, ALEXANDRE CATHELINEAU, Docteur Médecin, en assumant la responsabilité de la publication de ce livre, je déclare solennellement: - que je n'ai pas contribué pour la plus faible partie à sa composition, - que je n'ai même pas changé un mot, transposé une phrase ou arrondi une période; - mais qu'il est réellement et véritablement devenu ma propriété, de la façon que je vais dire"[406].

Im Folgenden berichtet er, wie er eines Tages in seinem Garten eine kleine Plakette mit der Aufschrift „DE LA LUNE" findet, welche durch eine Kette mit einer tief in den Boden eingerammten Metallkugel verbunden ist. In dieser Kugel dann findet der vermeintliche Herausgeber ein Manuskript, welches den Romantext darstellt; der Franzose Georges Beaupré und der Deutsche Carl Geister berichten hierin von ihrem gemeinsamen Aufenthalt auf dem Mond. In der Absicht, ihren Gefährten auf der Erde von ihren Abenteuern und der moralisch hochwertigen Gesellschaft auf dem Mond (siehe auch Kapitel 9.3.1) zu berichten, legen diese einige solcher Kugeln in einen als „montagne de feu"[407] bezeichneten Vulkan, der auf dem Mond dafür bekannt ist, von Zeit zu Zeit Gestein auf die Erde zu schleudern, und so endet dann der wiedergegebene Text mit den Worten: „Puissent ces feuilles être trouvées! Adieu! Adieu!"[408]. Genauso legt auch Henri de Garffigny auf den letzten Satz eines Manuskripts großen Wert, in dem es heißt: „Cette dernière feuille rédigée, je vais la joindre au manuscrit, le boulet sera fermé et l'on fera feu. Adieu!"[409]. In seinem Roman *De la Terre aux étoiles* von 1882-1883 findet hierbei die Besatzung eines Schiffes im Meer eine vom Mond geschossene Schrift, welche von einer Reise zum Mond und durch das gesamte

---

[405]   C. Guyon (1888), S. 156.

[406]   A. Cathelineau (1865), S. 1.

[407]   A. Cathelineau (1865), S. 305.

[408]   A. Cathelineau (1865), S. 308.

[409]   R. Marquis (o.J.), Bd. II, S. 157f.

Sonnensystem berichtet. Dieses Manuskript wird im Folgenden abends an Bord vorgelesen, was allerdings – ähnlich wie in der Rahmenhandlung der Monderzählung von Louis Desnoyers (1835-1836) – mehr als einmal durch ein unerwartetes Ereignis unterbrochen wird. Das Ende dieses Romans nimmt ganz explizit auf die Herausgeberfiktion Bezug, wobei diese hier nicht zur Authentizitätssteigerung eingesetzt wird; den Protagonisten – und damit dem Autor – ist vielmehr klar, dass die Leser ihrer Schrift keinen Glauben schenken werden, und sehen daher den wahren Wert der geplanten Veröffentlichung in der – in Kapitel 8 zu behandelnden – Vermittlung von Wissen: Auf den Einwand „Personne n'y voudra croire!" hin, antwortet hier der Kapitän des Schiffes einfach:

> „Qu'est-ce que cela fait? les incrédules eux-mêmes retireront toujours de cette lecture un enseignement utile et sérieux que les romans ne donnent pas. Ils auront appris, sans s'en apercevoir, les premières notions de l'Astronomie, la plus belle des sciences, la science de l'Infini, du Vrai, de l'Eternel!"[410].

Nicht durch einen Vulkan, sondern durch eine Kanone feuern die Reisenden in Jerzy Zulawkis Roman *Auf dem Silbermond* von 1903 den Bericht ihrer Reise auf die Erde zurück. Auch hier beginnt der Roman mit einer Art Vorwort, in dem der vermeintliche Herausgeber (wie bei Alexandre Cathelineau auch) schildert, wie er in einer vom Himmel gestürzten Kugel eine Handschrift findet, die er nun veröffentlicht.

7.2 Traum

Wie es der Titel der Erzählung bereits erahnen lässt, erschien der Traum eines Schlafenden schon Johannes Kepler in seinem *Somnium* eine gute Möglichkeit zu sein, um das Erzählte vor einem gewissen Wirklichkeitsanspruch zu schützen. Sein posthum veröffentlichtes Werk hat einen Rahmen, in dem der Erzähler als erstes berichtet, wie er „nach der Betrachtung der Sterne und des Mondes für Höheres empfänglich geworden"[411] auf seinem Bett einschläft und es ihm scheint, als läse er in einem Buch den Traum, der die eigentliche Binnenhandlung des Werkes, also die Möglichkeit eines Fluges zum Mond, darstellt und der am Ende durch Wind und prasselnden Regen, welche den Schlafenden wecken, beendet wird[412].

Dinge nur als einen Traum zu schildern, erschien auch noch vielen anderen Autoren als ein guter „Schutz" vor den kritischen Fragen nach einer

---

410   R. Marquis (o.J.), Bd. II, S. 160.
411   Johannes Kepler: *Somnium*. Zitiert nach: H. Swoboda (1969), S. 40.
412   Johannes Kepler: *Somnium*. Zitiert nach: H. Swoboda (1969), S. 48.

eventuellen Realisierbarkeit des Erzählten, was im Folgenden an einigen Beispielen demonstriert werden soll. Nicht zuletzt auch in H. G. Wells berühmtem Roman *The First Men in the Moon* von 1901 kommentiert einer der Protagonisten den Beginn seiner Reise mit den Worten: „It was not like the beginning of a journey; it was like the beginning of a dream"[413].

Der Leser erfährt bei den in diesem Zusammenhang betrachteten Werken aber auf die unterschiedlichste Art und Weise und zu den unterschiedlichsten Zeitpunkten der Erzählung, dass die eigentliche Binnenhandlung, also die Reise zu einem anderen Himmelskörper, lediglich in einem Traum stattgefunden hat. In einigen Texten wird dies von Anfang an zugegeben, so z.B. in Pierre Boitards *Voyage dans le soleil* (1838-1840), in der der ich-Erzähler gleich im allerersten Satz der Erzählung zugibt, seine Reise nicht in Wirklichkeit begangen zu haben:

> „Je m'étais mis à ma fenêtre pour écouter le chant mélancolique d'un rossignol [...]. La nuit était superbe [...]; je tombai dans cette ravissante méditation [...] et mon esprit s'élança dans l'immensité des cieux. [...] Bientôt ma rêverie devint si profonde que mon âme, abandonnant tout à fait la terre, crut avoir trouvé un guide mystérieux qui la conduisait dans le labyrinthe de l'infini"[414].

Auch in anderen Romanen, in denen Geister Menschen entführen, geschieht dies nachts und aus dem Schlaf heraus. In G. Descottes Roman *Voyages dans les planètes* z.B. erzählt der Protagonist, wie ihm im Schlaf ein junger, schöner Mann von engelhafter Gestalt erscheint, der ihn mit auf die Reise zu den Planeten nimmt[415]; genauso wird auch Elize, die Protagonistin der 1808 anonym erschienenen Erzählung *Voyage dans la nouvelle planète*, im Schlaf von einem Geist auf den Planeten Uranus entführt (siehe Kapitel 4.1). Doch nicht nur der Schlaf, sondern auch das Aufwachen in einer neuen Welt wird hier beschrieben: „Je m'éveillai alors, et je reconnus à l'instant la différence entre cette terre et celle que je quittais"[416].

Ist all diesen Werken gemeinsam, dass der Traum schon zu Beginn der Erzählung zugegeben wird, so decken andere Autoren diese Erzählstruktur erst am Ende oder im Laufe des Textes auf, was den Wahrheitsanspruch des Geschilderten somit zumindest eine gewisse Zeit lang aufrechterhält. Ein typisches Beispiel hierfür ist Alfred Drious Roman *Aventures d'un aéronaute parisien* von 1856. Hier berichtet ein junger

---

413   H. G. Wells (2002), S. 45.
414   P. Boitard (1838-1840), I, S. 65f.
415   G. Descottes (1864), S. 2f.
416   Anonym (1808), S. 10.

Mann von der abenteuerlichen Reise in den Weltraum in einem von ihm erfundenen lenkbaren Ballon; als es dann aber heißt, von den ihn auf seinem Flug begleitenden Mondmenschen Abschied zu nehmen, gerät sein Ballon in einen Sturm und stürzt ab:

> „Figurez-vous cette chute [...] J'ouvris les yeux pour [...] savoir dans quel village, dans quelle ville, dans quel département je me trouvais... [...] J'étais dans mon lit, dans mon vrai lit [...]. Or, chers lecteurs, c'était un rêve que je venais de faire et que je vous ai raconté"[417].

Dieser Traum wird dadurch gerechtfertigt bzw. motiviert, dass ein Junge am Vorabend einen Ballon gesehen hat, was ihn dazu brachte, nachts davon zu träumen, als Erwachsener in einem selbstgebauten Ballon in den Weltraum zu fliegen. Auch in dem 1845 anonym erschienenen Roman *Voyage tout récent dans la Lune* findet die erzählte Reise zum Mond nur in einem Traum statt, den der Protagonist Albert seinem Freund Dalcourt erzählt. Die Illusion einer authentischen Reise zum Mond wird hierbei aber schon recht früh dadurch aufgehoben, dass der Protagonist seinen Schlaf häufig unterbricht, und dabei das Aufwachen stets in einem gewissen Zusammenhang zum Geträumten steht, so greift der Schlafende an einer Stelle nach einem Mondvogel, hält aber plötzlich, als er aufwacht, nur eine aus seinem Kopfkissen gerutschte Feder in der Hand[418]. An einer anderen Stelle will sich der Träumende in eine Art Zaubervorhang auf dem Mond hüllen, als er erwacht und sich dabei lediglich in sein Bettlacken eingerollt hat[419]. Den angenehmen Zustand des Träumens sehnt der Schlafende aber gleich darauf wieder herbei: „Dors, dors, mon Albert, dors tant que tu pourras, ou dans ton lit, ou dans la Lune, et donne à Dalcourt les détails qu'il attend avec impatience de son ami dormant"[420].

Ähnlich typisch für dieses Verfahren ist der Roman *Les Robinsons lunaires* von Georges le Faure. Der Reiseanlass für die Protagonisten ist hier ein Wissenschaftsstreit, in dem es darum geht, die Bewohn- oder die Unbewohnbarkeit des Erdtrabanten festzustellen. Als am Ende des 12. Kapitels endlich Wasser auf diesem Himmelskörper gefunden ist, folgt das desillusionierende 13. Kapitel, welches den Titel trägt: „Chapitre XIII, qui rend vraisemblables toutes les choses invraisemblables qui précèdent"[421]; diese Überschrift greift also die Frage nach dem Wahr-

---

417   A. Driou (1856), S. 281f.

418   Anonym (1845), S. 21.

419   Anonym (1845), S. 42.

420   Anonym (1845), S. 42.

421   G. le Faure (1893), S. 289.

heitsgehalt des Erzählten explizit auf. In diesem Kapitel wacht der Erzähler in einem Café auf, wieder aber ist der Traum nicht ganz unmotiviert, denn der Protagonist war mit seiner Familie und seinen Schülern ausgegangen, um den als Sensation ausgestellten Ballon *Gigas* zu besichtigen; im Rahmen dieser Unternehmung ist er dann in dem Café eingeschlafen.

Weniger deutlich ist die Lage allerdings in dem Roman *Un monde inconnu, deux ans sur la Lune* von Pierre de Sélènes. Hier gibt es zwar keinen Erzähler, der am Ende der Handlung aufwacht, dennoch wird am Ende des Romans in einer *Conclusion* der Wirklichkeitsanspruch der Reise gemindert: Die Reisenden hatten es zuvor geschafft, nach ihrer Rückkehr auf die Erde eine Art telegraphische Verbindung zu den Mondbewohnern herzustellen, welche sich sehr heller Lichtzeichen bedient (siehe Kapitel 10.1.2). Eines Tages allerdings ist im Teleskop ein Feuer auf der Mondoberfläche zu sehen, was das Ende der interstellaren Kommunikation bedeutet:

> „Que s'était-il passé? Quelque formidable explosion des forces souterraines avait-elle anéanti cette humanité au milieu de laquelle avaient vécu les trois explorateurs? La nature inexorable, dont elle semblait violer les lois, l'avait-elle, d'un seul coup, fait rentrer dans le néant?….. Nul ne l'a jamais su"[422].

Doch nicht nur ein möglicher Kontakt in der Zukunft wird somit ausgeschlossen, auch die Erinnerung an das Erlebte geht den Reisenden nach und nach verloren. So endet der Roman mit den Zeilen:

> „Le souvenir lui-même de ces merveilleuses aventures alla s'affaiblissant et ne fut plus, dans l'âme de ceux qui en avaient été les héros, qu'un songe dont chaque jour qui s'écoulait effaçait les contours. Et plus tard, lorsque courbé par l'âge, il en évoquait la mémoire, Marcel se demandait avec tristesse s'il n'avait pas rêvé"[423].

Die Wörter *rêvé* und *songe* lassen dabei zumindest vermuten, dass auch hier die Reise, wie in den anderen bereits geschilderten Romanen, nur im Traum einer Romanfigur stattgefunden hat, bereits während der eigentlichen Schilderung der Reise an sich war eine ähnliche Bemerkung gemacht worden: „lorsque leur pensée se reportait sur tout ce qu'ils avaient éprouvé, appris et accompli, ils [=les voyageurs terrestres] étaient tentés de se demander s'ils ne vivaient pas dans un rêve continu"[424].

---

422 P. de Sélènes (1886), S. 448.

423 P. de Sélènes (1886), S. 451.

424 P. de Sélènes (1886), S. 313.

Schlüsselbegriffe wie *rêve*[425], pays *merveilleux*[426] oder *hallucination*[427] ziehen sich auch leitmotivisch durch den Roman *Voyage dans la planète Vénus* von Charles Guyon, auch wenn hier kein Aufwachen am Ende das Erlebte als einen Traum deklariert. Die ebenfalls vorkommenden Begriffe *Rêve extraordinaire*[428] und gar explizit *Voyage extraordinaire*[429] erinnern dabei stark an die von Jules Verne verfassten und bei Hetzel erschienenen *Voyages extraordinaires*, welche für viele Autoren ein gewisses Vorbild darstellten, wie auch noch im Hinblick auf die Intertextualität ersichtlich sein wird (Kapitel 10.2.3).

Eine besondere Aufmerksamkeit verdient in diesem Zusammenhang auch der Roman *La lune ou Le pays des coqs* (1819) von C. J. Rougemaitre, bei dem allein schon der Untertitel *histoire merveilleuse* den märchenhaften und somit wenig auf Authentizität bedachten Charakter des Erzählten vorwegnimmt. Hier kündigt der Autor bereits in seiner *introduction* an, man werde ihm keinen Glauben schenken; dennoch beschwört er die Richtigkeit seiner Aussagen:

> „Cependant, pour le petit nombre de personnes qui croient encore aux sermens d'un honnête homme, je jure que dans cet ouvrage, où tout paraîtra incroyable, je ne dirai que la vérité. [...] J'ai donc été dans la Lune, et je vais écrire ce que j'y ai vu. Je prie le lecteur de suspendre son jugement jusqu'à la fin de cet ouvrage, s'il a la patience de le lire en entier, alors ce qui ui [sic] aura paru incroyable, extravagant, lui semblera tout naturel"[430].

Dass das Ende des Romans für die Authentizität des Erzählten von besonderer Bedeutung sein wird, gibt hier sogar der Autor selbst an, aber nicht nur deswegen kann der Leser das auf diese Weise angekündigte Ende des Romans erahnen, denn schon zu Beginn des Werkes hatte sich der Protagonist zur Lektüre eines guten Buches gemütlich in den Bois de Boulogne gelegt. So wird dann auch tatsächlich am Ende des Romans den Ereignissen auf dem Mond durch das Erwachen des Protagonisten auf der Erde ein Ende gesetzt, was dieser in Bezug auf seine einleitenden Worte wie folgt kommentiert:

> „N'avais-je pas raison de vous dire dans mon introduction, que si vous aviez la patience de lire cet ouvrage en entier, ce qui vous aurait paru incroyable, extravagant, vous semblerait tout naturel?

---

[425]   C. Guyon (1888), beispielsweise S. 20, S. 22, S.32, S. 36, S. 33.

[426]   C. Guyon (1888), beispielsweise S. 36.

[427]   C. Guyon (1888), beispielsweise S. 22.

[428]   C. Guyon (1888), beispielsweise S. 33.

[429]   C. Guyon (1888), beispielsweise S.15, S. 55.

[430]   C. J. Rougemaitre (1819), S. viii ff.

Y a-t-il rien de plus naturel, que de rêver des choses extraordinaires?"[431].

Genauso wie C. J. Rougemaitre in seiner *introduction* kokettiert auch der Autor Paracelse durch das Ende seiner *Voyage à Sirius* von 1870 mit einer gewissen Lesererwartung. Dieser Roman beginnt nämlich mit der Schilderung einer nächtlichen Eisenbahnfahrt, im Rahmen welcher der Protagonist die Aussicht auf den klaren Sternenhimmel genießt. Mit der Zeit erkennt er in seinem verhüllten Gegenüber den *Diable boiteux*, welcher ihn im Folgenden auf eine Reise durch das gesamte Sonnensystem und sogar zu den Sternen mitnimmt. In diesem Roman erwartet der Leser daher eigentlich, dass der Protagonist am Ende wieder in dem Eisenbahnwagon erwacht und somit das Erlebte als Traum entlarvt wird; dies ist aber nicht der Fall, die Erzählung endet mitten im Weltall mit moralischen Überlegungen, ohne dass eine Heimreise oder ein Aufwachen geschildert werden.

Bleibt in diesem Roman von Paracelse die fast schon erwartete Desillusionierung am Ende aus, so finden sich in anderen Werken gewisse Wendungen am Ende des Erzählten, bei denen eine genaue Interpretation schwer fällt, bei denen also quasi in der Schwebe bleibt, ob nun die Binnenhandlung des Romans in gewisser Hinsicht widerrufen und als Ausgeburt der Phantasie deklariert wird, oder nicht. Ein gutes Beispiel hierfür ist der 1883 erschienene Roman *Quinze mois dans la Lune* von Alexandre de Lamothe: Hier beginnt der Roman auf der Erde mit der Vorstellung der Protagonisten Marcel Durand, der später auf den Mond reisen wird, und seiner Freunde Flora, Paul und Étienne. Bald darauf verabschiedet sich Marcel allerdings, um in Begleitung seines Dieners Jupiter nach Amerika zu reisen. Was die zurückbleibenden Freunde nicht wissen ist, dass Marcel und sein Diener diese Reise unternehmen, um an der geplanten Expedition zum Mond teilzunehmen. Als die Reisenden wiederkehren und behaupten, auf dem Mond gewesen zu sein, werden sie allerdings von ihren Freunden nur mit Gelächter empfangen und Marcel sieht schnell ein: „Le fruit de notre expédition est perdu, personne ne voudra ajouter foi à nos récits"[432]. Da im Folgenden auch nicht thematisiert wird, ob die Freunde der Reisenden die eigentliche, in Amerika geplante Mondmission überhaupt für real halten, oder nicht, bleibt somit offen, ob die Reise zum Mond zumindest innerhalb der Fiktion des Romans wirklich stattgefunden hat oder nur eine Phantasie der Protagonisten darstellt.

---

431   C. J. Rougemaitre (1819), S. 232.
432   A. de Lamothe (1883), S. 357.

Ähnlich unklar ist auch das Ende der zwischen 1838 und 1840 im *Musée des Familles* erschienenen *Voyage dans le soleil* von Pierre Boitard. Hier hatte der Erzähler zwar zu Beginn des Textes deutlich zugegeben, die erzählte Reise lediglich als einen Tagtraum an einem lauen Sommerabend erlebt zu haben, am Ende des Romans aber finden sich alle Bewohner der Planeten, die sich im Verlauf der geschilderten Rundreise durch das Sonnensystem dem Protagonisten angeschlossen hatten, real auf der Erde wieder, wobei in der Schwebe bleibt, ob es sich bei ihnen wirklich um Außerirdische handelt, oder nicht. In einem u.a. mit *Conclusion et dénouement* überschriebenen Abschlusskapitel wird hierzu beschrieben, wie sich der Geist, der die Reisenden geleitet hatte, verabschiedet: „En achevant ces mots, il disparut, et nous nous trouvâmes tous sur le boulevard, à Paris, étonnés comme des gens tombés de la lune"[433]. Der weise Bewohner der Sonne, der sich durch seinen großen Kopf ausgezeichnet hatte (siehe Abbildung S. 268) wird im Folgenden in ein Irrenhaus eingeliefert; die katzenähnliche Bewohnerin des Planeten Saturn und die affenähnlichen Bewohner der Planeten Merkur und Venus werden von einer „ménagerie ambulante"[434] als entlaufen eingeklagt, was schließlich den Kreaturen der Erzählung einen irdischen Ursprung geben kann. Unklar bleibt aber, wie der Erzähler zusammen mit all den anderen erwähnten Personen auf einen öffentlichen Platz in Paris kommt, war er doch zu Hause an einem Fenster in seine Träumerei verfallen.

Eine deutlichere Sprache spricht dahingegen wieder das Ende von Edgar Allan Poes 1835 erschienener Monderzählung: Hier wird berichtet, dass die Öffentlichkeit die ganze Geschichte von der Reise zum Mond als „hoax"[435], also als Unsinn, zu sehen beginnt, wobei der Erzähler dies nicht verstehen kann: „I cannot conceive upon what data they have founded such an accusation"[436]. Dennoch referiert dieser Erzähler fünf recht deutliche Argumente dafür, dass der vermeintliche Besucher vom Mond irdischer Natur war, so z.B. dass ein kleiner Zwerg, dem einmal beide Ohren abgeschnitten worden waren, seit ein paar Tagen in der Nachbarstadt Brügge vermisst wird oder auch, dass die Zeitungen, mit denen der vermeintliche Ballon vom Mond bedeckt war, in Holland gedruckt worden seien[437].

---

433   P. Boitard (1838-1840), IV, S. 135.

434   P. Boitard (1838-1840), IV, S. 135.

435   E. A. Poe (1990), S. 584.

436   E. A. Poe (1990), S. 584.

437   E. A. Poe (1990), S. 584.

7.3 Alkohol

Ähnlich wie abenteuerliche Reisen unter dem Deckmantel des Schlafes geschildert werden, wird der Realitätsanspruch des Geschilderten häufig auch durch einen gewissen Alkoholeinfluss seitens des Erzählers gemindert. In dem vollständigen Titel der Erzählungen des „Lügenbarons" Münchhausen heißt es z.B., dass der Protagonist seine Erlebnisse „bei der Flasche im Zirkel seiner Freunde selbst zu erzählen pflegte"[438]. Auffällig ist, wie explizit hier auf das die Authentizität mindernde Element der Flasche hingewiesen wird.

Aber auch in der französischen Literatur des 19. Jahrhunderts finden sich ähnliche Beispiele, wie z.B. die *Histoire fantastique de mon illustre cousin Benoit Laroutine*, welche einen Teil der von Louis Desnoyers verfassten *Aventures de Robert-Robert* darstellt. Nicht nur das Stichwort *fantastique* im Titel macht hierbei eine Aussage über die Haltung des Erzählers, auch das Trinken des Parisers, welcher seine Anekdoten an Bord eines Schiffes erzählt, senkt den Authentizitätsanspruch des Geschilderten. Schon recht bald unterbricht diese Person ihre, vom Erzähler des gesamten Romans als „facéties supplémentaires"[439] bezeichneten Ausschweifungen, um zu sagen: „Mais avant tout, auriez-vous l'humanité de me verser à boire? Le chagrin que ce souvenir me cause m'a rendu le gosier aussi sec que le tige d'une vieille paire de bottes. [...] Buvons, messieurs, buvons, et vive la joie!"[440]. An dieser Grundeinstellung ändert sich dann auch im weiteren Verlauf der Handlung nichts, und so heißt es: „Il était facile de juger, au son douteux de leur [=des verres] cliquetis, que la plupart des bras qui les tendaient n'avaient plus cette assurance qu'on peut mettre à trinquer à jeun"[441].

Auch in dem Roman *Voyage à Vénus* (1865) von Achille Eyraud wird die beschriebene Reise weitgehend von einem Wirklichkeitsanspruch befreit. Was einen realistischen Bezug zur Wirklichkeit angeht, so ist nur das den astronomischen Kenntnissen der Zeit angepasste Venusbild zu nennen (siehe Kapitel 5.2), bereits das Fortbewegungsmittel aber hat mehr symbolischen Charakter und wird im Roman auch nur recht knapp beschrieben (siehe Kapitel 4.8). Ferner wird der Authentizitätsanspruch auch dadurch gesenkt, dass die Reise eigentlich gar nicht beschrieben wird; berichtet wird lediglich, wie der Protagonist in einer Schenke seinen Freunden bei Bier und Tabak von seinem angeblichen Erlebnis erzählt. Letzteres Detail wird im Text deutlich unterstrichen, so sagt

---

[438]   G. A. Bürger (1984), S. 5.

[439]   L. Desnoyers (1839), Bd. II, S. 167.

[440]   L. Desnoyers (1839), Bd. II, S. 61ff.

[441]   L. Desnoyers (1839), Bd. II, S. 74.

Volfrang: „mes souvenirs sont si confus... [...] je me souviendrais mieux en fumant ceci [= une longue pipe de tabac d'Orient]"442, worauf sein Freund Léo erwidert:

> „A ton aise, [...] mais cela n'empêche pas de boire. Tu veux fumer, eh bien! La canette est amie de la pipe. D'ailleurs, mon ami, un narrateur a nécessairement besoin de se rafraîchir de temps à autre [...]. Donc, père Schaffner, une canette ou mieux, trois canettes... pour commencer"443.

Das Porträt, welches der Autor hierbei vom Protagonisten selbst zeichnet, trägt ebenfalls dazu bei, den Authentizitätsanspruch der Reise zu senken, so wird Volfrang als „bizarre, rêveur, perpétuellement absorbé dans ses contemplations intimes"444 bezeichnet, was seine Freunde auch schon dazu veranlasst hat, einen Arzt zu konsultieren. Ferner wird über diese „nature nerveuse à l'excès"445 ausgesagt:

> „l'activité fébrile de son cerveau absorbe toutes ses forces, [...] il est venu à prendre ses hallucinations au sérieux, et à garder de tous ses songes creux l'impression vive et précise de la réalité. Ainsi , il y a deux jours à peine, notre dormeur éveillé ne m'a-t-il pas conté un de ses rêves comme un fait dont il avait été le témoin!"446.

Als Volfrang schließlich das Lokal betritt, unterstreicht sein Aussehen die vorangehenden Überlegungen seiner wartenden Freunde:

> „[son] regard paraissait constamment noyé dans les brumes d'une vague rêverie; [...] Volfrang se trouvait dans un état de lourde torpeur. On eût dit un fumeur à demi réveillé du sommeil extatique qu'on trouve dans l'opium ou le haschich"447.

Auch die Reisethematik wird in der Aussage „il voyage dans le pays bleu des chimères"448 bereits deutlich vorweggenommen; ferner ist auffallend, wie oft in den zitierten Textstellen Wörter aus dem Wortfeld *Traum*, so z.B. *rêve* oder *songe*, gebraucht werden. Im weiteren Verlauf besteht der Roman aus dem Bericht, den Volfrang seinen Freunden von seiner Reise gibt, nur hin und wieder wird er unterbrochen, was den Leser dann wieder auf die Erde zurückführt – auch dies schmälert die Illusion. So endet dann dieser Roman auch in dieser Erzählperspektive, was

---

442   A. Eyraud (1865), S. 13.
443   A. Eyraud (1865), S. 13.
444   A. Eyraud (1865), S. 8.
445   A. Eyraud (1865), S. 7.
446   A. Eyraud (1865), S. 9f.
447   A. Eyraud (1865), S. 12.
448   A. Eyraud (1865), S. 9.

die erwähnten Überlegungen unterstreicht: „ – Pauvre fou!… dit Muller en le regardant avec une douloureuse sympathie. Quant à Léo, il y avait déjà longtemps qu'il s'était endormi"[449].

Doch auch der Roman *Les Robinsons lunaires* (1893) von Georges le Faure, der bereits unter dem Traumaspekt in Kapitel 7.2 von Bedeutung war, enthält das Element des Trinkens, denn als der Protagonist erwacht, findet er sich alleine in einem Café an einem Tisch voller leerer Champagnerflaschen wieder. Als er die Rechnung nicht bezahlen kann, ermahnt ihn der Ober: „vous expliquerez au commissaire de police l'absence de votre porte-monnaie et la présence de ces six bouteilles de champagne"[450]. Kein Alkohol, sondern eher eine Nervenkrankheit scheint es zu sein, die am Ende des Romans *Prodigieuse découverte* (1867) von X. Nagrien das geschilderte Erzählte widerruft; hierfür spricht, dass der vermeintliche Pionier der Lüfte letztendlich in einem Bett aufwacht, ohne zu wissen, wie er hineingekommen ist: „Il faut que ce sommeil ait été bien profond pour qu'on ait pu me transporter dans mon lit, où j'ai été si surpris de me trouver à mon réveil"[451].

7.4 Der erste April

Woher der Brauch, am ersten April, am *April Fool's Day*, Scherze zu treiben, kommt, weiß niemand mit Bestimmtheit und aus sehr unterschiedlichen Richtungen kommen die diesbezüglichen möglichen Erklärungen. Möglicherweise hat dieser Brauch seine Wurzeln im indischen Huli-Fest, bei dem der Gottesmutter Maja (was soviel heißt wie „die Täuschende") gehuldigt wird, möglicherweise geht er aber auch auf die griechische Rhea zurück, die ihrem Gatten Kronos, dem Kinderfresser, anstelle des neugeborenen Sohnes einen in ein Ziegenfell gehüllten Stein zum fressen gab, oder aber er findet seinen Ursprung in den heiteren und mit Streichen geschmückten Festen, die die alten Römer in den ersten Nächten des April auf der Tiberinsel zu Ehren der lebensspendenden Göttin Venus feierten. Neben vielen anderen Erklärungen am plausibelsten ist wohl aber diejenige, die auf den Verwirrungen beruht, die die Verlegung des Neujahrstages vom ersten April auf den ersten Januar im Rahmen der Reformierung des Gregorianischen Kalenders im Jahre 1584 mit sich brachte. Zeitgenossen, die also, anstatt zum neuen Datum im Januar, ihre Freunde am ersten April zum Neujahrsfest eingeladen hatten, hatten sich wohl damals selbst in den April geschickt. Durch den Dreißigjähri-

---

[449]   A. Eyraud (1865), S. 295.

[450]   G. le Faure (1893), S. 293.

[451]   X. Nagrien (o.J.), S. 221.

gen Krieg verbreitete sich dieser heitere Brauch dann in der Folge in Europa und darf daher wohl für die in dieser Arbeit behandelten Werke als den Autoren bekannt vorausgesetzt werden. In der Tat dient der erste April in einigen, nun zu erwähnenden Erzählungen als Deckmantel, unter welchem Geschildertes von einem Wirklichkeitsanspruch befreit und somit als ein Scherz dargestellt werden kann.

In der Monderzählung von Edgar Allan Poe beispielsweise werden die Reisevorbereitungen des Protagonisten sehr genau beschrieben und über das Abflugsdatum heißt es: "It was the first of April"[452], was Stuart Levine und Susan Levine als einen an das *Blackwood's Edinburgh Magazine* gerichteten "private joke"[453] deuten. Diese Zeitschrift hatte ihre erste Ausgabe am *April Fool's Day* des Jahres 1817 veröffentlicht.

31 Jahre später findet sich das Motiv des ersten April auch bei Henri de Parville in seinem Roman *Un habitant de la planète Mars* wieder: Hier hatte sich ja in der *Préface* (siehe Kapitel 7.1) ein um Authentizität bemühter Herausgeber vorgestellt, der vorgab, der Herkunft der veröffentlichten Briefe mit großer Sorgfalt nachzugehen. Dies ändert sich allerdings deutlich in der *Post-Face,* in welcher der Autor vergeblich auf die Mumie des Marsianers wartet, deren Überbringung ihm - quasi als Beweismittel für die Richtigkeit des Erzählten - im 14. Brief zugesichert worden war. Schließlich entpuppt sich der Autor selbst als Schreiber der Briefe: „J'aurais donc été pendant six mois mon propre correspondant, toutes ces lettres seraient du même au même. À mon insu, je me serais écrit la nuit ce que je lisais le jour?"[454]. Im nächsten Satz wird diese Möglichkeit jedoch mit den Worten „Allons, c'est impossible. [...] Et d'ailleurs les dessins déposés sur ma table!"[455] abgetan. Die Entscheidung bleibt also letzten Endes dem Leser überlassen: „Voyons, lecteur, lecteur éclairé.... Est-ce que réellement on n'a pas trouvé quelque part sur terre un homme dans un aérolithe?"[456]. Mit den gelehrten Worten *Felix qui potuit rerum cognoscere causas* beendet Henri de Parville dann seinen Roman und setzt darunter das Datum des 1. April 1865, was Helga Abret und Lucian Boia folgendermaßen kommentieren:

> „Ein Scherz also? Ja und nein – und eher nein. Natürlich konnte Parville seinen Lesern nicht mit einer wirklichen Marsmumie aufwarten, obgleich sein Roman immerhin ihre Illustration enthält [siehe Abbildung S. 273]. Aber er hat in seinem Roman eine

---

452   E. A. Poe (1990), S. 563.

453   E. A. Poe (1990), S. 613.

454   H. de Parville (1865), S. 271.

455   H. de Parville (1865), S. 271.

456   H. de Parville (1865), S. 271.

Reihe von Theorien entwickelt, die er für möglich, wenn auch nicht für bewiesen hielt"[457].

Genauso spielt der erste April auch bei A. de Lamothe eine gewisse Rolle: In seinem Roman *Quinze mois dans la Lune* von 1883 wird dieser Tag ebenfalls – wie bei Edagr Allan Poe auch – als „époque fixée pour le départ"[458] angegeben.

7.5 Authentizität durch Beweismittel

Ein nahe liegender Weg, die geschilderten Ereignisse authentisch erscheinen zu lassen ist es auch, die Protagonisten von ihren Reisen Dinge mitbringen zu lassen, die dann sowohl den anderen Romanfiguren (und damit auch dem Leser!) gegenüber als eine Art Beweismittel fungieren. In den bereits in Kapitel 4.6.1 erwähnten Zeitungsartikeln der *Caricature* behaupten beide Hauptpersonen, der erste Mensch auf dem Mond gewesen zu sein, beide bringen als Beweis Dinge vom Mond mit. Jacquemarts Rückkehr zur Erde war bereits mit folgenden – im Hinblick auf die Authentizität interessanten – Worten geschildert worden: „Mais voici le prodige! Voici le miracle! La merveille inouie, incroyable, et pourtant authentique!"[459]; als eine „preuve convaincante de la véracité"[460] dieser Reise werden dann Tiere und Pflanzen gewertet, die der Reisende vom Mond mitbringt, wobei diese jeweils von einer Art sind, die es auf der Erde nicht gibt. Der Widersacher, der in der folgenden Ausgabe der *Caricature* Jacquemarts Reise leugnet und behauptet, er selbst sei der einzige Mondreisende gewesen, bringt ebenfalls einige Fundstücke vom Mond mit auf die Erde und gibt in seinem Artikel eine Adresse für deren Besichtigung bekannt. Der allein schon in ihrem Titel *Caricature* ersichtliche satirische Charakter der Zeitschrift sorgte allerdings mit Sicherheit für einen deutlichen Kontext dieser Artikel, so dass wohl kaum ein Leser zu der vermeintlichen Ausstellung gekommen sein wird.

7.6 Unterschiedliche Erzählperspektiven

Wenn es darum geht, wie authentisch die in einem literarischen Werk entworfene Fiktion auf den Leser wirkt, dann ist auch die gewählte Erzählperspektive von großer Bedeutung. In Kapitel 7.1 wurde bereits aus-

---

[457]   H. Abret; L. Boia (1984), S. 39.

[458]   A. de Lamothe (1883), S. 31.

[459]   Anonym (1841, a), S. 157.

[460]   Anonym (1841, a), S. 157.

giebig die Herausgeberfiktion diskutiert, die im späten 17. und im 18. Jahrhundert den Schriftstellern der Aufklärung half, ihre Werke unter dem Deckmantel der Anonymität zu veröffentlichen und die den Fiktionen in den Augen mancher Leser ein wenig den Anschein der Realität vermitteln mochte. Doch auch noch andere Erzählperspektiven verdienen Beachtung und stellen, ähnlich wie die Herausgeberfiktion, einen gewissen Rahmen für das zu erzählende Geschehen dar.

Zu nennen ist hier vor allem das Gespräch, das in den verschiedensten Formen anzutreffen ist. Quasi in „Reinform" liegt dieses in der 1844 anonym erschienenen *Voyage dans la Lune, dialogue en vers français* vor, in der Tréchomane seinem Gesprächspartner Philomathe von seiner Reise zum Mond und von seinen Erlebnissen dort berichtet. Eine ähnlich deutliche Situation liegt auch in der 1865 erschienenen *Voyage à Vénus* von Achille Eyraud vor, in welcher der als nicht besonders glaubwürdig geschilderte, da für seine nervösen Anwandlungen bekannte Protagonist Volfrang seinen Freunden in einer Kneipe bei Tabak und Bier seine Reise zum Morgen- und Abendstern Venus erzählt. Genauso schwankhaft wirken auch die Ausführungen das *Parisien* an Bord des Schiffes *La Rapide* durch die in Louis Desnoyers 1839 erschienener *Histoire fantastique de mon illustre cousin Benoit Laroutine* eine märchenhafte Mondwelt geschildert wird; die Tatsache, dass der diesen Ausführungen mit Spannung lauschende Protagonist ein Kind ist, macht darüber hinaus deutlich, dass sich dieser Roman eindeutig an ein jugendliches Publikum richtet. Einen gewissen Dialog stellt auch die 1845 anonym erschienene *Voyage tout récent dans la Lune* dar, in der Albert seinem Freund Dalcourt in Briefen seine in einem Traum erlebte Reise zum Mond schildert. Diese Briefe, genauso wie auch die Antwortbriefe Dalcourts, behandeln intensiv gesellschaftliche und moralische Themen und werden daher in Kapitel 9 noch näher zu betrachten sein.

Der klassische – in der Novelle des 19. Jahrhunderts häufig anzutreffende - Rahmen eines Gespräches zwischen zwei Personen, in welches dann das eigentlich erzählte Ereignis eingebettet ist, liegt auch der Erzählung *L'homme de Mars* (1887-1888) von Guy de Maupassant zugrunde. Eine genauere Untersuchung der beiden Gesprächspartner und ihrer Aussagen ist hier besonders lohnend, erscheint doch der Besucher, der kommt, um etwas zu berichten, zunächst nicht sonderlich glaubwürdig, sagt er doch über sich selbst: „Mes meilleurs jours sont ceux que j'ai passés, étendu sur une pente d'herbes, en plein soleil, à cent mètres au-dessus des vagues, à rêver"[461]. Auch das Erscheinungsbild dieser Person scheint eine ähnlich deutliche Sprache zu sprechen: „Il avait l'air d'un chétif maître d'études à lunettes, dont le corps fluet n'adhérait de nulle part à

---

[461] G. de Maupassant (1976), S. 346.

ses vêtements trop larges"[462]. Überhaupt ist der Besucher recht unsicher und zögert, ob er sein von ihm selbst als „bizarre"[463] bezeichnetes Anliegen vorbringen soll: „il n'y avait que vous... que vous... Enfin, j'ai pris du courage... mais vraiment... je n'ose plus. [...] [D]ès que j'aurai commencé à parler, vous allez me prendre pour un fou"[464]. Nachdem somit beim Leser eine gewisse anfängliche Skepsis geweckt wurde, beginnt der Besucher, sachlich zu argumentieren und freut sich, mit seinem Gastgeber einer Meinung zu sein, was die *pluralité des mondes* betrifft:

> „Un homme ne serait pas intelligent s'il ne croyait pas les mondes habités. Il faut être un sot, un crétin, un idiot, une brute, pour supposer que les milliards d'univers brillent et tournent uniquement pour amuser et étonner l'homme, cet insecte imbécile"[465].

Auch die in Kapitel 5.3 geschilderte Beobachtung der Marskanäle spielt in der Argumentation des Gastes eine zentrale Rolle und erhöht somit wieder den Anspruch auf Authentizität. Nachdem aber der Besucher geschildert hat, wie er einen oder mehrere Marsianer beobachtet hat (siehe Kapitel 6.3.2), traut er sich nicht mehr, völlig zu seinen Aussagen zu stehen und relativiert sie daher selbst:

> „Oui, j'ai vu... j'ai vu... le premier navire aérien, le premier navire sidéral lancé dans l'infini par des êtres pensants... à moins que je n'aie assisté simplement à la mort d'une étoile filante capturée par la Terre"[466].

Er verabschiedet sich daher „exalté, délirant"[467] und lässt seinem Gegenüber – und damit dem Leser - die Wahl, zu glauben, was ihm gefällt: „Adieu, Monsieur, ne me répondez rien, réfléchissez, réfléchissez, et racontez tout cela un jour si vous voulez..."[468]. Wie schon so oft ist auch in diesem Werk der letzte Satz von hoher Bedeutung, im Gegensatz zu den bisher angeführten Beispielen dient er nun aber der Erhöhung der Glaubwürdigkeit des Erzählten, da der Gastgeber in der Novelle urteilt: „C'est fait. Ce toqué m'ayant paru moins bête qu'un simple rentier"[469].

War in allen bis jetzt erwähnten Werken ein gewisser Rahmen vorhanden, der das eigentlich Geschilderte umspannte, so gibt es aber auch ei-

---

462   G. de Maupassant (1976), S. 345.

463   G. de Maupassant (1976), S. 346.

464   G. de Maupassant (1976), S. 345.

465   G. de Maupassant (1976), S. 347.

466   G. de Maupassant (1976), S. 352.

467   G. de Maupassant (1976), S. 352.

468   G. de Maupassant (1976), S. 353.

469   G. de Maupassant (1976), S. 353.

nige Werke, die eine Reise zu einem anderen Himmelskörper direkt, also ohne jeglichen Rahmen, erzählen. Das beste Beispiel hierfür sind Jules Vernes „Mondromane" *De la Terre à la Lune* (1865) und *Autour de la Lune* (1869), welche bei Hetzel in der Reihe *Les Voyages extraordinaires* erschienen sind, und die man mit Fug und Recht als klassische Abenteuerromane bezeichnen kann. Im Hinblick auf die Vulgarisierung von Wissen (Kapitel 8), aber auch im Hinblick auf die Intertextualität (Kapitel 10) wird deutlich werden, wie sehr Jules Verne dabei anderen Autoren als Vorbild gedient hat, was insbesondere für die Werke von A. de Lamothe, Alfred Driou, Charles Guyon, Raoul Marquis, Pierre de Sélènes und Georges le Faure gilt. Nicht zuletzt die bekannte Mondnovelle von Edgar Allan Poe oder der Roman *The First Men in the Moon* von H. G. Wells (1901) arbeiten allerdings auch ohne Rahmen.

7.7 Authentizität durch technische und wissenschaftliche *vraisemblance*

Neben den bisher behandelten Aspekten zum Thema der Authentizität ist natürlich auch das, was man in Anlehnung an die Klassik als *vraisemblance* bezeichnen könnte, von großer Bedeutung. Eine genaue Schilderung von Details erweckt dabei in der untersuchten Literatur oft den Anschein eines gewissen Wahrheitsgehaltes, was z. B. von Jacques Bujault in seiner *Voyage dans la Lune* von 1845 parodiert wird, als er schreibt: „On en compta 10 millions et deux (Faut toujours dire le nombre au juste, sans quoi l'histoire mentirait)"[470].

7.7.1 Unterschiedliche Schilderungen der Reisevorbereitungen

Interessant und aufschlussreich sind in diesem Zusammenhang vor allem die unterschiedlichen Schilderungen der Reisevorbereitungen und auch der Reise an sich. Hierbei gibt es eine große Anzahl an Werken, in denen Reisevorbereitungen (und damit der technische Aspekt des Unternehmens) mehr oder weniger gar nicht erwähnt werden, sei es, weil die geschilderte Reiseform keiner Technik bedarf und z.B. auf der Hilfe eines Fabeltieres oder eines Geistes beruht, oder sei es, weil z.B. das im 18. und 19. Jahrhundert bereits real vorhandene Transportmittel des Ballons ohne jegliche Rechtfertigung auch zu interplanetarischen Reisen benutzt wird. In einem gewissen Sinne stellte also zu dieser Zeit die Schilderung einer Reise im Ballon eine Garantie für einen „realen Anstrich" des Erzählten dar, was auch der vermeintliche Herausgeber von *Le retour de mon pauvre oncle* ausnutzt, um in einer Fußnote zu der Ich-

---

[470]   J. Bujault (1845), S. 205.

Erzählung seines Onkels anzumerken, der von seinem Onkel vorge-
schlagene Weg zur Lenkung des Ballons sei nicht schlechter, als eine
ganze Reihe anderer vorgeschlagener Methoden[471]. In einer anderen
Fußnote kommentiert er die Tatsache, dass sein Onkel während seiner
Reise eingeschlafen ist und dass auch der Aeronaut M. Blanchard am
Tag nach seinem Flug über dem *Champ de Mars* eine extrem starke Mü-
digkeit verspürt hatte, mit folgenden Worten: „cela prouve que mon
pauvre Oncle est digne de soi, & que M. Blanchard se trouvait dans la
même région où s'endormit mon pauvre Oncle"[472].

Andere Reiseprojekte werden oft von nur einem einzigen Protagonisten
geplant und durchgeführt, was François Bussière als „du bricolage à la
Cyrano"[473] bezeichnet. Ein gutes Beispiel hierfür ist der 1865 erschienene
Roman *Voyage à Vénus* von Achille Eyraud: Gleich zu Beginn, als der für
seine nervösen Anwandlungen bekannte Protagonist Volfrang behauptet, von der Venus zurückzukehren, fragt ihn sein Freund Léo: „Expli-
que-nous d'abord comment tu y es allé", eine Frage, die durch die direkte Anrede *tu* auf einen einzelnen „Urheber" der Reise abzielt. Der
Reisende antwortet zunächst damit, dass er die Problematik der Fortbewegung im Weltraum allgemein thematisiert (siehe Kapitel 4) und meint
schließlich, in der Ich-Form sprechend: „J'avais donc un [...] problème à
résoudre. [...] C'est d'après ces données que j'ai construit mon véhicule
pour faire visite à la splendide étoile, notre voisine, que nous appelons
du doux nom de Vénus"[474].

Ähnlich verhält es sich mit dem Hamburger Wissenschaftler Ludwig
Klopstock, dessen wundersame Erlebnisse S. Henri Berthoud in der 1841
erschienenen *Voyage au ciel, histoire anectodique du XIXe siècle* erzählt. Dieser Protagonist zeigt bei dem ersten Flug, den er als Passagier in einem
Ballon absolviert, eine solch große Enttäuschung darüber, nicht noch höher hinaufsteigen zu können, dass er sich völlig dem Problem der Lenkbarkeit der Ballone widmet, dieses Problem dann auch löst und mit seiner Frau zusammen auf eine Reise aufbricht, von der die beiden nie wieder zurückkehren. Bezüglich der von ihm gefundenen Neuerung sagt
der Erfinder lediglich, den Wasserstoff, den seine Maschine beinhalte,
könne er nun nach Belieben ausdehnen oder komprimieren[475]; von
eventuellen Personen, die bei der Konstruktion des Ballons helfen, ist
allerdings keine Rede und der Protagonist spricht über die Lösung seines

---

[471]   J.-A. Dulaure (1784), Fußnote 1, S. 54.

[472]   J.-A. Dulaure (1784), Fußnote 1, S. 8.

[473]   F. Bussière (1969), S. 226.

[474]   A. Eyraud (1865), S. 15ff.

[475]   S. H. Berthoud (1841), S. 137.

Problems in der Ich-Form: „J'ai trouvé le moyen de diriger mon aérostat"[476]. Ähnlich märchenhaft wirken auch die acht Tage, die in der heiteren Operette *Le voyage dans la lune* (1875) von E. Leterrier, A. Mortier und A. Vanloo beanschlagt werden, um die geplante Mondkanone zu bauen; hier beschränkt sich die organisatorische Diskussion um die nötigen Reisevorbereitungen im Wesentlichen auf den folgenden Dialog zwischen dem Königssohn Caprice und dem Hofastronomen Microscope, welcher mit dem Bau der Kanone beauftragt ist:

> „Caprice: Et combien vous faut-il de temps?
>
> Microscope: Huit jours.
>
> Caprice: Soit!
>
> Microscope: Il faut aussi de l'argent, beaucoup d'argent.
>
> Caprice: On vous fournira tout ce qu'il faudra"[477].

In anderen Werken dahingegen wird eine deutlich größere Anzahl an Helfern für die Reisevorbereitungen eingesetzt. Recht untypisch für das 18. Jahrhundert ist in dieser Hinsicht die 1784 anonym erschienene *Histoire intéressante d'un nouveau voyage à la Lune*. Sind die anderen Erzählungen dieser Zeit meist märchenhafter und allegorischer Natur (wie z.B. der Roman *Le char volant* von 1783), so wird in dieser Erzählung der große finanzielle Aufwand angesprochen, den der geplante, große Mondballon darstellt. Gelöst wird das monetäre Problem hier von einem reichen und am Projekt interessierten Mann; von dem Bau des Gefährtes heißt es: „Tout cela se fit sans éclat"[478]. Auch die Monderzählung von Edgar Allan Poe zählt zu den Werken, in denen der Protagonist zwar nicht alle Reisevorbereitungen alleine bewerkstelligen kann, in denen diese Vorbereitungen aber auch noch nicht einen richtig großen Aufwand darstellen. Hatte der Protagonist Hans Pfaal hier seinen Ballon noch allein mit der Hilfe seiner Frau zusammengebaut, benötigt er beim Start bereits drei Helfer, die er allerdings kurz nach seinem Abflug tötet, um sein Geheimnis zu hüten.

Die ersten Romane, in denen diese Reisevorbereitungen einen großen Anteil des Werkes einnehmen, ließen allerdings bis zum Jahre 1865 auf sich warten; es handelt sich hierbei um die *Voyage à la Lune* von Alexandre Cathelineau und um den berühmten Mondroman *De la Terre à la Lune* von Jules Verne. Mit den Worten: „Ainsi fut complété, pour la théorie, le moyen d'effectuer un voyage à la lune!"[479] beendet der vermeintli-

---

476   S.-H. Berthoud (1841), S. 137.

477   E. Leterrier; A. Mortier; A. Vanloo (1877), S. 7.

478   Anonym (1784), S. 5.

479   A. Cathelineau (1865), S. 69.

che Herausgeber in Alexandre Cathelineaus Mondroman die theoretische, auf dem Prinzip der Antigravitation beruhende Schilderung des Reisemittels – im Folgenden füllt die Schilderung des Baus des Gefährtes große Teile des Romans. Hierbei wird zunächst auch wieder auf den großen finanziellen Aufwand hingewiesen, den das Unternehmen darstellt; wobei der vermeintliche Herausgeber der Schrift das notwendige Geld aus seinem immensen Privatbesitz aufbringen kann. Ferner wird (dem modernen Astronautentraining ähnlich) getestet, ob wie geplant eine im Raumschiff untergebrachte Menge an Pflanzen den notwendigen Sauerstoff für die beiden Reisenden liefern kann. Dazu wird die so genannte *Terrinsule* ("c'est-à-dire d'une *île terrestre* presque absolument isolée de la Terre, comme une île ordinaire peut l'être au milieu de l'océan") gebaut, ein 15 Meter hoher und 1000 m² großer, völlig luftdichter Kasten, in dessen Innerem Pflanzen für den nötigen Sauerstoff sorgen. Authentisch wirkt diese Schilderung hierbei zum einen dadurch, dass allein der Bau dieses Testraumschiffs, in dessen Atmosphäre die Reisenden zwei Monate lang leben müssen, drei Monate in Anspruch nimmt[480], zum anderen rechtfertigt der Erzähler auch durch genaue Rechnungen die Größe der *Terrinsule*, indem er beachtet, wie viel Sauerstoff ein Mensch pro Tag benötigt und wie viel Sauerstoff eine auf einer gewissen Fläche wachsende Pflanzenmenge produzieren kann[481]. Nach dieser bereits recht authentischen Schilderung des Testraumschiffs ist es nicht verwunderlich, dass auch der eigentliche Bau des Raumschiffs *Micromégas* (siehe Kapitel 10) recht realistisch geschildert und vom Erzähler als "une œuvre de temps"[482] bezeichnet wird. Sehr offen sagt diesbezüglich M. Butler, der mit der konkreten Realisierung des Projekts beauftragte Vertraute der Reisenden:

> "Ami, [...] il faut que tu saches que cette boîte que tu désires [...] ne saurait être commencée et parchevée avec la même rapidité qu'on mettrait à édifier une église, une salle de réunion, ou un hôtel. C'est une entreprise sans précédent"[483].

---

[480]   A. Cathelineau (1865), S. 74.

[481]   A. Cathelineau (1865), S. 75ff. Vom erzähltechnischen Standpunkt aus ist es interessant festzuhalten, dass diese Berechnungen an dem Punkt des Romans gegeben werden, an dem es heißt: "nous entrâmes dans *la Terrinsule, et on nous y enferma*"; die im Folgenden referierten theoretischen Überlegungen stellen somit in gewisser Hinsicht ein retardierendes Moment dar, das die erzählte Zeit des Monats in der künstlichen Atmosphäre mit einer gewissen Erzählzeit decken soll.

[482]   A. Cathelineau (1865), S. 80.

[483]   A. Cathelineau (1865), S. 80.

So nimmt im Folgenden auch der Bau des *Micromégas* einen Frühling, einen Sommer und fast einen ganzen Herbst in Anspruch; gebaut wird das Gefährt dabei in einer Stadt um anschließend in Einzelteile zerlegt zum *Monte del Milagro* transportiert zu werden, denn nur dort befindet sich die für die „Endmontage" unabdingbare antigravitatorische Erde, auf welche der Protagonist Geister in dem mittelalterlichen Bericht des Mönches gestoßen war (siehe Kapitel 4.4). Beschäftigt werden zu diesem Zweck insgesamt 50 Mann, von denen es in einer für den Kolonialismus des 19. Jahrhunderts typischen Sprache heißt: „Ceci nous permit de faire un choix et de désigner les meilleurs charpentiers, maçons, forgerons, et jardiniers, en tout vingt hommes. En outre trente nègres et mulâtres libres"[484].

Einen noch größeren Raum nimmt die Schilderung von Reisevorbereitungen allerdings in Jules Vernes bekanntem Mondroman *De la terre à la Lune* (1865) ein; auch hier spielen technische Details eine große Rolle, so sehr sogar, dass der Roman in seiner ganzen Länge den Reisevorbereitungen gewidmet ist und mit dem Abschuss des *obus* aus der Kanone endet; die eigentliche Reise der drei Protagonisten um den Mond wird dann erst in dem vier Jahre später, also 1869, erschienenen Roman *Autour de la Lune* geschildert. In diesem Zusammenhang sehen Liliane Durand-Dessert und René Guise die „originalité de Jules Verne"[485] darin, dass der Autor als erster die Reise zum Mond vom wissenschaftlichen Standpunkt aus beleuchtet[486] und in der Tat beschreibt der Autor die Reisevorbereitungen sehr systematisch: Nach der Exposition des *Gun-Club* im ersten Kapitel des Romans berichtet das Kapitel II mit dem Titel *Communication du président Barbicane* von dem Projekt, ein Projektil zum Mond zu schießen und von der euphorischen Wirkung dieses Vorhabens auf die Anwesenden. Im Folgenden werden die Probleme dann eines nach dem anderen diskutiert und gelöst, wobei der erste Schritt darin besteht, von der Sternwarte in Cambridge (Massachusetts) eine Art astronomisches Gutachten einzuholen, welches klärt, dass der geplante Schuss zum Mond prinzipiell möglich ist, und aus dem auch hervorgeht, zu welchem Zeitpunkt und in welche Richtung ein solches Geschoss dann konkret abgefeuert werden muss (Kapitel IV: *Réponse de l'observatoire de Cambridge*). Diese astronomischen Gegebenheiten ermöglichen es im Folgenden den Mitgliedern des *Gun-Club* an drei aufeinander folgenden Abenden sukzessive drei Probleme zu diskutieren und zu lösen: Zuerst wird in einer ersten Sitzung (Kapitel VII: *L'hymne du boulet*) beschlossen, ein Geschoss aus Aluminium zu bauen, am nächsten Abend

---

484   A. Cathelineau (1865), S. 89.
485   L. Durand-Dessert; R. Guise (1978), S. 30.
486   L. Durand-Dessert; R. Guise (1978), S. 31.

(Kapitel VIII: *Histoire du canon*) einigen sich die Anwesenden darauf, eine zwei Meter dicke und 270 Meter lange Kanone aus Eisen zu bauen, wonach an einem dritten Abend (Kapitel IX: *La question des poudres*) abschließend entschieden wird, die Kanone mit Schießbaumwolle zu laden. Die Art und Weise, wie die Mitglieder des *Gun-Club* - Unmengen an Sandwiches und Tee verschlingend - diese Entscheidungen treffen, mag vom heutigen Standpunkt aus extrem schnell und fast schon märchenhaft erscheinen; ein Vergleich mit anderen literarischen Werken der Zeit aber macht deutlich, dass in keinem anderen Werk die technischen Aspekte des Unternehmens so detailliert geschildert werden, wie hier. Für eine gewisse Authentizität sorgt nicht zuletzt auch die logische Reihenfolge in der die Probleme angegangen werden, wobei ganz am Anfang die an die Astronomen in Cambridge gestellten, physikalischen und astronomischen Fragen stehen. Auch im Folgenden wird mit einer gewissen Logik vorgegangen, denn zunächst einmal wird das Wesen des abzuschießenden Projektils diskutiert, was dann wiederum gewisse Anforderungen an die danach zu planende Kanone mit sich bringt; eine Reihenfolge der Überlegungen also, welche der nüchtern denkende Barbicane folgendermaßen kommentiert: „les dimensions de celui-ci [=du canon] devaient dépendre des dimensions de celui-là [=du projectile]"[487]. Diese Genauigkeit und Logik in der Planung mag mit zu dem Urteil von Marjorie Hope Nicolson beigetragen haben, die behauptet, der Leser habe in diesem Roman von Jules Verne erstmals das Gefühl, tatsächlich auf eine Reise zum Mond zu gehen[488].

So realistisch die Planung der Reise im Roman auch wirken mag, so deutlich treten auch einige vom Autor begangene technische Ungenauigkeiten zu Tage und so ist auch François Bussières der Auffassung, dass Jules Verne im Vergleich zu seinen Zeitgenossen hervorsticht, da er einige der wirklichen Probleme des Weltraumfluges überhaupt erst erkannt hat, auch wenn er diese nicht lösen konnte[489]. In diesem Zusammenhang bezeichnet R. Taussat die Romane *De la Terre à la Lune* und *Autour de la Lune* als „un conte de fées scientifique, une amusante fiction où l'aluminium, la fonte et l'étincelle électrique remplaceraient la baguette magique des siècles précédents"[490] und behauptet weiter, dass der Autor selbst wohl nicht vollständig von der Realisierbarkeit seiner Ideen überzeugt gewesen sein kann. In diesem Sinne sind nun konkret einige Fehler zu nennen, die Jules Verne begehen musste, wollte er im 19. Jahrhun-

---

487   J. Verne (1966, b), S. 79.

488   Marjorie Hope Nicolson: *Voyages to the moon*. Zitiert nach: S. Vierne (1970), S. 143.

489   F. Bussière (1969), S. 231.

490   R. Taussat (1969), S. 45.

dert eine Mondreise beschreiben. François Bussière kommentiert z.B. das in Kapitel 4.7 erwähnte Problem, dass die Reisenden der *Columbiad* mit Sicherheit beim Abschuss des Projektils durch den ungeheuren Rückstoß erdrückt worden wären, mit den folgenden Worten:

> „N'importe quel moyen était bon, à vrai dire, pour la fin qu'il [= Jules Verne] se proposait: laquelle n'est pas d'envoyer réellement des hommes vers la Lune, mais de satisfaire au désir de son public (et au sien propre) en se donnant la possibilité de continuer l'excitante aventure"[491].

Genau dieselbe literarische Pragmatik vermutet auch Georg Breuer hinter dem Werk von Jules Verne und merkt an: „Wenn Jules Verne dieser Tatsache Rechnung getragen hätte – dann hätte er eben seinen Roman nicht schreiben können"[492]; in diesem Sinne bezeichnet auch R. Tassaut den Roman als eine Erzählung „à laquelle son auteur lui-même ne croyait qu'à peine"[493]. Ein deutliches Indiz dafür, wie sehr sich der Autor der Relevanz des Rückstoßproblems bewusst war, ist, dass sogar der ansonsten so heitere Franzose Michel Ardan es als „la véritable et la seule difficulté"[494] bezeichnet. Hoch anzurechnen gilt es Jules Verne allerdings, dass er dieses Problem überhaupt erkannt hat, wenn er es auch nicht in einer praktisch zu realisierenden Weise, sondern durch seine Wasserpolsterung lediglich „symbolisch", lösen konnte. Sogar 23 Jahre nach dem Erscheinen von *De la Terre à la Lune* ist sich Charles Guyon dieser Problematik nicht bewusst: In seinem Roman *Voyage dans la planète Vénus* (1888) beschreibt er mit seinem *Tube-express* ein Reisemittel, das seine venusianischen Passagiere in hermetisch abgeriegelten Wagons durch eine Röhre auf weite Reisen schickt. Der Antrieb, der das Projektil dabei binnen kürzester Zeit auf ca. 3000 km/h beschleunigt, ist pneumatischer Natur, der Autor übersieht aber, dass die Reisenden diese Beschleunigung dennoch auch in ihren hermetisch verschlossenen Kabinen hätten spüren müssen, und geht scheinbar fälschlicherweise davon aus, dass der menschliche Körper Änderungen in seinem Bewegungszustand nur auf optischem Wege wahrnehmen kann: „Les voyageurs n'avaient pu s'apercevoir de la vitesse avec laquelle ils avaient été entraînés, car tout étant complètement fermé, ils n'avaient aucun point de repère"[495].

---

491   F. Bussière (1969), S. 228.

492   G. Breuer (1967), S. 19.

493   R. Taussat (1969), S. 46.

494   J. Verne (1966, b), S. 261.

495   C. Guyon (1888), S. 99. Der antreibende Luftdruck wirkt ja nicht auf sie, sondern auf den Wagen, in dem sie sitzen. Relativ zu diesem müssten sie folglich durch ihre Massenträgheit eine Beschleunigung erfahren. Die Argumentation des Autors orientiert sich hierbei an dem Prinzip

Ein weiteres Problem stellt der Luftwiderstand der Erdatmosphäre dar, dem Jules Verne nicht genügend Beachtung schenkt; in der Diskussion, die Michel Ardan mit seinem anfänglichen Widersacher Nicholl führt[496], bezeichnet der Erzähler solche Themen allerdings als mögliche „véritables impossibilités de l'expédition"[497]. Falsch beschreibt Jules Verne auch das Phänomen der Schwerelosigkeit, welche im Roman nur an einem einzigen Punkt der Reise auftritt. Diese Episode soll aber unter Berücksichtigung vieler anderer ähnlicher Schilderungen in Kapitel 10.1.4 im Hinblick auf die Intertextualität behandelt werden.

Authentisch wirken Jules Vernes Mondromane aber auch durch das in den 60er Jahren des 20. Jahrhunderts durchgeführte Apollo-Mondlandeprogramm der USA, was R. Taussat wie folgt kommentiert: „Le rêve, le roman, la plaisante épopée [...] est devenu réalité"[498]. Interessant ist hierbei, dass dieses Programm erstaunliche Parallelen zu den Romanen von Jules Vernes erkennen lässt, worauf vor allem François Bussière in seinem Aufsatz *A propos du vol d'Apollo. Jules Verne, ou la vérité du roman* von 1969 hingewiesen hat. Verstärkt wird der verblüffende Effekt dieser noch zu schildernden Ähnlichkeiten durch die Tatsache, dass zwischen der literarischen Schilderung durch Jules Verne und der tatsächlichen Realisierung genau 100 Jahre liegen, wurde doch der zweite Teil der Mondtrilogie, *Autour de la Lune*, im Jahre 1869 veröffentlicht und fand doch die erste bemannte Mondlandung durch Apollo XI am 20. Juli 1969 statt. Anlässlich der ersten bemannten Umrundung des Mondes durch die Apollo VIII - Mission an Weihnachten 1968 schreibt François Bussière:

> „Cent ans séparent la réalité de l' ,anticipation': c'est l'occasion de les comparer [...] pour essayer de déterminer avec précision, sur cet exemple presque idéal, ses [= de l'anticipation] limites visibles, ses possibilités cachées"[499].

Im Folgenden macht er darauf aufmerksam, dass Jules Verne kein Weltraumprogramm, sondern ein literarisches Vorhaben hatte, dass man ihn also folglich in synchronischer Perspektive mit seinen Zeitgenossen zu vergleichen habe, was die Einstellung des heutigen Lesers folgendermaßen verändern kann:

---

der Schwerelosigkeit, welche sich bemerkbar macht, wenn im luftleeren Raum zwei Körper, ganz gleich welcher Form und welchen Gewichts, nebeneinander herfallen, also im Bezug aufeinander stillzustehen scheinen.

[496] J. Verne (1966, b), Kapitel XIX und XX.

[497] J. Verne (1966, b), S. 253.

[498] R. Taussat (1969), S. 46.

[499] F. Bussière (1969), S. 225.

„Ce qui pouvait sembler naïveté apparaîtra alors, sinon comme du réel, du moins comme du *réalisme*: même Wells, postérieur à J. Verne, imagine encore une expédition montée de toutes pièces par un particulier"[500].

Darüber hinaus macht der Autor auf einige erstaunliche Parallelen zwischen Roman und Wirklichkeit aufmerksam. So nennt er zum einen die Tatsache, dass Jules Verne richtig erkennt, welch großen Aufwand ein Flug zum Mond darstellt[501], wobei auch die Finanzierung eine wichtige Rolle spielt[502]; alles Dinge, die wie gesehen in den meisten der zu untersuchenden Werke übergangen werden. Bedeutend ist hierbei auch, dass die Vorbereitungen von einer „large base opérationelle"[503] aus geleitet werden, wobei ein Arbeitsschritt erfolgreich durchgeführt sein muss, damit der nächste in Angriff genommen werden kann. Die Tatsache, dass dabei natürlich Etappen übersprungen werden, erklärt François Bussière mit gewissen „impératifs romanesques"[504], so z.B. das Interesse Jules Vernes, seine Leser nicht zu langweilen. Dennoch finden sich in den Romanen recht realistische Testphasen, wie z.B. eine Art Probeflug, den eine Katze gemeinsam mit einem Eichhörnchen absolviert[505], und eine Art Astronautentraining, bei dem eine Person (ähnlich wie in Alexandre Cathelineaus Roman auch) längere Zeit im *obus* verbringt, um zu beweisen, dass ein solcher Aufenthalt in der künstlichen Atmosphäre kein Problem darstellt. Als weitere überraschende Berührungspunkte führt François Bussière an, dass sowohl bei Jules Verne, als auch beim Apollo-Mondlandeprogramm die Startpunkte der Expeditionen jeweils in Florida gelegen haben. Deutlich gilt es hierbei allerdings anzumerken, dass Jules Verne die wahren Vorteile dieses Ortes nicht erkannt hat: Sind alle realen Weltraumprojekte stets darum bemüht, ihre Raketen möglichst nahe am Äquator zu starten, um dadurch nur – von einer möglichst große Zentrifugalkraft profitierend – gegen eine minimale Schwerkraft ankämpfen zu müssen, kommen in *De la Terre à la Lune* andere Argumente zum Tragen. Hier schlägt das Observatorium in Cambridge vor, das geplante Projektil senkrecht in die Luft zu schießen, und zwar so, dass sich der Mond eine gewisse Zeit später genau im Perigäum (also in maximaler Erdnähe) und gleichzeitig im Zenith (also senkrecht über

---

[500] F. Bussière (1969), S. 226.

[501] F. Bussière (1969), S. 225.

[502] F. Bussière (1969), S. 226.

[503] F. Bussière (1969), S. 228.

[504] F. Bussière (1969), S. 226.

[505] Auch in der echten Raumfahrt wurden am Anfang Testflüge mit Tieren durchgeführt, um die Auswirkungen der Schwerelosigkeit auf Lebewesen zu erforschen.

dem Erdboden) befindet[506]. Das Argument der Erdrotation kommt in diesem Roman also nicht zum Tragen, vielmehr muss sich die Abschussstelle an einem Ort befinden, an dem der Mond überhaupt in den Zenith steigt, was auf der Erde zwischen dem Äquator um dem 28. Grad nördlicher und südlicher Breite der Fall ist[507]. Die wahre Leistung Jules Vernes liegt also vielmehr darin, den modernen Begriff des „Startfensters" sehr deutlich antizipiert zu haben: Können alle Reisenden vor ihm jederzeit auf ihre Reise zu den Planeten gehen, so ist den Protagonisten in *De la Terre à la Lune* durchaus bewusst, dass eine solche Reise nur zu bestimmten Zeitpunkten möglich ist[508]. Auffälligerweise hat Jules Vernes Fiktion mit der Realität des 20. Jahrhunderts aber auch die Endpunkte der Reisen – nämlich die Wasserung im Pazifik (siehe Abbildung S. 276) – gemeinsam, was in gewisser Weise logisch ist, denn sowohl der Nasa in der Realität, als auch dem Autor in der Fiktion, erschien ein Sturz in ein – möglichst großes – Gewässer am sichersten zu sein.

Was andere Punkte betrifft, so schlägt François Bussière vor, nicht von einem „„génie anticipateur'"[509] des Autors, sondern eher von einer „coïncidence"[510] zu sprechen, deren Grund er zum einen sieht in einem „souci vernien très général, non du vrai, mais du vraisemblable"[511], welcher dazu beiträgt, dass Jules Verne einige wichtige Probleme der Weltraumfahrt behandelt hat. Ein Beispiel für solch eine *coïncidence* sieht François Bussière in der Tatsache, dass sich in *De la Terre à la Lune*, genauso wie bei den späteren Apollo-Flügen auch, genau drei Reisende auf den Weg zum Mond machen: War diese Anzahl bei dem realen Weltraumprojekt allerdings Ergebnis eines sachlichen Kalküls, so ergibt sie

---

[506]   Auf das einmal abgeschossene Objekt kann kein Einfluss mehr genommen werden; interessanterweise beschreibt Jules Verne genau, wie die Anziehungskraft des Mondes im Verlauf der Reise im Vergleich zur Anziehungskraft der Erde immer relevanter wird; der Autor geht hierbei allerdings fast von einer linearen Annordnung aus und übersieht – mit Sicherheit bewusst, um seinen Roman schreiben zu können! – die seitlichen Ablenkungen, die das *obus* auf seinem Flug erfahren würde. Überraschenderweise wird aber die – für die reale Raumfahrt so relevante – Erdrotation erwähnt, wenn auch nicht weiter konkret berücksichtigt (J. Verne (1966, b), S. 50.).

[507]   Die nun noch zu treffende Entscheidung zwischen Texas und Florida sorgt im Folgenden für eine satirische Darstellung der Vereinigten Staaten (J. Verne (1966, b), S. 133ff.).

[508]   J. Verne (1966, b), S. 44ff.

[509]   F. Bussière (1969), S. 229.

[510]   F. Bussière (1969), S. 229.

[511]   F. Bussière (1969), S. 229.

sich bei Jules Verne schlichtweg aus einer Vorliebe des Autors für diese Figurenkonstellation (auch in den berühmten Romanen *Cinq semaines en ballon* und *Le voyage au Centre de la Terre* gehen jeweils drei Männer auf die Reise)[512]. Vor diesem Hintergrund ist es dann auch nicht weiter überraschend, dass Jules Verne auch die Größe des zu verwendenden Raumschiffs in etwa realistisch angibt, und so weist François Bussière abschließend auf erstaunliche Ähnlichkeiten, aber auch auf frappierende Unterschiede zwischen dem antizipierten *boulet* und der real verwendeten Apollo-Kapsel hin (siehe Anhang 12.1.2 und Anhang 12.1.3).

Schließlich gilt es noch eine gewisse „ ‚anticipation humaine' "[513] nicht zu vergessen, auf die François Bussière aufmerksam macht, so verweist er auf die folgenden Ähnlichkeiten der Romanfiguren mit den Astronauten des 20. Jahrhunderts:

> „leur courage, leur confiance, leurs légitimes appréhensions – les fétiches qu'ils emportent; leur dévorante curiosité vis-à-vis de cette Lune pour la première fois contemplée, et leur amour pour cette Terre d'autant plus précieuse qu'elle leur est plus lointaine; leurs pensées humanitaires et parfois religieuses, comme leurs plaisanteries, leurs jeux – voire leurs petits ridicules: tout cela a été *préfiguré dans ‚Autour de la Lune* '"[514].

Darüber hinaus gilt es auch den großen Jubel in den Vereinigten Staaten, das Selbstbild der Reisenden als „ ‚représentants de la Terre' "[515] und andere Punkte nicht zu vergessen, die François Bussière dazu führen, auch noch den Begriff der „anticipation psychologique et sociologique"[516] anzubringen; beispielsweise merkt der Erzähler des Romans direkt nach dem Bekanntwerden des Mondprojekts an, dass die Amerikaner ihre Flagge auf dem Mond hissen wollen, wie es ja auch in der Wirklichkeit geschehen ist:

> „Quant aux Yankees, ils n'eurent plus d'autre ambition que de prendre possession de ce nouveau continent des airs et d'arborer à son plus haut sommet le pavillon étoilé des États-Unis d'Amérique"[517].

Im Vorangehenden ist somit also deutlich geworden, dass Jules Verne im Vergleich zu den anderen Schriftstellern die realistischsten Reisevorbereitungen geschildert hat. Seine Mondkanone *Columbiad* wurde somit zu

---

512   F. Bussière (1969), S. 229.
513   F. Bussière (1969), S. 234.
514   F. Bussière (1969), S. 234.
515   F. Bussière (1969), S. 234.
516   F. Bussière (1969), S. 239.
517   J. Verne (1966, b), S. 75.

einem gewissen Garant für Authentizität, den sich z.B. Alexandre de Lamothe und Pierre de Sélènes nicht entgehen ließen, indem sie in ihren Romanen die Erfindungen Jules Vernes erneut verwendeten. Auf diese interessante Tatsache wird in Kapitel 10 im Hinblick auf die Intertextualität noch ausführlich zurückzukommen sein.

7.7.2 Unterschiedliche Schilderungen der Reise an sich

Im Vorangehenden ist deutlich geworden, wie unterschiedlich die Reisevorbereitungen in den einzelnen Werken ausfallen, es verwundert daher nicht, dass auch bei der Schilderung der Reise an sich viele unterschiedliche Grade an Ausführlichkeit zu beobachten sind, was ebenfalls im Hinblick auf die Authentizität des Geschilderten von Bedeutung ist. Zunächst einmal sind hierbei Werke zu nennen, in denen die Reise recht märchenhaft beschrieben wird, was einem gewissen Verzicht auf einen Realitätsanspruch gleichkommt. In dem 1864 erschienenen Roman *Voyages dans les planètes et découverte des véritables destinées de l'homme* von G. Descottes finden die mit Hilfe der engelähnlichen Gestalt Révélaël vollbrachten Reisen stets in einer extrem kurzen Zeit oder gar „À l'instant"[518] statt und werden nicht im Detail beschrieben (siehe Kapitel 4.1); bereits der erwähnte vollständige Titel dieses Werkes lässt aber erahnen, dass der eigentliche Schwerpunkt dieses Romans auch auf einem eher moralischen Gebiet liegt (siehe Kapitel 9). Ähnliches gilt z.B. auch für die 1808 erschienen *Voyages d'Hyperbolus dans les planètes* von André-Jacques Cofin-Rony: In Kapitel 4.1 ist diesbezüglich bereits erwähnt worden, auf welche Art und Weise der Geist Oromaze die Protagonisten von der Erde quasi wie nebenbei mit auf eine Reise zu den Planeten nimmt[519].

Haben alle diese Erzählungen die zeitliche Kürze der Reise gemeinsam, so gibt es natürlich andere Werke, in denen der Weg zu einem anderen Himmelskörper, zumindest was die Dauer der Reise anbelangt, realistischer dargestellt wird, weil er einige Zeit in Anspruch nimmt. Genauso symbolisch wie die fünfzehn Tage und Nächte, die der Reisende in Jacques Boucher de Perthes Erzählung *Mazular* von 1832 unterwegs ist, wirken hierbei auch die zwölf Tage, die der Protagonist Domingo Gonsales in Francis Godwins Monderzählung von 1638 bis zu seinem Reiseziel benötigt. Berichtet der Reisende hier zwar auch von „illusions

---

[518]   G. Descottes (1864), S. 138.

[519]   In diesem Zusammenhang sind u.a. auch noch die Werke von Paracelse, C.J. Rougemaitre und Marie-Anne Robert von Bedeutung; auf die märchenhafte Schilderung dieser Reisen wurde aber bereits in Kapitel 4.1 ausführlich eingegangen.

of Devils and wicked spirits"[520], welche ihm unterwegs erscheinen, so beschreibt er doch für das 17. Jahrhundert recht realistisch, welche Anblicke ihm die Erde bietet.

Die 24 Stunden Reisezeit von der Erde bis zum Mond in der 1784 anonym erschienenen *Histoire intéressante d'un nouveau voyage à la lune* mögen zwar noch recht kurz erscheinen, die Reise an sich wird hier aber äußerst realistisch beschrieben, wobei auf viele Details Wert gelegt wird. In seinem Reisebericht schreibt der Protagonist so z.B.: „depuis plus de six heures, la terre nous était devenue invisible"[521] oder er berichtet von einer „raréfaction de l'air atmosphérique dans ces parties élévées"[522]. Ein weiterer ausführlicher Reisebericht ließ allerdings mit Edgar Allan Poes Monderzählung *The Unparalleled Adventure of One Hans Pfaal* bis zum Jahr 1835 auf sich warten: Hier geben minutengenaue Informationen über den Verlauf der Reise dem Leser das Gefühl, selbst unterwegs zu sein. Mit Angaben wie „At twenty minutes past six o'clock"[523] oder „At twenty minutes before seven"[524] greift der Autor allein vom ersten Reisetag elf Zeitpunkte konkret heraus, um von dem Verlauf der Dinge Bericht zu erstatten; hierbei beschreibt er u.a. auch den Blick auf die Erde, so z.B.:

> „The view of the earth, at this period of my ascension, was beautiful indeed. [...] At a vast distance to the eastward, although perfectly discernible, extended the islands of Great Britain, the entire Atlantic coasts of France and Spain [...]. Of individual edifices not a trace could be discovered, and the proudest cities of mankind had utterly faded away from the face of the earth"[525].

Nach dieser recht ausführlichen Beschreibung des ersten Tages geht der Bericht des Protagonisten in eine Art Tagebuch über, in dem jeder der insgesamt zwanzig Reisetage zum Mond einzeln erwähnt ist.

In der Folgezeit finden sich dann ähnliche Erzählelemente auch bei anderen Autoren: War in Alexandre Cathelineaus Roman *Voyage à la Lune* von 1865 ja schon der Schilderung der Reisevorbereitungen ein breiter Platz eingeräumt worden, so verwundert es nicht, dass auch der Flug zum Mond auf insgesamt 56 Seiten mit vielen Details beschrieben wird. Die dem Roman zugrunde liegende Herausgeberfiktion kommt hierbei in einer Art *mise en abîme* erneut zum Tragen, indem die Beschreibung

---

520 D. Gonsales (1972), S. 48.

521 Anonym (1784), S. 7.

522 Anonym (1784), S. 8.

523 E. A. Poe (1990), S. 569.

524 E. A. Poe (1990), S. 569.

525 E. A. Poe (1990), S. 571.

der eigentlichen Reise als ein *Journal de voyage* (so die Überschrift zu Kapitel XIII) präsentiert wird, wobei eingangs explizit auf die Aufgabenverteilung der beiden Protagonisten eingegangen wird: „Il avait été convenu qu'à Geister incomberait surtout la direction de la machine; j'entrepris donc la tâche d'histographe et je commençai le journal au deuxième jour"[526], worauf im Folgenden Tag für Tag die Ereignisse der 28tägigen Reise erzählt werden. Der erste Tag ist dahingegen noch kein Bestandteil des Tagebuchs, wird aber auch durch Zeitangaben wie „Vers trois heures"[527] oder „Le soir, à huit heures"[528] in seinem Verlauf genau dargestellt. Auffallend ist also, wie völlig gleich die Zeit in den Werken von Edgar Allan Poe und Alexandre Cathelineau beschrieben wird: Der erste Tag wird genau in seinem Verlauf mit präzisen Zeitangaben geschildert, danach folgt ein Tagebuch (siehe Kapitel 10 zum Thema der Intertextualität). Genauso ähnlich sind sich auch die Beschreibungen der Erde, so heißt es bei Cathelineau:

> „On voyait distinctement les côtes du continent Européen et celles de l'Afrique Septentrionale se détachant sur la mer, le Rhin qui sépare la France de l'Allemagne, les Alpes, les Apennins, et les Carpathes"[529].

Die mit Abstand am ausführlichsten geschildertste Reise findet sich aber wieder bei Jules Verne: Trug bereits der 1865 erschienene erste Teil der Mondtrilogie *De la Terre à la Lune* den Untertitel *Trajet direct en 97 heures 20 minutes* - wobei allein schon diese genaue Angabe der geplanten Reisedauer deutlich macht, wie sehr der technische Aspekt des Unternehmens im Vordergrund steht - so ist der gesamte zweite Teil - im Jahre 1869 unter dem Titel *Autour de la Lune* erschienen - der Beschreibung des Fluges gewidmet. Da ein Asteroid die Bahn des Geschosses verfälscht hatte, ist der dreiköpfigen Besatzung des *obus* allerdings eine Landung auf dem Mond nicht vergönnt, und dieser Himmelskörper kann lediglich umflogen werden. Die Reise ist hierbei allerdings, im Gegensatz zu den beiden zuletzt genannten Werken, nicht in Tagebuchform verfasst, und die Hauptintention der Erzählung scheint in der Vermittlung von Wissen zu liegen, wie in Kapitel 8 ersichtlich werden wird.

---

[526]   A. Cathelineau (1865), S. 127.

[527]   A. Cathelineau (1865), S. 121.

[528]   A. Cathelineau (1865), S. 124.

[529]   A. Cathelineau (1865), S. 132.

7.8 Fazit

Das in diesem Kapitel behandelte, komplexe Thema der Authentizität ist mit Sicherheit nicht so leicht zu strukturieren, wie beispielsweise die Thematik unterschiedlicher Reisemittel in Kapitel 4. Anhand einiger häufig auftretender Elemente wurde hier allerdings der Versuch einer gewissen Binnengliederung unternommen, wobei anzumerken bleibt, dass viele Autoren überhaupt keinen expliziten Bezug auf den Wahrheitsanspruch des Erzählten nehmen. Dies gilt z.b. für die märchenhafte *Voyage dans la nouvelle planète* von 1808, aber auch für die heiteren Bühnenstücke, wie z.b. die *Voyage dans la Lune* (1875) von E. Leterrier, A. Mortier und A. Vanloo, den *Nouveau Bonardin* (1842) von Félix Leroy oder den *Habitant de la lune* (1836) von A. Lefranc und E. Chauffer. Hier überall scheint die humoristische Art der Werke implizit dafür zu sorgen, dass ein inhaltlicher Realitätsanspruch der Werke erst gar nicht erhoben wird.

Im Hinblick auf die Authentizität sind aber auch einige literarische Erzählverfahren von Bedeutung, wobei zunächst einmal unterschiedliche Erzählperspektiven Beachtung verdienen. Mit Sicherheit ist es fraglich, inwiefern die Leser im 19. Jahrhundert beim Vorliegen einer Herausgeberfiktion wirklich glaubten, einen real existierenden und lediglich editierten Text in den Händen zu halten; umso erstaunlicher ist es, wie viele verschiedene Varianten dieses Erzählprinzips sich die Autoren haben einfallen lassen. Liegen den *Posthumes* (1802) von Nicolas-Edme Réstif de la Bretonne und der *Retour de mon pauvre oncle* (1784) von Jacques-Antoine Dulaure noch die klassische Herausgeberfiktion der Aufklärung zugrunde, so greift Henri de Parville in seinem Roman *Un habitant de la planète Mars* (1865) die Tradition des Briefromans auf und erzählt das Geschehene in Briefen, die er vermeintlich herausgibt. Andere vergleichbare Prinzipien ergeben sich unmittelbar aus der Thematik der interplanetarischen Reisen selbst, so z.b. der Botendienst des Mondbewohners, welcher in Edgar Allan Poes Erzählung (1835) den Reisebericht des Protagonisten Hans Pfaal auf die Erde bringt, oder das beliebte Motiv des durch eine Kanone oder einen Vulkan auf die Erde geschossenen Manuskripts. Letzteres Motiv findet sich z.B. in Charlemagne-Ischir Defontenays Roman *Star ou psi de Cassiopée* (1854), in Alexandre Cathelineaus Roman *Voyage à la Lune* (1865), in Henri de Graffignys *De la Terre aux étoiles* (1882-1883) und zu Beginn des 20. Jahrhunderts auch in dem Roman *Auf dem Silbermond* (1903) des Polen Jerzy Zulawski. Aber auch das Gespräch, in welchem eine Reise berichtet wird, bietet interessante Erzählmöglichkeiten; hierbei finden sich z.b. Dialoge in Reimform, wie die 1844 anonym erschienene *Voyage dans la Lune, dialogue en vers français*; eine vermeintliche Reise kann aber auch bei einem Gespräch in einer Kneipe berichtet werden, wie beispielsweise in Achille Eyrauds Roman

Voyage à Vénus (1865). Diese rahmenschaffende Gesprächssituation findet ihre prägnanteste Realisierung allerdings in der Novelle *L'homme de Mars* (1887-1888) von Guy de Maupassant: Wie in vielen der Novellen dieses Autors üblich, wird die eigentliche Binnenhandlung dem Leser hier durch eine erzählende Person vermittelt.

In der erwähnten Novelle Maupassants ist der letzte Satz von besonderer Bedeutung, bringt doch hier der Ich-Erzähler zum Ausdruck, dass er seinem Gegenüber und der von ihm erzählten Gegebenheit mehr Glauben schenkt, als man denken mag. Auch in vielen anderen Werken ist das Ende des Textes (und dabei oft auch insbesondere der letzte Satz) von besonderer Bedeutung; im Gegensatz zur Novelle Maupassants wird hier allerdings in der Regel der Wahrheitsanspruch des Erzählten gemindert. In vielen Werken, deutliche Beispiele hierfür sind z.B. die Romane *Les Robinsons lunaires* (1893) von Georges le Faure und die *Aventures d'un aéronaute parisien* (1854) von Alfred Driou, geschieht dies z.B. dadurch, dass der Protagonist der Erzählung am Ende erwacht und somit die erzählte Binnenhandlung als Traum entlarvt wird. In einem gewissen Sinne stellt somit der Schluss einer Erzählung häufig eine Pointe dar, die für den mit dieser Art von Literatur vertrauten Leser auch zu einer gewissen Erwartung wird. In dem Roman *Voyage à Sirius* (1870) von Paracelse werden diesbezüglich bestimmte deutliche „Schlüsselelemente" gegeben, so z.B. die nächtliche Fahrt in einem Eisenbahnwagon; indem aber das eigentlich nun vom Leser zum Ende hin erwartete Aufwachen des Erzählers ausbleibt, kokettiert der Autor geschickt mit der besagten Lesererwartung. Auch in anderen unklaren Situationen, so z.B. in der *Voyage dans le soleil* (1838-1840) von Pierre Boitard oder in dem Roman *Quinze mois dans la Lune* (1883) von Alexandre de Lamothe, nimmt das Ende des Textes deutlich auf den Authentizitätsanspruch des Erzählten Bezug, wobei jedoch eine eindeutige Interpretation der angesprochenen Punkte nicht möglich ist; die individuelle Haltung gegenüber dieser Fiktion bleibt also letztendlich dem Leser überlassen. Dieses Phänomen deckt sich auch gut mit der Tatsache, dass durchaus innerhalb eines einzelnen Textes authentizitätssteigernde und authentizitätsmindernde Elemente vorzufinden sind: In Henri de Parvilles Roman *Un habitant de la planète Mars* (1865) beispielsweise erwecken referierte Briefe zunächst einmal den Eindruck einer authentisierenden Herausgeberfiktion, bevor eine, mit dem markanten Datum des ersten April versehene *Postface* am Ende aufdeckt, dass der Empfänger sich diese Briefe selbst geschrieben hat. Die unterschiedliche chronologische Reihenfolge ist in Charles Guyons Roman *Voyage dans la planète Vénus* (188) zu beobachten: Hier befreien häufig vorkommende Schlüsselbegriffe wie *hallucination*, *merveilleux* oder *rêve* das Erzählte zu Beginn von einem gewissen Wahrheitsanspruch, bevor am Ende des Romans bekannt wird, dass die geschilderte Handlung einem zusammen mit den Heimreisenden auf die Erde gekommenen Tagebuch entnommen ist.

Aber auch die Beschaffenheit und die Beschreibung der Himmelskörper ist von zentraler Bedeutung, was die Authentizität betrifft: Gingen bis zur Mitte des 19. Jahrhunderts Reisen grundsätzlich zu Planeten als bewohnten Welten, so beginnen die Protagonisten des späten 19. Jahrhunderts immer mehr damit, zunächst einmal Planeten als physikalische Himmelskörper zum Ziel zu haben, man denke hierbei nur an die unbewohnte Mondwüste, die eindrucksvoll in Jerzy Zulawskis Roman *Auf dem Silbermond* (1903) beschrieben wird oder an den ähnlich kalten Mond in Thea von Harbous 1928 erschienenem Roman *Frau im Mond*. Als Vorreiter dieser recht realistischen Mondbilder kann eventuell Jules Verne gelten, und so machen Liliane Durand-Dessert und René Guise darauf aufmerksam, dass der Autor ein eher pessimistisches Bild malt, was die Erreichbarkeit und die Bewohnbarkeit des Mondes betrifft[530]. Sie beziehen sich hierbei darauf, dass zum einen die geplante Landung auf dem Mond erst gar nicht stattfindet, und dass sich, zum anderen, selbst der ansonsten so sorglose Michel Ardan nachdenklich zeigt, als er auf das Fehlen einer Mondatmosphäre angesprochen wird: „Ardan redressa sa fauve crinière; il comprit que la lutte allait s'engager avec cet homme [= Kapitän Nicholl] sur le vif de la question"[531]. Darüber hinaus stechen Jules Vernes Romane wie gesehen auch durch eine äußerst realistische Schilderung der Reise und vor allem auch der Reisevorbereitungen hervor, was gerade zu der Zeit des amerikanischen Apollo-Mondlandeprogramms für eine regelrechte Flut an Artikeln über Jules Vernes Mondromane gesorgt hat (siehe Bibliographie, Kapitel 12.2.4).

Nicht zu vergessen gilt es abschließend aber auch, dass die von den Autoren auf den einzelnen Planeten beschriebenen Welten aufgrund ihrer Unerreichbarkeit „sicher" vor Nachprüfungen seitens der Leser sind; eine Tatsache, mit der auch einige Autoren bewusst kokettieren. In der 1840 von P.- F. Mathieu veröffentlichten *Voyage dans la lune* beispielsweise fordert der Protagonist den ungläubigen Leser explizit dazu auf, seine Erzählungen vor Ort, also auf dem Mond, zu überprüfen: „s'il vous reste un peu d'incertitude / Sur quelque point, lecteurs, allez-y voir"[532]; eine Anmerkung, die auch der erzählende *Parisien* in den *Aventures de Robert-Robert* von Louis Desnoyers macht: „Si vous ne me croyez pas, allez-y voir [...]. Mais ne dites pas que c'est un conte"[533]. Über diese „Sicherheit"

---

530   L. Durand-Dessert; R. Guise (1978), S. 31.

531   J. Verne (1966, b), S. 251.

532   P.–F. Mathieu (1840), S. 8.

533   L. Desnoyers (1839), Bd. II, S. 205.

der Schilderungen durch die räumliche Distanz ist sich auch die Madame De Chazu in Nicolas-Edme Réstif de la Bretonnes *Posthumes* (1802) im Klaren, die die Ausführungen des Duc-Multipliandre folgendermaßen kommentiert: „Il ne risque rién [sic]: Personne ne pourra le démentir"[534].

---

[534]   N.–E. Réstif de la Bretonne (1988), S. 196.

8 Vulgarisation von Wissen

Im Jahre 1863 gelang Jules Verne mit seinem Roman *Cinq semaines en ballon* der schriftstellerische Durchbruch; maßgeblich beteiligt hieran war Vernes Verleger Pierre-Jules Hetzel (1814-1886), der sich auf „allgemeinverständlich geschriebene Wissenschaftsliteratur"[535] spezialisiert hatte. Bezüglich des Inhalts von Vernes Romanen merkt Volker Dehs an, dass diese „geradezu idealtypisch"[536] in Hetzels Verlagsprogramm passten. So engagierte dann auch der Verleger den Schriftsteller für sein *Magasin d'Éducation et de Récréation*, das erzählende Texte und wissenschaftliche Themen zusammenbrachte. Dort heißt es im Vorwort zur ersten Ausgabe:

> „Es geht darum, [...] eine Familienbildung im wahren Sinne des Wortes zu schaffen, eine gleichermaßen seriöse und reizvolle Fortbildung, die den Eltern gefällt und den Kindern Nutzen bringt. Erziehung und Erholung – das sind in unserer Sicht zwei Begriffe, die einander entsprechen. Das Lehrreiche soll in einer Form auftreten, die Interesse weckt: Sonst schreckt es ab und wird verleidet; dagegen soll das Vergnügen eine moralische Wahrheit bergen, also nützlich sein; sonst wäre es leichtfertig und leerte die Köpfe, anstatt sie zu bereichern"[537].

Diesbezüglich weist Volker Dehs auch auf einen Brief von Jules Verne an den *lieutenant-colonel* Hennebert hin[538], in dem es heißt:

> „La partie intéressante d'un roman est toujours dans *l'action* , ne l'oubliez pas, dans la description animée, jamais dans les explications, quelque savantes qu'elles soient. [...] [L]e lecteur – j'entends la masse des lecteurs de roman – ne demande pas à être instruit, mais à être amusé. Quand on veut l'instruire, que ce soit sans en avoir l'air, et que l'instruction se glisse dans l'action même, ou le but est manqué. Enfin écrivez pour le lecteur, *non pour vous*, là est le secret du succès"[539].

Wie man sieht hatten Verne und Hetzel recht ähnliche Vorstellungen davon, was wissenschaftliche Literatur leisten soll. Somit wurde der

---

[535] V. Dehs (1993), S. 50.

[536] V. Dehs (1993), S. 50.

[537] Vorwort zu: *Magasin d'Éducation et de Récréation*, Nr. 1, März 1864, S. 1. Zitiert nach: V. Dehs (1993), S. 53. N.B.: Es ist nicht angegeben, wer diesen Text ins Deutsche übersetzt hat. Diese Übersetzung stammt vermutlich von Volker Dehs selbst.

[538] V. Dehs (1993), S. 53.

[539] Jules Verne in einem Brief an *lieutnant-colonel* Hennebert vom 24.6.1880. Zitiert nach: A. Bottin (1971), S. 40.

Autor in der Folgezeit auch für das regelmäßige Verfassen der *Voyages extraordinaires*, zu denen u.a. auch *De la Terre à la Lune* (1865) und *Autour de la Lune* (1869) gehören, unter Vertrag genommen. Wie wichtig dabei dem Autor die Vermittlung von Wissen gewesen ist, beweist – natürlich neben den Romanen an sich - auch Jules Vernes Kartei mit wissenschaftlichen Exzerpten, welche in den neunziger Jahren des 19. Jahrhunderts über 20.000 Notizen umfasste[540]. Auf die Wissensvermittlung in den Romanen des Autors haben viele Kritiker hingewiesen, so berichtet beispielsweise Philippe Burgaud von einer wissenschaftlichen Bibliothek des Autors[541] und Daniel Compère bezeichnet diesbezüglich die durch wissenschaftliche Verweise in den Romanen des Autors gegebenen Informationen als „amalgamées au texte vernien"[542].

Doch auch in vielen anderen der hier untersuchten Werke findet sich eine gewisse Vulgarisation von Wissen, was im Folgenden untersucht werden soll. Dabei wird die Frage nach der Art und Weise der Wissensvermittlung im Vordergrund stehen; deren physikalische und astronomische Inhalte - schon in den Kapiteln 4 und 5 angesprochen - sind hierbei nur von bedingtem Interesse. Martin Schwonke bezeichnet beispielsweise bereits Fontenelles 1686 erschienene *Entretiens sur la pluralité des mondes* als „'Bestseller' populärwissenschaftlicher Literatur"[543] und gibt damit einer in der Sekundärliteratur weit verbreiteten Ansicht Ausdruck; in Wirklichkeit ist es jedoch fraglich, ob Schwonke mit dieser Bezeichnung der Schreibabsicht des Autors gerecht wird, schreibt doch dieser ausdrücklich: „Contentons-nous d'être une petite troupe choisie qui les [= les habitants de la Lune] croyons, et ne divulgons pas nos mystères dans le peuple"[544]. Unbestritten ist allerdings auch die Tatsache, dass sich Fontenelles Werk seit seinem Erscheinen durch die Jahrhunderte hinweg und bis zum heutigen Tag großer Beliebtheit erfreut hat[545]; besonders interessant ist in diesem Zusammenhang eine im 19. Jahrhundert erschienene, erweiterte Ausgabe des Werkes, welche – im Jahre 1859 von einem Abbé Orse veröffentlicht - den Untertitel trägt: *Edition revue et augmentée [...] de nouveaux Entretiens sur le même sujet*. Hierbei handelt es sich um eine vollständige Ausgabe der *Entretiens* von Fontenelle, welche aber neben einer *Préface* auch noch um zwei weitere, von Abbé Orse ver-

540   V. Dehs (1993), S. 51f.

541   P. Burgaud (1996), S. 129-135.

542   D. Compère (1996), S. 145.

543   M. Schwonke (1957), S. 8.

544   B. de Fontenelle (1998), S. 160; vgl. hierzu auch die Anmerkungen von Christoph Martin in: B. de Fontenelle (1998), S. 23ff.

545   Die für die vorliegende Arbeit benutzte, didaktisch hervorragend gestaltete Schulausgabe (GF, 1024) ist ein Indiz hierfür.

fasste *Entretiens* erweitert ist, in denen dieser den aktuellen astronomischen Kenntnisstand des 19. Jahrhunderts referiert. Genauso wie in diesem Werk, wird auch in vielen anderen Texten der Zeit ein deutlicher Einfluss des französischen Astronomen Camille Flammarions deutlich, dessen 1862 erschienene *La Pluralité des mondes habités, étude où l'on expose les conditions d'habitabilité des terres célestes* nicht nur vom Titel her, sondern auch von den Thesen her an Fontenelles Schrift von 1686 erinnert.

Gliederungspunkte für dieses Kapitel sollen verschiedene literarische Verfahren sein, durch die die Autoren ihren Lesern ein gewisses Maß an Wissen vermitteln, wie z.B. ein retardierendes Moment ohne Handlungsbezug, Fußnoten oder in den Text eingeflochten Grafiken und Abbildungen. Sind diese Methoden noch recht einfache Wege, Wissen zu vermitteln, so bietet das Gespräch zwischen verschiedenen Personen der Handlung hierzu bereits ein bedeutend breiter gefächertes Spektrum an Möglichkeiten.

Nach den einleitenden Bemerkungen über Jules Verne gilt es aber auch deutlich festzustellen, dass viele der im Rahmen dieser Arbeit behandelten Werke dem Leser kein Wissen vermitteln; dies gilt z.B. für die märchenhaft gehaltene, im Jahre 1808 anonym veröffentlichte *Voyage dans la nouvelle planète*, die märchenhafte Erzählung *Mazular* (1832) des Boucher de Perthes oder die lustigen Reiseerlebnisse des *Habitant de la Lune* (1868), mit denen Alfred Gourdet seine Leser einmal pro Woche erfreuen wollte. Auch in den heiteren Operetten *Le nouveau Bonardin* (1842) von Félix Leroy und der *Voyage dans la Lune* (1875) von E. Leterrier, A. Mortier und A. Vanloo (1875) findet eine Vulgarisation wissenschaftlicher Fakten genauso wenig statt, wie in der heiteren „Neuauflage" des rasenden Roland durch C.-J. Rougemaitre aus dem Jahre 1819. All dies ist aufgrund des humorvollen Tenors dieser erwähnten Werke nicht überraschend, doch auch in dem in Kapitel 7 als auf hohe Authentizität bedacht erkannten Roman *Voyage dans la Lune* (1865) von Alexandre Cathelineau fehlt eine Vulgarisation von Wissen genauso wie in Charlemagne-Ischir Defontenays Roman *Star ou psi de Cassiopée* (1854), in dem die Handlung in einer deutlich unphysikalischen Welt spielt.

8.1 Retardierendes Moment ohne Handlungsbezug

Für eine gewisse Wissensvermittlung in Charles Guyons Roman *Voyage dans la planète Vénus* von 1888 sorgt der Mitreisende Samuel Dixton, der Wissenschaftler ist; kurz nach der Landung der drei Protagonisten an ihrem unfreiwilligen Reiseziel schaltet sich aber ein bis dahin unbekannter, in der nous-Form sprechender Erzähler ein und nimmt damit das Vorhandensein eines nun angeblich veröffentlichten Reisetagebuches vorweg, indem er schreibt: „Nous croyons devoir compléter par quelques détails les enseignements donnés par Samuel Dixton"[546]. Was folgt ist ein mit *Chapitre III, Un peu d'astronomie* überschriebenes nicht handlungsrelevantes Kapitel, das den Forschungsstand der Astronomen des späten 19. Jahrhunderts bezüglich der Venus resümiert (siehe auch Kapitel 5.2)[547]. Etwas Ähnliches findet sich auch in Pierre de Sélènes 1886 erschienenem Roman *Un monde inconnu, deux ans sur la Lune*: An einer sehr spannenden Stelle der Handlung – die auf dem Mond angekommenen Reisenden von der Erde stellen gerade mit Entsetzen fest, dass ihre Raumkapsel verschwunden ist – wird in einem nicht handlungsrelevanten *Chapitre X, Une humanité qui ne veut pas périr* auf wissenschaftlicher Ebene die Entwicklung des Mondes im Laufe der Zeit geschildert und erzählt, wie sich die Menschheit auf diesem sterbenden Planeten in die lebensfreundlicheren Höhlen im Mondinneren zurückgezogen hat. Im nächsten Kapitel wird die Handlung wieder aufgegriffen, als die Protagonisten schon längst Bekanntschaft mit den Bewohnern des Mondes geschlossen haben; das eingeschobene wissenschaftliche Kapitel deckt also eine gewisse erzählte Zeit ab.

Nicht immer aber sind es ganze Kapitel, die ein retardierendes Moment ohne Handlungsbezug darstellen, auch längere Aufzählungen können eine ähnliche Rolle übernehmen. Deutlich an ein jugendliches Publikum (siehe Kapitel 8.6) wendet sich beispielsweise Alfred Driou in seinem 1856 erschienenen Roman *Aventures d'un aéronaute parisien*. Wie lange z.T in den Text eingeflochtene, belehrende Aufzählungen sein können, belegt auf eindrucksvolle Weise das folgende Zitat aus diesem Roman, in dem der Reisende erzählt:

> „Je retrouvai toutes nos constellations connues et aimées. Les constellations zodiacales d'abord, le Bélier, le Taureau, les Gémaux, l'Écrevisse, le Lion, la Vierge, alors visibles, et la Balance, le Scorpion, le Sagittaire, le Capricorne, le Verseau, les Poissons, cachés en ce moment sous l'horizon. Puis ce fut la grande Ourse, le Dragon, la Lyre, Cassiopée, la Chevelure de Bérémée, la Couronne, le Dauphin, Antinoüs, andromède, Orion, le Triangle,

---

546   C. Guyon (1888), S. 51.

547   C. Guyon (1888), S. 51-55. Eine ähnlich Unterbrechung findet sich auch in der 1865 veröffentlichten *Prodigieuse découverte* von X. Nagrien: Nachdem das erste Kapitel bereits implizit – in der Er-Form – von einem fliegenden Protagonisten berichtet hat, geben die mit dem Begriff *Paranthèse* überschriebenen drei folgenden Kapitel – in der Ich-Form geschrieben – eine Erklärung der auf dem Prinzip der Antigravitation beruhenden Erfindung der Hauptperson des Romans. Diese Erklärungen lassen sich aber nur bedingt als Vulgarisation bezeichnen, da sie eine reine Fiktion referieren; die anderen in diesem Zusammenhang besagten Romane referieren authentische, astronomische Tatsachen.

toutes nos belles constellations boréales, qui se montrèrent à moi"[548].

Neben den verschiedenen Sternbildern stellen auch die verschiedenen auf dem Mond sichtbaren Gebiete einen beliebten Inhalt für Aufzählungen dar; in Jules Vernes 1869 erschienenem zweiten Teil der Mondtrilogie nutzen die drei Protagonisten die lange Zeit der Reise, um über den Mond zu sprechen. Innerhalb eines gänzlich der Beschreibung der Mondoberfläche gewidmeten Kapitels findet sich dann auf insgesamt fünf Seiten[549] eine Aufzählung der verschiedenen Mondmeere[550] und anderer Oberflächenelemente. Ähnliche Mondbeschreibungen finden sich aber auch in vielen anderen der hier behandelten Werke; als ein weiteres Beispiel hierfür sei konkret lediglich der Roman *Voyage à Sirius* (1870) von Paracelse erwähnt[551].

Eine mögliche Quelle für die weiter oben erwähnten eingeschobenen ganzen Kapitel findet sich möglicherweise in Jules Vernes 1865 erschienenem Mondroman *De la Terre à la Lune*, in dem ein retardierendes Moment das Tempo aus dem Roman nimmt, und zwar genau an der Stelle, als das Observatorium in Cambridge vom astronomischen Standpunkt aus dem Projekt „grünes Licht" gegeben hatte. Im fünften Kapitel, *Le Roman de la Lune*, vulgarisiert der Autor nämlich zunächst die Entstehung des gesamten Universums und kommt schließlich genauer auf den Mond zu sprechen, wobei vor allem das Bild, das sich die Menschen in den verschiedenen Jahrhunderten von diesem Himmelskörper gemacht haben, von Bedeutung ist. Selbstverständlich beinhaltet dieses Kapitel auch die Ergebnisse der Astronomie des 19. Jahrhunderts, und so endet dieses retardierende Moment mit folgender Überleitung auf die eigentliche Handlung des Romans: „Tel était l'état des connaissances acquises sur le satellite de la Terre, que le Gun-Club se proposait de compléter à tous les points de vue, cosmographiques, géologiques, politiques et moraux"[552]. Aber auch in der Fortsetzung *Autour de la Lune* von 1869 finden sich ähnliche retardierende Momente: An der Stelle des Romans z.B. als die Reisenden den Mond umrundet haben und nun glauben, für immer

---

[548]   A. Driou (1856), S. 58.

[549]   J. Verne (1966, a), S. 157–161.

[550]   Mit dem Begriff Mondmeere bezeichnet man die von der Erde aus sichtbaren, dunkleren Flächen auf der Mondvorderseite, die man früher fälschlicherweise, so z.B. auch nach Galileo Galileis (bald widerrufener) Einschätzung, für Ozeane hielt. Besonders bekannt ist hierbei das *Mare Tranquilitatis* (das Meer der Ruhe), in dem im Sommer 1969 zum ersten Mal Menschen auf dem Mond landeten.

[551]   Paracelse (1870), S. 33.

[552]   J. Verne (1966, b), S. 66.

um diesen Himmelskörper kreisen zu müssen, nutzt der Autor die Gunst der Stunde, um den Leser an dieser spannenden Stelle ausführlich über die verschiedenen Mondberge, ihre jeweilige Höhe und die verschiedenen Methoden der lunaren Höhenmessung zu informieren.

8.2 In den Text eingeflochtene Elemente

Neben den erwähnten retardierenden Momenten lassen sich aber auch noch andere Arten der Wissensvermittlung beobachten. Eine sehr beliebte Methode hierzu, die von sehr vielen Autoren angewendet wird, sind beiläufige Bemerkungen des Erzählers, die häufig nur einen Nebensatz füllen. Eine komplette Darstellung all dieser Bemerkungen im Rahmen dieser Arbeit ist genauso unmöglich wie unnötig; einige ausgewählte Beispiele genügen, um dieses Prinzip zu illustrieren. In G. Descottes Roman *Voyages dans les planètes et découverte des véritables destinées de l'homme* von 1864 beispielsweise, in dem die Vulgarisation von Wissen eigentlich nicht im Vordergrund steht, fallen häufiger Bemerkungen des Erzählers wie z.B. „ce globe majestueux [=Jupiter] avec lequel on ferait quatorze cents terres comme la nôtre"[553] oder im Bezug auf die Venus: „et l'on sait que ce globe a presque les dimensions de notre Terre"[554]. In Kapitel 8.3 werden ähnliche Beispiele für beiläufige Bemerkungen der Personen im Gespräch zu erwähnen sein.

Eine weitere interessante „Texterweiterung" stellen Fußnoten dar. In dem erwähnten moralischen Roman von G. Descottes überrascht der Autor beispielsweise an einer Stelle mit einer Anmerkung zum Text, in der er sich als („L'auteur partage cette opinion"[555]) Anhänger der im 19. Jahrhundert sehr populären Wellentheorie des Lichts zu erkennen gibt[556]. Auch in Jacques-Antoine Dulaures Roman *Le retour de mon pauvre oncle* von 1784 wird in einer Fußnote das Ereignis des ersten Fluges eines Ballons vulgarisiert[557]; auffällig ist aber, dass die Hauptfunktion von Fußnoten in diesem Roman die Steigerung der Authentizität durch das Erinnern an die zugrunde liegende Herausgeberfiktion ist. Einen wissenschaftlichen Inhalt haben auch die Fußnoten in Pierre Boitards *Voyage*

---

[553]   G. Descottes (1864), S. 198.

[554]   G. Descottes (1864), S. 282.

[555]   G. Descottes (1864), Fußnote 1, S. 86.

[556]   Die am Ende des 19. Jahrhunderts aufkommende Quantenmechanik erweiterte die Wellentheorie des Lichts um den Teilchenaspekt und beinhaltet dabei die in den vorangegangenen Jahrhunderten entwickelte Wellentheorie des Lichts als einen Grenzfall für viele Lichtteilchen.

[557]   J.-A. Dulaure (1784), S. 11.

dans le soleil (1838-1840): Als die Reisenden beispielsweise feststellen, dass es auf der Venus acht Jahreszeiten gibt, erklärt der Dämon dem Erdenmenschen die Ursache hiervon, was im fließenden Text lediglich geschildert wird mit den Worten: „il [=le démon] m'en expliqua la cause"[558], wobei die eigentliche wissenschaftliche Erklärung, welche den Winkel der Rotationsachse des Planeten zur Ekliptik beinhaltet, in einer nach dem Wort *cause* angebrachten Fußnote untergebracht ist. Nach den einleitenden Bemerkungen über den Verleger Pierre Hetzel erscheint es ferner nicht verwunderlich, dass der 1865 in dessen Verlag erschienene Roman *Un habitant de la planète Mars* von Henri de Parville ebenfalls eine sehr starke Wissensvermittlung beinhaltet, weswegen er von Pierre Versins auch als „un bon résumé des sciences à l'époque, avec quelques échappées assez fulgurantes"[559] bezeichnet wird. Bereits in der *Préface* des Romans tritt dabei dessen belehrende Absicht deutlich zu Tage, denn der um eine wortgetreue Wiedergabe bemühte vermeintliche Herausgeber der Briefe (siehe Kapitel 7.1) bemerkt: „Nous nous sommes permis seulement d'annoter les passages qui demandaient des éclaircissements ou qui exigaient des rectifications"[560]. Durch den Begriff *annoter* ist damit quasi schon das Vorhandensein von Fußnoten vorweggenommen, wobei diese Wissen der verschiedensten Gebiete vermitteln: An einer Stelle beispielsweise erklärt eine Fußnote den Begriff *amphibole* als „Minéral de couleur variable, formé de silice, de magnésie, de chaux et de protoxyde de fer"[561], an anderer Stelle wird in einer Fußnote, welche einen komplexen algebraischen Ausdruck beinhaltet, bewiesen, dass die Mondatmosphäre angeblich nur ein achtzigstel mal so hoch sei, wie diejenige der Erde[562]. Mit einer überraschend kleinen Anzahl an Fußnoten kommt Jules Verne in *Autour de la Lune* (1869) aus, umso auffallender ist die große Anzahl an Anmerkungen in *De la Terre à la Lune* (1865). Der Autor macht damit seinem Namen als „figure dominante du roman scientifique du XIXe siècle"[563] – so bezeichnet ihn Jean-Marc Gouanvic – alle Ehre. Neben dieser quantitativen Beobachtung ist aber auch eine genauere Untersuchung der Funktion der Verneschen Fußnoten lohnend: Eine Einführung in verschiedenste Weltwährungen gibt der Autor den Lesern von *De la Terre à la Lune* (1865) in dem mit *Urbi et orbi* betitelten 12. Kapitel, welches die internationale Finanzierung des Schusses zum Mond erzählt: Hier werden im Laufe des Textes Geldbeträge in den ver-

[558] P. Boitard (1838 – 1840), III, S. 36.

[559] P. Versins (1972), S. 655.

[560] H. de Parville (1865), S. VIII.

[561] H. de Parville (1865), Fußnote 1, S. 5.

[562] H. de Parville (1865), Fußnote 1, S. 124.

[563] J.-M. Gouanvic (1994), S. 45.

schiedensten Währungen angegeben (so z.B. in amerikanischen Dollar, russischen Rubel, preußischen Talern und in türkischen Piastren) und in insgesamt 16 Fußnoten in französische Francs umgerechnet[564]. Eine ähnlich umrechnende Funktion, und damit eine Vermittlung verschiedener Maßeinheiten, beinhalten auch andere Fußnoten, die z.B. verschiedene Arten der Meile[565], verschiedene Arten des Flächenmaßes[566] oder aber auch die Temperaturskalen Celsius und Fahrenheit[567] ineinander umrechnen. An anderer Stelle erfährt der Leser in einer Fußnote eine genaue Zahlenangabe, die im eigentlichen Text nicht zu finden ist, beispielsweise merkt der ursprüngliche Gegner des Mondprojektes, Kapitän Nicholl, in einer Rede an, dass die Rotationsachse des Planeten Jupiter nur recht schwach gegen die Ekliptik geneigt ist, erst in einer Fußnote erfährt der Leser des Romans Genaueres: „L'inclinaison de l'axe de Jupiter sur son orbite n'est que de 3°5'"[568]. Einer reinen Definition eines Fachausdruckes wiederum, so z.B. *foyer* als Brennpunkt einer Ellipse, dient eine weitere Art der Fußnote, wohingegen andere Fußnoten dem Leser sprechende Namen, wie z.B. *Stone's Hill* als „Colline de pierres"[569] oder *Moon-City* als „Cité de la Lune"[570], übersetzen. Auffällig ist also, wie vielseitig die verschiedenen Aufgaben von Fußnoten sein können; in Kapitel 10 wird im Hinblick auf die Intertextualität hierauf noch einmal zurückzukommen sein.

Neben diesen Fußnoten, die in erzählenden Texten eigentlich schon recht überraschend sind, finden sich noch andere in den Text eingeflochtene Elemente, die der Wissensvermittelung dienen. Viele Autoren machen hierbei zu diesem Zwecke auch vor dem Einfügen von Tabellen, Grafiken oder Ähnlichem nicht Halt, wie im Folgenden ersichtlich sein wird. Bei Henri de Parville beispielsweise, der bereits im Zusammenhang der Fußnoten erwähnt wurde, finden sich an einer Stelle auf einer Doppelseite gleich vier ganze Tabellen, die die Masse, das Volumen, die Dichte und die Intensität des einfallenden Sonnenlichts der einzelnen Planeten angeben und die im Rahmen einer wörtlichen Rede mit den Worten „Voici maintenant"[571] angekündigt werden. Da diese ankündigende Person gerade dabei ist, im Rahmen einer Konferenz eine Rede zu halten,

---

564   J. Verne (1966, b), S. 146–158.
565   J. Verne (1966, b), Fußnote 1, S. 160.
566   J. Verne (1966, b), Fußnote 1, S. 165.
567   J. Verne (1966, b), Fußnote 1, S. 164.
568   J. Verne (1966, b), Fußnote 1, S. 247.
569   J. Verne (1966, b), Fußnote 1, S. 172.
570   J. Verne (1966, b), Fußnote 1, S. 204.
571   H. de Parville (1865), S. 100.

entsteht vor dem Auge des Lesers das Bild einer mit Zahlen beschriebenen Tafel. Eine Tabelle beinhaltet aber auch der Roman *Autour de la Lune* von Jules Verne: Hier findet sich an einer Stelle eine Auflistung verschiedener Mondberge mit deren jeweiligen selenographischen Positionsangaben und deren Höhen[572].

Künstlerischer wirken dahingegen Graphiken, wie sie in Georges le Faures Roman *Les Robinsons lunaires* (1893) eingeflochten sind, um beispielsweise das Zustandekommen einer Mondfinsternis bildlich darzustellen (siehe Abbildung S. 283). Die Bilder unterstützen hierbei die in Kapitel 8.3 noch näher zu behandelnden Ausführungen des Lehrers. Langatmiger und komplizierter sind im Vergleich hierzu die Erklärungen des Dämonen, die in Pierre Boitards *Voyage dans le soleil* (1838-1840) Bilder begleiten, die beispielsweise die geometrische Figur einer Ellipse definieren (siehe Abbildung S. 270). Die diesbezüglichen Erläuterungen könnten einem Mathematikbuch entnommen sein und geben konkret ein Verfahren zum Zeichnen dieser geometrischen Figur an. Sowohl das Vorhandensein eines Lehrers als Protagonisten bei Georges le Faure als auch die schulbuchmäßigen Ausführungen bei Pierre Boitard machen deutlich, dass sich diese Werke an ein jugendliches Publikum richten, was auch in dem nun folgenden Unterkapitel über die Wissensvermittlung in Gesprächen noch deutlich werden wird.

8.3 Gespräch

Die wichtigste Art, wie in den behandelten Werken Wissen vermittelt wird, stellt aber das Gespräch zwischen den Personen der Handlung dar. Hierbei kann schon in kleinen, nebensächlichen Bemerkungen eine gewisse Information stecken, wie z.B. bei G. Descottes, wo der Reisende von der Erde an einer Stelle beiläufig das Abnehmen der Strahlungsintensität mit zunehmender Entfernung referiert: „[...], puisque la lumière et la chaleur décroissent d'intensité en raison inverse du carré des distances"[573]; an anderer Stelle wird hier genauso beiläufig der Abstand der Venus zur Sonne angegeben: „[...], car Vénus est de dix millions de lieues plus rapprochée du Soleil que la Terre"[574]. Die Vermittlung von Wissen steht in diesem Roman allerdings keineswegs im Vordergrund: Nicht nur in dem ebenfalls im Rahmen eines Gespräches vermittelten Sonnenbild wird die religiöse Natur des Textes deutlich, wird doch hier – aus heutiger Sicht fälschlicherweise - beschrieben, wie aufgrund einer

---

572   J. Verne (1966, a), S. 174.
573   G. Descottes (1864), S. 85.
574   G. Descottes (1864), S. 280.

„loi admirable d'équilibre"[575] die Sonne stets die von ihr abgestrahlte Energie durch aufgenommene Strahlung von anderen Planeten wieder ausgleicht und somit niemals erlöschen wird. Genauso beiläufig ist die Bemerkung, mit der der Reisende Volfrang in Achille Eyrauds Roman *Voyage à Vénus* (1865) den stark ausgeprägten Sommer auf der Venus erklärt: „L'inclinaison de 72 degrés que forme l'équateur de Vénus sur le plan de son orbite explique ces variations si rapides"[576]. Im Folgenden referiert der Protagonist noch einige andere Konsequenzen aus dieser astronomischen Tatsache, wie z.B. die verschiedenen Tageslängen zu den verschiedenen Jahreszeiten, ohne aber zu erklären, wie diese Phänomene genau entstehen.

Von zentralerer Bedeutung ist die Vulgarisation von Wissen dahingegen in Charles Guyons Roman *Voyage dans la planète Vénus* von 1888, da hier der Gelehrte Samuel Dixton seine Reisegefährten – und damit den Leser - mehrfach mit wissenschaftlichen Informationen versorgt; im Zusammenhang mit der in Kapitel 5.2.2 bereits erwähnten Aufzählung verschiedener Urtiere heißt es hier sogar: „Le savant professeur se croyait dans son amphithéâtre de Boston; il parlait avec enthousiasme, et ses compagnons l'écoutaient attentivement, transportés momentanément au milieu de la vie primitive"[577].

Diese Rolle des Wissensvermittlers übernimmt in Georges le Faures Roman *Les Robinsons lunaires* (1893) der Lehrer M. Follavoine, der zusammen mit seiner Familie und seinen Schülern eine Reise zum Mond unternimmt. Der Lehrer unterrichtet seine Schüler auch am Reiseziel und scheut sich dabei nicht, seinen Schülern für gute Bemerkungen Pluspunkte in seinem Notizheft zu verzeichnen und Merksätze in voller Länge zu zitieren. So deklariert er z.B., als es um das Gravitationsgesetz geht:

> „la formule – je rapelle cela pour mémoire – s'énonce dans les termes suivants: ,La matière est en raison directe des masses et en raison inverse du carré des distances. L'équilibre du système solaire entier est le résultat de cette puissance de la gravitation universelle'"[578].

Ähnlich verhält es sich mit einer Strafarbeit, die M. Follavoine einem seiner Schüler aufgibt, um diesem – und damit implizit dem jugendlichen Leser des Romans – die so genannte gebundene Rotation, also die Tatsa-

575   G. Descottes (1864), S. 87.

576   A. Eyraud (1865), S. 255.

577   C. Guyon (1888), S. 78.

578   G. le Faure (1893), S. 213.

che, dass der Mond der Erde stets dieselbe Seite zuwendet, begreiflich zu machen. Zu diesem Schüler sagt er:

> „Battifols, vous me copierez cent fois la phrase suivante: ‚Par suite de la rotation de la lune sur son axe, rotation qui est justement de même durée que le mouvement de translation, il résulte que le satellite présente toujours la même face à la planète et que, pour chaque face, - le jour durant une moitié de la rotation totale, - le jour a une durée de 354 heures"[579].

Neben diesen lehrbuchmäßigen Zitaten vermittelt der Lehrer seinen Schülern das Wissen aber auch mit beiläufigen Bemerkungen wie „Vous savez que l'eau est une combinaison de deux gaz: l'hydrogène et l'oxygène. Deux volumes d'hydrogène alliés à un volume d'oxygène forment deux volumes d'eau"[580]. Wie sehr die Schüler auf dem Mond – und damit die jugendlichen Leser zu Hause – diesen Belehrungen willkürlich ausgeliefert sind, kommentiert der Lehrer selbst, als er sagt: „quoique vous ne me les ayez pas demandées, je vais vous donner quelques explications"[581]. Merksätze, wie sie hier Erwähnung fanden, finden sich auch in anderen Romanen, so wirft beispielsweise der Gelehrte M. Durand (der hier quasi die Rolle eines Lehrers für Erwachsene übernimmt) in Alexandre de Lamothes Roman *Quinze mois dans la Lune* (1883) in das Gespräch mit seinen Mitreisenden ein: „cette loi purement physique dont voici la formule: ‚Les vitesses d'un corps tombant dans le vide, croissent proportionnellement au temps, et les espaces parcourus sont proportionnels aux carrés de ces mêmes temps'"[582].

Das Vermitteln wissenschaftlicher Tatsachen ist auch eines der zentralen Anliegen in Henri de Parvilles Roman *Un habitant de la planète Mars* von 1865, was Helga Abret und Lucian Boia folgendermaßen kommentieren: „Die Handlung des Romans ist dürftig. [...] Es ist schwer zu entscheiden, ob es sich bei Parvilles Buch um Literatur auf wissenschaftlicher Grundlage oder um eine romancierte Darstellung naturwissenschaftlicher Probleme handelt"[583]. In der Tat bestehen weite Strecken der im Roman wiedergegebenen Briefe nur aus dem Bericht von Konferenzen, in denen die Frage nach der Herkunft des *habitant de la planète Mars* scheinbar nur als Aufhänger für eine Vulgarisation der verschiedensten wissenschaftli-

---

579   G. le Faure (1893), S. 225. Der angegebenen Zeitdauer von 354 Stunden entspricht 14,8 Mal der Zeitraum von 24 Stunden: Ein „Mondtage" dauert also 14 Erdentage lang, ein „Mondtag" und eine „Mondnacht" zusammen damit 28 Erdentage, also einen Monat.

580   G. le Faure (1893), S. 254.

581   G. le Faure (1893), S. 241.

582   A. de Lamothe (1883), S. 58.

583   H. Abret; L. Boia (1984), S. 38.

chen Informationen dient. Der vermeintliche Herausgeber referiert hierbei die Konferenzen der Wissenschaftler in einem oft sehr knappen Stil und rechtfertigt diese Vorgehensweise folgendermaßen:

> „Je résumerai la discussion, en lui laissant son caractère, comme ils résument les débats insérés *in extenso* au *Moniteur*. Je sauterai également d'une séance à la suivante pour gagner de la place"[584].

Nicht selten finden sich somit auch Passagen im Text, in denen wissenschaftliche Informationen – wie hier in einer Aussage von M. Greenwight über den Planeten Mars – recht knapp und quasi im Telegrammstil wiedergegeben werden: „J'abrége [sic], messieurs, et je cite de suite les éléments caractéristiques de Mars. Densité, 5.1. Pesanteur, ½. Rotation, 24 heures. Masse, 1/8 de celle de la Terre"[585]; auf ähnliche Weise werden auch die anderen Planeten vorgestellt[586]. Viele aneinander gereihte Zahlen finden sich im Text auch, als es um einen Vergleich der Himmelskörper untereinander geht:

> „La durée de l'existence de ces mondes est environ exprimée, en prenant la Terre pour unité, par les chiffres suivants: Soleil, 355,000; - Jupiter, 399; - Neptune, 20; - Uranus, 14; - Vénus, 1; - Mars, 0/13; - Mercure, 0/17 "[587].

Das Ende einer Konferenz fällt hier oft auch mit dem Ende eines Briefes zusammen, was ebenfalls extrem knapp geschildert wird; die letzten Sätze des achten Briefes lauten beispielsweise: „Plusieurs membres vont féliciter M. Greenwight. La séance est levée à cinq heures"[588].

Jules Vernes 1869 erschienener Roman *Autour de la Lune* beschreibt, wie die dreiköpfige Besatzung des *obus* den Mond umfliegt und daraufhin wohlbehalten im Pazifik landet – allein dieser kurze Blick auf die Handlung des Romans legt nahe, dass die Romanfiguren auf ihrem langen Flug „genügend Zeit" haben, dem Leser des Romans gewisse Kenntnisse zu vermitteln, um somit der didaktischen Intention des Autors gerecht zu werden. Dieses Prinzip wird beispielsweise auch in einer Kapitelüberschrift *Demandes et réponses* deutlich: Im Rahmen einer gemeinsamen Mahlzeit der drei Reisenden fragt hier Michel Ardan, was bei einem Zusammenstoß der Kapsel mit einem Meteoriten geschehen würde; eine Frage, die Barbicane natürlich nutzt, um dem Fragenden mitzuteilen, dass das *obus* bei solch einer Kollision verbrannt wäre, wobei er noch belehrend hinzufügt: „On sait maintenant que la chaleur

---

584   H. de Parville (1865), S. 79.

585   H. de Parville (1865), S. 128.

586   H. de Parville (1865), Lettre VIII, S. 128-146.

587   H. de Parville (1865), S. 102.

588   H. de Parville (1865), S. 146.

n'est qu'une modification du mouvement. Quand on fait chauffer de l'eau, c'est-à-dire quand on lui ajoute de la chaleur, cela veut dire que l'on donne du mouvement à ses molécules"[589]. Neben diesem Grundkurs in Thermodynamik wird in diesem Kapitel (wieder auf eine Frage des neugierigen Franzosen Michel Ardan hin: „A propos, Barbicane, y a-t-il des éclipses pour les Sélénites?"[590]) das Zustandekommen von Sonnenfinsternissen erklärt. An anderer Stelle nutzt der Autor die Situation, in der die Reisenden nicht wissen, auf welcher geometrischen Bahn ihr nicht lenkbarer Flug durchs All weitergehen wird, um richtiggehende mathematische Definitionen in die Konversation der Protagonisten einzubauen, so z.B. die Definition einer Parabel („la parabole est une courbe du second ordre qui résulte de la section d'un cône coupé par un plan, parallèlement à l'un de ses côtés"[591]) oder eine entsprechende Definition der Hyperbel direkt im Anschluss. Bei all diesen wissenschaftlichen Fakten ist es oft die fröhliche Gestalt des Michel Ardan, die dafür sorgt, dass der Tonfall des Romans heiter bleibt: Als die drei Reisenden beispielsweise feststellen, dass ihr Flug weder auf der einen, noch auf der anderen der gerade erwähnten Kurven weiter verlaufen wird, sondern vielmehr auf der geschlossenen Bahn der Ellipse, kommentiert der heitere Franzose die Aussicht, das *obus* müsse jetzt ständig als neuer Satellit um den Mond kreisen, mit den Worten: „Lune de Lune!"[592].

Ein weiterer vielen behandelten Werken gemeinsamer Aufhänger für die Wissensvermittlung ist der Wissenschaftsstreit, in dem mehrere Parteien eine Frage kontrovers diskutieren. Im 18. Jahrhundert findet sich dieser bereits im Jahre 1784 in Jacques-Antoine Dulaures Roman *Le retour de mon pauvre oncle*, berichtet doch der Protagonist in diesem Roman, am Vorabend seines unfreiwilligen Abfluges zum Mond noch eine lebhafte wissenschaftliche Diskussion mit einem Physiker gehabt zu haben, den er als „le plus anti-Attractionaire qui se soit vu depuis Newton"[593] be-

---

[589]   J. Verne (1966, a), S. 91.

[590]   J. Verne (1966, a), S. 94.

[591]   J. Verne (1966, a), S. 212.

[592]   J. Verne (1966, a), S. 232.

[593]   J.-A. Dulaure (1784), S. 9. Am Anfang hatte die Newtonsche Gravitationstheorie durchaus ihre Gegner, deren wohl bekanntester Vertreter Fontenelle war, der zeitlebens – so auch in seinen *Entretiens* – die Descartessche Theorie der *Tourbillons* vertrat. Deutlich für Newton spricht sich dahingegen Voltaire aus, der explizit darauf hinweist, dass der Reisende Micromégas seine Reise durch das All einer genauen Kenntnis des Gravitationsgesetzes verdankt (siehe Kapitel 4.3). Spätestens im 19. Jahrhundert zweifelte allerdings niemand mehr an der Richtigkeit der

zeichnet. Er selbst – als Anhänger der Newtonschen Gravitationstheorie – lässt es sich natürlich auch nicht nehmen, dieses Thema gegenüber den Seleniten anzusprechen: „je n'oublai pas non plus de m'informer si l'attraction universelle étoit aussi démontrée aux Physiciens de la Lune qu'à ceux de la Terre"[594].

Eine viel zentralere Rolle als im 18. Jahrhundert spielen solche wissenschaftlichen Diskussionen allerdings in der Literatur des 19. Jahrhunderts: In Georges le Faures Roman *Les Robinsons lunaires* von 1893 beispielsweise ist der bereits weiter oben erwähnte Lehrer M. Follavoine der Meinung, zwischen den Planeten befände sich ein luftleerer Raum und der Mond sei unbewohnbar, während sein mittlerweile erwachsener Ex-Schüler Van der Beck jeweils von dem Gegenteil überzeugt ist. In dem Traum des Lehrers, welcher die eigentliche Binnenhandlung des Romans darstellt, fechten die beiden Kontrahenten diese Diskussion solange mit Argumenten aus, bis M. Follavoine, um zu beweisen, dass der Ballon nicht bis zum Mond emporsteigen wird, das den Ballon noch an die Erde bindende Kabel kappt und dabei sagt: „Vous prétendez que le vide n'existe pas! allons-y voir!"[595]. Nicht ganz so handlungsrelevant sind dahingegen die in Achille Eyrauds Roman *Voyage à Vénus* von 1865 beschriebenen Diskussionen um das Wesen des Schalls und des Lichts, welche jeweils ein ganzes Kapitel (*XV, Du son* und *XVI, De la lumière*) füllen und in welchen die unterschiedlichen Theorien der Erdbewohner und der Venusianer in dem Dialog des Reisenden Volfrang mit dem venusianischen Lehrers Podélos einander gegenübergestellt werden. Der Besucher von der Erde berichtet hierbei zunächst von der irdischen Lehre, nach der Schall durch Schwingungen in Materie und nach der Licht durch Schwingungen im postulierten Äther übertragen werden. Podélos zeigt sich von diesen Ideen entsetzt, sieht man doch auf seinem Planeten diese beiden Phänomene als eine der Elektrizität vergleichbare Fernwirkung an[596]. Diese beiden Kapitel nutzt der Autor zum einen, um sich über die Physik des 19. Jahrhunderts lustig zu machen, welche viele unterschiedliche Phänomene mit dem Modell der harmonischen Schwingung[597] erklärte, sagt doch Podélos: „Qu'est-ce que, d'après vous, que le

---

Newtonschen Aussagen und bis heute ist das Gravitationsgesetz ein unangefochtener und fundamentaler Bestandteil der Physik.

594   J.-A. Dulaure (1784), S. 13.

595   G. le Faure (1893), S. 73.

596   A. Eyraud (1865), S. 205 und S. 215f.

597   Bei der harmonischen Schwingung, für die z.B. ein Pendel ein Beispiel darstellt, ist die Kraft, die das System wieder in die Gleichgewichtslage – beim Pendel also in die senkrechte Lage – zurücktreibt, der Auslenkung proportional.

son? une vibration; la chaleur? une vibration; la lumière? encore une vibration. Vibration, vibration, et tout est vibration!"[598]. Behielten die Bewohner der Erde Recht, indem sie Klang als eine Schwingung in einem Medium ansahen, so widerlegte das 20. Jahrhundert die Existenz des Äthers. Bereits im 19. Jahrhundert allerdings waren die Gegner dieser Äthertheorie zahlreich, ihre Argumente werden in Eyrauds Roman durch Podélos hervorgebracht: Zum einen konnte dieser Äther niemals beobachtet werden, zum anderen hätte er den Planeten einen gewissen Widerstand auf ihrer Bahn um die Sonne bieten müssen, was aber nicht der Fall ist. Dies sind nur zwei der wichtigsten Argumente gegen eine Theorie, die der venusianische Wissenschaftler wie folgt kritisiert:

> „Que devient, dès lors, votre hypothèse consistant à supposer des vibrations lumineuses que personne n'a vues, - transmises par des ondulations qu'on n'a jamais constatées, - dans un milieu [= der Äther] qu'on ne trouve nulle part, et dont l'existence causerait un trouble profond dans le mécanisme de la création entière?"[599].

Es wäre jedoch sicherlich falsch, aus Achille Eyraud einen Propheten der Physik zu machen, denn Volfrang zeigt sich von Podélos Theorien alles andere als überzeugt, auch wenn er die irdischen Theorien als nicht endgültig ansieht:

> „il [= Podélos] ne me convertit pas le moins du monde à ses idées fantaisistes sur la lumière et le son. Toutefois, j'ai voulu vous [= seinen Freunden auf der Erde] les rapporter parce qu'il est bon, je crois, de ramener souvent nos méditations sur ces grands problèmes, qui ne sont peut-être pas aussi définitivement résolus qu'on semble le supposer"[600].

Darüber hinaus spricht auch der Autor selbst diesen Kapiteln in einer Fußnote eine gewisse Ernsthaftigkeit deutlich ab, indem er anmerkt: „Peut-être la nature du sujet traité dans ce roman humoristique autorisait-elle et même commandait-elle quelque fantaisies paradoxales"[601].

Bereits mehrfach ist angeklungen, dass Jules Verne in seinen Romanen einen großen Wert auf die Vermittlung von Wissen legt und so bezeichnet auch Ghislain Diesbach den Roman *De la Terre à la Lune* als einen „traité [...] d'astronomie populaire"[602]. Die Frage nach der Bewohnbarkeit des Mondes wird hier in einem eigenen Kapitel, welches den Titel *Attaque et riposte* trägt, thematisiert, wobei sich diesbezüglich der heitere

---

598 A. Eyraud (1865), S. 207.

599 A. Eyraud (1865), S. 215.

600 A. Eyraud (1865), S. 219.

601 A. Eyraud (1865), S. 199.

602 G. de Diesbach (1969), S. 190.

Franzose Michel Ardan als Optimist und der nüchterne Denker Kapitän Nicholl als Pessimist gegenüberstehen. Kapitän Nicholl eröffnet dieses Zwiegespräch mit seiner deutlichen These: „il n'y a pas la moindre molécule d'air à la surface de la Lune"[603], als Beweis hierfür führt er an, dass das Licht der Sterne, wenn es vom Mond verdeckt wird, nie auf eine Mondatmosphäre schließen lässt[604]. Der sorglose Franzose allerdings antwortet hierauf, dass eine genauere Kenntnis des Monddurchmessers notwendig sei, um eine solche Aussage machen zu können; im selben Atemzug führt er die Existenz von Vulkanen als einen Beweis für das Vorhandensein einer Mondatmosphäre an[605]. Sein Widersacher Nicholl dahingegen ist der Meinung, die mittlerweile erloschenen Mondvulkane könnten den zu einer Verbrennung notwendigen Sauerstoff auch aus dem Inneren des Mondes und nicht etwa aus einer Mondatmosphäre bezogen haben. Aber Michel Ardan hat noch weitere Argumente anzubringen und berichtet von auf dem Mond durch bekannte Wissenschaftler beobachteten Lichterscheinungen, deren Erklärung Kapitän Nicholl wiederum nicht in einem Mondgewitter sondern in einer Erscheinung der irdischen Atmosphäre sieht. Dieser erwähnt hierauf noch die pessimistischen Ansichten der Astronomen Beer und Mœlder, allerdings ohne deren Argumente zu nennen; viel überzeugter wirkt im Vergleich dazu der Franzose Michel Ardan, welcher mit dem Argument der Ablenkung von Sonnenstrahlen am Rande des zunehmenden Mondes endgültig die Begeisterung des Publikums gewinnt; die Rückfrage seines Widersachers „Mais le fait est-il certain?"[606] beantwortet er kategorisch mit einem klaren „Absolument certain!"[607] und die beiden Kontrahenten scheinen sich auf das Vorhandensein einer – wenn auch dünnen – Mondatmosphäre zu einigen. In diesem Frage- und Antwortspiel referiert Jules Verne also auf unterhaltsame Weise die wesentlichen Argumente, die im 19. Jahrhundert für und gegen die Bewohnbarkeit des Mondes hervorgebracht wurden und teilt dabei seinem Leser auch die Namen der in diesem Zusammenhang relevanten Astronomen mit. Die hier dar-

---

[603] J. Verne (1966, b), S. 251.

[604] J. Verne (1966, b), S. 253. Wenn der Mond eine Atmosphäre hätte, dann müsste man, in Situationen, in denen er einen Stern bedeckt, das Licht dieses Sterns auch dann noch sehen, wenn der Stern bereits hinter dem Mond ist, da das Licht des Sterns dann durch die Mondatmosphäre gebeugt, also in Richtung Erde „umgelenkt", werden würde. Dies ist aber nicht der Fall, vielmehr erlischt das Licht eines Sterns augenblicklich, sobald sich der Mond vor ihn schiebt.

[605] J. Verne (1966, b), S. 254.

[606] J. Verne (1966, b), S. 257.

[607] J. Verne (1966, b), S. 257.

gestellte Textstelle ist somit typisch für das Werk Jules Vernes; wie wichtig dem Autor das Vermitteln von Wissen gewesen ist, beweisen darüber hinaus auch Selbstaussagen, wie z.B. ein Interview, das er einem anonym gebliebenen Journalisten gegeben hat. Jules Verne sagt hierin:

> „Je le répète, plutôt que me moquer de la science, je lui ai rendu plus d'un service. Cela a toujours été mon intention première de transmettre des informations sous la forme la plus attrayante, et je suis convaincu que des centaines de milliers de gens se sont mis à aimer les investigations scientifiques en lisant Jules Verne"[608].

Um hierbei eine wissenschaftliche Exaktheit zu wahren, hat sich der Autor bei der Entstehung von *De la Terre à la Lune* (1865) z.B. von dem Mathematiker Joseph Bertrand, zu dessen Mitarbeitern Henri Garcet zählte, unterstützen lassen[609].

8.4 Zu erklärendes Ereignis

Ein gewisser Aufhänger, um in den behandelten Werken Wissen zu vulgarisieren, kann auch stets ein erklärungsbedürftiges Element der Handlung darstellen. Dieses Prinzip findet sich schon im Jahre 1638 bei Francis Godwin, als der Protagonist seiner Erzählung *The Man in the Moone* in der Luft feststellt, dass der Mond im Gegensatz zur Erde sein Aussehen nicht ändert. Diesbezüglich kommt er zu dem Schluss:

> „The reason thereof I conceive to be this, that whereas the Earth according to her naturall motion, (for that such a motion she hath, I am now constrained to joyne in opinion with *Copernicus*,) turneth round upon her owne Axe every 24. howers from the *West* unto the *East*"[610].

Auch bei Pierre de Sélènes in seinem 1886 erschienenen Roman *Un monde inconnu* lässt sich Ähnliches beobachten; an einer Stelle heißt es: „Déjà on approchait du moment où le jour allait brusquement succéder à la nuit"[611]. Diese Aussage ist für den Autor Grund genug, kurz zu erklären, wie auf dem Mond aufgrund der fehlenden Atmosphäre an der Oberfläche der Tag ohne jegliche Dämmerung abrupt in die Nacht über-

---

[608]   Jules Verne in einem Interview: *Jules Verne's Hundreth Book. Deals with the Klondyke and is full of Strange Facts and Fancies – To be published after his Death*, das er einem anonymen Journalisten gab. Veröffentlicht am 30.11.1902 in *The Commercial Appeal*, Memphis Tennessee. Zitiert nach: D. Compère; J.-M. Margot (1998), S. 194.

[609]   D. Compère (1991), S. 45.

[610]   F. Godwin (1972), S. 56.

[611]   P. de Sélènes (1886), S. 330.

geht. Spannender ist da schon eine vergleichbare Episode in Georges le Faures Roman *Les Robinsons lunaires* (1893), als die Kinder kurz nach dem Start von der Erde plötzlich einen Hafen über ihren Köpfen entdekken:

> „On eût dit qu'au zénith une mer laiteuse étendait ses flots tranquilles sur lesquels il semblait que des navires, de vrais navires, glissaient, pareils à de grands oiseaux; mais le paysage [...] se présentait dans une position renversée"[612].

Hier ist es der Ex-Schüler Van der Beck, der die „regards interrogateurs"[613] der Schüler befriedigt und ihnen dieses Phänomen als eine optische Täuschung und als eine Luftspiegelung des Hafens von Le Havre erklärt. In intertextueller Hinsicht hochinteressant ist es auch zu sehen, dass in Jules Vernes erstem großen Erfolg, *Cinq semaines en ballon* von 1863, eine ähnliche Passage vorliegt, als die Reisenden – wieder sind es wie so oft in Vernes Romanen drei an der Zahl – über der Wüste plötzlich feststellen: „Nous ne sommes pas seuls ici! il y a des intrigants! [...] Un autre ballon! d'autres voyageurs comme nous!"[614]. Erst als die Zeichen, die man mit einer Flagge gibt, von dem anderen Ballon in exakt derselben Weise nachgeahmt werden, wird den Protagonisten klar, dass es sich um den Effekt einer Luftspiegelung handelt. In diesem Roman Jules Vernes gibt dieses physikalische Phänomen genauso Anlass zu wissenschaftlichen Erklärungen, wie in den beiden Mondromanen einige noch zu schildernde Passagen. Weiter oben ist bereits erwähnt worden, wie sich die beiden Wissenschaftler an Bord des *obus* zunächst einig sind, ihr Geschoss werde mit Sicherheit auf einer geöffneten Bahn, also entweder auf einer Parabel oder einer Hyperbel, den Mond nur einmal umfliegen, was ihnen Gelegenheit dazu gibt, ihrem Freund Michel Ardan (und damit implizit dem Leser) diese beiden möglichen Flugbahnen zu erläutern. Erst das unerwartete Ereignis, dass sich das *obus* nach der Umrundung des Mondes wieder auf den Mondsüdpol zubewegt, zeigt, dass sich das Raumschiff auf einer geschlossenen Ellipsenbahn befindet und macht eine Erklärung des dabei vorliegenden Kräftegleichgewichts von Zentrifugal- und Zentripetalkraft notwendig. Ein weiteres unerwartetes Ereignis führt zu der Erklärung des Prinzips der Schwerelosigkeit: Als die Reisenden voller Verwunderung feststellen, dass der tote Hund, den sie einige Zeit zuvor aus einer Luke des *obus* geworfen hatten, scheinbar bewegungslos neben dem Raumschiff herschwebt, erklärt Barbicane, warum dies trotz der unterschiedlichen Dichten der beiden Objekte möglich ist:

---

[612]   G. le Faure (1893), S. 85.

[613]   G. le Faure (1893), S. 85.

[614]   J. Verne (1966, c), S. 211f.

154

„Parce que nous flottons dans le vide [...] et que dans le vide, les corps tombent où se meuvent – ce qui est la même chose – avec une vitesse égale, quelle que soit leur pesanteur ou leur forme. C'est l'air qui, par sa résistance, crée des différences de poids" [615].

Diese Erklärung des geschilderten Sachverhaltes ist völlig korrekt, in Kapitel 10.1.4 wird allerdings deutlich werden, dass Jules Verne dieses von ihm erkannte Prinzip der Schwerelosigkeit an anderer Stelle nicht folgerichtig einsetzt. Wie so oft ist es dann Michel Ardan, der diese wissenschaftliche Passage des Romans durch seine fröhliche Art aufheitert, indem er - von dem neben dem Raumschiff herschwebenden Hund inspiriert - vorschlägt:

„Pourquoi ne nous promenons-nous pas au-dehors comme ce bolide? Pourquoi ne nous lançons-nous pas dans l'espace par le hublot? Quelle jouissance ce serait de se sentir ainsi suspendu dans l'éther, plus favorisé que l'oiseau qui doit toujours battre de l'aile pour se soutenir!" [616].

Wenn auch Jules Verne das Prinzip der Schwerelosigkeit nicht vollständig in seinen Roman integriert hat, so findet sich doch in der Epsiode mit dem toten Hund - zum ersten mal in der Literatur überhaupt! – eine zumindest punktuell richtige Schilderung und Erklärung dieses Phänomens. Dies verwundert nicht, wenn man bedenkt, wie wichtig dem Autor die wissenschaftliche und technische Exaktheit in *Autour de la Lune* (1869) war. Selbstaussagen Jules Vernes in seinen Briefen belegen dies nur allzu deutlich, denn er schreibt:

„Ce livre a des parties très scientifiques, très algébriques même. Il faut donc qu'il soit relu par un mathématicien de confiance" [617]. „Il faut que je fasse faire cela par mon cousin, le mathématicien, [...]. Je ne me risque pas sans cela. Il y a des questions très raides traitées là-dedans" [618].

---

615   J. Verne (1966, a), S. 98.

616   J. Verne (1966, a), S. 100.

617   Jules Verne in einem nicht datierten (an einem Sonntag geschriebenen) Brief aus Le Crotoy. Bibliothèque Nationale, Nr. 116. Zitiert nach: J. Jules-Verne (1973), S. 153. N.B.: Jean Jules-Verne erwähnt nicht, ob der Adressat dieses Briefes bekannt ist. Es ist allerdings anzunehmen, dass es sich hierbei um den Verleger Hetzel handelt.

618   Jules Verne in einem nicht datierten Brief aus Le Crotoy. Bibliothèque Nationale, Nr. 108. Zitiert nach: J. Jules-Verne (1973), S. 153. N.B.: Jean Jules-Verne erwähnt nicht, ob der Adressat dieses Briefes bekannt ist. Es ist allerdings anzunehmen, dass es sich hierbei um den Verleger Hetzel handelt.

Charles-Noël Martin ist in diesem Sinne auch der Meinung, die beiden Mondromane Jules Vernes seien „les deux volets du roman le plus scientifique et le plus techniquement exact de Jules Verne"[619].

8.5 Humor

Neben den nüchternen mathematischen Fakten, die in Kapitel 8.2 erwähnt wurden, finden sich in Pierre Boitards *Voyage dans le Soleil* (1838-1840) auch sehr lustige Momente der Wissensvermittlung, und gleich zu Beginn der Erzählung bezeichnet der Reisende von der Erde die Ausführungen des *diable boiteux* als „leçon"[620]. Wenig später wird auch an anderer Stelle deutlich, dass sich die Erzählung an ein jugendliches Publikum richtet. Als der Reisende mit viel Humor schildert, wie sich der als „canapé"[621] bezeichnete Meteorit, auf dem die beiden sitzen, ständig um seine eigene Achse dreht, lädt der Protagonist die Leser ein, diesen, mittlerweile auf die Erde gestürzten Himmelskörper im *Cabinet d'histoire naturelle* in Paris zu besichtigen; eine Aufforderung die durchaus ernst gemeint ist, fügt er doch ergänzend hinzu, der Meteorit befände sich „dans la salle des minéraux, au fond de la nouvelle galérie à gauche"[622]. Doch auch einen – wie nun ersichtlich werden wird – Gemeinplatz der lustigen Wissensvermittlung lässt Pierre Boitard nicht aus: Im Verlauf der Rundreise durch das Sonnensystem bemerkt der Sonnenbewohner, dass er auf dem Planeten Mars sehr viel leichter ist, als auf der Sonne, springt voller Elan über eine Felsspalte und setzt dabei zu einer unfreiwilligen Reise durch die Luft an, woraufhin ihm der einem Orang-Utan ähnelnde Merkurianer Pongo als Retter hinterher springt:

> „il s'élança après lui, le saisit par la barbe à trente ou quarante pieds de hauteur, et après avoir fait tous deux cinq ou six cabrioles dans les airs, ils retombèrent lentement comme s'ils eussent eu un parachute, et ils prirent terre sur leurs pieds"[623].

619   C.-N. Martin (1978), S. 150.
620   P. Boitard (1838 – 1840), I, S. 66.
621   P. Boitard (1838 – 1840), I, S. 71.
622   P. Boitard (1838 – 1840), I, S. 71.
623   P. Boitard (1838 – 1840), III, S. 42. Ein ähnlicher, unfreiwillig langer Sprung findet sich auch bei H. G. Wells in seinem 1901 erschienenen Roman *The First Men in the Moon*, in dem der Reisende berichtet, wie er auf einen Felsabhang zulaufen will und versehentlich dabei hinunterspringt: „The thrust of my foot that I made in striding would have carried me a yard on earth; on the moon it carried me six – a good five yards over the edge. [...] I fell, or rather I jumped down, about ten yards I suppose. It seemed to take quite a long time, five or six seconds, I

Der Humor in dieser Schilderung hindert den Autor allerdings nicht daran, das Verhältnis der Anziehungskräfte der besagten Himmelskörper quantitativ anzugeben, indem er den Sonnenbewohner als „une cinquantaine de fois plus léger"[624] bezeichnet. Interessanterweise war diese Tatsache der unterschiedlichen Anziehungskräfte auf den Planeten auch schon 52 Jahre vor der Veröffentlichung von Newtons Gravitationsgesetz, also im Jahre 1638, thematisiert worden, wobei Francis Godwin allerdings die diesbezüglichen Unterschiede zwischen Mond und Erde überschätzt, als er schreibt:

> „I must let you understand that the *Globe* of the *Moone* is not altogether destitute of an attractive Power: but it is so farre weaker than that of the earth, as if a man doe but spring upward, with all his force, [...] he shall be able to mount 50 or 60 foote high, and then he is quite beyond all attraction of the *Moones* earth, falling downe no more"[625].

Dieses Motiv des Springens findet sich auf sehr humorvolle Weise auch in dem, an ein jugendliches Publikum gerichteten Roman *Les Robinsons lunaires* (1893) von Georges le Faure: Als hier die Kuh, die die Reisenden von der Erde mit auf den Mond gebracht haben, flieht, rennt Annibal ihr hinterher und springt dabei bei seinem ersten Schritt ca. drei Meter hoch und fast neun Meter weit; im Verlauf der sich anschließenden Verfolgungsjagd bezeichnet der Autor die hüpfende Kuh als „une simple baudruche gonflée d'hydrogène"[626] und den ebenfalls hüpfenden Schüler als „une cigale de taille phénoménale"[627]; als Annibal die Kuh schließlich gefangen hat, trägt er sie auf seinen Schultern zurück (siehe Abbildung S. 283). Die Verwunderung der Schüler über diese Ereignisse ist dann im Folgenden ein Anlass für den Lehrer, seinen Schülern Erklärungen über die Gravitation, die Planetenbewegung und die Schwerkraft auf den verschiedenen Himmelskörpern zu geben, bis sein Ex-Schüler Van der Beck die Jugendlichen schließlich erlöst, indem er mit den Worten „ventre affamé n'a pas d'oreilles"[628] auf eine noch ausstehende Mahlzeit hinweist. Auch einige Wortspiele sorgen für eine gewisse Komik in der durch den

---

should think. I floated through the air and fell like a feather" (H.G. Wells (2002), S. 79.).

[624] P. Boitard (1838 – 1840), III, S. 42.

[625] F. Godwin (1972), S. 79f.

[626] G. le Faure (1893), S. 211.

[627] G. le Faure (1893), S. 211.

[628] G. le Faure (1893), S. 215. Auf ähnlich humorvolle Weise kann sich die geringere Schwerkraft auf dem Mond den jugendlichen Lesern des Romans auch einprägen, als diese Kuh an einer Art Fallschirm abgelassen wird, als es gilt, eine steile Klippe zu überwinden.

Schulunterricht auf dem Mond realisierten Wissensvermittlung, so antwortet der junge Annibal beispielsweise, von dem Lehrer nach der „lumière cendrée"[629] befragt, diese sei ein „ver de terre"[630] und sorgt damit zuerst einmal für allgemeine Heiterkeit, bis der Lehrer Follavoine, schließlich selbst Tränen lachend, das Missverständnis auflöst: „Vous avez mal entendu ce que vous a soufflé sans doute un de vos camarades: c'est le clair de terre qu'il faut dire"[631]. An anderer Stelle beruht die Komik erneut auf einem Missverständnis, so fürchten sich die Kinder vor einem Gespenst (= *spectre*) als der Lehrer von der *spectroscopie* spricht. Die Spannung wird allerdings schnell aufgehoben:

> „le spectre dont il est question ici n'est pas enfariné de blanc ni vêtu de noir comme ceux dont sont peuplés les contes de nourrices; le spectre, en matière scientifique, c'est tout simplement la décomposition de la lumière à travers un prisme"[632].

In ebenso lustiger und lehrreicher Weise finden sich die oben dargestellten Überlegungen zu den unterschiedlichen Anziehungskräften auf den Planeten auch bei Jules Verne in seinem Roman *Autour de la Lune* (1869), als Michel Ardan mit den Worten „Mais nous serons des Hercules dans la Lune!"[633] Barbicanes Aussage kommentiert, nach der ein Mensch auf dem Mond nicht nur einen, sondern gleich sechs Meter hoch springen kann. Humorvoll geschrieben ist auch ein Kapitel mit dem Titel *Un peu d'algèbre*, in welchem Michel Ardan, nach eigenen Aussagen ein „admirable ignorant des choses mathématiques"[634], seine beiden Reisegefährten bittet, ihm zu zeigen, wie man die Abschussgeschwindigkeit für ein Geschoss zum Mond berechnet. Wenig später findet der Leser des Romans dann eine komplexe algebraische Gleichung hierzu im Text, und bewusst unverständlich, da ironisch übertrieben, wirken auch die erklärenden Ausführungen des Kapitän Nicholl hierzu: „un demi de v deux [sic][635] moins v zéro carré, égale gr multiplié par r sur x moins un, plus m

---

629   G. le Faure (1893), S. 139. *La lumière cendrée* ist mit *aschgraues Mondlicht* zu übersetzen (auch *Erdlicht* oder *Erdschein*). Es handelt sich hierbei um Sonnenlicht, das, an der Erde reflektiert, den Mond trifft. Dies kann dazu führen, dass man kurz nach Sonnenuntergang beim Betrachten der schmalen Mondsichel den Rest des Mondes schwach beleuchtet sieht. Der Mond wird somit als Ganzes wahrgenommen.

630   G. le Faure (1893), S. 140.

631   G. le Faure (1893), S. 140.

632   G. le Faure (1893), S. 158.

633   J. Verne (1966, a), S. 132.

634   J. Verne (1966, a), S. 60.

635   Anstatt *deux* müsste *carré* im Text stehen.

prime sur *m* multiplié par *r* sur *d* moins *x*, moins *r* sur *d* moins *r*...."[636].
Sein diesbezügliches Unverständnis drückt Michel Ardan in ähnlicher
Sprache aus, als er voller Lachen sagt: „X sur y monté sur z et chevauchant sur p"[637] (siehe Abbildung S. 274). Im Folgenden erklärt Barbicane
seinem „Schüler" dann, was die einzelnen Variablen bedeuten (z.B. *m* für
die Masse der Erde und *r* [= rayon] für den Radius der Erde), ohne allerdings im Rahmen eines Romans diese Formel wirklich herleiten zu können. Als Barbicane und Nicholl schließlich darangehen, konkrete Zahlenwerte in diese Formel einzusetzen, stellen sie mit Entsetzen fest, dass
das Observatorium in Cambridge bei seinen Berechnungen den Widerstand der Erdatmosphäre übersehen hat. Die Reisenden kommen somit
zu dem Schluss, dass das *obus* beim Verlassen dieser Atmosphäre eine
Geschwindigkeit von 11051 m pro Sekunde [sic] haben müsste und folglich beim Abschuss an der Erdoberfläche eine Geschwindigkeit von
16576 m pro Sekunde; tatsächlich aber hatte die Kanone *Columbiad* den
Reisenden nur die erstgenannte, und damit eine zu kleine, Geschwindigkeit mit auf den Weg gegeben, was das Kapitel mit den entsetzten
Worten Barbicanes „nous retomberons sur la Terre!"[638] enden lässt. Dieses Ende eines Kapitels an einer spannenden Stelle ist typisch für Jules
Vernes Erzählweise und rührt daher, dass die Romane des Autors an-
fangs häufig im Feuilleton erschienen sind, der Autor hierin also ein gutes Mittel sah, die Leser für die nächste Ausgabe zu interessieren. Dasselbe Prinzip liegt auch dem Ende des Kapitels *Un moment d'ivresse* zugrunde, welches damit endet, dass alle drei Reisenden bewusstlos zu
Boden sinken. Zuvor war in der Kabine ein munteres Treiben ausgebro-
chen, in dem die Protagonisten „sous l'influence d'une exaltation singu-
lière"[639] immer verrücktere Gedanken an den Tag gelegt hatten und diese „inexplicable ivresse"[640] schließlich in einer „ronde échevelée avec ge-
stes insensés, trépignements de fous, culbutes de clowns désossés"[641] ge-
endet hatte. Wieder beschließt somit eine sehr spannende Stelle der
Handlung ein Kapitel und das nächste liefert (beginnend mit den Worten „Que sétait-il passé?"[642]) die notwendige Erklärung, dass Michel Ardan das Ventil für den Sauerstoff offen gelassen hatte und die Kabinen-
atmosphäre folglich mit diesem Gas übersättigt worden ist. Diese Einsicht kommt Kapitän Nicholl in dem Moment, als er, um Wasser für Tee

---

[636]   J. Verne (1966, a), S. 63.
[637]   J. Verne (1966, a), S. 64.
[638]   J. Verne (1966, a), S. 72.
[639]   J. Verne (1966, a), S. 112.
[640]   J. Verne (1966, a), S. 115.
[641]   J. Verne (1966, a), S. 116.
[642]   J. Verne (1966, a), S. 118.

zu erhitzen, ein Streichholz entflammt; somit wird der Sauerstoff nicht nur konkret durch seine Auswirkungen, wie z.B. die Verrücktheit der Passagiere oder das übermäßig helle Brennen des Streichholzes, vorgestellt, sondern bei dieser Gelegenheit auch gewissermaßen definiert als „gaz incolore, sans saveur, sans odeur, éminemment vital, mais qui, à l'état pur, produit les désordres les plus graves dans l'organisme"[643].

8.6 Fazit

In diesem Kapitel ist deutlich geworden, welch zentrale Rolle die Vermittlung von Wissen in vielen der im Rahmen dieser Arbeit untersuchten Werken spielt, deutlich wird dies allein schon in einer *Table des Objets physiques traités dans cet Ouvrage* in M. D. la Folies Roman *Le philosophe sans prétention ou l'homme rare* von 1775, welche – ohne dass an anderer Stelle noch ein komplettes Inhaltsverzeichnis vorhanden wäre – die wissenschaftlich relevanten Kapitel des Romans auflistet und dabei z.T. handlungsrelevante Kapitel auslässt. Auch Bemerkungen wie beispielsweise „il faut avoir foi dans la science"[644] des Wissenschaftlers Marcel in Pierre de Sélènes Roman *Un monde inconnu* belegen diese zentrale Bedeutung der Naturwissenschaften in der hier behandelten Literatur.

Die Art und Weise, auf die diese Belehrung des Lesers geschieht, kann recht unterschiedlich ausfallen, wobei sich generell Situationen unterscheiden lassen, in denen das Wissen zwischen die Handlung eingeschoben ist oder einen Teil der Handlung selbst darstellt. Zu der erstgenannten Kategorie gehören die in Kapitel 8.1 dargestellten retardierenden Momente, wie z.B. ein in die Romanhandlung eingeschobenes Kapitel, was z.B. bei Charles Guyon, bei Pierre de Sélènes oder in Jules Vernes Roman *De la Terre à la Lune* (1865) vorliegt. Aber auch Bemerkungen des Erzählers oder einer Romanfigur können wissenschaftliche Informationen beinhalten und ziehen sich wie ein roter Faden durch die untersuchten Werke. Darüber hinaus stellen Fußnoten, im Text abgedruckte Tabellen, algebraische Formeln und geometrische Skizzen Elemente dar, die der Leser in einem Prosatext eigentlich nicht erwartet (letztere Elemente finden sich häufig bei Pierre Boitard und Henri de Parville); all diese Verfahren werden von den Autoren allerdings angewendet, um den Leser zu belehren. Eher als ein Teil der Handlung anzusehen sind dahingegen wissensvermittelnde Gespräche zwischen den Romanfiguren, welche somit zu „wissenschaftlichen Sprachrohren" der Autoren werden. Die Handlung des Romans kann in diesem Zusammenhang

---

643   J. Verne (1966, a), S. 119.
644   P. de Sélènes (1886), S. 58.

(quasi als Aufhänger für die Vulgarisation) ein zu erklärendes Ereignis beinhalten (wie z.b. der neben dem *obus* herfliegende tote Hund in *Autour de la Lune*), aber auch der Humor kann wie gesehen als attraktive Verpackung für lehrreiche Ausführungen dienen.

Interessant ist in dieser Hinsicht auch, dass es stets Wissenschaftler sind, die in den Werken als Romanfiguren Wissen vermitteln: Dies gilt am auffälligsten für den Lehrer M. Follavoine in Georges le Faures Roman *Les Robinsons lunaires* (1893), der – stets mit dem Notizblock in der Hand – auf dem Mond seine Schüler regelrecht unterrichtet; es gilt aber auch für die Wissenschaftler M. Durand in Alexandre de Lamothes Roman *Quinze mois dans la Lune* (1893), Samuel Dixton in *Voyage dans la planète Vénus* (1888) von Charles Guyon oder aber auch für den Kapitän Nicholl und den Präsidenten Barbicane in Jules Vernes Mondromanen. Dementsprechend eindeutig ist deshalb die Identifikation für den Leser, der sich stets in den belehrten Romanfiguren wieder findet, bemerkt doch der Dritte im Bunde bei Jules Verne, der heitere Franzose Michel Ardan, über seine Gespräche mit den - von ihm als „mangeurs d'x"[645] bezeichneten - algebraisch bewanderten Reisegefährten: „Décidément, je sens que je m'instruis trop! Je sens que je deviens un puits!"[646].

Überhaupt ist eine Betrachtung des zeitlichen Wandels der intendierten Zielgruppe sehr interessant. Der im Jahre 1808 anonym erschienene Roman *Voyage dans la nouvelle planète* beispielsweise richtet sich deutlich an erwachsene Frauen als Leserinnen, was das Vorhandensein von zwei weiblichen, sich briefeschreibenden Damen im Text belegt[647]. Ähnliches gilt auch noch für die zwischen 1838 und 1840 erschienene *Voyage dans le Soleil* von Pierre Boitard, in der der Erzähler sich, als er die Einladung ausspricht, den Meteoriten im *Cabinet d'histoire naturelle* in Paris zu besichtigen, explizit an die „jolies petites dames qui me lisent"[648] wendet. An ein deutlich männliches und jugendliches Publikum wendet sich dahingegen Georges le Faure, der in seinem Roman *Les Robinsons lunaires* von 1893 lediglich Knaben als Schüler auf den Mond entführt; neben dem Notizen machenden Lehrer erhebt hier auch der Erzähler den Zeigefinger, indem er die „inconscience du danger"[649] als „le propre de cet

---

645   J. Verne (1966, a), S. 61.

646   J. Verne (1966, a), S. 97.

647   Auch im Hinblick auf Fontenelles *Entretiens* (1686) ist es plausibel, ein eher weibliches Publikum zu erwarten, richten sich doch alle in diesem Werk gegebenen Informationen an eine schöne Marquise.

648   P. Boitard (1838 – 1840), I, S. 71.

649   G. le Faure (1893), S. 193.

âge [= des enfants] "[650] bezeichnet. Noch direkter an sein jugendliches Publikum wendet sich Alfred Driou in seinem 1856 erschienenen Roman *Aventures d'un aéronaute parisien*; nicht nur, dass hier der Protagonist selbst ein kleiner Junge ist, der davon träumt, als Erwachsener auf den Mond zu fliegen, der Autor richtet sich vielmehr auch in einer, mit den Worten „venez chez moi"[651] endenden Rede direkt an seine jugendlichen Leser (zu dieser Rede siehe auch Kapitel 4.9).

---

[650]   G. le Faure (1893), S. 193.

[651]   A. Driou (1856), S. 48.

9 Utopische Gesellschaften

Bereits die ersten Theorien, die sich mit dem massenmedialen Kommunikationsprozess beschäftigen, beinhalten (wie hier am Beispiel der so genannten *Lasswell-Formel* gezeigt) neben einem *who?* (dem Autor), einem *how?* (im vorliegenden Fall zumeist dem Roman), einem *to whom?* (dem Leser) auch ein *what?*, also die Frage nach einer Botschaft[652]. Diese Botschaft ist häufig intentionsbehaftet, dem Leser soll also etwas vermittelt werden, wie im Zusammenhang mit der Vulgarisation von Wissen bereits deutlich geworden ist. In Kapitel 6 ist aber auch schon angeklungen, dass in vielen der untersuchten Werke die Bewohner der Planeten so aussehen, wie die Menschen auf der Erde, da sie die Aufgabe haben, diesen „einen Spiegel vorzuhalten", indem sie eine bessere Gesellschaft vorleben.

Als erste bekannte, utopische Schrift gilt im Allgemeinen die *Politeia* von Platon, welche in den Worten Martin Schwonkes den „Entwurf einer Idealstruktur, eines vollkommenen Zustandes, der allein von sittlichen Normen und den Einsichten der Vernunft bestimmt ist"[653] beinhaltet. Die hier beschriebene Gesellschaft ist allerdings noch nicht örtlich lokalisiert; ein Umdenken in dieser Hinsicht brachte erst die Entdeckung Amerikas im Jahre 1492 mit sich, welche ein „notwendige[s] Stimulans für das utopische Denken"[654] darstellte, da sie zeigte, dass man anderen Gesellschaften durchaus auch andere Räume zuordnen kann. Bereits im Jahre 1517 erschien mit Thomas Mores *Utopia* eine solche utopische Schrift, die eine idealbildliche Gesellschaft auf einer Insel in einem fernen, noch nicht entdeckten Meer schildert; in den Worten Martin Schwonkes ist diese also nicht wie Platons nicht lokalisierte Gesellschaft „über die Wirklichkeit gestellt"[655], sondern lokalisiert „und damit neben die Wirklichkeit gestellt"[656]. Zu erwähnen ist auch, dass Mores *Utopia* (wörtlich zu übersetzen mit „Niemandsland, ein im entdeckten Raum unauffindbares [sic] Bereich"[657]) der ganzen Gattung der Utopie ihren Namen gegeben hat. In dieser Erzählung wird ein möglicher Zustand der Zukunft dargestellt; ein Bewusstsein für kommende Zeiten, das dem antiken Werk von Platon noch fehlte. Ähnliches gilt auch für die 1623 erschienene, von dem Italiener Thomaso Campanella verfasste *La Citta del Sole*, welche einen

---

652   J. Schulte-Sasse; R. Werner (1990), S. 59f.

653   M. Schwonke (1957), S. 1.

654   M. Schwonke (1957), S. 7.

655   M. Schwonke (1957), S. 1.

656   M. Schwonke (1957), S. 1.

657   W. Krauss (1964), S. 8.

christlich-gemeinschaftlichen Staat beschreibt, der nicht etwa - wie es der Titel des Werkes vermuten ließe – auf der Sonne, sondern ebenfalls auf einer fernen Insel angesiedelt ist. Vier Jahre später, also im Jahre 1627 erschien darüber hinaus in dem utopischen Roman *Nova Atlantis* des englischen Philosophen und Staatsmannes Francis Bacon (1561-1626) eine weitere Schrift, die eine bessere Gesellschaft auf einer fernen Insel ansiedelt und in den Worten des fingierten Herausgebers William Rawley „ein Buch über die Gesetze oder über die beste Staatsverfassung"[658] darzustellen versucht. Ähnliches gilt auch für die *République des philosophes ou Histoire des Ajaoiens*, eine bereits 1682 entstandene, allerdings erst im Jahre 1768 veröffentlichte Inselutopie Fontenelles. Finden hier die Seefahrer das unbekannte Eiland auf der Suche nach der berühmten Nord-West Passage in der Nähe von Japan, so widmet sich Réstif de la Bretonne in seiner 1781 erschienenen *Découverte australe par un homme volant* mit den Meeren der Südhalbkugel der Erde einer weiteren aktuellen seefahrerischen Herausforderung der Zeit. Hier entdeckt sein fliegender Reisender gleich fünfundzwanzig Inseln, allesamt von den verschiedensten Kreaturen (halb Tier, halb Mensch) bewohnt; der Autor entwickelt dabei, voller „Spaß an phantastischen Konstruktionen, die Vernunft besitzen"[659], utopische Gesellschaftskonzeptionen. Vor dem Hintergrund, dass Wunschträume in Märchen, Mythen und in religiösen Vorstellungen die Menschen schon seit jeher beschäftigt haben, weist Martin Schwonke bezüglich dieser, in der Renaissance sehr beliebten Inselliteratur darauf hin, dass die durch die Entdeckung der neuen Welt inspirierte Utopie „die fiktive Wunscherfüllung aus der Sphäre des irrealen ‚Es war einmal' auf die Ebene realer Möglichkeiten"[660] transponiert hat.

Wenig verwunderlich ist es daher, dass auch die Erfindung des Fernrohres zu Beginn des 17. Jahrhunderts, ähnlich wie seinerzeit die Entdeckung Amerikas, ein neues Kapitel in der Geschichte der Utopien einläutete: Nicht nur, dass der Mond von einer eher mythologischen Gestalt zu einem der Erde ähnlichen Himmelskörper wurde, vielmehr wurden unter Zuhilfenahme des Fernrohres mit den vier Galileischen Jupitermonden erstmals neue Himmelskörper entdeckt, die mit bloßem Auge nicht sichtbar waren. Geradezu glänzend boten sich diese „neuen Welten" als „der reale Ort für die irrealen Vorstellungen und Phantasien des ‚jeu utopique'"[661] an, und so beinhaltet bereits die 1634 erschienene Erzählung *The Man in the Moone* des Engländers Francis Godwin genauso die Schilderung einer utopischen Mondgesellschaft wie die 1657 erschiene

658   Zitiert nach K. J. Heinisch (2001), S. 229.

659   Klaus Völker, in R. de la Bretonne (1986), S. 243.

660   M. Schwonke (1957), S. 3.

661   M. Schwonke (1957), S. 9.

Histoire comique des États et Empires de la Lune des Franzosen Cyrano de Bergerac (fünf Jahre später gefolgt von den *Histoire comique des États et Empires du Soleil*). Die Weiterentwicklung utopischer Gedanken im 17. Jahrhundert führt Jean Servier hierbei darauf zurück, dass der Absolutismus die Forderungen der *bourgeoisie* unterdrückte, welche zwar eine wohlhabende, aber machtlose Klasse geworden war[662]. Auf dem märchenhaft geschilderten Mond erlebt der Reisende in Cyrano de Bergeracs Erzählung alte Menschen, die den Jugendlichen gehorchen, Häuser, die reisen, Vögel, die sprechen und Bäume, die philosophieren, was Jean Servier folgendermaßen kommentiert:

> „Cyrano de Bergerac exprime le mal de son temps sous une forme plaisante [...]. Malgré les éléments habituels à l'utopie que nous trouvons dans son œuvre [...] Cyrano de Bergerac est un homme du XVIIe siècle, remettant en question les bases de la société de son temps"[663].

Doch selbstverständlich wurde auch im Zeitalter der Aufklärung das entwickelte Gedankengut in positiven Gesellschaften in der Literatur „vorgelebt". In der französischen Literatur besonders zu erwähnen ist hierbei die 1750 erschienene *Relation du Monde de Mercure* des Chevalier de Béthune, in der eine moralisch hoch entwickelte Nation auf dem sonnennahen und daher lichtreichen Planeten Merkur lebt, genauso wie die fünfzehn Jahre später erschienenen *Voyages de Millord Céton* von Marie-Anne Robert, in denen die einzelnen Planeten einen recht allegorischen Charakter haben und die als „île de Cythère"[664] bezeichnete Venus beispielsweise ein Paradies darstellt. Auf der Erde angesiedelte Utopien finden sich aber auch in so bekannten Werken wie den *Lettres Persanes* (1721, erweitert 1754) von Montesquieu (1689-1755): Hier erzählt die - von Usbek in den Briefen XI bis XIV als retardierendes Moment eingeschobene - Geschichte der *Troglodytes* von einer utopischen Gesellschaft. Aber auch in Voltaires ebenso bekannter Erzählung *Candide* von 1759 findet sich – wohl nicht ganz zufälligerweise genau in der Mitte des Romans – die Beschreibung des paradiesischen *Pays d'Eldorado*.

Was das 19. Jahrhundert betrifft, so weist Hans Freyer in seinem Werk *Die politische Insel* darauf hin, dass typische Utopien dieser Zeit ein „,Leitbild des Handelns'" und einen „,Wurf des Willens'"[665] darstellen, also den „Ausdruck des ungebrochenen Selbstbewusstseins des Men-

---

662   J. Servier (1993), S. 47.

663   J. Servier (1993), S. 47f.

664   M.-A. Robert (1787), S. 279.

665   Hans Freyer (1936): *Die politische Insel*. Zitiert nach: M. Schwonke (1957), S. 2.

schen, der es unternimmt, die Welt aus eigener Kraft und Macht zu gestalten"[666]. In diesem Sinne hat auch Raymond Ruyer den *mode utopique*
bezeichnet als ein „exercice mental sur les possibles latéraux"[667], was von
der Vorraussetzung ausgeht: „Les choses pourraient être autrement"[668].
So finden sich in der Tat viele – heutzutage allerdings größtenteils in
Vergessenheit geratene – Utopien in der französischen Literatur des 19.
Jahrhunderts, wobei die Möglichkeit, durch die Literatur die Erde in Gedanken zu verlassen zu einer großen Entspannung beim Leser führen
kann und auch soll, wie es der französische Astronom Camille Flammarion in einer *Préface* zu den *Aventures extraordinaires d'un savant russe* von
Georges le Faure und Henri de Graffigny zum Ausdruck bringt:

> „Il est doux de vivre dans la contemplation des beautés de la na-
> ture; il est agréable [...] d'oublier quelquefois les choses vulgaires
> de la vie, pour voyager quelques instants parmi les inénarrables
> merveilles de cet Infini"[669].

Eine ähnliche Haltung vermitteln z.T. auch die Protagonisten der Werke
selbst, so beschreibt z.B. der Reisende in der 1751 erschienenen *Première
relation du voyage fait dans la lune* eines gewissen Monsieur *** über die
Motivation seines Tuns:

> „Pour moi, fatigué d'être dans ce tourbillon continuellement,
> obligé de rouler dans les mêmes vicissitudes de préjugés, de fan-
> taisies & de connoissances; j'ai pris enfin mon parti d'aller voya-
> ger dans la Lune, & de me débarasser ailleurs qu'en ce bas
> monde, d'une espéce de misantropie qui retombe toujours dans la
> masse & dont je voudrois le voir purgé peuàpeu [sic]"[670].

In diesem Kapitel der vorliegenden Arbeit sollen solche Utopien dargestellt werden. Wichtige Punkte der Betrachtung sind hierbei zum einen
das sehr aussagekräftige Aussehen der Bewohner anderer Welten und
die eng hieran gekoppelte Frage nach dem Charakter der geschilderten
Kreaturen. Dieser enthält oft schon auf mikroskopischer Ebene die Züge,
die auf makroskopischer Ebene das Wesen und die Gesetze der Gesellschaft ausmachen (letztere sollen in diesem Kapitel natürlich ebenfalls
dargestellt werden). Vor allem in den Utopien des zunehmend techni-
sierten 19. Jahrhunderts ist es interessant zu sehen, wie der auf einem
Planeten bereits gegenüber der Erde erlangte technische Fortschritt als

---

666   M. Schwonke (1957), S. 2.

667   R. Ruyer (1950), S. 9.

668   Raymond Ruyer (1950): *L'utopie et les utopies*, Paris. Zitiert nach: M.
       Schwonke (1957), S. 2.

669   C. Flammarion (1898), S. VI.

670   Anonym (1751), Bd. I, S. 2f.

positiv dargestellt wird. Wie vielseitig das Interesse der Autoren – und damit auch das der Leser – an anderen Gesellschaften ist, belegen diesbezügliche Fragen, die der Reisende in G. Descottes Roman *Voyages dans les planètes* (1864) an den ihn leitenden Geist stellt:

> „Ces Lunariens ont-ils une police?... Comment se fait-elle? Possèdent-ils une instruction publique?... Comment se donne-t-elle, et quel en est le degré? Comment procèdent-ils aux échanges? Ont-ils inventé les monnaies? Leur commerce s'étend-il à l'étranger, d'un bout de la Lune à l'autre? Quels sont leurs jeux, leurs fêtes, leurs funérailles?"[671].

Solche Fragestellungen sollen in der folgenden Darstellung berücksichtigt werden, aber - im Gegensatz zu den bisherigen Kapiteln – nicht als Untergliederungspunkte dienen, um jeweils eine zusammenhängende Darstellung der in den Werken dargebotenen Gesellschaften zu ermöglichen. Geordnet werden sollen die in diesem Zusammenhang relevanten Werke daher vielmehr nach ihrem Gesamteindruck auf den Leser, was an die Überlegungen zum Thema der Authentizität (Kapitel 7) erinnern mag und daher - wie jenes Kapitel auch – letzten Endes ein gewisses Maß an Subjektivität beinhaltet. Begrifflich angelehnt ist hierbei die Einteilung in eine phantastisch-märchenhafte und eine realistische Utopie an Überlegungen von Werner Krauss[672]. Anzumerken bleibt auch, dass der Terminus Utopie erst im 19. Jahrhundert als Gattungsbegriff gebraucht wurde; vergleichbare Schriften wurden zuvor in Deutschland als *Staatsromane* und im Frankreich des 17. und 18. Jahrhunderts als *Voyages imaginaires* bezeichnet[673].

9.1 Phantastisch-märchenhafte Utopien

Viele der geschilderten Welten werden als sehr positiv dargestellt, bleiben aber dabei komplett im Bereich der Phantasie und stellen keine realen, politischen Gesellschaften mit sozialen Regelungen dar. Den „Klassiker" der französischen Literatur in dieser Hinsicht stellt eindeutig die, vom irdischen Protagonisten als „monde renversé"[674] bezeichnete, burleske und märchenhafte Mondwelt in Cyrano de Bergeracs 1657 erschienener *Histoire comique des États et Empires de la Lune* dar. Neben mehreren lustigen Elementen, wie z.B. verschiebbaren oder im Winter zum Schutz

---

671 G. Descottes (1864), S. 76.
672 W. Krauss (1964), S. 20.
673 W. Krauss (1964), S. 8.
674 C. de Bergerac (1968), S. 61.

vor der Kälte in den Boden schraubbaren Städten[675], lässt Cyrano in seiner Monderzählung natürlich auch mehrere Gemeinplätze utopischer Gesellschaften nicht aus: Während sich das Volk mit einer Art Zeichensprache verständigt, ist es bei den vornehmen Mondbewohnern üblich, sich durch einfache Melodien ohne Worte zu unterhalten, die wahlweise auch auf Instrumenten gespielt werden können, was für ein „concert le plus harmonieux dont on puisse chatouiller l'oreille"[676] sorgt. Ferner ernähren sich die Bewohner des Mondes – wie in der Monderzählung von Lukian auch – lediglich von den Dämpfen der gekochten Speisen:

> „on n'y vit que de fumée. L'art de cuisinerie est de renfermer dans de grands vaisseaux moulés exprès l'exhalaison qui sort des viandes en les cuisinant; et quand on en a ramassé de plusieurs sortes et de différents goûts, selon l'appétit de ceux que l'on traite, on débouche le vaisseau où cette odeur est assemblée, on en découvre après cela un autre, et ainsi jusqu'a ce que la compagnie soit repue"[677].

Heiter ist auch die Tatsache, dass man auf diesem Mond nicht mit Geld, sondern mit selbstgedichteten Versen bezahlt; ein Poet wie Cyrano de Bergerac hätte dort also, anders als im Frankreich des 17. Jahrhunderts, niemals an Hunger zu leiden[678].

Auf eine sehr heitere Weise schildert auch Alfred Gourdet in seinem *Habitant de la Lune* (1868) den Mond als das Paradies, in dem Adam und Eva einst lebten, wobei erst durch den Sündenfall ein Komet die Erde, als einstmaligen Teil des Mondes, mitgerissen hat. Djémil und seine Frau Adda, welche die ersten Menschen nach Adam und Eva darstellen, leben nun noch immer in diesem körperlosen Paradies auf dem Mond. Im Folgenden geht Djémil auf Reisen und berichtet seiner Frau Adda in Briefen von seinen Erlebnissen auf der Erde, was als Anlass für eine satirische Beschreibung der Pariser Gesellschaft des 19. Jahrhunderts dient, so erklärt der Briefeschreiber beispielsweise der Adressatin unbekannte Begriffe wie *mode* als „le mode est l'idée baroque de n'importe quel cerveau fêlé dont tout le monde s'empare pour devenir ridicule"[679] oder *nation*: „On appelle nation une portion de terre enfermée *naturellement* par l'eau

---

[675]   C. de Bergerac (1968), S. 61.

[676]   C. de Bergerac (1968), S. 35.

[677]   C. de Bergerac (1968), S. 36f. Doppelt positiv erscheint diese Ernährungsweise, wenn man bedenkt, dass man im 17. Jahrhundert das Entstehen von Krankheiten den Exkrementen zuschrieb, die bei dieser Ernährung der Mondbewohner gar nicht erst entstehen.

[678]   C. de Bergerac (1968), S. 39.

[679]   A. Gourdet (1868), S. 24.

ou des montagnes, quand ce n'est pas quelquefois par une simple convention"[680].

Ähnlich verhält es sich auch in der anonym erschienenen *Voyage dans la nouvelle planète* (1808), in welcher der Planet Uranus als eine Art märchenhafte, von als „hommes célestes"[681] bezeichneten Geistern bewohnte Zauberwelt beschrieben wird. Die Reisende Élize herrscht hierbei über alle diese Geister und bereits ihre Beschreibung dieses Planeten zeigt, dass sie in einem Paradies wohnt:

> „les fleurs et les fruits réunissent toujours la fraîcheur à la maturité; rien ne vieillit, rien ne change dans cette planète. Tout ce qui peut exister de plus flatteur pour le goût et pour les sens, y règne. Les odeurs y sont délicieuses, variés, et toujours nouvelles [...], tout ici est enchanteur"[682].

So ist diese Welt dann auch der Erde in moralischer Hinsicht überlegen und ein sehr kleines „*Livre des vérités*"[683] beinhaltet eine (nicht näher erläuterte) Grundwahrheit, aus der sich dann alle moralischen Prinzipien ableiten lassen, welche für das Zusammenleben der Geister von Bedeutung sind. Ein weiteres zauberhaftes Element in dieser Welt ist eine Art Zauberspiegel, durch den man alles sehen kann, was auf der Erde und auf den anderen Planeten geschieht[684].

Als einen „séjour où tout lui parut sens dessus dessous"[685] und als eine gegenüber der Erde um 180 Grad verdrehte Welt beschreibt dahingegen der erzählende *Parisien* in Louis Desnoyers *Aventures de Robert-Robert* den Mond: Adler haben dort vor Kanarienvögeln Angst, winzige Elephanten laufen wie Ameisen auf den Straßen herum und Schafe halten Wolfsherden zusammen[686]. Auch die materiellen Werte sind verdreht, denn Gold und Silber sind auf dem Mond nichts wert, Stahl, Eisen und Kieselsteine dahingegen sind extrem teuer; genauso ist Wasser das begehrteste Getränk, da es in dieser Welt Wein regnet[687]. So fließt auch in einem Fluss flüssiges Gold, in einem anderen fließt flüssiges Silber und wie Kieselsteine herumliegende Diamanten zieren die Umgebung. Zu diesen märchenhaften Elementen gehören auch Flüsse, die Milch und Limonade führen und an dem Vorhandensein einer „fontaine d'eau su-

---

680 A. Gourdet (1868), S. 29.
681 Anonym (1808), S. 15.
682 Anonym (1808), S. 8ff.
683 Anonym (1808), S. 12.
684 Anonym (1808), S. 13f.
685 L. Desnoyers (1839), Bd. II, S. 73.
686 L. Desnoyers (1839), Bd. II, S. 129f.
687 L. Desnoyers (1839), Bd. II, S. 170f.

crée"[688] wird erneut ersichtlich, dass sich der Autor mit seinem Werk an ein jugendliches Publikum wendet. Dennoch finden sich in dieser Erzählung auch Elemente einer politischen Satire, so berichtet der Reisende von einem wahren Dschungel an Akademien: „Cette fureur d'accadémies est certainement l'un des inconvéniens [sic] de la Lune: pays charmant du reste!"[689]. Eine Verdrehung voller Humor ist beispielsweise, dass es auf dem Mond als große Ehre gilt, nach und nach alle Orden, die man von Geburt an hat, für besondere Leistungen wieder abgeben zu dürfen. Doch auch in dieser satirisch geschilderten Welt vermittelt Louis Desnoyers seinen Lesern echte positive Werte der beschriebenen Gesellschaft, so heißt es von den durchweg ehrlichen Mondbewohnern, dass es keine Landstreicher gäbe: „Tout y respirait le travail, l'aisance, le contentement, la fraternité"[690]. Im Gegensatz zur Erde sind die Bücher auf dem Mond voll bedruckt, haben also wenig Rand, der nur unnötig Geld kostet und öffentliche Parkanlagen sind nie geschlossen; genauso wohnen die Beamten des Staates in Kristallglashäusern, damit sich alle Bürger von deren Rechtschaffenheit überzeugen können[691]. Jedes Stadtviertel auf dem Mond beherbergt „des écoles gratuites de toutes sortes"[692] und auch das Gerichtswesen ist demjenigen der Erde weit voraus, behandelt es doch jeden Fall innerhalb von 24 Stunden und „presque sans frais, sans loi aucune, et d'après les lumières de la seule raison"[693].

So wie bei Desnoyers die Beschreibung der vielen Schulen auf dem Mond in den bildungspolitischen Bestrebungen des 19. Jahrhunderts ihre Erklärung findet, zeigen sich bei Réstif de la Bretonne in seinen *Posthumes* (1802) die französischen Sprachnormierungstendenzen dieser Zeit darin, dass der Autor die auf der Rundreise des Duc-Multipliandre angetroffenen Gesellschaften nach dem Grade der Reichhaltigkeit ihrer Sprache beurteilt. Diese Beschreibungen haben oft einen recht derben Charakter, so kennt z.B. die Sprache der auf dem Jupiter wohnenden Kugeln nur zwei Wörter: „*Manger (pupu)* et *faire..... cela* (coco)"[694]. Die ebenfalls kugelförmigen, aufgrund der großen Hitze in tiefen Kratern lebenden *Rondins*, die der Reisende auf dem Mond antrifft, kennen dahingegen bereits eine im Text vollständig wiedergegebene Liste von 24

688   L. Desnoyers (1839), Bd. II, S. 132.
689   L. Desnoyers (1839), Bd. II, S. 152.
690   L. Desnoyers (1839), Bd. II, S. 183.
691   L. Desnoyers (1839), Bd. II, S. 182.
692   L. Desnoyers (1839), Bd. II, S. 188.
693   L. Desnoyers (1839), Bd. II, S. 189.
694   N.-E. Réstif de la Bretonne (1988), Bd. II, S. 224.

elementaren Wörtern aus den Bereichen Überleben, Sterben und Jagen. Demzufolge zeichnen sich die, bei Réstif de la Bretonne auf den Kometen angesiedelten, utopischen Gesellschaften durch eine sehr reichhaltige Sprache aus; von intelligenten, sechs Meilen großen Läusen, die auf einem großen Kometen leben, heißt es beispielsweise: „Les poux avaient des vërs [sic] de 600 syllabes, de 500 , de 400, 300, de 200, ét de 100: les plüs petits étaient de 70, ét ils ne les employaient que dans le badinage"[695]. Die Bewohner dieser Kometen müssen sich ihr Überleben nicht durch den Kampf um Nahrung sichern, sondern leben direkt von der Substanz ihres Kometen selbst; folglich können sie ihre gesamte Zeit den Künsten und den Wissenschaften widmen, was der Reisende Duc-Multipliandre mit den Worten „que de lumières! Que de vastes connaissances!"[696] kommentiert. Springt in diesem Werk eine gewisse Riesenhaftigkeit der betrachteten Lebewesen ins Auge, so ist es in Paracelses Roman *Voyage à Sirius* (1870) im Gegenteil eine gewisse Zwergenhaftigkeit: Mit den Worten „Le mètre est-il plus noble que le pied, la lieue que le millimètre? Devant l'étendue sidérale toutes ces mesures ne rentrent-elles pas dans l'infiniment petit?"[697] reagiert der Geist Asmodée in diesem Werk auf die Ungläubigkeit des irdischen Reisenden, als jener erfährt, dass ein kleiner Felsbrocken die Heimat einer hoch entwickelten Gesellschaft darstellen soll. Schlussendlich lässt sich der Reisende aber dennoch davon überzeugen, dass die zehn Milliarden Bewohner dieser in technischer, industrieller und sozialer Hinsicht überlegenen Welt auf dieser kleinen Kugel zu Hause sind und sieht damit ein, wie relativ Größen sind und wie klein – einer Aussage Asmodées nach – doch auch die Erde ist: „si l'esprit se mesure au compas, vous serez au bas de l'échelle!"[698]. Ein ähnliches Spiel mit eklatanten Größenunterschieden liegt auch schon in Voltaires *Micromégas* vor, da hier allein schon in dem Namen des Protagonisten, welcher der Erzählung ihren Titel verleiht, die Begriffe *klein* und *riesig* stecken, und auch die beiden riesenhaften Reisenden aus fernen Welten die Berge der Erde als „petits grains pointus"[699] und den Atlantischen Ozean als „petit étang"[700] wahrnehmen.

Als märchenhaft, burlesk und als der Erde um 180 Grad entgegengesetzt wird auch der Mond in der Operette *Le voyage dans la Lune* (1875) von E. Leterrier, A. Mortier und A. Vanloo dargestellt: Liebe wird in dieser Welt als Krankheit und Königsein als Strafe angesehen, ferner gibt es zu festli-

---

[695] N.-E. Réstif de la Bretonne (1988), Bd. II, S. 258.

[696] N.-E. Réstif de la Bretonne (1988), Bd. II, S. 252.

[697] Paracelse (1870), S. 55.

[698] Paracelse (1870), S. 57.

[699] Voltaire (1970), S. 37.

[700] Voltaire (1970), S. 35.

chen Anlässen Spinnenpüree mit gegrillten Fliegen und es stellt einen öffentlichen Skandal dar, wenn ein Diener einem König Geld schenkt[701]. All dies und noch andere Beobachtungen bringen den irdischen König Vlan dazu, zu seinem Kollegen, dem Mondkönig Cosmos, zu sagen: „Eh bien! vous avez de drôles de moeurs, vous"[702]. Ähnlich revolutionär ist auch die Mondwelt in Jacques Bujaults Erzählung *Voyage dans la Lune* (1845); hier beobachtet der Erzähler Franck eine Revolution, an deren Ende es heißt: „enfin les femmes étaient tout et les hommes n'étaient rien"[703], womit der Autor die im 19. Jahrhundert deutlich von Männern bestimmte französische Gesellschaft auf den Arm nimmt. Neben mehreren weiteren burlesken und verdrehten Elementen dieser Welt werden auch Hochzeiten angeführt, die als „cabaret à l'eau claire"[704] auf bescheidene Weise und mit Wasser, dem beliebtesten Getränk auf dem Mond, gefeiert werden; in den Worten von Liliane Durand-Dessert und René Guise stellt die von Jacques Bujault geschilderte Mondwelt somit eine „utopie, un pays de cocagne à l'usage des pauvres"[705] dar.

Durch das Vorhandensein allegorischer Gestalten recht moralisch wirkt auch die 1783 erschienene, von einer gewissen Madame la Baronne de V*** verfasste Erzählung *Le char volant*, in der bereits äußere Merkmale den utopischen Charakter der geschilderten Mondwelt erkennen lassen. Die Mondbewohner riechen hier sehr gut und betrachten die Erdbewohner daher als stinkend; zur Begrüßung werden die Reisenden daher erst einmal gründlich gewaschen[706], die Stimmen der Mondbewohner erinnern an Flöten und über deren engelhafte „beauté ravissante"[707] berichtet der Protagonist im Hinblick auf die von ihm dort vorgefundene Gesellschaft: „Leur figure angélique annonce la candeur & la bienfaisance, caractère général de ce peuple"[708]. Auch ernähren müssen sich die Mondbewohner nicht, denn das Wasser eines Flusses genügt ihnen zum Leben: „La nature ne nous a pas créés pour dévorer les animaux: une telle nourriture enflamme le sang, & engage les hommes à la cruauté. Elle engendre aussi des maladies dont nous sommes exempts"[709]. Ferner gibt es auch auf dem ganzen Mond nur eine einzige Sprache, was der „intelli-

701 E. Leterrier; A. Mortier; A. Vanloo (1877), S. 13ff.
702 E. Leterrier; A. Mortier; A. Vanloo (1877), S. 17.
703 J. Bujault (1845), S. 203.
704 J. Bujault (1845), S. 204.
705 L. Durand-Dessert; R. Guise (1978), S. 26.
706 Anonym (1783), S. 128f.
707 Anonym (1783), S. 130.
708 Anonym (1783), S. 129.
709 Anonym (1783), S. 135.

gence qui regne [sic] parmi tous les peuples de cette planete [sic]"[710] sehr zuträglich ist. Ähnlich wie in der *Cita del sole* von Campanella äußert sich der erhabene Charakter der geschilderten Gesellschaft auch in einer symmetrischen, um einen zentralen Königspalast herum angeordneten Bauweise der Stadt, und auch jedes einzelne Individuum auf dem Mond hat einen ausgesprochen hilfsbereiten Charakter; zum Gruß wird daher der rechte Fuß gehoben, womit der Grüßende zum Ausdruck bringt, dass er für sein Gegenüber bereit ist, jede Hilfe zu leisten[711]. Die Mondwelt in *Le char volant* enthält aber auch noch auf andere, recht explizite Weise moralische Belehrungen: Im Laufe einer Führung durch ein Höhlensystem, die so genannten *antres*, begegnen den Reisenden allegorische Gestalten, die schlechte irdische Charakterzüge darstellen und den Mondbewohnern als abschreckendes Beispiel dienen sollen. Eine bestimmte Art der *Amour* findet sich beispielsweise umgeben von der *Caprice*, der *Jalousie*, den *Soupçons*, der *Séduction*, dem *Orgueil* und dem *Mensonge*; die *Véritable Amour* dahingegen zeichnet sich durch die Gesellschaft des *Estime*, der *Confiance*, der *Douceur*, der *Sécurité* und der *Constance* aus[712].

Eine ähnliche Mondwelt findet sich auch in der ein Jahr später, also 1784, anonym erschienenen Monderzählung *Histoire intéressante d'un nouveau voyage à la Lune*. In Kapitel 5.1.2 ist bereits die märchenhafte Beschaffenheit dieses Mondes angeklungen, verstärkt wird dieser paradiesische Eindruck noch durch die Friedlichkeit dieser Welt, in der es keine wilden Tiere gibt, und in der eine einzige, wild wachsende Frucht den Reisenden als Speise und Trank zugleich dient[713]. Die Mondeuphorie der Protagonisten („Ah qu'il est bien vrai que tout est bien"[714]) verstärkt sich noch einmal deutlich, als diese nach den männlichen, dreieckigen und eher hässlichen (siehe Kapitel 6.2.1) Mondbewohnern auch die weiblichen *Lunairiennes* zu Gesicht bekommen, die wie Frauen auf der Erde aussehen und die Reisenden durch ihre erhabene Schönheit und durch ihre schlichte und schöne Kleidung an Engel erinnern[715]. Durch die Gesellschaft dieser Mondfrauen lernen die Besucher von der Erde auch das

---

[710]   Anonym (1783), S. 131.

[711]   Anonym (1783), S. 168.

[712]   Anonym (1783), S. 140.

[713]   Anonym (1784), S. 19ff.

[714]   Anonym (1784), S. 20.

[715]   Anonym (1784), S. 28. Interessanterweise schließt sich auch dieser (anonym gebliebene) Autor der Tradition einer Venus als Sitz der Schönheit und der Liebe an, indem er das Aussehen der Mondbewohnerinnen kommentiert mit den Worten: „Astres brillans vous êtes autant de Vénus!" (Anonym (1874), S. 28.).

kulturelle Leben auf dem Mond kennen: In einem „déluge de plaisirs tous piquants par leur variété" erleben sie u.a. die kulinarischen Genüsse dieser Welt und die Musik des Landes, die zwar schön, aber nicht so perfekt wie diejenige der Erde ist. Umringt wird dieser kulturelle Reigen durch ein leicht erotisches Ambiente, in dem die *Lunairiennes* den Erdbewohnern zwar stets ein gewisses Maß an Zärtlichkeit entgegenbringen, dabei aber – wie alle Frauen auf dem Mond – ihren Ehemännern treu bleiben. Den diesbezüglichen Unterschied zwischen der Erde und dem Mond streicht der Autor bewusst heraus, als es um Schauspielerinnen geht, die sich von den Erdbewohnern nicht verführen lassen[716]. Nach dem Motto „Andere Länder, andere Sitten" lässt es sich aber auch dieser Autor nicht nehmen, lustige Rituale der Mondgesellschaft zu schildern: Als Zeichen der Begeisterung klatschen die Mondbewohner beispielsweise nicht etwa in die Hände, sondern hauen vielmehr ihre Köpfe auf den Boden, genauso wie alle zu Tisch lachen müssen, wenn der Gastgeber trinkt. In diesen Situationen sind es auch die engelhaften Mondfrauen, die ihre Brüste entblößen und sich dabei gern auch von den Erdbewohnern küssen lassen[717] – ein weiteres erotisches Element dieser „terre tant désirée"[718]. Neben dieser märchenhaften Mondwelt beschreibt der Autor allerdings auch den positiven Charakter seiner Reisenden, die gemeinsam - beeindruckt durch das Glück einer solchen Reise - Gott loben mit den Worten: „Grand Dieu! Quel excès de bonté! ô faveur inouïe!"[719].

Ähnliche moralische und religiöse Überlegungen sind, wie es allein schon der Titel des Werkes erahnen lässt, auch in G. Descottes Roman *Voyages dans les planètes et découverte des véritables destinées de l'homme* (1864) von zentraler Bedeutung; der Geist Révélaël hat hierbei große Mühe, das Interesse seines Reisenden von „faits matériels très-secondaires"[720], wie z.B. Meteoriteneinschlägen auf der Marsoberfläche, abzulenken und auf moralische Dinge zu fokussieren. In Descottes Roman gleicht das Sonnensystem einer Ansammlung von Stationen, die die Seelen nach und nach durchlaufen, bevor sie frei werden: „Va! L'enfer est partout, sur tout globe où l'homme milite. – Le paradis, c'est l'univers sans limite, impérissable et glorieuse patrie des âmes triomphantes"[721]; der Tod ist damit nichts weiter als „le passage d'une vie à une autre vie,

---

[716]   Anonym (1784), S. 52.

[717]   Anonym (1784), S. 30.

[718]   Anonym (1784), S. 18.

[719]   Anonym (1784), S. 17.

[720]   G. Descottes (1864), S. 96.

[721]   G. Descottes (1864), S. 236.

[qui] efface tout sentiment, tout souvenir du passé"[722]. Auf seinen Reisen zu den einzelnen Planeten trifft der Protagonist somit viele einzelne Personen, über die er jeweils – in einer Art retardierendem Moment - die ganze Vorgeschichte erfährt, und auch, warum sie nun beispielsweise auf einem Planeten für ein zuvor auf einem anderen Himmelskörper geführtes Leben bestraft oder belohnt werden: „Les grands seront abaissés, les petits seront élevés:.... paroles d'évangile..."[723]. Die dabei auf den einzelnen Himmelskörpern geschilderten Gesellschaften sind allerdings nicht ganz in ihrer Gesamtheit dargestellt; vielmehr steht oft die Beschreibung einzelner Elemente im Vordergrund: Die Mondvorderseite beispielsweise wird als Ort harter Arbeit beschrieben, und die dort lebenden Völker werden als „peuples à demi civilisés"[724] bezeichnet, was sich u.a. in der Einfachheit der dort gesprochenen Sprache widerspiegelt. Auch in technischer und wissenschaftlicher Hinsicht steckt die Mondwelt dort noch in den Kinderschuhen, so ist hier sowohl die Dampfmaschine, als auch das Schießpulver noch nicht erfunden. Eher einen „lieu d'épreuves et d'expiations"[725] stellt auch der Planet Mars dar; hier verbüßt u.a. Clovis Ier die Strafe für seine Taten auf der Erde. Doch es gibt auch positive Elemente in der geschilderten Marswelt, wie z.B. das Vorhandensein einer allgemeinen Schulpflicht und von öffentlichen Schulen, die von dem begeisterten Reisenden bezeichnet werden als: „un temple à la vérité, à la sagesse; où Dieu est mieux glorifié que dans ces fastueux édifices qu'élèvent en tant de lieux l'ignorance, la superstition, le fanatisme"[726]. Neben konkreten Methoden, so z.B. dem Unterricht durch zwei Lehrer (einem „maître surveillant", der in der Klasse für Ruhe und Konzentration sorgt und einem „maître enseignant"[727], der den eigentlichen Unterrichtsstoff vermittelt) werden auch moralische Inschriften angesprochen, die innerhalb des Schulgebäudes die Grundwerte der Marsgesellschaft von Freiheit und Vernunft referieren. Schulbildung wird auf dem Mars auch den Mädchen zuteil, die allerdings nur von Frauen unterrichtet werden, wohingegen die Jungen getrennt davon nur von Männern unterrichtet werden. Aber auch die Religion dieser Gesellschaft, vom Reisenden als „la vraie, la seule religion"[728] bezeichnet, wird beschrieben: Interessant hierbei ist, dass Gott unter freiem Himmel für seine Schöpfung gelobt wird und dass auch die menschlichen Züge der

---

[722] G. Descottes (1864), S. 70.
[723] G. Descottes (1864), S. 237.
[724] G. Descottes (1864), S. 76.
[725] G. Descottes (1864), S. 121.
[726] G. Descottes (1864), S. 146.
[727] G. Descottes (1864), S. 140.
[728] G. Descottes (1864), S. 170.

Vernunft und der Intelligenz eine zentrale Rolle in dieser Religion spielen. In politischer Hinsicht scheint sich hier G. Descottes Vorliebe für die Republik ablesen zu lassen, denn im Rahmen der Schulbeschreibung steht unter den positiven, den Schulbetrieb regelnden Gesetzen: „Phiaso, en l'an II de la république"[729]. Von einem sehr positiven Menschenbild geht auch die Beschreibung des Planeten Jupiter aus: Das hier lebende „peuple éclairé, sage, bien organisé"[730] ist so friedlich und seine Verbrecher so in der Unterzahl, dass das Volk selbst seine eigene Polizei darstellen kann; aus diesem Grund traut sich auch kein fremdes Volk, diese Gesellschaft anzugreifen, viel zu entschlossen und daher gefürchtet ist der Zusammenhalt: „il [=le peuple] se lève tout entier, tout entier il devient soldat"[731]. Dem literarischen Motiv der paradiesischen Venus treu (siehe Kapitel 5.2), siedelt auch G. Descottes die beste von ihm beschriebene Welt auf diesem Himmelskörper an, der als „grand vestibule du séjour éternel"[732] das ersehnte Ziel der Seelenwanderung und damit eine Belohnung für ein gutes Leben darstellt. In Kapitel 6.1 ist bereits angeklungen, dass sich diese moralische Überlegenheit der Venusianer in ihrem blendenden Äußeren bemerkbar macht, aber auch das Vorhandensein von bunten Vögeln trägt zu diesem paradiesischen Bild bei. Auch das im 19. Jahrhundert so aktuelle Problem der Lenkbarkeit von Ballonen ist in dieser Welt durch das Domptieren von Vögeln gelöst worden[733], und die ähnlich aktuelle Frage der Energieversorgung wird angesprochen, denn auf der Venus gibt es sowohl die Elektrizität, als auch wohlriechenden Dampf in den Dampfmaschinen. Das Gesundheitswesen ist durch eine große Fortschrittlichkeit gekennzeichnet: Alte Menschen leiden in dieser Welt nicht an Krankheiten, genauso wenig wie Frauen bei der Geburt Schmerzen verspüren. Wie in vielen anderen Werken der Zeit, trägt auch G. Descottes Roman, was die Venus in politischer Hinsicht betrifft, kommunistische Züge, so erfährt der Reisende von der Erde schon recht bald: „Il n'est ici ni grands ni petits, ni princes ni sujets: l'égalité sociale règne dans ce monde"[734]. Eine Festlegung eines Individuums auf einen festen Beruf gibt es hierbei interessanterweise nicht, vielmehr muss jeder Mann im Laufe seines Lebens in handwerklichen Berufen arbeiten und darf erst im Alter leitende Tätigkeiten übernehmen[735]; ein unterschiedliches soziales Ansehen haben diese verschie-

---

[729] G. Descottes (1864), S. 139.

[730] G. Descottes (1864), S. 258.

[731] G. Descottes (1864), S. 258.

[732] G. Descottes (1864), S. 301.

[733] G. Descottes (1864), S. 288.

[734] G. Descottes (1864), S. 296.

[735] G. Descottes (1864), S. 327.

denen Tätigkeiten allerdings nicht. Wie sehr der Autor sich solche Zustände für sein Heimatland Frankreich wünscht, wird explizit deutlich, als sein Protagonist sagt: „ici [...] règne dans toute sa pureté cette sublime devise: Liberté, égalité, fraternité"[736]. Den Bewohnern dieser Welt ist darüber hinaus durchaus bewusst, dass es eine noch größere Glückseeligkeit nur nach dem materiellen, körperlichen Leben geben kann, was der Reisende erfährt, als er dem Tod eines alten Mannes beiwohnt und dabei die zuversichtlichen und optimistischen Reaktionen der Angehörigen sieht: Alle Venusianer warten also auf „la vraie, l'absolue félicité, qui réside dans les cieux"[737]. Das alles in allem in diesem Roman vermittelte Weltbild ist also sehr auf Gott und das Leben nach dem Tod konzentriert und dabei dennoch - was das irdische Leben des Menschen betrifft - recht optimistisch, erfährt doch der Reisende, dass die Venus bald nicht mehr alle Menschen wird beherbergen können, die es verdient haben, dort zu leben, und dass folglich der Planet Merkur bald die Rolle eines zweiten materiellen Paradieses übernehmen wird. Nicht überraschend klingt daher also die Aussage des Autors: „Le progrès est une loi nécessaire, universelle"[738].

Idealisiert und märchenhaft wirkt auch die in den Romanen Camille Flammarions geschilderte Märchenwelt auf dem Planeten Mars; in Kapitel 6.3.2 ist diese Überlegenheit der Marsianer bereits durch ihre große Anzahl an Sinnen und durch ihr leichtes, grazienhaftes Aussehen angeklungen, es lassen sich jedoch auch einige Dinge anführen, die man als Elemente einer Gesellschaftsschilderung ansehen kann, wobei wieder für die beiden Marsromane *Uranie* (1889) und *Stella* (1897) dieselben Aussagen gemacht werden können. Die als „êtres incomparablement moins pesants, plus aériens, plus délicats, plus sensibles"[739] bezeichneten Marsianer bei Flammarion müssen sich nicht ernähren („Ici, on ne mange pas, on n'a jamais mangé, on ne mangera jamais"[740]); zur Aufrechterhaltung des Lebens genügt diesen Lebewesen lediglich die Atmung. In dieser Welt sind die Weibchen den Männchen in unumstrittener Weise überlegen, was auf einer „supériorité des sensations"[741] beruht und körperliche Gewalt, z.B. bei einem Duell oder bei einem Mord, sind auf dem Mars unbekannt[742]. Dieses friedliche Bild wird noch verstärkt durch Wa-

---

[736]   G. Descottes (1864), S. 341.

[737]   G. Descottes (1864), S. 342.

[738]   G. Descottes (1864), S. 77.

[739]   C. Flammarion (1893), S. 276.

[740]   C. Flammarion (1893), S. 256.

[741]   C. Flammarion (1893), S. 274.

[742]   C. Flammarion (1893), S. 259 und S. 286.

gen, in denen man abends zum Vergnügen durch die Luft fährt, und durch die Schilderungen des Reisenden von der Erde, als dieser die Marswelt zum ersten Mal bei Tageslicht erblickt:

> „Quel panorama au lever du soleil! Fleurs, fruits, parfums, palais féeriques s'élevaient sur des îles à la végétation orangée, les eaux s'étendaient en limpides miroirs, et de joyeux couples aériens descendaient en tourbillonnant sur ces rivages enchanteurs"[743].

Diese Schilderungen erklären, warum die Marsianer gleich zu Beginn die Erde als „bagne"[744] bezeichnen und davon überzeugt sind, das kleinste Tier auf dem Mars sei besser und intelligenter als der stärkste Mensch auf Erden[745].

9.2 Realistische Utopien

Realistischer als Cyrano de Bergerac, beschreibt der Engländer Francis Godwin in seiner Erzählung *The Man in the Moone* den Mond, der aufgrund des guten Charakters der Seleniten „another Paradise"[746] darstellt. Wie gut dabei jeweils ein einzelner Mondbewohner ist, lässt sich direkt an seiner Körpergröße ablesen, denn diese ist seiner Charaktergröße proportional: „the taller people are of Stature, the more excellent they are for all indowments of mind, and the longer time they doe live"[747]; da die Mondtage 30 mal so lang sind, wie die Tage auf der Erde, werden auch die Seleniten in der Regel 30 mal so groß, wie die Menschen auf der Erde. Gewalt muss zur Beschaffung von Nahrung nicht angewendet werden, denn ein wild wachsender Baum genügt den Mondbewohnern als Nahrung[748], und auf dem gesamten Mond wird nur eine einzige, schöne Sprache gesprochen, die – ähnlich wie bei Cyrano de Bergerac – zu einem großen Teil aus Melodien besteht[749], wobei der Autor in seinem Text, in Form von zwei Notenzeilen, die typische Begrüßung auf dem Mond und den Namen seines Protagonisten wiedergibt. Diese Begrüßung heißt übersetzt soviel wie „Glorie be to God alone"[750]; eine Gottestreue, die sich auch in einem friedlichen Miteinander der Mondbe-

---

743 C. Flammarion (1893), S. 264.
744 C. Flammarion (1893), S. 251.
745 C. Flammarion (1893), S. 297.
746 F. Godwin (1972), S. 104.
747 F. Godwin (1972), S. 78.
748 F. Godwin (1972), S. 70 und S. 102.
749 F. Godwin (1972), S. 92ff.
750 F. Godwin (1972), S. 92.

wohner untereinander widerspiegelt, was den Beruf des Rechtsanwalts überflüssig macht[751]. Auch wird in diesem Glauben der Tod nicht als Schrecken empfunden, vielmehr erleben der Ablebende und seine Angehörigen diesen Moment als einen erfreulichen Übergang hin zu „all true joyes and perfect happinesse"[752]. Diese Mondwelt eines ewigen Frühlings ist also – in den Worten Klaus Völkers – ein „phantastischer, heller Gegenentwurf zur bestehenden Dunkelheit auf Erden"[753], wobei die Mondwelt als Gegenbild der Erde ein gewisses Maß an Realität beinhaltet: „Der Mondstaat war weder unwirklich, noch mythisch entrückt, in jeder Beziehung sollte er für die Menschen als erreichbar wirken"[754].

Durchaus erreichbar, da sehr einfach beschrieben, wirkt auch die Mondwelt, die in der 1845 anonym erschienenen *Voyage tout récent dans la Lune* als ein „autre Eden"[755] geschildert wird. Wie sehr diese Welt ein Paradies ist, ist bereits in den Kapiteln 5.1.1 und 6.1.1 durch die positive Beschreibung der dortigen Natur und Bewohner angeklungen; in einer Umgebung des ewigen Frühlings leben, umringt von vielen schönen Vögeln, so genannte *Lunaires*, die den Reisenden aufgrund ihrer blonden Haare und ihrer blauen Augen an Engel erinnern. Allein schon dieses Antlitz der Bewohner und die idyllische, friedliche Welt haben auf den Protagonisten Albert sofort eine verzaubernde Wirkung: „L'étonnement, la joie, le bonheur, toutes les émotions agréables se faisaient sentir à la fois"[756]. Recht schnell wird dem Leser des Romans allerdings klar, dass die Hauptabsicht des – anonym gebliebenen - Autors das Lob Gottes ist: Als der Erdenbewohner fragt, wer auf dem Mond regiere, ist die Antwort der *Lunaires* eindeutig: „Dieu, le roi de tous les mondes"[757]; als Albert daraufhin genauer nach der herrschenden Staatsform fragt, lautet die Antwort: „Nous vivons en famille: les plus anciens dirigent"[758]. Die Tätigkeit der Mondbewohner besteht daher darin, Gott zu loben und zu ihrer Ernährung Pflanzen anzubauen, denn das Töten von Tieren ist diesem „peuple semi-habitant du Ciel"[759] verpönt; die Aussage des Reisenden „Là, cher ami, tout est basé sur la religion, on ne parle que religi-

---

751 F. Godwin (1972), S. 107.
752 F. Godwin (1972), S. 108.
753 Klaus Völker, in einem Nachwort in: F. Godwin (1972), S. 82.
754 Klaus Völker, in einem Nachwort in: F. Godwin (1972), S. 92.
755 Anonym (1845), S. 47.
756 Anonym (1845), S. 14.
757 Anonym (1845), S. 23.
758 Anonym (1845), S. 24.
759 Anonym (1845), S. 26.

on"[760] kommentiert der Briefempfänger Dalcourt in seinen *Paraphrases* folgendermaßen: „il semble que tous les maux, au physique comme au moral, soient l'apanage de notre triste humanité"[761]. Explizit wird dieser Umstand auch auf den Sündenfall zurückgeführt: Als Söhne Adams („nés d'un père coupable"[762]) ist den Erdenmenschen ein anderes Schicksal bestimmt als den *Lunaires*, die unschuldig zur Welt kommen und daher auch den Tod als ein Fest feiern: Als es mit dem alten Mondbewohner zu Ende geht, wird Albert Zeuge davon, wie Jung und Alt sich singend zu einem fröhlichen Fest voller Blumen gesellt. Auch die Verwesung der Toten ist auf dem Mond nicht bekannt, denn der Sterbende wird von einem Engel abgeholt, was für die gesamte Familie ein Anlass großer Freude ist: „Une âme faite pour Dieu ne peut trouver de bonheur parfait qu'en lui seul"[763]; die hier geschilderte theokratische Mondwelt ist also in der Tat „un monde enchanté, un paradis"[764].

Explizite Bezüge auf Gott, märchenhafte Elemente und die konkrete Schilderung einer Utopie finden sich auch in den *Posthumes* (1802) von Réstif de la Bretonne auf den sonnennahen Planeten vereint. Neben der in Kapitel 6.2.1 dargestellten Überlegenheit der dortigen Bewohner wird aber auch die Gesellschaft der erwähnten Welten recht genau beschrieben: Ein Venusianer berichtet dem Reisenden, sein Volk habe im Laufe der Zeit alle Religionen durchlaufen, die es auf der Erde gab, bevor nun die einzig wahre Religion praktiziert werde, in der die Sonne den Vater und die Venus die Mutter allen Lebens darstellt. Die beiden Sonnenwenden stellen somit die einzigen religiösen Feste des Jahres dar, welche mit tagelangen Gesängen gefeiert werden; ferner finden sämtliche Taufen zum Zeitpunkt der Frühjahrsäquinoktien und sämtliche Hochzeiten zum Zeitpunkt der Herbstäquinoktien statt[765]. Die Moral der Venusianer ist durch das Prinzip der Nächstenliebe bestimmt, in diesem Zusammenhang erfährt der Reisende von der Erde: „nous pensons que *faire à Autrui ce que nous désirons pour nous mêmes*; est le seul moyén de plaire à la *Raison-éternelle*, à la *Justice* par essence"[766]; auffällig an diesem Zitat ist ferner, wie der Begriff *Dieu* zwar nicht explizit fällt, aber dennoch implizit angesprochen wird. In gesellschaftlicher Hinsicht trägt die Welt der

---

[760]   Anonym (1845), S. 31.

[761]   Anonym (1845), S. 79.

[762]   Anonym (1845), S. 27.

[763]   Anonym (1845), S. 35.

[764]   Anonym (1845), S. 14.

[765]   N.-E. Réstif de la Bretonne (1988), Bd. II, S. 289f. Im Weltbild der Venusianer erinnert Gott an einen Uhrmacher (N.-E. Réstif de la Bretonne (1988), Bd. III, S. 295.).

[766]   N.-E. Réstif de la Bretonne (1988), Bd. II, S. 297.

Venus bei Réstif de la Bretonne stark kommunistische Züge: Von den sechs Artikeln, die die gesamte Gesetzgebung auf diesem Planeten ausmachen, lautet der „Ier ARTICLE. Tous les Sors [=so der Name der Venusianer] sont égaux" und der dritte lautet „III. Tous les biéns sont communs, ainsi que le travail"[767]; eine Nichtbeachtung dieser Gesetze wird mit Einsamkeit bestraft, wobei sich die Vorbildlichkeit der beschriebenen Gesellschaft in dem überraschend harten Strafmaß niederschlägt, erhält ein Venusianer doch für eine Beleidigung drei Jahre Freiheitsstrafe, für Mord zwanzig Jahre Freiheitsstrafe und für Vatermord eine lebenslange Freiheitsstrafe ohne Bewährung. Von den Wissenschaften heißt es, sie hätten auf der Venus „un degré incroyable de perfection"[768] erreicht, wobei hier am Ende des 18. Jahrhunderts der Begriff *sciences* noch nicht den konkreten, technischen Charakter hat, den er etwa bei Jules Verne haben wird, vielmehr wissen die Venusianer in diesem Roman um die Natur Gottes, sie kennen das Wesen der Seele und sie können die Tiere menschenähnlicher machen und somit z.B. den Affen das Sprechen beibringen. Die Medizin hat hierbei solche Fortschritte gemacht, dass Venusianer lediglich an Altersschwäche sterben können, da alle Krankheiten heilbar geworden sind[769]. Erneut wird die Vorliebe des Autors für körperliche Dinge deutlich, als der Reisende von der Erde erfährt, dass erotische Bücher auf der Venus nicht etwa verpönt, sondern als „*Livres de plaîsir*, ou de *Morale*"[770] sehr beliebt und anerkannt sind. Ähnlich perfekt ist auch die Gesellschaft auf dem Merkur, auf dem es nur eine einzige Republik gibt, von der es heißt, sie sei „générale, une et indivisible"[771]; auch dieses System trägt also deutlich kommunistische Züge, es gibt keine Herrscher, keine unterschiedlichen Gesellschaftsschichten, und es herrscht eine generelle, moralische Überlegenheit: „Plus de préjugés; plus d'erreurs"[772]. Wie die Venusianer auch, haben die Merkurianer eine stark entwickelte Medizin und können das Leben eines Menschen bis zu drei Mal verlängern; ferner gelingt es ihnen, gewisse Tierarten künstlich herzustellen, aber nicht den Menschen, eine Tatsache, die den Reisenden Duc-Multipliandre vermuten lässt, diese Fähigkeit haben vielleicht die Bewohner der, von den Astronomen auf der Erde fälschlicherweise für Sonnenflecken gehaltenen, noch weiter innen liegenden Planeten bereits erlangt.

---

[767]   N.-E. Réstif de la Bretonne (1988), Bd. II, S. 303.

[768]   N.-E. Réstif de la Bretonne (1988), Bd. II, S. 308.

[769]   N.-E. Réstif de la Bretonne (1988), Bd. II, S. 308.

[770]   N.-E. Réstif de la Bretonne (1988), Bd. II, S. 314.

[771]   N.-E. Réstif de la Bretonne (1988), Bd. II, S. 336.

[772]   N.-E. Réstif de la Bretonne (1988), Bd. II, S. 340.

Eine Mondwelt, die sich von der Erde rein gar nicht unterscheidet, findet sich dahingegen in einer 1790 uraufgeführten, von Louis-Abel Beffroy de Reigny (kurz auch: Cousin-Jacques) verfassten *folie en prose et en trois actes*, welche den Titel *Nicodème dans la Lune ou la révolution pacifique* trägt. Hier reist der „pauv' campagnard"[773] Nicodème in einem – vom reisetechnischen Standpunkt aus nicht weiter nennenswerten – Ballon zum Mond und trifft dort auf *paysans*, wie er selber einer ist. Der Mond unterscheidet sich hierbei weder durch seine Bewohner („Approchez, approchez; gnia pas d'crainte; je n'sis pas t'un loup garou... j'sis un homme tout comm'vous"[774]), noch durch seine physikalische Beschaffenheit von der Erde:

> „J'vois q'la leune est comme la terre;
> Q'tout çà se r'ssemb' com' deux goutt'd'ieau"[775].

Wie der Protagonist Nicodème, sprechen auch die *paysans* auf dem Mond den zitierten französischen Jargon, was von Anfang an diese Bevölkerungsschicht in den Vordergrund des Geschehens rückt und gleichzeitig für eine Identifikation zwischen Erde und Mond sorgt. Im ersten Akt beginnt somit auch das Stück mit der Vorstellung des Elends der bäuerlichen Mondbevölkerung und der Information, dass der *Empereur* des Mondes hiervon nichts weiß, da ihm seine Fürsten und Minister stets das Bild einer glücklichen Landbevölkerung vorgaukeln. Der von der Erde kommende Nicodème nutzt nun seinen Status als Fremder und berichtet dem *Empereur* von diesen Missständen, was dieser ernst nimmt, das Volk in den Palast eintreten lässt und somit eine friedliche Revolution „von innen heraus" durchführt. Das hierbei eigentlich entscheidende Gespräch zwischen Nicodème und dem *Empereur* wird zwar nicht explizit wiedergegeben, dennoch wird deutlich, dass die Französische Revolution auf dem Mond als Vorbild dient: Neben den Schlagwörtern „égalité"[776] und „liberté"[777] wird dies an einem Gesang deutlich:

> „Oui, Messieurs, tout l'monde en France
> A tout d'suite été d'accord;
> Clergé, Noblesse et Finance,
> Ont cédé leux droits... d'abord..
> Tout chacun, sans résistance,
> D'y r'noncer a pris grand soin..."[778].

---

773 L. A. Beffroy de Reigny (1983), I,12, S. 98.
774 L. A. Beffroy de Reigny (1983), I, 8, S.90.
775 L. A. Beffroy de Reigny (1983), II,4, S. 120.
776 L. A. Beffroy de Reigny (1983), II,10, S. 132.
777 L. A. Beffroy de Reigny (1983), III,6, S. 146.
778 L. A. Beffroy de Reigny (1983), III,5, S. 149.

Michele Sajous kommentiert diese Textstelle folgendermaßen: „La pièce est délibérément optimiste, monarchie et révolution, patriotisme et royauté vont encore de pair"[779]. Der Tatsache, dass die Französische Revolution nicht ganz so friedlich abgelaufen ist, wie in diesen Versen geschildert, wird Nicodème dadurch gerecht, dass er leise beiseite spricht: „A beau mentir qui vient d'loin"[780] und in der Tat wehren sich auch der Adel und die Minister des Mondes gegen ihre bevorstehende Herunterstufung. Michele Sajous weist in diesem Zusammenhang darauf hin, dass diese Bemerkung dem Autor später den Ruf eingebracht hat, ein *contre-révolutionnaire* zu sein; erst unter dem *Directoire* konnte Beffroy de Reigny dann wieder auf die daraus resultierende *clandestinité* verzichten[781]. Die Tatsache, dass sich hierbei Erde und Mond gleichen, wie ein Ei dem anderen, präsentiert dem Theaterbesucher ferner das Thema der Revolution in einer sehr direkten Weise und Nicodème kann „par comparaison"[782] mit seinem Heimatland Frankreich den *Empereur* zu seiner Revolution anleiten:

> „L'actualité révolutionnaire est reproposée aussitôt au public sans aucune distance. Le seul effet de recule que les auteurs tentent de donner à leurs pièces est obtenu par les mêmes procédés que les récits utopiques dont le XVIIIe siècle abonde: transposition d'un monde idéal dans un lointain géographique ou temporel"[783].

Zu einem wesentlichen Teil besteht die Utopie in Beffroy de Reignys Stück also in einem vorbildlichen und guten König, der, als er hört, dass das Volk seinen Palast umstellt, zu seinem Minister sagt:

> „ce sont mes sujets tout comme vous. [...] qu'ils viennent avec confiance épancher dans mon cœur leurs besoins et leurs peines... Qu'on ouvre toutes les issues de ce jardin... ce palais est la maison du père de famille; tous les enfants doivent y être bien reçus" [784].

9.3 Technische Utopien im 19. Jahrhundert

In seinem Buch *Die politische Insel* diskutiert der Soziologe Hans Freyer[785] (1887-1969) den Wandel utopischer Bilder im Verlauf der Jahrhunderte

---

[779] Michele Sajous; in: L. A. Beffroy de Reigny (1983), S. 18f.

[780] L. A. Beffroy de Reigny (1983), III,5, S. 149.

[781] Michele Sajous; in: L. A. Beffroy de Reigny (1983), S. 18f.

[782] L. A. Beffroy de Reigny (1983), I,12, S. 96.

[783] Michele Sajous; in: L. A. Beffroy de Reigny (1983), S. 15.

[784] L. A. Beffroy de Reigny (1983), III,5, S. 144.

[785] Hans Freyer wurde im Jahre 1925 an der Universität Leipzig der erste Ordinarius für Soziologe, ohne Beiordnung eines anderen Fachs.

und führt dabei zwei Merkmale an, die eine typische Utopie des 19. Jahrhunderts kennzeichnen, und in der Tat lassen sich diese beiden Aspekte in den nun zu untersuchenden utopischen Romanen des 19. Jahrhunderts in mehr oder weniger starker Form beobachten. Im Bezug auf einen ersten Punkt – die Begeisterung für die im Zeitalter der industriellen Revolution aufblühende Technik – schreibt Freyer:

> „Das 19. Jahrhundert hat die Technik zum ersten Mal auf exakte Naturwissenschaft begründet und umgekehrt die technische Aufgabe zum Anreiz der Naturforschung gemacht. Seine Erfindungen sind nicht mehr Zufall und Glück, sondern planmäßige, mit den Waffen der Wissenschaft errungene Siege über die Natur. [...] Alle Utopien des 19. Jahrhunderts sind voller Technik, einige sind sogar vorwiegend oder ausschließlich Zukunftsbilder des technischen Fortschritts"[786].

Neben diesem, im 19. Jahrhundert blühenden, technischen Fortschrittsglauben führt Freyer als einen zweiten zentralen Punkt die soziale Frage an, die aus einer mit der Industrialisierung einhergehenden Entfremdung des Arbeiters zu seiner Arbeit und einer durch einen Klassenkampf erschütterten, hochkapitalistischen Gesellschaft hervorgeht; er schreibt: „Die Utopie wird zum sozialwissenschaftlichen System, und umgekehrt: die sozialwissenschaftlichen Systeme werden zu Utopien oder enden in einer solchen"[787]. Im Folgenden soll nun untersucht werden, inwiefern die im Rahmen dieser Arbeit untersuchten Utopien den von Hans Freyer angegebenen Merkmalen entsprechen.

9.3.1 Die friedliche Mondwelt bei Alexandre Cathelineau

Alexandre Cathelineau schildert in seinem 1865 erschienenen Roman *Voyage à la Lune* eine utopische und friedliche Mondwelt und gibt dabei dem 21. Kapitel sogar direkt den Namen *Utopie*. Der Autor beschreibt hier eine

> „différence [qui] consistait en l'absence absolue de tout ce qui est mauvais moralement et laid physiquement et en un accroissement proportionné de tout ce qui est poétiquement beau et matériellement attrayant. Nous étions tombés en pleine Utopie!"[788].

Diesen deutlich positiven Eindruck erweckte bei den Reisenden von der Erde auch schon die äußerst fruchtbare Mondlandschaft und das positive Aussehen der Mondbewohner („les hommes robustes et bien bâtis,

---

786   H. Freyer (2000), S. 148f.

787   H. Freyer (2000), S. 150. Als Beispiel für ein solches System führt Hans Freyer Robert Owens Überlegungen in *New Views of society* an.

788   A. Cathelineau (1865), S. 208.

et possesseurs de physionomies indiquant un excellent caractère et beaucoup d'intelligence; - les femmes d'une beauté parfaite, sans exagéra-
tion"[789]). Neben dem rücksichtsvollen, von jeglicher Hysterie freien Charakter der Mondbewohner, zeichnen auch deren harmonische Gesänge
„d'une mélodie admirable et d'une harmonie parfaite"[790] und die Art
und Weise der Ernährung ein Bild der Utopie: Wie auch in einigen anderen bereits dargestellten Gesellschaften, kennt auch die von Alexandre
Cathelineau geschilderte Welt kein Töten um der Nahrung willen; vielmehr ernähren sich der Mensch und jede Tierart jeweils ausschließlich
von einer einzig und allein für seine Art bestimmten, überall wachsenden Frucht, die Speise und Trank zugleich darstellt (nur in Situationen
extremer Belastung werden noch zusätzlich kleinere Mengen an Wasser
getrunken)[791]. Genauso findet sich in diesem Roman auch das Element
einer aus nur einer Nation bestehenden Gesellschaft wieder, die nur eine
einzige, als „sonore et musicale"[792] bezeichnete Sprache kennt[793]. Uto-
pisch ist ferner auch die Friedlichkeit dieser Welt ohne Morde und Krie-
ge[794], in der es keine Kranken gibt; auch Rechtsanwälte werden in dieser
Welt naturgemäß nicht gebraucht[795].

Dennoch ist diese als „un Paradis bien supérieur [...] à celui d'Adam et
d'Ève avant la chute"[796] und als „sphère glorieuse"[797] bezeichnete Welt
nicht – wie Hans Freyer es für eine typische Utopie des 19. Jahrhunderts
gefordert hatte – vom technischen Fortschritt bestimmt. Diese Mondwelt
zeichnet sich im Gegenteil vielmehr durch eine ländliche Idylle aus, in
der die Brücken und Häuser aus Holz gebaut sind, und dies „avec beaucoup de soin, de goût, et de solidité", was diesen Städten einen durchaus
positiven Charakter verleiht. Auch was die Fortbewegungsmittel betrifft,
ist der Mond keine technische Zukunftswelt, vielmehr reist man dort in
Wagen, die von einer Art Rentier gezogen werden, und Reisen durch die
Luft werden auf dem Rücken eines adlerähnlichen Vogels zurückge-

---

[789]   A. Cathelineau (1865), S. 197.

[790]   A. Cathelineau (1865), S. 187.

[791]   A. Cathelineau (1865), S. 210f.

[792]   A. Cathelineau (1865), S. 198.

[793]   Ein interessanter Vergleich zur *Académie Française* drängt sich auf, als die
         Reisenden erfahren, dass es auf dem Mond eine Art Behörde gibt, die
         diese Sprache vor Neuerungen und Änderungen zu bewahren versucht.

[794]   A. Cathelineau (1865), S. 218.

[795]   A. Cathelineau (1865), S. 238.

[796]   A. Cathelineau (1865), S. 209.

[797]   A. Cathelineau (1865), S. 215.

legt[798]. In astronomischer Hinsicht wissen die Wissenschaftler auf dem Mond weniger, als diejenigen auf der Erde, und auch der Buchdruck ist in der Utopie bei Alexandre Cathelineau noch nicht erfunden. Ferner wird in diesem Roman auch das zweite von Hans Freyer als wichtig angeführte Kriterium, nämlich der Sozialismus, explizit zurückgewiesen: „pour être sociables, ils n'étaient cependant pas socialistes"[799], als der Erzähler im Rahmen der Schilderung einer aus drei Familien bestehenden Hausgemeinschaft extra auf das Vorhandensein von Privateigentum hinweist. Des Weiteren ist eine generelle Arbeitspflicht für das Gemeinwohl in dieser Welt gesetzlich geregelt und das Zentrum in jeder der sternförmig angeordneten Städte stellt ein gemeinschaftlicher Versammlungsplatz dar. In der gesamten Gesellschaft gleich scheint auch der Kunstgeschmack zu sein: Die Reisenden von der Erde lernen auf dem Mond eine hoch entwickelte Malerei, ein hoch entwickeltes Theater und eine sehr schöne Musik kennen, wobei die Künstler hier stets bereit sind, ihre Werke dem – einhelligen!- Geschmack des Publikums anzupassen, wenn dies gewünscht wird. Dieser Geschmack der Öffentlichkeit deckt sich auch stets mit der Meinung eines *comité*, welches die Werke einer freiwilligen Zensur unterzieht[800]. Die von Alexandre Cathelineau geschilderte Mondwelt trägt also – trotz der zitierten, expliziten Absage an diesen Begriff - durchaus kommunistische Züge, ist dabei aber nicht in technischer Hinsicht, sondern vielmehr in moralischer Hinsicht als eine „monde d'utopie"[801] überlegen. Im Laufe ihres Aufenthaltes erfahren die Reisenden als Grund hierfür, dass die Menschen auf dem Mond bereits auf der Erde gelebt haben und sich dabei durch ihren guten Charakter eine „nouvelle existence matérielle parfaite"[802] auf dem Mond verdient haben, bevor sie, wenn sie auch dieses Leben ausgehaucht haben, in die köperlose „monde des esprits"[803] übergehen. Die Mondbewohner wissen, dass sie bereits ein zweites mal leben, haben hierbei allerdings keine Erinnerung an ihr früheres, irdisches Leben und huldigen Gott – an eine Naturreligion erinnernd – durch ein zeremonielles Feuer, jedes Mal, wenn ein Sonnenaufgang eine lange Mondnacht beendet[804].

---

[798]   A. Cathelineau (1865), S. 213.

[799]   A. Cathelineau (1865), S. 218.

[800]   A. Cathelineau (1865), S. 264.

[801]   A. Cathelineau (1865), S. 289.

[802]   A. Cathelineau (1865), S. 232.

[803]   A. Cathelineau (1865), S. 234.

[804]   A. Cathelineau (1865), S. 187ff.

9.3.2 Die Utopie bei Achille Eyraud

Ähnlich kommunistisch, aber bedeutend technischer ist dahingegen die Welt der Venus in Achille Eyrauds 1865 erschienenem Roman *Voyage à Vénus*, die Lucian Boia als „une utopie assez simple"[805] bezeichnet. Auch hier bemerkt der Reisende von der Erde die Vorzüge dieses Planeten bereits durch die auffallend reiche Pflanzenwelt und durch die ausgesprochene Schönheit der Venusianerinnen (siehe Kapitel 5.2.2 und 6.1.3); noch früher als der Reisende selbst allerdings, ist der Leser des Romans hierüber im Bilde, betitelt doch Achille Eyraud bereits das zweite Kapitel seines Romans mit der Überschrift *Volfrang quitte la terre pour un monde meilleur*[806]. Wie nicht anders zu erwarten, zeigt sich diese Überlegenheit der Venus gegenüber der Erde bereits in einem extrem guten Charakter der Venusianer: Der Reisende Volfrang äußert sich in diesem Zusammenhang extrem positiv über die Venusianerin Célia, in die er sich verliebt: „Chez elle, aucune grâce étudiée, aucun sourire factice, mais une simplicité parfaite et une candeur angélique qui laissaient voir toute son âme" [807]. Die Friedlichkeit dieser Welt zeigt sich auch deutlich, als Volfrang seinen venusianischen Widersacher Cydonis, der Célia ebenfalls liebt, zu einem Duell herausfordert, dieser aber ganz offensichtlich nicht weiß, was das ist[808]. Angenehm überrascht zeigt sich der Reisende von der Erde auch bei seinem Besuch in einem Theater, da die Anwesenden sich in einer Pause angeregt und interessiert über das dargebotene Stück unterhalten. Hier bietet sich für Achille Eyraud die Gelegenheit, die französische Gesellschaft des 19. Jahrhunderts zu kritisieren, indem er seinen venusianischen Gastgeber erfahren lässt, wie sich auf der Erde in einer vergleichbaren Situation die Männer über Börse und Politik und die Frauen über die Kostüme der weiblichen Darstellerinnen unterhalten: „De la pièce pas un mot"[809]. Übertrieben verklärt ist das Bild dieser positiven Welt allerdings nicht, neben der bisher erwähnten, positiven Darstellung, gibt es durchaus auch Dinge, die auf der Venus genauso sind, wie auf der Erde, so flüchtet der Gelehrte Mélino, Volfrangs Gastgeber, beispielsweise auf das Land, um dem „assourdissant brouhaha de la civilisation"[810] zu entgehen. Einen ähnlichen interplanetarischen Anspruch auf Allgemeinheit erhebt auch die Beschreibung dieses Wissenschaftlers als einem „vieillard à barbe blanche, [...] et aux allures un peu

805 L. Boia (1987), S. 92.
806 A. Eyraud (1865), S. 14.
807 A. Eyraud (1865), S. 137.
808 A. Eyraud (1865), S. 280.
809 A. Eyraud (1865), S. 122.
810 A. Eyraud (1865), S. 53.

maniaques et bizzares, comme tous les savants"[811]. Wie dieser, werden auch die Frauen recht stereotyp beschrieben, denn Volfrang berichtet, dass die jungen Venusianerinnen sich sehr stark für die Hochzeiten und die Mode auf der Erde interessieren, „d'où je jugeai que l'instinct de la parure était commun à toutes les femmes de l'univers"[812]. Die Darstellung gesellschaftlicher Dinge erfolgt bei Achille Eyraud also auf eine sehr heitere Weise: Der Reisende Volfrang lernt in Begleitung seines Gastgebers Mélino alle Ding des venusianischen Lebens kennen, wobei er hierbei zunächst einmal berichtet, wie die jeweilige Situation auf der Erde aussähe; zumeist erst in einem zweiten Schritt berichtet dann also Mélino von der Venus. Dieses Verfahren ermöglicht es dem Autor, eine ironische Parodie der französischen Gesellschaft des 19. Jahrhunderts zu zeichnen.

In politischer Hinsicht herrscht auf dieser Venus eine Demokratie, in der das gesamte Volk, also auch die Frauen, direkt, d.h. ohne die Zwischenstufe von Wahlleuten oder Parteien, die Mitglieder einer *assemblée représentative* wählen, welche in einem *Palais Législatif* residiert[813]. Die Ruhe derer Mitglieder, ihre Sachlichkeit, Pünktlichkeit und Höflichkeit beeindrucken Volfrang genauso, wie die Zustände, die vor Gericht herrschen: Hier tragen die Richter keine Kostüme, sondern treten ruhig, natürlich und sachlich auf; die *salle des Pas-Perdus* in irdischen Gerichtssälen kommentiert Volfrang bei dieser Gelegenheit voller Ironie: „où il se perd encore plus de paroles que des pas"[814]. Genauso bezeichnet er die Diskussionen in irdischen *assemblés* als ein „tournoi oratoire"[815] und erfährt dabei, dass der Rhetorik an venusianischen Schulen nur eine sehr kleine Bedeutung beigemessen wird. Neben diesen Gremien gibt es allerdings, durch die auf der Venus herrschende absolute Meinungsfreiheit, mehrere *réunions civiques*, welche, ohne Parteien zu bilden, Themen des öffentlichen Lebens diskutieren, ohne dabei allerdings eine Gefahr für die Regierung darzustellen[816]. Durch diesen heiteren Vergleich zwischen Erde und Venus erfährt der Leser also nicht nur einen Vorschlag einer besseren Welt, er bekommt vielmehr auch ein satirisches Bild seiner eigenen Gesellschaft; recht explizite Kapitelüberschriften (so z.B. *L'éducation vénusienne*, *Un théâtre à Vénusia* oder *Palais de Justice*) informieren den Leser auch stets recht genau darüber, welches Element der Gesellschaft als nächstes behandelt werden wird.

---

[811] A. Eyraud (1865), S. 54.

[812] A. Eyraud (1865), S. 134.

[813] A. Eyraud (1865), S. 166.

[814] A. Eyraud (1865), S. 162.

[815] A. Eyraud (1865), S. 166.

[816] A. Eyraud (1865), S. 170f.

Wie es Hans Freyer für eine typische Utopie des 19. Jahrhunderts fordert, trägt Eyrauds Gesellschaftsbeschreibung auch deutlich kommunistische Züge, die sich beispielsweise in der Zensur zeigen, welcher Theaterstücke unterliegen. In „comités éclairés et impartiaux"[817] werden neue Werke geprüft und auf Kosten des Staates veröffentlicht, wenn sie besonders gut sind, aber verboten, wenn sie dem Pflichtbewusstsein gegenüber der Familie oder der Gesellschaft schaden. Auch die Institution des Zolls ist auf der Venus nicht nötig, denn die gesamte Bevölkerung dieses Planeten stellt „une seule nation, n'ayant qu'une seule religion, une seule législation, un seul système de mesures et de monnaies"[818] dar. Ein weiteres kommunistisches Element ist, dass auf der Venus alle Berufe dasselbe Ansehen genießen[819] und dass sowohl der Adel als auch die Würdigungen durch Orden abgeschafft wurden („devenu beaucoup moins une distinction pour ceux qui l'obtenaient qu'une humiliation pour ceux qui ne l'avaient pas" [820]). In seltsamer Weise finden sich darüber hinaus, in einer Arbeitswelt, in welcher der einzelne Arbeiter als Selbstständiger mit dem Kapital des Staates arbeitet, Elemente des Kapitalismus und des Kommunismus miteinander verknüpft:

> „Il n'y a pas […] de patron: chacun travaille pour son compte, et travaille ainsi avec plus de plaisir, d'ardeur et de profit. L'association fournit les capitaux nécessaires, et la vie en commun économise bien des dépenses"[821].

Auffallend ist auch, dass alle im Rahmen ihrer Familie arbeiten und – sofern es nicht einzelne, ausgefallene Berufe anders verlangen – auch mit ihrer Familie innerhalb ihrer Arbeitsstätte wohnen[822]. Zum Schutze der Allgemeinheit sind auf der Venus ferner auch alle Arten von Spielkasinos abgeschafft worden, „en première ligne, la Bourse la plus dangereuse"[823], da an der Börse einige „gros requins"[824] kleinere Anleger ruiniert hatten. Ein weiteres Indiz der Gleichheit stellt darüber hinaus die Gleichstellung der Frau auf dem Arbeitsmarkt dar[825].

Im Gegensatz zu der eher an eine Schäferidylle erinnernden Mondwelt bei Alexandre Cathelineau (siehe Kapitel 9.3.1) ist die in *Voyage à Vénus*

---

[817]   A. Eyraud (1865), S. 107.

[818]   A. Eyraud (1865), S. 73.

[819]   A. Eyraud (1865), S. 194.

[820]   A. Eyraud (1865), S. 90.

[821]   A. Eyraud (1865), S. 173.

[822]   A. Eyraud (1865), S. 173.

[823]   A. Eyraud (1865), S. 157.

[824]   A. Eyraud (1865), S. 158.

[825]   A. Eyraud (1865), S. 171.

von Achille Eyraud geschilderte Venus der Erde auch in technischer Hinsicht überlegen und erfüllt damit auch das zweite von Hans Freyer angeführte Indiz für eine typische Utopieschrift des 19. Jahrhunderts. Ganz im Sinne der Industrialisierung zeigt Mélino hierbei seinem Besucher zahlreiche Erfindungen, die mittlerweile – quasi als ein technischer Segen – dem Menschen anstrengende und gefährliche Arbeiten abnehmen; die Venusianer haben also die Möglichkeit, gewisse Aufgaben den „muscles d'acier des machines"[826] zu überlassen, um sich ganz auf die steuernden und denkenden Tätigkeiten zu konzentrieren. Auch die in Kapitel 4 mehrfach angesprochene Diskussion um die richtige Art des Fliegens findet in diesem Roman Erwähnung, wobei auf der Venus mit Propellern oder Flügeln ausgestattete „véhicule[s] atmosphérique[s]"[827] zum Einsatz kommen, die also eindeutig dem Prinzip des *plus lourd que l'air* entsprechen. Fragen also, die im 19. Jahrhundert auf der Erde aktuell waren, sind dies auch auf der Venus von Achille Eyraud; ferner haben die Bewohner dieses Planeten auch denselben Glauben an Gott und an die Unsterblichkeit der Seele[828]. Erinnert man sich darüber hinaus an die bereits weiter oben erwähnten, von Achille Eyraud gezeichneten, allgemeinen, stereotypen Charakterzüge (z.B. von Wissenschaftlern oder Frauen), so wundert es nicht, wenn Lucian Boia seinen Gesamteindruck des Romans folgendermaßen formuliert: „Ce n'est pas mal en fin de compte, mais inutile de voyager jusqu'à Vénus pour si peu de dépaysement"[829].

9.3.3 Die Mondwelt bei Pierre de Sélènes

Wie Achille Eyraud, schildert auch Pierre de Sélènes in seinem 1886 erschienenen Roman *Un monde inconnu, deux ans sur la Lune* (1886) eine utopische Gesellschaft, die in technischer Hinsicht der Erde überlegen ist und deutlich kommunistische Züge trägt. Bereits die überaus positive Ausstrahlung des Mondbewohners Rugel (siehe Abbildung S. 278), mit der die Erzählung des Aufenthaltes auf dem Mond überhaupt erst beginnt, lässt dies sofort erahnen. Lord Rodilan, einer der drei Reisenden von der Erde, bezeichnet in diesem Zusammenhang auch den Charakter dieser Person als äußerst positiv:

---

[826]   A. Eyraud (1865), S. 174.

[827]   A. Eyraud (1865), S. 259. Als Rechtfertigung für dieses Funktionieren schwerer Flugapparate führt Achille Eyraud – wie viele seiner Zeitgenossen auch – den Flug von Vögeln und Insekten, die ebenfalls schwerer als Luft sind, an.

[828]   A. Eyraud (1865), S. 221.

[829]   L. Boia (1987), S. 92.

„je n'ai jamais rencontré dans le monde où nous avions vécu jus-qu'ici un esprit plus fin et plus délicat, un caractère plus égal et plus doux , une bienveillance plus aimable que celle que vous nous avez témoignée"[830].

Auch die Beschaffenheit der Mondwelt als einer „monde surnaturel"[831] trägt zu dieser Utopie bei, und die Reisenden von der Erde bewundern eine traumhaft schöne Stadt „telle que l'imagination des conteurs orien-taux n'en aurait jamais pu rêver de pareille"[832], wobei schön gebaute und reichlich verzierte Häuser zu diesem Eindruck beitragen. In Kapitel 9.5 wird erwähnt werden, dass der Planet Jupiter von vielen Autoren als ein Paradies angesehen wurde, weil es auf seiner Oberfläche keine Jahres-zeiten gibt und der Jahresablauf dort folglich völlig gleichmäßig ist; auch bei Pierre de Sélènes ist nun die beschriebene Welt – da sie unterirdisch in Höhlen liegt - völlig monoton, wetterlos und von einem kosmischen, elektrischen Leuchten erhellt[833], was sich positiv und beschwichtigend auf die Mondbewohner auswirkt. Wie in vielen anderen bereits er-wähnten Utopien auch, haben sowohl die Mondmenschen, als auch die Mondtiere keinerlei Nahrungsaufnahme nötig, sondern ernähren sich durch die reine Atmung an sich; die Mondwelt ist also dermaßen fried-lich, dass das Töten, selbst um der Nahrungsbeschaffung willen, unbe-kannt ist[834]: Das Leben der - von ihren mitgebrachten Konserven leben-den – Erdenmenschen wird in diesem Zusammenhang als „inférieure et matérielle"[835] bezeichnet.

In politischer Hinsicht stellt die Mondwelt eine „race unique"[836] dar, wiederum typisch für die Einheit dieser - die gesamte Mondbevölkerung darstellende -Nation ist, dass es von jeher auf diesem Planeten nur eine einzige Sprache „aux inflexions musicales et douces, [...] d'une extrême simplicité logique"[837] gegeben hat. Ganz im Stil der Verbreitung der französischen Standardsprache im 19. Jahrhundert loben die Reisenden von der Erde die Reinheit, die Logik und die Unabhängigkeit dieser Sprache, die von keinem anderen Idiom beeinflusst werden kann. Den Vorsitz dieser Nation hat hierbei ein so genannter, parlamentsähnlicher, in der Hauptstadt sitzender *Conseil Suprême*, dem wiederum ein, aus den

---

830 P. de Sélènes (1886), S. 101.

831 P. de Sélènes (1886), S. 103.

832 P. de Sélènes (1886), S. 97.

833 P. de Sélènes (1886), S. 92.

834 P. de Sélènes (1886), S. 102.

835 P. de Sélènes (1886), S. 111.

836 P. de Sélènes (1886), S. 106.

837 P. de Sélènes (1886), S. 106.

eigenen Reihen auf Lebenszeit gewählter, *chef de l'État* – auch *chef suprême* genannt - vorsteht[838]. Dieser Person zollen alle Bürger des Staates aufgrund seiner vorbildlichen Persönlichkeit einen großen Respekt, und auch die Verhandlungen des *Conseil Suprême* zeichnen sich durch eine große Ruhe und Würde aus: „les trois amis auraient pu se croire devant une assemblée de dieux"[839]. Die Sitten und die Einrichtungen dieser „société d'un ordre supérieur"[840] sind sehr einfach, wobei Pierre de Sélènes das Stichwort *Utopie* auch dem Engländer Lord Rodilan, einem der drei Reidenden von der Erde, explizit in den Mund legt, als dieser sich in der Mondwelt begeistert zeigt von einer

> „réalité harmonieuse d'une nombreuse réunion d'hommes vivant dans une concorde parfaite, avec un minimum de lois et de gouvernement qu'oseraient à peine entrevoir les plus utopistes rêveurs"[841].

Wie kommunistisch die von Pierre de Sélènes entworfene Gesellschaft ist, wird klar, als die Reisenden erfahren, dass es in dieser idealen Welt kein Geld, kein Gehalt, keinen Eigenbesitz und auch keinen Grundbesitz gibt[842]; vielmehr darf jeder soviel Fläche in Anspruch nehmen, wie er benötigt[843].

Einen kritischen Punkt stellt dahingegen die Schilderung des Mondes als Zweiklassengesellschaft dar, wobei allerdings behauptet wird, es gäbe keinerlei Neid zwischen den beiden Schichten[844]. Die handwerklich arbeitenden Seleniten sind hierbei die *Diémides* („c'est à dire en langage lunaire ceux qui aspirent à une condition meilleure" [845]), die ihre Arbeiten ohne Neid und voller Freude verrichten und dabei Motivation finden in der „utilité commune de la grande famille dont ils faisaient partie"[846]. Die zweite Gruppe bilden die so genannten *Méolicènes* („c'est-à-dire les hommes de l'intelligence"[847]), welche Berufe ausüben, die eher geistige Fähigkeiten verlangen. Der Autor betont in diesem Zusammenhang – wieder gemäß seiner Zeit auf die Wichtigkeit der Sprache achtend – dass

---

[838]   P. de Sélènes (1886), S. 122.

[839]   P. de Sélènes (1886), S. 415.

[840]   P. de Sélènes (1886), S. 180.

[841]   P. de Sélènes (1886), S. 181.

[842]   P. de Sélènes (1886), S. 124.

[843]   P. de Sélènes (1886), S. 112f.

[844]   P. de Sélènes (1886), S. 121.

[845]   P. de Sélènes (1886), S. 120.

[846]   P. de Sélènes (1886), S. 120.

[847]   P. de Sélènes (1886), S. 121.

alle, die zu dieser Schicht gehören, gut lesen und schreiben können[848]. Im Hinblick auf diese offensichtliche „hiérarchie"[849] der Mondgesellschaft weist Pierre de Sélènes allerdings deutlich darauf hin, dass alle gleich zur Welt kommen[850] und dass jeder die gleichen Aufstiegschancen hat[851].

Neben diesen deutlich kommunistischen Zügen wird die Mondwelt aber auch hier wieder als der Erde in technischer Hinsicht überlegen dargestellt, die – für das 19. Jahrhundert typische – unkritische Fortschrittsgläubigkeit ist an vielen Dingen abzulesen, u.a. auch daran, wie der Erzähler die geschichtliche Entwicklung der Mondgesellschaft kommentiert: „chaque pas en avant est une conquête sur la nature"[852]. Eine interessante Vision des Autors ist hierbei z.B. das bei den Seleniten bereits erfundene Fernsehen, welches als „transmission à distance des [sic] images sensibles et parlantes"[853] bezeichnet wird; erste Prototypen dieses Gerätes wurden in Europa erst um das Jahr 1925, also ca. 40 Jahre nach der Veröffentlichung von Pierre de Sélènes Roman, gebaut. Darüber hinaus wurde auf dem Mond – wie auf der Venus bei Achille Eyraud auch – die bereits häufig erwähnte Diskussion um die richtige Art des Fliegens geführt und für die Partei des *plus lourd que l'air* entschieden[854]. Den Antrieb ihrer Propeller verdanken diese lunaren Flugmaschinen, von denen in der Tat ein reger Gebrauch gemacht wird, der Elektrizität, über die die Mondbewohner ohne Anstrengung verfügen, da sie eine Gesteinsart kennen, die sich automatisch an der elektrisch geladenen Luft auflädt und somit zu einer fast unerschöpflichen Batterie wird[855]. Neben diesen Flugzeugen betreiben die Seleniten hiermit auch futuristisch anmaßende Züge, sowohl innerhalb ihrer unterirdischen Höhlenwelt, als auch auf der Mondoberfläche, was den Reisenden von der Erde eine Fahrt durch diese leblose Kraterwelt, und dabei einen faszinierenden Blick auf ihren Heimatplaneten ermöglicht (siehe Abbildung S. 279). Es überrascht nicht, dass auch in dieser Welt eine große Gläubigkeit an Gott vorherrscht, welcher sowohl als „Être Souverain"[856], als auch als „Esprit Souverain"[857] bezeichnet wird, wobei explizit angemerkt wird, dass die-

[848] P. de Sélènes (1886), S. 106.

[849] P. de Sélènes (1886), S. 121.

[850] P. de Sélènes (1886), S. 122.

[851] P. de Sélènes (1886), S. 120.

[852] P. de Sélènes (1886), S. 119.

[853] P. de Sélènes (1886), S. 161.

[854] P. de Sélènes (1886), S. 162.

[855] P. de Sélènes (1886), S. 114.

[856] P. de Sélènes (1886), S. 101.

[857] P. de Sélènes (1886), S. 97.

ser Glaube in dieser friedlichen Welt von jeher gut und rein gewesen ist, und dass zu keiner Zeit Glaubenskriege oder ähnliches stattgefunden haben.

9.3.4 Zukunft und Vergangenheit zugleich auf der Venus von Charles Guyon

Ein interessantes und sehr vielseitiges Bild bietet auch die Welt der Venus in Charles Guyons 1888 erschienenem Roman *Voyage dans la planète Vénus*. Mit den Worten: „Nous voyons donc ici à la fois la Terre antique et le monde futur!"[858] kommentiert hier der Wissenschaftler Samuel Dixton die Tatsache, dass die Venusianer durch die positive Auswirkung des vielen Lichtes auf diesem sonnennahen Planeten den Erdenmenschen in technischer Hinsicht um 1000 Jahre voraus sind, der Planet an sich aber noch viel jünger ist, als die Erde und somit riesenhafte Tiere beherbergt, die auf der Erde in früheren Epochen heimisch waren.

Im Gegensatz zu anderen bereits geschilderten Werken besteht die Bevölkerung der Venus bei Charles Guyon nicht nur aus einer einzigen Nation, sondern aus mehreren: Als äußerst friedlich und als „si doux et si poli"[859] wird dabei das *Pays des Karakis* beschrieben, welches – um Schutz vor den großen Schneemassen in den nordischen Gefilden des Planeten zu finden – in einer technisch hoch entwickelten unterirdischen Höhlenwelt lebt. „Conquérants avides et féroces"[860] stellen dahingegen die Bewohner des *Pays des Nirmuliens* dar, welche stets auf Krieg aus sind. Die Lieblosigkeit dieses Volkes bemerken die Reisenden von der Erde sofort bei ihrer Einreise, da die Landschaft dieses Landes einer Steinwüste gleicht, und da sie auch sofort von der dortigen Polizei festgenommen werden[861]. Die ausführlichste Schilderung liefert Charles Guyon allerdings von dem so genannten *Pays des Kirimoniens*, welches eine wahre Utopie darstellt: Den Gemeinplatz einer schönen Sprache („aussi claire que simple, [...] douce harmonieuse, [...] et poétique"[862]) lässt der Autor dabei genauso wenig aus, wie das heitere Kokettieren mit Ritualen, da die Venusianer in diesem Roman – wie auch schon die Seleniten in der anonym erschienenen Monderzählung *Le char volant* von 1783 - zum Gruß den rechten Fuß für einige Sekunden heben[863]. Wie z.B. im *Pays d'eldorado* in Voltaires *Candide* und in vielen anderen Utopien

---

[858]   C. Guyon (1888), S. 89.
[859]   C. Guyon (1888), S. 139.
[860]   C. Guyon (1888), S. 139.
[861]   C. Guyon (1888), S. 113f.
[862]   C. Guyon (1888), S. 38f.
[863]   C. Guyon (1888), S. 109.

auch, finden sich auf Guyons Venus Diamanten im Überfluss und stellen somit keinen Wertgegenstand dar[864]; ein gerade für französische Leser besonders interessantes, weiteres utopisches Element ist der auf dieser Venus wachsende, exzellente Wein, der durch die Nähe zur Sonne alle Jahrgänge der Erde in den Schatten stellt[865].

In politischer Hinsicht stellt dieses *Pays des Kirimoniens* eine Republik dar, in der das Volk auf zehn Jahre einen zehnköpfigen *Conseil* wählt, der sowohl die Exekutive als auch die Legislative darstellt und auch (ebenfalls auf zehn Jahre) einen Präsidenten wählt[866]. Als deutlich kommunistisches Merkmal dieser, als extrem zivilisiert bezeichneten Gesellschaft sind auf jeden Fall die so genannten *Karimas* zu nennen, das sind vom Staat betriebene *hôtels publics*, die alle Reisenden (so auch die Protagonisten von der Erde) gegen ein kleines Entgelt empfangen und die seit ihrer Entstehung die ehemals vorhandenen, privat betriebenen und daher teuren Hotels vollständig verdrängt haben[867]. Genauso auf den Nutzen der Allgemeinheit bedacht ist auch eine vom Staat geleitete, unabhängige Akademie, die alle neuen Erfindungen auf ihre Stärken und Schwächen hin prüft und die für die Gemeinschaft nützlichen Neuerungen finanziell fördert[868]. In moralischer Hinsicht sind die *Kirimoniens* ein „peuple pacifique"[869], welches zwar zu seiner eigenen Verteidigung über eine allgemeine Wehrpflicht verfügt, allerdings seit einhundert Jahren keinen Krieg mehr erlebt hat. Schusswaffen sind in diesem friedlichen Land (wie auf der gesamten Venus) trotz der noch darzustellenden technischen Überlegenheit nicht bekannt, gekämpft wird hier mit Speeren und Hacken[870]; lediglich für die Verteidigung gegen wilde Tiere werden elektrische Waffen benutzt, deren Funktionsweise allerdings nicht genauer erläutert wird. Diese Liebe zum Frieden scheinen auch die anderen Völker (bis auf die bereits erwähnten *Nirmuliens*) zu teilen, denn gegebenenfalls löst ein streitschlichtender, aus mehreren Nationen zusammengesetzter *Conseil suprême* auf diplomatischem Wege alle anstehenden, internationalen Konflikte und verhindert somit einen Krieg[871].

Nach dieser durchaus positiven Schilderung der *Kirimoniens* in moralischer Hinsicht überrascht es nicht, dass dieses Volk der Erde auch in

---

[864]   C. Guyon (1888), S. 73.

[865]   C. Guyon (1888), S. 104.

[866]   C. Guyon (1888), S. 107f.

[867]   C. Guyon (1888), S. 101.

[868]   C. Guyon (1888), S. 90.

[869]   C. Guyon (1888), S. 108.

[870]   C. Guyon (1888), S. 61.

[871]   C. Guyon (1888), S. 109.

technischer Hinsicht überlegen ist, wobei hierbei zwei aktuelle Themen des 19. Jahrhunderts eine wichtige Rolle spielen. Zum einen ist nämlich (wie auch bereits in einigen anderen erwähnten Werken) das Problem der Lenkbarkeit der Ballone auf der Venus gelöst, was auf diesem Planeten zu einem regen Luftverkehr mit den verschiedensten auf dem Ballonprinzip beruhenden Luftschiffen führt:

> „on voyait des navires à plusieurs étages, semblables à des hôtels flottants, [...] des voitures élégantes et légères; des convois composés de hauts et longs wagons; des ballons de toutes les formes et de dimension colossale"[872].

Das zweite im 19. Jahrhundert sehr aktuelle Thema stellt die Elektrizität dar: Neben mit goldenen Lenkrädern versehenen Elektroautos gibt es auf der Venus von Charles Guyon eine elektrische Straßenbeleuchtung, die den Franzosen Landal ins Schwärmen bringt: „Voilà ce qu'il faudrait à Paris, [...] avec ces soleils magiques, la police n'aurait plus à poursuivre de malfaiteurs!"[873]. In der Tat waren zu dieser Zeit in Amerika bereits mehrere Städte mit einer elektrischen Straßenbeleuchtung ausgestattet. Ein weiterer Roman, der im - eigentlich von der Dampfmaschine bestimmten - 19. Jahrhundert auf die Elektrizität baut, ist *Robur le conquérant* (1886) von Jules Verne, in der der *Albatros* eine auf dem Helikopterprinzip beruhende, elektrisch angetriebene Flugmaschine ist. Abenteuerlicher als die elektrische Straßenbeleuchtung ist bei Charles Guyon allerdings der so genannte *Tube-express*, ein vom Autor erfundenes, pneumatisches Röhrentransportsystem.

Betrachtet man also all diese Beschreibungen der Venus, so verwundert es nicht, dass der Amerikaner Madison, als er sich eigentlich noch auf einem ihm unbekannten Land der Erde glaubt, sagt: „Dans quel pays suis-je? Je n'en sais rien; en tout cas, cette nation est certainement la plus civilisée de la terre"[874].

9.3.5 Eine besondere Welt im Roman von Charlemagne-Ischir Defontenay

Eine nicht leicht einzuordnende Sonderrolle nimmt Charlemagne-Ischir Defontenays *Star ou psi de Cassiopée* ein, auffallend ist hierbei zunächst einmal, dass der Roman im Jahre 1972 in der Reihe *Présence du futur* der *Éditions Denoël* wiederaufgelegt wurde. Pierre Versins kommentiert das Besondere an diesem Roman folgendermaßen:

---

872   C. Guyon (1888), S. 86.
873   C. Guyon (1888), S. 94.
874   C. Guyon (1888), S. 97.

„ce roman fulgurant devrait suffire à sa gloire car nous tenons avec lui le premier ‚space opera' véritable de l'histoire de la conjecture romanesque rationnelle, et beaucoup plus intelligent que la plupart de ceux qui vinrent après lui"[875].

Zum Teil in Versform gibt der Autor hier den Inhalt von angeblich in einem Meteoriten vom Himmel gefallenen Manuskripten wieder, welche die ganze Geschichte einer Menschheit auf diesem fernen Planeten *Psi* erzählen. Die Zeit wird dabei in verschiedene Etappen eingeteilt, wie z.B. die *„ère du mal"*[876], die *„peste lente"*[877] oder aber eine völkerwanderungsähnliche Epoche, bis hin zu einer *Domination des repleux*, die eine Auswanderung auf die Monde des Planeten notwendig machte. Nach der Rückkehr der *Stariens* auf ihren Heimatplaneten entsteht dort unter der Herrschaft des vielgelobten Marulcar eine positive Welt, die durch Liebe zur Kunst und durch Friedlichkeit gekennzeichnet ist und auf einer so genannten *sensibilité* basiert, von der es heißt: „La *sensibilié*, voilà incontestablement la source de toute la morale humaine. L'homme quoi qu'il dise ou qu'il fasse, évite la douleur, le malheur, le mal, et cherche le plaisir, le bonheur , le bien"[878]. Diese somit auf einfachen Grundlagen aufbauende Gesellschaft kennt drei Grundprinzipien: Gegenseitige Unabhängigkeit, begrenzter Eigenbesitz und Gewaltfreiheit; drei Prinzipien, die auch an einem wichtigen Palast als *loi des peuples* angeschlagen stehen:

„Indépendance de chacun envers tous.

La possession du sol limitée.

La douleur est une impiété et la guerre un sacrilège"[879].

Die Ostfront dahingegen schmückt in diamantenen Buchstaben das *Credo* der *Stariens*, welches deutlich die Verherrlichung des Menschen in einer ansonsten nicht konkret geschilderten Gesellschaft widerspiegelt:

„Respect de l'homme.

Perfection de l'homme.

Déification de l'homme"[880].

---

[875]   P. Versins (1972), S. 229.
[876]   C. I. Defontenay (1972), S. 71.
[877]   C. I. Defontenay (1972), S. 72.
[878]   C. I. Defontenay (1972), S. 170.
[879]   C. I. Defontenay (1972), S. 174.
[880]   C. I. Defontenay (1972), S. 174.

9.4 Antiutopien

Sind die utopischen Schriften der Antike und der Neuzeit bis ins ausgehende 19. Jahrhundert stets positive Schilderungen einer anderen Welt, so ändert sich dies mit dem Ende des 19. Jahrhunderts, als in so genannten Antiutopien erstmals Welten geschildert werden, die abschreckende Züge tragen. Bekannte Beispiele hierfür sind z.B. die Romane *Brave new world* (1932) von Aldous Huxley (1894-1963) oder *Nineteen-eighty-four* (1949) von George Orwell (1903-1950). Diesbezüglich schreibt Marc Angenot in seinem Aufsatz *Jules Verne: the last happy utopianist* über das den Romanen dieses Autors (und auch vielen Romanen seiner Zeitgenossen) innewohnende Vertrauen in die im 19. Jahrhundert aufblühende Technik: „Verne is paradoxically a utopianist without an alternative society; he is the last SF writer who belives in industrial euphoria, even if some pessimism overshadows his last books"[881]. Liegt die Hauptzeit antiutopischer Schriften deutlich nach 1877, also nach der in der vorliegenden Arbeit schwerpunktmäßig interessierenden Zeitspanne, so sind erste Ansätze eines nachdenklich werdenden utopischen Denkens bereits im hier behandelten Textcorpus zu finden, was in diesem Unterkapitel behandelt werden soll.

9.4.1 Ein Vorläufer der Antiutopie aus dem 18. Jahrhundert

Nach den märchenhaften Paradiesen auf dem Mond des 17. Jahrhunderts, finden sich allerdings bereits in den ansonsten so allegorischen Schriften des 18. Jahrhunderts Schilderungen einer Mondwelt, die den Charakter einer Antiutopie tragen, wofür der 1784 erschienene Roman *Le retour de mon pauvre oncle* von Jacques-Antoine Dulaure ein gutes Beispiel darstellt. Auf dem Mond erlebt der Protagonist von der Erde hier in Begleitung seines charakterlich erhabenen Gastgebers ein „peuple d'ambitieux"[882], dessen Gesellschaft von Rücksichtslosigkeit (gleich nach seiner Ankunft wird der Reisende von dem Wagen eines Pfarrers angefahren), von Heuchelei und von Geldgier gekennzeichnet ist. Die politische Verfassung dieser Mondgesellschaft wird hierbei nicht beschrieben, der Roman beschränkt sich auf eine satirische Schilderung der Mond-

---

[881] M. Angenot (1979), S. 31. N.B.: Im Verlauf dieser Arbeit wurde bereits darauf hingewiesen, dass der Begriff *Science Fiction* (ursprünglich *Scienti-Fiction*) erst im Jahre 1929 von H. Gernsback geprägt wurde, wobei das Aufkommen ausschließlich dieser Thematik gewidmeter Zeitschriften, wie z.B. *Amazing Stories* (New York, ab 1926), hierbei von maßgeblicher Bedeutung war. Jules Verne als einen *Science Fiction* Autor zu bezeichnen stellt somit in gewisser Hinsicht einen Anachronismus dar.

[882] J.-A. Dulaure (1784), S. 54.

welt, die wohl die Pariser Gesellschaft des 18. Jahrhunderts unter dem Deckmantel der Herausgeberfiktion (siehe Kapitel 7.1) parodieren soll. In der geschilderten Mondwelt wimmelt es von *Sociétés*, in die man sich einkauft, in denen mit unmoralischen Handlungen, wie beispielsweise Betrug, geprahlt wird und in denen sich die Frauen gegenseitig affektiert unterhalten, obwohl sie sich eigentlich hassen: „La plupart des femmes se détestent; celles qui s'aiment le plus, sont celles qui se haissent le moins"[883]. Titel werden in dieser auf den Schein bedachten Welt ohne Rechtfertigung geführt, und in den Theatern werden ausschließlich grausame und brutale Stücke dargeboten. Explizit wird in Gesprächen in den *Salons* auch mit Untreue angegeben und unter allseitigem Lachen die komplizierte Geschichte einer „chaîne d'infidélités, ce mutuel déplacement, ce triple échange de plaisir"[884] erzählt, wobei der Protagonist (wohl um die Zensur zu täuschen) explizit darauf hinweist, dass in Paris alle Ehepaare einander treu sind. Im Hinblick auf utopische Gesellschaftsbilder in der Literatur des 19. Jahrhunderts ist es auch interessant festzustellen, dass das Thema der Technik in diesem Roman überhaupt nicht angesprochen wird, dass aber durchaus kommunistische Töne anklingen, als der Gastgeber des Protagonisten die, als Museum dienende, teure Sammlung eines Privatmannes mit den folgenden Worten kommentiert: „Il manque dans ce Cabinet une pièce intéressante [...]; c'est l'inscription de ces mots: *La vanité d'un homme retient ici le bonheur de cent familles*"[885]. Alles in allem ist dieser Roman also eine keineswegs heitere, sondern eher resignierte Satire der Pariser Gesellschaft des 18. Jahrhunderts; auch das explizite Lob dieser Gesellschaft kann einen aufmerksamen und aufgeklärten Leser hierüber nicht hinwegtäuschen. Am Ende des Romans entschließt sich der Reisende von der Erde somit zur Heimreise: „Fuyons [...] cette Planète ingrate; revolons vers la terre, & regagnons ma Patrie, la bonne ville de Paris. [...] Vive, pour les mœurs, notre bonne Ville de Paris! Revolons-y"[886].

9.4.2 Bereits erwähnte Utopien in einem anderen Licht

Ähnliche Züge – quasi als eine Art Wermutstropfen - tragen auch einige der eigentlich sehr positiven, in Kapitel 9.3 dargestellten, technischen Utopien des 19. Jahrhunderts. So kehren beispielsweise in Pierre de Sélènes Roman *Un monde inconnu, deux ans sur la Lune* (1886) die Reisenden aus freien Stücken auf ihren Heimatplaneten zurück; Grund hierfür

---

[883]   J.-A. Dulaure (1784), S. 44.
[884]   J.-A. Dulaure (1784), S. 47.
[885]   J.-A. Dulaure (1784), S. 39.
[886]   J.-A. Dulaure (1784), S. 52f.

ist u.a., dass die ewige Monotonie und Wetterlosigkeit der lunaren Unterwelt sie langweilt[887]. Aber auch der erhabene Charakter der Seleniten beginnt die Erdbewohner zu stören, sie fragen sich infolgedessen, ob das Leben auf der Erde, mit all seinen Abwechslungen und Veränderungen, nicht zu bevorzugen sei[888]. Einen ersten kritischen Blick auf die Technik stellt darüber hinaus die Tatsache dar, dass diese – eigentlich so erhabene - Mondbevölkerung über die notwendigen Mittel verfügt, um ihren Planeten zu zerstören[889]. Auch Volfrang in Achille Eyrauds Roman *Voyage à Vénus* (1865) fühlt sich nach einiger Zeit auf der Venus von einem „long regard de compassion maternelle"[890] der Erde wieder auf seinen Heimatplaneten zurückgerufen, sowie auch der Reisende in Louis Desnoyers Monderzählung am Ende nicht mehr länger auf dem märchenhaften Mond voller verrückter Verdrehungen bleiben will:

> „Je quitterai ce stupide séjour, cet insensé pays! Je reverrai le mien, je reverrai ma Terre, ma belle Terre, où l'on boit, où l'on mange, où l'on dort, où l'on se bat, où l'on se tue, où l'on fait tout d'une façon raisonnable, c'est à-dire de la façon que je l'ai toujours vu faire"[891].

Verwunderlich an der Mondwelt bei Alexandre Cathelineau bleibt auch, wieso in dieser friedlichen Gesellschaft die Malerei und die Kunst im Allgemeinen hauptsächlich grausame Kriegsszenen darstellen, die ja in dieser Welt eigentlich gar nicht stattfinden.

9.4.3 Die Antiutopie im Roman von Alexandre de Lamothe

Diese im Vorangehenden dargestellten Bemerkungen am Rande einer positiven Gesellschaft sind u.U. als Vorbote dessen zu sehen, was man später als Antiutopie bezeichnen wird; ein frühes Beispiel für diese neue, negative Art der Utopie stellt Alexandre de Lamothes Roman *Quinze mois dans la Lune* von 1883 dar. In diesem Werk werden recht explizit verschiedene Staatsformen thematisiert und die räumliche Reise auf den Mond stellt gleichzeitig eine Reise um 100 Jahre in die Zukunft dar, da der Mond der Erde um diese Zeitspanne vorauseilt, ansonsten aber mit der Erde völlig übereinstimmt; in Kapitel 6.1 war ja erwähnt worden, dass die Mondbewohner in diesem Roman genauso wie Menschen von der Erde aussehen, und auch die Mondlandschaft scheinbar keiner speziellen Beschreibung bedarf. Politisch ist der Mond nun aufgeteilt in drei

---

887   P. de Sélènes (1886), S. 314.

888   P. de Sélènes (1886), S. 314.

889   P. de Sélènes (1886), S. 121.

890   A. Eyraud (1865), S. 294.

891   L. Desnoyers (1839), Bd. II, S. 207.

große Länder: Das *Empire du fer* (auch *Pays de Fer* genannt) ist hierbei eine Preußen imitierende Karikatur eines Militärstaates, wohingegen *Orygie* (auch *Pays de l'or* genannt) eine mitleiderweckende Schilderung Frankreichs im Jahre 1983 darstellt (der Roman stammt ja aus dem Jahre 1883). In dieser Schilderung offenbart sich der Autor als offensichtlicher Gegner der Demokratie und demonstriert, zu welch katastrophalen Zuständen diese Staatsform ein Land führen kann. Ein drittes Land namens *Terre des Inventions ou des Machines* entspricht aufgrund seines liberalen Wirtschaftssystems und seiner Technikliebe den Vereinigten Staaten von Amerika, wird aber im Gegensatz zu den beiden erstgenannten Ländern von den Protagonisten nicht bereist und somit auch nicht näher beschrieben.

Die konkrete Beschreibung des *Empire du fer* erfolgt in einer überspitzten Karikatur, die den Militarismus dieses Staates bei jeder nur erdenklichen Möglichkeit betont; so heißt es über dieses Land doch recht eindeutig: „L'âme de l'Empire du fer, c'est le canon"[892]. Wie deutlich dieser Staat eine Karikatur Preußens darstellen will, wird u.a. daran ersichtlich, dass der herrschende Prinz *Septimarck* heißt, quasi als Weiterzählung von „Primark, Bismark et Trimark"[893]. Dieser Prinz ist zwar intelligenter als seine Untertanen, er wird aber dennoch als sehr mürrisch beschrieben mit „ses gros yeux méchants, sa moustache rude comme chiendent et sa figure de bouledogue"[894]. Der Mitreisende Major von Sigmaringen, ein Gesandter Preußens, der den Mond annektieren soll, ist von diesem - von ihm als „Brusse berfectionnée"[895] bezeichneten - Land entzückt; zu dem trostlosen Bild einer penibel bis auf die Sekunde durchgeplanten, militärisch geregelten Welt passt deutlich auch der an drei von vier Tagen fallende Regen und die Unfruchtbarkeit des Bodens[896]. Auch das Klischee eines Bier und Tabak konsumierenden und Kohl essenden Preußen findet sich in diesem Roman genauso wieder, wie die Behauptung, dass ein Preuße angeblich 48 Stunden braucht, um einen Witz zu begreifen[897]; alles in allem also eine deutliche Karikatur, die der Franzose Docteur Durand sehr schön resümiert, als er beschließt dieses Land zu verlassen:

---

[892]   A. de Lamothe (1883), S. 82.

[893]   A. de Lamothe (1883), S. 134.

[894]   A. de Lamothe (1883), S. 127.

[895]   A. de Lamothe (1883), S. 86.

[896]   A. de Lamothe (1883), S. 149.

[897]   A. de Lamothe (1883), S. 139.

„la vue de ces uniformes m'agace les nerfs, j'ai déjà une indiges-
tion de saucisses, de bière et de choucroute, les tambours
m'empêchent de dormir, les canons me rendent sourd, et le règlement militaire qui veut que je me mouche en deux temps ou
me promène en trois mouvements, me rendrait aussi idiot que le
baron si cela continuait"[898].

In politischer Hinsicht gilt im *Empire du fer* der Grundsatz „Tout pour le
militaire et par le militaire"[899] und das Reich wird von unzähligen Gesetzen bestimmt, so werden die Reisenden von der Erde recht bald nach ihrer Ankunft mit den Worten „vous auriez dû connaître l'article 3,718,457
du règlement" für eine Nichtigkeit hart bestraft[900]. Waren in den anderen
bislang geschilderten Werken die Grundzüge des Kommunismus stets
als etwas sehr erstrebenswertes dargestellt worden, so ähneln die kommunistischen Züge des *Pays de Fer* eher einer militaristischen Gleich-
schaltung: Die Kinder des Landes werden gleich nach ihrer Geburt an
den Staat ausgehändigt und sofort in, an Fabriken erinnernden Schulen
zu Offizieren erzogen: „Ils [=les enfants] ont pour père Sa Majesté
l'empereur et pour mère la patrie"[901]. Mit 22 Jahren heiraten die *Ferriens*
dann jemanden, den das Los für sie bestimmt hat, und ein Soldat und
eine Soldatin bilden zusammen mit einem Offizier und einer Offizierin
eine vierköpfige Familie; ein *Ferrien* behauptet diesbezüglich zusammenfassend: „nous avons cessé d'être les individus pour ne plus être que les
atomes [=de la nation Ferienne]"[902]. Da das *pays du fer* nichts anbaut, lebt
es davon, regelmäßig gegen *Orygie* – das lunare Ebenbild Frankreichs –
Krieg zu führen; demzufolge wollen die *Ferriens* auch nicht, dass in *Orygie* die Monarchie wieder eingeführt wird, damit dieses Land nicht zu
stark wird[903]. Zusammenfassend lässt sich die Moral des lunaren Preußens mit der auf dem Gürtel einer Statue eingemeißelten Inschrift wie-
dergeben:

„Il n'y a d'autre Dieu que la patrie, d'autre justice que la force,
d'autre liberté que l'obéissance passive, d'autre volonté que celle
de l'Empereur: La force prime le droit"[904].

Ein bitterer Nachgeschmack des Krieges von 1870/71 war dadurch
schon angeklungen, dass das *Pays de l'or* stets von seinem kriegerischen

---

[898]   A. de Lamothe (1883), S. 145f.
[899]   A. de Lamothe (1883), S. 90.
[900]   A. de Lamothe (1883), S. 79.
[901]   A. de Lamothe (1883), S. 91.
[902]   A. de Lamothe (1883), S. 114.
[903]   A. de Lamothe (1883), S. 133.
[904]   A. de Lamothe (1883), S. 151.

Nachbarland angegriffen wird, wie deutlich aber dieses *Orygie* für Frankreich steht, wird daran ersichtlich, dass diese beiden Länder exakt dieselbe Form und dieselben Flüsse haben. Auch Städte sind an denselben Stellen vorhanden, tragen allerdings unterschiedliche Namen, so heißt Metz beispielsweise *Ville-Trahie*, Tours heißt *Galimatia*, Versailles heißt *Ville déserte* und Paris führt den sprechenden Namen *Gachiville*[905]. Die Republik ist durch sozialen Abstieg gekennzeichnet, so sind alle Kutscher ehemalige Präfekten[906], was den monarchieliebenden Franzosen Durand dazu bringt, die Demokratie als „despotisme anarchique"[907] zu bezeichnen und sich von dieser Staatsform mit den deutlichen Worten „Je suis bien trop Français pour cela"[908] zu distanzieren. Wie die Beschreibung des *Empire du fer* ist auch die Schilderung von *Orygie* eine Karikatur; beispielsweise hat jeder *conseiler municipal* ein Recht auf seine eigene Statue, weshalb auf zehn Einwohner eine Satue kommt; außerdem wechseln die Namen von Statuen und Straßen so häufig, dass sie einfach ausradiert und neu geschrieben werden; selbst Hausbesitzer finden ihr eigenes Haus in diesem Chaos nur mit dem Kompass wieder[909]. Ehemalige Kirchen wurden in dieser, die Gottesfurcht nicht lehrenden Gesellschaft zu Theatern und Museen umgebaut, das *Hôtel de ville* ist zu einem *Théâtre de la gloire* geworden und die Kinder müssen in eine *école laique* gehen, in der ihnen beigebracht wird, dass es keinen Gott und keine Moral gibt, weshalb es Familien nur noch in extrem klerikalen Kreisen gibt[910]. Genauso hat die Kirche *Saint-Sulpice* kein Kreuz mehr, sondern trägt vielmehr einen *bonnet phyrigien* auf dem Dach und dient mittlerweile als *temple de la commune*. Von jeglicher Religion befreit ist in *Orygie* auch das Heiraten: Das Heiratsrecht der Franzosen auf der Erde wird von den Mondbewohnern als *loi défectueuse* bezeichnet; auf dem Mond wird häufig hin und hergeheiratet, worüber auch kein Heiratsregister mehr geführt wird[911].

Auch die Verfassung – als ein „soi-disant [...] régime de l'égalité"[912] bezeichnet – wird auf eine karikierende Weise beschrieben, das parlamentsähnliche *gouvernement de la défense nationale* ist hierbei aus allen möglichen Berufen zusammengesetzt und es gibt einen *Ministre de l'ignorance*

---

905   A. de Lamothe (1883), S. 163, S. 177, S. 267, S. 277 und S. 320.
906   A. de Lamothe (1883), S. 193.
907   A. de Lamothe (1883), S. 184.
908   A. de Lamothe (1883), S. 212.
909   A. de Lamothe (1883), S. 283 und S. 320.
910   A. de Lamothe (1883), S. 264 und S. 268.
911   A. de Lamothe (1883), S. 284.
912   A. de Lamothe (1883), S. 222.

obligatoire[913]. Das Militär, das eigentlich gar kein richtiges Militär ist, denn lediglich mit Holzkanonen wird ein Scheinfeind belagert, ist hauptsächlich auf Orden aus, was allein schon der sprechende Name des *Général Cherche-étoile* belegt[914]. Die allesamt mit dem Präsidenten verwandten Minister sind der Meinung, die Republik lebe für sie, daher würden diese Personen auch lieber den gesamten Staat *Orygie* untergehen sehen, als ihre persönliche Machtstellung innerhalb von ihm, was u.a. in einer köstlichen Analogie zu einem Ausspruch des *Roi-Soleil* zum Ausdruck kommt: „La République, c'est nous!"[915]. In solch einer auf Faulheit ausgelegten Regierung hat dann auch der Präsident der Republik nichts zu tun und kann folglich mußevollen Beschäftigungen, wie beispielsweise der Jagd oder dem Billardspiel, nachgehen. Wie der Rest des Hofstabes hält er demzufolge auch einen sechsmonatigen Winterschlaf[916]. Es gibt zwar freie Wahlen auf dem Mond, aber auch hier zeigt sich die Selbstverliebtheit der Minister daran, dass auf den Wahlplakaten zu lesen ist *Liberté pour tous*, was aber einen Druckfehler darstellt, weil es in Wirklichkeit *Liberté pour nous* heißen soll; offen wird hierbei auch zugegeben, dass dieses Versehen nicht ganz unbeabsichtigt ist[917]. Ebenso eine Farce ist auch die scheinbar drohende Revolution der „ambitieux déguisés en anarchistes", welche aber in Wirklichkeit gar keine Revolution anstreben, da sie im Staat eine gute Stellung haben[918]. Natürlich interessieren sich die Zeitreisenden von der Erde auch für die ihnen bekannten Bauwerke und erleben hierbei zumeist herbe Enttäuschungen: Den *Sénat* hat man in dieser Welt schon ganz vergessen, Durand findet ihn als Ruine in einem dichten Wald wieder und der *Palais des Tuilleries* sowie der *Arc de Triomphe* sind als pompöse, zu Zeiten der Monarchie errichtete Bauwerke wieder abgeschafft worden, da sie eine Bedrohung für die Republik darstellten[919]. Genauso ist der *Louvre* mit all seinen Kunstwerken abgefackelt worden, da er gegen ein Gesetz der Gleichheit in Kunst und Malerei verstoßen hatte[920]. Als aktueller Zeitbezug des Jah-

---

[913]   A. de Lamothe (1883), S. 205.

[914]   A. de Lamothe (1883), S. 209 und S. 219.

[915]   A. de Lamothe (1883), S. 328.

[916]   A. de Lamothe (1883), S. 300ff.

[917]   A. de Lamothe (1883), S. 310.

[918]   A. de Lamothe (1883), S. 228.

[919]   A. de Lamothe (1883), S. 322ff.

[920]   A. de Lamothe (1883), S. 332. In einem gewissen Sinne lässt sich dieses Gesetz für Gleichheit in Kunst und Malerei als ein kommunistischer Zug dieser Gesellschaft sehen, in technischer Hinsicht wird hier lediglich erwähnt, dass in dieser Mondwelt Photographien mit einer extrem großen

res 1883 wird auch die Elsass-Lothringen Thematik angesprochen, denn über die Bewohner der Landstriche um Metz herum wird – aus Sicht der *Ferriens* bedauerlicherweise - gesagt, diese blieben von ihrer Seele her zeitlebens *Orygiens*, auch wenn sie politisch gesehen im *Pays du Fer* leben[921].

An einer zentralen Stelle des Romans schlägt der Franzose Durand den Preußen schließlich vor, in *Orygie* die Monarchie wieder einzuführen, was dieser allerdings erschreckt ablehnt, damit dieses Land nicht zu stark wird, lebt doch das *Empire du fer* von dessen Ausbeutung; auch gegen den Begriff der Freiheit wehrt sich Durand, als er sich entsetzt zeigt über „cet autre despotisme qu'on appelle liberté en Orygie, et qui n'est que licence effrénée pour quelques-uns, odieuse intolérance contre les autres"[922].

In Kapitel 7.2 ist bereits darauf eingegangen worden, dass das Ende des Romans offen lässt, ob die auf der Erde zurückgebliebenen den vermeintlichen Reisenden ihren Ausflug auf den Mond nun glauben oder nicht. Umso deutlicher wird allerdings das Ende des Romans, das die Rahmenhandlung schließt, nochmals dazu genutzt, die antidemokratische Haltung des Autors zum Ausdruck zu bringen: Auf die Worte des Doktors „*Ab omni republica libera nos Domine*" hin antworten alle Anwesenden „AMEN"[923], was den letzten Satz des Romans darstellt.

9.5 Utopische Aspekte in den Romanen von Jules Verne

In Kapitel 8 ist deutlich geworden, welch zentrale Rolle die – ja auch vertraglich mit dem Verleger Hetzel geregelte - Wissensvermittlung in Jules Vernes Romanen spielt. In einem gewissen Sinne mögen daher utopische Elemente im Werk dieses Autors überraschen; François Bussière weist beispielsweise in seinem Aufsatz *A propos du vol d'Apollo, Jules Verne ou la vérité du roman* von 1969 auf eine oft übersehene Vielschichtigkeit der Bedeutung in Vernes Romanen hin:

> „A prendre pour critère de jugement la pure vérité scientifique ou technique, comme le font encore certains commentateurs de J. Verne, on se condamne à ne voir dans [...] *Autour de la Lune*, qu'un ‚long cours populaire d'astronomie lunaire' "[924].

Geschwindigkeit reproduziert und versendet werden können (A. de Lamothe (1883), S. 181.).

[921]   A. de Lamothe (1883), S. 174.

[922]   A. de Lamothe (1883), S. 291.

[923]   A. de Lamothe (1883), S. 358.

[924]   F. Bussière (1969), S. 239.

Dabei lassen sich gerade auch in den ansonsten so technischen und wissenschaftlichen Mondromanen des Autors gewisse Elemente einer Utopie finden: Im 19. Jahrhundert ging man davon aus, dass die Rotationsachse des Planeten Jupiter senkrecht auf seiner Bahn um die Sonne steht, was eine komplette Abwesenheit von Jahreszeiten und damit, in den Worten Camille Flammarions, einen „éternel printemps"[925] zur Folge hätte[926]. Erstaunlicherweise ist es nun aber gerade der ansonsten sehr unwissenschaftliche Michel Ardan, der über die Konsequenzen aus dieser Tatsache gut informiert ist und daher in den folgenden Worten von diesem Himmelskörper schwärmt:

> „Mais ce qui rend surtout notre globe peu confortable, c'est l'inclinaison de son axe sur son orbite. De là l'inégalité des jours et des nuits; de là cette diversité fâcheuse des saisons. Sur notre malheureux sphéroide, il fait toujours trop chaud ou trop froid; on y gèle en hiver, on y brûle en été; c'est la planète aux rhumes, aux coryzas et aux fluxions de poitrine, tandis qu'à la surface de Jupiter, par exemple, où l'axe est très peu incliné, les habitants pourraient jouir de températures invariables; il y a la zone des printemps, la zone des étés, la zone des automnes et la zone des hivers perpétuels; chaque Jovien peut choisir le climat qui lui plaît et se mettre pour toute sa vie à l'abri des variations de la température"[927].

In der Argumentation des heiteren Franzosen bleibt dabei natürlich auch der Charakter der Bewohner dieser Welt von diesen guten Zuständen nicht unberührt:

> „les habitants de ce monde fortuné sont des êtres supérieurs, [...] les savants y sont plus savants, [...] les artistes y sont plus artistes, [...] les méchants y sont moins méchants, et [...] les bons y sont meilleurs"[928].

Im Folgenden nimmt das Publikum diese, im Rahmen des berühmten Streitgesprächs dargebotenen Argumente voller Begeisterung auf und ruft: „Eh bien! [...] unissons nos efforts, inventons des machines et re-

---

[925]   C. Flammarion (1864), S. 72.

[926]   Die Achse der Erde ist zur Erdbahn, der so genannten Ekliptik, um 23,5 Grad geneigt. Heute wissen wir, dass der damals angenommene Winkel für die Neigung der Jupiterachse gut gestimmt hat, allerdings würden mittlerweile, in einer vergleichbaren Argumentation, Venus und Merkur mit jeweils 2° Achsenneigung die Orte des größten *éternel printemps* darstellen.

[927]   J. Verne (1966, b), S. 247.

[928]   J. Verne (1966, b), S. 248.

dressons l'axe de la Terre!"[929]. Genau diese Idee greift aber gerade der 1889 erschienene, relativ unbekannte Roman *Sans Dessus Dessous* von Jules Verne auf: In diesem dritten Teil der Mondtrilogie treten die Mitglieder des *Gun-Club* erneut in Aktion und bauen eine Kanone, mit der sie durch den Rückstoß eines Schusses die Rotationsachse der Erde aufrichten wollen, was ihnen allerdings nicht gelingt; der Grund für dieses Scheitern liegt - wie in den beiden ersten Mondromanen auch - in einem Rechenfehler. Doch auch *Autour de la Lune* thematisiert utopische und politische Überlegungen: Dem im 19. Jahrhundert sehr aktuellen Thema der Evolution treu, schließt Barbicane aus dem hohen Alter des Mondes auf eine hohe Entwicklungsstufe einer eventuell existierenden Mondgesellschaft: „ils n'auront rien à apprendre de nous et nous aurons tout à apprendre d'eux"[930]. Hatte sich Alexandre de Lamothe in seinem Roman *Quinze mois dans la Lune* (1883) als deutlicher Demokratiegegner zu erkennen gegeben, so zeigt sich Jules Verne in diesem Roman im Gegenteil als ein wahrer Freund dieser Staatsform. Als der Sauerstoff in der (bereits in Kapitel 8.5 geschilderten) Episode den drei Reisenden zu Kopf steigt, beschließen diese, auf dem Mond – sofern noch nicht vorhanden - eine Republik zu gründen, wobei sie – den *Yankee Doodle* und die *Marseillaise* singend – planen, Michel Ardan als *congrès*, Kapitän Nicholl als *sénat* und Barbicane als *président* einzusetzen[931] (siehe Abbildung S. 275).

Wie es Hans Freyer für eine typische utopische Schrift des 19. Jahrhunderts verlangt, beinhalten auch Jules Vernes Romane kommunistische und technikliebende Aspekte. Letzteres verwundert nicht, ist doch Jules Verne gemeinhin als einer der „Väter der Science-Fiction" bekannt. Überraschender sind dahingegen kommunistische Züge im Werk des Autors, wie sie sich in seinem Roman *Hector Servadac* von 1877 finden. Diese *Voyage extraordinaire* erzählt, wie ein Komet die Erde trifft und dabei ein Stück von ihr mit auf eine Reise durch das gesamte Sonnensystem nimmt[932], bevor die Reisenden am Ende ihres Rundfluges wieder in einem Ballon auf ihren Heimatplaneten wechseln können (siehe Kapitel 4.9). Auf Elemente der phantastischen Literatur in diesem relativ unbekannten Roman des Autors macht Christian Chelebourg aufmerksam:

---

[929]   J. Verne (1966, b), S. 248.

[930]   J. Verne (1966, a), S. 76.

[931]   J. Verne (1966, a), S. 115f.

[932]   Allzu nah kommt die *Gallia* dabei den beiden äußersten im Jahre 1877 bekannten Planeten, Uranus und Neptun, allerdings nicht, möglicherweise weil der Kenntnisstand der Zeit diesbezüglich noch nicht viel lieferte, was Jules Verne seinen Lesern bei einem näheren Vorbeiflug hätte vermitteln können.

„Le prétexte est scientifique. Voyage de planète en planète aux côtés des Laplace, des Faye, des Newton de tout poil – voilà pour l'éducation! Quant à l'histoire, ‚c'est de la grande fantaisie', dixit Jules Verne"[933].

Genau dasselbe Stichwort *prétexte* verwendet auch Volker Dehs in seinem Kommentar über diesen Roman, in dem er das Motiv einer utopischen Gesellschaft entdeckt hat:

> „Le prétexte souvent fourni d'enseigner les miracles de l'astronomie et de l'espace, suffit-il pour expliquer le choix d'une action si bizarre? On peut le demander aussi de cette manière: Jules Verne, n'aurait-il pas pu parler du monde solaire sous des conditions ‚plus normales'?"[934].

Durch die beständige Abkühlung des Kometen, welcher in der Interpretation von Volker Dehs die Zukunft der Erde symbolisiert[935], sehen sich die auf ihrem (von ihnen Gallia getauften) Miniaturhimmelskörper mitgerissenen Erdbewohner dazu gezwungen, immer tiefer in einen Vulkan einzudringen, um der Kälte an der Oberfläche zu entfliehen. Hieraus resultiert eine große Solidarität:

> „Songer aux autres, n'était-ce pas songer à soi? Aucune différence de race, aucune distinction de nationalité ne pouvaient plus exister entre eux que Gallia [= der Komet] entraînait à travers l'espace infini, ils étaient les représentants d'un même peuple, ou plutôt d'une même famille, car on pouvait craindre qu'ils ne fussent rares, les survivants de l'Ancienne terre! Mais, enfin, s'il en existait encore, tous devaient se ralier, réunir leurs efforts pour le salut commun, et, si tout espoir était perdu à jamais de revenir au globe terrestre, tenter de refaire à cet astre nouveau une humanité nouvelle"[936].

---

933   C. Chelebourg (1987), S. 131.

934   V. Dehs (1985), S. 234.

935   V. Dehs (1985), S. 235.

936   Jules Verne: *Hector Servadac*, Erster Teil, Kapitel XVII. Zitiert nach: V. Dehs (1985), S. 236. Trotz dieses sehr positiven Menschheitsbildes ist das Werk Jules Vernes laut Volker Dehs dennoch nicht frei von gewissen „préjugés racistes: ceux du XIXe siècle" (V. Dehs (1985), S. 235f).

9.6 Fazit

> „Früher half meist ein Schiffbruch aus. [...] Oder ein „weitgereis-
> ter Freund" nahm die Erzählung vom Land Utopien auf seine
> Kappe. Je mehr die weißen Flecken auf dem Globus zusam-
> menschmolzen, desto unmöglicher wurde das"[937]:

Mit diesen Worten kommentiert Hans Freyer in seinem Buch *Die politische Insel* die Tatsache, dass im 19. Jahrhundert – anders als zu Zeiten der
Renaissanceutopien von Campanella, More und Bacon – in irdischen Gefilden der Platz für zu schildernde, andersartige Welten knapp wurde.
Wie an vielen erläuterten Beispielen gesehen, stellten daraufhin oft die
Himmelskörper unseres Sonnensystems einen neuen Ort für diese
Zwecke dar; wobei die Hauptaufgabe der entsprechenden Schilderungen
stets darin besteht, dem Leser und seinem sozialen Umfeld „den Spiegel
vorzuhalten": Ob das Land *Utopia* dabei auf dem Mond liegt, auf der
Venus oder in ferner Zukunft, im Blickfeld des Interesses steht dabei
stets unsere eigene Erde. In diesem Zusammenhang hat Lucian Boia sehr
schön darauf hingewiesen, dass die meisten der geschilderten Außerirdischen aus diesem Grunde den Menschen der Erde zumindest recht ähnlich sehen. Die Interpretation, dass andere Gesellschaften eine Vor-
bildrolle übernehmen, findet sich allerdings auch explizit in den erzählenden Texten selbst, so ruft der Reisende der *Histoire intéressante* von
1784 beispielsweise voller Entzücken über die Tugendhaftigkeit der
Mondbewohner: „Ah! Qu'ailleurs on fait bien le contraire! Quelle
leçon!"[938].

Wie gesehen ist die Gattung der Utopie im Laufe der Zeit einem gewissen Wandel unterworfen: Im Gegensatz zu den, an politische Traktate
erinnernden, Renaissanceutopien des 16. Jahrhunderts, vermitteln die
märchenhaften Utopien des 17. Jahrhunderts nicht selten das Klima einer
„Lune galante"[939], und auf die allegorischen, auf Charaktereigenschaften
Wert legenden Welten des 18. Jahrhunderts folgen die durch kommunistische Züge und Fortschrittsglauben bestimmten Utopien des 19. Jahrhunderts. Bezeichnet Werner Krauss kommunistische Wertigkeiten bereits im Hinblick auf alle Epochen als „die Grundlage aller Utopien"[940],
so entwickelt sich die in vielen Romanen erkennbare Liebe zur Technik
erst im, durch die industrielle Revolution gekennzeichneten, 19. Jahrhundert. Bekannt für seine positive Schilderung der Technik ist hierbei
vor allem Jules Verne, im Verlaufe dieses Kapitels ist aber darüber hin-

---

[937]   H. Freyer (2000), S. 9.

[938]   Anonym (1784), S. 53.

[939]   J. Servier (1993), S. 48.

[940]   W. Krauss (1964), S. 37.

aus auch deutlich geworden, dass das Werk dieses Autors auch (versteckte!) kommunistische Züge trägt, was Volker Dehs folgendermaßen kommentiert: „Les romans de Jules Verne aussi ont un droit à leur cache-cache"[941]. Neben der räumlichen Entfernung zu den beschriebenen Welten ist seit dem 18. Jahrhundert auch deren Transport in eine ferne Zukunft ein beliebtes Mittel der Utopie, wofür der im Jahre 1771 erschienene Roman *L'an deux mille quatre cent quarante* von Louis Sébastien Mercier (1740-1814) ein gutes Beispiel darstellt. Dieses Prinzip der Zeitreise ist in der vorliegenden Arbeit an dem Beispiel von Alexandre de Lamothes 1883 erschienenem Roman *Quinze mois dans la Lune* aufgezeigt worden; darüber hinaus wird in diesem Roman auch - zum einen der ersten Male - deutlich, dass geschilderte Gesellschaften auch Antiutopien darstellen können; bekannte Beispiele dieser Gattung aus dem 20. Jahrhundert sind z.B. die Romane *Brave new world* (1932) von Aldous Huxley oder *Nineteen-eighty-four* (1949) von George Orwell.

Auf jeden Fall stellt eine utopische Schrift stets ein Stück „Oppositionsliteratur"[942] dar, was in den Worten von Werner Krauss bedeutet, dass in der Utopie „das individuelle Glücksverlangen durch das Traumbild einer kollektiven Erfüllung"[943] ausgesprochen wird. Die daraus resultierende Schilderung einer andersartigen und glücklichen Welt beinhaltet, wie gesehen, gewisse ständig wiederkehrenden Gemeinplätze, wie z.B. Bewohner ferner Welten, die für ihr Überleben nicht kämpfen müssen, da entweder der Heimatplanet die notwendige Nahrung im Überfluss liefert, oder aber allein schon die geatmete Luft nahrhaft ist (letzteres ist in den Marsromanen Camille Flammarions der Fall). Häufig zeichnen sich utopische Gesellschaften auch durch das Vorhandensein einer wunderschönen und logischen Sprache, durch die Einheit der gesamten Bevölkerung in einer einzigen Nation oder aber auch durch die Wertlosigkeit irdischer Schätze (wie z.B. Edelsteine o.ä.[944]) aus. Nicht zuletzt wird aber auch häufig mit der Willkürlichkeit gewisser Rituale kokettiert, wie es sich beispielsweise in den zum Gruß gehobenen Füßen bei Charles Guyon manifestiert.

Werner Krauss weist ferner darauf hin, dass nur sehr wenige bekannte Autoren Utopien verfasst haben; er bezeichnet diese Gattung somit als einen „Zweig der Literatur, der bestimmt war, der Aufklärung den Weg zu den unteren Schichten und schließlich zur Gesamtheit der Nation zu

---

941   V. Dehs (1985), S. 234.

942   W. Krauss (1964), S. 23.

943   W. Krauss (1964), S. 18.

944   Vgl. hierzu z.B.: C. Guyon (1888), S. 73.

eröffnen"[945]. Auch Liliane Durand-Dessert und René Guise machen darauf aufmerksam, dass eine Vielzahl der ab 1835 veröffentlichten Werke über den Mond und die anderen Himmelskörper sich in den „vaste courant de l'utopie" einordnen: „Qu'elles [=les œuvres] réalisent des rêves ou qu'elles proposent de virulentes satires sociales ou morales, toutes reposent sur deux constantes: la Lune est accessible, elle est habitée"[946].

Ein gewisses Maß an Realismus beinhalten viele der hier behandelten Utopien jedoch dadurch, dass die in ihnen geschilderten Gesellschaften nicht von jeher gut waren und erst – dem Geschmack des 19. Jahrhunderts für Charles Robert Darwins (1809-1882) Selektionstheorie treu – nach mehreren Entwicklungsstufen der Gesellschaft zu solch einem positiven Zustand gelangt sind. Dies gilt beispielsweise für die *Voyage à Vénus* (1865) von Achille Eyraud, in der die Welt der Venus dieselben Entwicklungsstufen wie die Erde durchgemacht hat, bevor sie soviel besser geworden ist; „depuis qu'on n'y fait plus de canons" wird auch auf der paradiesischen Venus in Nicolas-Edme Réstif de la Bretonnes *Posthumes* (1802) das wunderschöne Kupfer des Planeten nur noch zum Bau von Glocken verwendet. Die Tatsache, dass auch alle diese guten Gesellschaften einmal schlechte Eigenschaften getragen haben, ist somit genauso ein Wermutstropfen in den Utopien, wie die in Kapitel 9.4.2 geschilderten Punkte, die nicht selten auch dafür sorgen, dass die Protagonisten ihre Heimreise völlig freiwillig antreten, weil sie ihren Heimatplaneten Erde doch bevorzugen (so z.B. der Reisende in Louis Desnoyers Monderzählung von 1835-1836). Alle diese Phänomene können somit durchaus als Vorbote der im 20. Jahrhundert aufblühenden Gattung der Antiutopie angesehen werden, wofür ja auch der bereits im Jahre 1883 erschienene Roman *Quinze mois dans la Lune* von Alexandre de Lamothe ein frühes Beispiel dargestellt hatte.

---

[945]   W. Krauss (1964), S. 17.

[946]   L. Durand-Dessert; R. Guise (1978), S. 29.

10 Intertextualität

Im Hinblick auf die vertraglich festgelegte Vulgarisierung von Wissen in den Romanen von Jules Verne verwundert es nicht, dass diese Werke viele intertextuelle Bezüge zu anderen Texten, so z.B. zu populärwissenschaftlichen Werken der Zeit, haben. In seinem Buch *Jules Verne écrivain* macht Daniel Compère hierauf aufmerksam, wobei er über den Begriff der *intertextualité* schreibt:

> „L'intertextualité – interaction verbale – est un processus par lequel un texte nouveau s'approprie le discours d'autrui qu'il transforme et assimile. Ce texte nouveau conserve à des degrés divers les traces de son travail de naturalisation. Le texte autre n'est jamais repris tel quel; il subit toujours une transformation. Même s'il n'y a pas de récriture comme dans la citation, le changement de contexte suffit à apporter une modification"[947].

Ferner bezeichnet Daniel Compère den Text, aus dem eine Entlehnung stattfindet als *texte d'origine*, der Text, in den diese Entlehnung eingebaut wird, wird *texte emprunteur* genannt[948]. Auf einer qualitativen und wertenden Ebene unterscheidet Daniel Compère zwischen den beiden Extremfällen der positiven und lobenden *éloge (imitation)* und der negativ behafteten *condamnation (parodie)*[949].

In der Tat lassen sich in der hier untersuchten Literatur viele intertextuelle Bezüge feststellen, was zum Teil schon durch Ähnlichkeiten in den Planetenbildern (z.B. die Venus als Sitz der Liebe, Kapitel 5.2), aber auch durch stets wiederkehrende Elemente in den Utopien angeklungen ist; auf weitere intertextuelle Beziehungen soll in diesem Kapitel eingegangen werden. Als Hauptgliederungsaspekt soll hierbei die Art der vorliegenden Intertextualität dienen: Der Begriff der *impliziten Intertextualität* (Kapitel 10.1) soll in dieser Arbeit für Beziehungen zwischen zwei Texten stehen, von denen der *texte d'origine* (in der Terminologie Daniel Compères) nicht explizit genannt wird. Auf Beziehungen zwischen zwei Texten, bei denen dieser Text explizit erwähnt wird, soll unter dem Begriff der *expliziten Intertextualität* (Kapitel 10.2) eingegangen werden. Interessant festzustellen ist, wie relevant und wie häufig zitiert Fontenelles *Entretiens sur la pluralité des mondes* im 19. Jahrhundert immer noch sind. Am deutlichsten zeigt sich dieser Sachverhalt wohl an einer 1852 von einem Abbé Orse herausgegebenen *Edition revue et augmentée*, die in den beiden neu dazugekommenen *Entretiens* aktuelle astronomische Erkenntnisse des 19. Jahrhunderts vulgarisiert, so z.B. die Beobachtung der

---

947 D. Compère (1991), S. 161.
948 D. Compère (1991), S. 161.
949 D. Compère (1991), S. 162.

Sonnenfinsternis von 1842 oder die von Sir John Frederick William Herschel entdeckten Doppelsterne[950]. Eine ähnlich zentrale Rolle spielte im 19. Jahrhundert natürlich auch Camille Flammarions 1862 erschienene Studie über die *Pluralité des mondes habités*, welche nicht nur vom Namen nach an die Schrift von Fontenelle erinnert. Was die explizite Intertextualität betrifft wird deutlich werden, dass vor allem die Mondromane von Jules Verne einige Autoren zum Weiterdenken und sogar auch zum Weiterschreiben dieser Werke angeregt haben.

10.1 Implizite Intertextualität

Ein gutes Beispiel für implizite Intertextualität stellen die in Kapitel 9 dargestellten, in den Utopien stets wiederkehrenden Gemeinplätze dar, auf die in diesem Kapitel nicht erneut eingegangen werden soll. Auch in der Betrachtung der Beschaffenheit der verschiedenen Himmelskörper tritt eine deutliche ideengeschichtliche Tradition zu Tage, in der die Planetenbilder z.T. stehen. Bemerkenswert ist hierbei auch die Entwicklung des Planeten Mars: Bevor ihn das Jahr 1877 zu einem beliebten und auch gefürchteten Reiseziel der Schriftsteller machte, war man sich über seine Belanglosigkeit einig, und sowohl Fontenelle in seinen *Entretiens* (1686) als auch Paracelse in seiner *Voyage à Sirius* (1870) gestehen diesem Himmelskörper in wortwörtlicher Übereinstimmung „rien de curieux"[951] zu. Bevor in Kapitel 10.2 die Gattung der relevanten Texte für eine Untergliederung der vorliegenden Arbeit sorgen wird, sollen in dem nun folgenden Unterkapitel verschiedene Themen behandelt werden, die sich in mehreren der untersuchten Werke finden.

10.1.1 Louis Desnoyers Monderzählung als Vorbild für andere Autoren

Auffallend ähnlich sind sich die märchenhaften Gesellschaften, die in der *Histoire fantastique de mon illustre cousin Benoit Laroutine* von Louis Desnoyers (1835-1836), in der anonym veröffentlichten *Voyage dans la Lune* von 1844 und in der heiteren Mondoperette *Le voyage dans la Lune* von E. Leterrier, A. Mortier und A. Vanloo (1875) geschildert werden. Parallelen finden sich hierbei zum einen in einzelnen Details sowie in grundlegenden Elementen der Handlung, so erzählt die anonyme Monderzählung von 1844 genauso wie der Text von Louis Desnoyers, wie der Reisende von der Erde auf dem Mond landet und damit einen Krieg auslöst, da zwei Könige den Protagonisten und seinen Ballon ihr Eigen

---

950   B. de Fontenelle (o.J.), S. 205.
951   B. de Fontenelle (1998), S. 128 und Paracelse (1870), S. 59.

nennen wollen. Auch die Art der Kriegsführung beinhaltet im Folgenden einen deutlichen intertextuellen Bezug: In beiden Erzählungen werden die Kriegsgegner nicht etwa getötet, sondern lediglich gefangen genommen; dem Wein, der zu diesem Zweck in der *Voyage dans la Lune* (1844) zu Betäubungszwecken auf die Widersacher gespritzt wird[952], entsprechen bei Louis Desnoyers – dem eher kindlichen Publikum dieser Erzählung gerecht werdend - mit Kanonen verschossene Bonbons, die die Gegner in Marmeladelöcher im Boden locken oder einfach nur das Verschießen von Juckpulver[953]. Deckungsgleich sind darüber hinaus auch die Bilder der Könige: Diese Stellung innezuhaben wird sowohl bei Louis Desnoyers als auch bei E. Leterrier, A. Mortier und A. Vanloo nicht etwa als eine Ehre, sondern eher als eine Strafe angesehen; zum König ernannt wird jeweils der dickste Mann des Landes[954]. Eine ähnliche Umkehrung der irdischen Wertvorstellungen gilt auch für die Orden, denn es gilt in diesen Welten als eine Ehre, sämtliche Orden, die jeder bei seiner Geburt automatisch innehat, nach und nach für besondere Taten ablegen zu dürfen: „Dans un pays où tout le monde a reçu une marque de distinction, la véritable distinction, c'est de n'être plus distingué du tout" [955].

Über diese konkret übereinstimmenden Details hinaus, ähneln sich die beschriebenen Gesellschaften auch in ihren märchenhaften, von vielen phantastischen Details gekennzeichneten Grundstimmungen: Elemente hiervon sind z.B. geflügelte Esel, die in der anonymen Monderzählung die Post verteilen, oder Berge aus Süßigkeiten bei Louis Desnoyers, die alle diese Welten als „pays de cocagne"[956] erscheinen lassen. Auf einen weiteren, entscheidenden intertextuellen Bezug machen Liliane Durand-Dessert und René Guise aufmerksam, so steigt der Ballon des Reisenden „avec la rapidité d'un boulet"[957], was die spätere Mondkanone Jules Vernes vorwegzunehmen scheint, denn die beiden kommentieren: „L'épisode a paru en 1836 et Jules Verne, enfant, aurait pu en avoir connaissance. Un certain nombre de coïncidences ont en effet attiré notre attention"[958]. Interessanterweise findet sich eine ähnliche Ausdruckswei-

---

952   Anonym (1844), S. 19f.

953   L. Desnoyers (1839), Bd. II, S. 201ff.

954   L. Desnoyers (1839), Bd. II, S. 178 und E. Leterrier; A. Mortier; A. Vanloo (1877), S. 13.

955   L. Desnoyers (1839), Bd. II, S. 179 und E. Leterrier; A. Mortier; A. Vanloo (1877), S. 13.

956   Anonym (1844), S. 14.

957   L. Desnoyers (1839), Bd. II, S. 69.

958   L. Durand-Dessert; R. Guise (1978), S. 27. Jules Verne wurde 1828 geboren und war also im Jahre 1836 acht Jahre alt.

se auch in der 1844 anonym erschienenen Monderzählung, in der es heißt, der transportierende Ballon sei „plus rapide et plus prompt qu'un boulet"[959]; auf einen ähnlichen intertextuellen Bezug soll auch in Kapitel 10.1.4. im Bezug auf das Verhalten des Raumschiffs am *point neutre* noch eingegangen werden.

10.1.2 Die Kommunikation zwischen den Himmelskörpern

Im Zusammenhang mit Jules Vernes Mondromanen denkt man heutzutage gern an die, in Kapitel 7.7 dargestellten, technischen Antizipationen des Autors und vergisst dabei die eigentliche Motivation des geschilderten Projekts, denn obwohl in diesen Romanen die Bewohnbarkeit dieses Himmelskörpers letzten Endes stark bezweifelt wird, besteht die ursprüngliche Triebfeder des Unternehmens in einer Kontaktaufnahme mit dem Mond und seinen Bewohnern. Nachdem Barbicane, der Präsident des *Gun-Club*, mehrere (in Kapitel 10.2.3 zu erwähnende) literarische Reisen zum Mond angesprochen hat, macht er auf den Vorschlag eines deutschen Mathematikers aufmerksam, der vorhatte, durch helle, in Sibirien angebrachte Lichtzeichen, Kontakt zu den Mondbewohnern aufzunehmen. Dieses Vorhaben des – nicht namentlich genannten – Wissenschaftlers wurde allerdings seinerzeit nicht durchgeführt, und so spricht Barbicane:

> „il est réservé au génie pratique des Américains de se mettre en rapport avec le monde sidéral. Le moyen d'y parvenir est simple, facile, certain, immanquable, et il va faire l'objet de ma proposition. […] [J]e me suis demandé si, au moyen d'un appareil suffisant, établi dans des conditions de résistance déterminées, il ne serait pas possible d'envoyer un boulet dans la Lune"[960].

Hierbei ist dieses Geschoss am Anfang als unbemannt geplant, erst Michel Ardan ändert dieses Vorhaben durch sein Telegramm: „*Remplacez obus sphérique par projectile cylindro-conique. Partirai dedans. Arriverai par steamer* Atlanta"[961], woraufhin sich im weiteren Verlauf des Romans auch der Präsident des *Gun-Club* und Kapitän Nicholl, anfänglicher Widersacher des Projekts, als Reisegefährten anschließen. Barbicanes patriotischer Vorschlag: „je vous mènerai à sa [= la Lune] conquête, et son nom se joindra à ceux des trente-six États qui forment ce grand pays de l'union!" wird hierbei mit einem generellen „Hurrah pour la Lune!"[962] kommentiert.

---

959   Anonym (1844), S. 8.

960   J. Verne (1966, b), S. 31f.

961   J. Verne (1966, b), S. 211.

962   J. Verne (1966, b), S. 25ff.

Vier Jahre nach Jules Vernes Roman, also im Jahre 1869, faszinierte diese Kontaktaufnahme mit Bewohnern anderer Planeten auch Charles Cros, der in der Zeitschrift *Cosmos* eine *Étude sur les moyens de communication avec les planètes* veröffentlichte. In dieser Schrift schlägt Charles Cros vor, eventuelle Nachbarn im All durch extrem helle Lichtzeichen auf die Erde aufmerksam zu machen:

> „Je vais exposer un projet dont la réalisation n'est pas proche, je le crains, à cause de l'éblouissement qu'il produit chez la plupart des hommes. [...] Il s'agit d'entrer en communication avec les planètes voisines de la terre, Mars et Vénus, au moyen de transmissions lumineuses"[963].

In einem ersten Schritt beweist der Autor hierbei durch mathematische Rechnungen, dass es möglich ist, mit der Hilfe von Parabolspiegeln einen Lichtstrahl zu erzeugen, der auf den anderen Planeten noch zu sehen ist; in einem zweiten Schritt macht Charles Cros darauf aufmerksam, dass das zu sendende Signal natürlich nicht zufällig aussehen darf, sondern gewisse Regelmäßigkeiten aufweisen muss, um den Adressaten auf den Planeten als von intelligenten Wesen gewollt zu erscheinen. Das Problem einer zunächst mangelnden Verständigungsbasis zwischen Sender und Empfänger löst Charles Cros durch den Vorschlag einer „langage interplanétaire"[964], die zunächst einmal – dem 1838 erfundenen Morsealphabet ähnlich - durch einfache, doppelte oder dreifache Blinkzeichen Zahlen darstellen kann. Bei der Interpretation der Nachrichten verlässt sich der Erfinder auf die Intelligenz der Empfänger; die gesendeten Zahlenreihen könnten z.B. angeben, wie viele weiße und wie viele schwarze Perlen auf bestimmten Fäden aufzureihen sind, so dass sich ein schwarzes Bild vor einem weißen Hintergrund ergibt.

Eine literarische Realisierung dieser Idee findet sich in dem 1886 erschienenen Roman *Un monde inconnu, deux ans sur la Lune* von Pierre de Sélènes. Das Motiv einer interplanetarischen Kommunikation taucht – ähnlich wie in der 1865 erschienen *Voyage dans la Lune* von Alexandre Cathelineau – gleich zu Beginn auf, mit einer vom Mond stammenden Plakette, welche zum Zwecke der Kontaktaufnahme von den Mondbewohnern auf die Erde geschossen worden war. Aber auch die von Charles Cros angedachte Idee einer auf Lichtzeichen basierenden Kommunikation zwischen den beiden Himmelskörpern ist in diesem Roman vertreten, hier allerdings wird nicht nur ein einzelner Lichtpunkt zum Leuchten gebracht, sondern vielmehr, durch eine quadratische Anord-

---

963   C. Cros (1869), S. 3. Interessant hierbei ist, dass Charles Cros, der allgemeinen Mondskepsis der Zeit folgend, eventuelle Bewohner des Mondes hierbei nicht erwähnt.

964   C. Cros (1869), S. 13.

nung von mehreren Lichtquellen, gleich ein bestimmter Buchstabe gesendet (siehe Abbildung S. 280); das Problem des bei Charles Cros erst zu findenden Codes der Botschaft stellt sich in diesem Roman ja nicht, da sowohl die Absender als auch die Empfänger Franzosen sind[965]. Gesteuert wird diese Lichtanlage – für den heutigen Leser eine Selbstverständlichkeit! – über eine Tastatur, was dem Leser des 19. Jahrhunderts allerdings erst definiert werden muss als „une sorte de clavier dont les 25 touches seraient marquées chacune d'une lettre, et qui permettraient d'éteindre et de rallumer à volonté les foyers figurant la lettre qu'on voudrait produire"[966]. Die erste auf diese Weise gesendete Nachricht besteht aus den Anfangsbuchstaben der Vornamen der Reisenden, was für die Astronomen auf der Erde keinen Zweifel an der Natur der Lichtzeichen aufkommen lässt; ausführlich wird daraufhin auch das Entstehen einer entsprechenden Apparatur auf der Erde geschildert, mit deren Hilfe die Erde antworten kann. Im Folgenden entsteht ein regelrechter Telegrammverkehr zwischen den beiden Planeten, auf dessen abruptes Ende bereits im Hinblick auf die Authentizität eingegangen worden ist (Kapitel 7.2).

In Charles Guyons Roman *Voyage dans la planète Vénus* (1888) beinhaltet die erste von den Reisenden an ihren Heimatplaneten gesandte Nachricht die amerikanische Flagge, was die amerikanischen Astronomen auf der Erde auf gleiche Weise erwidern. Auch in diesem Roman hoffen die Reisenden durch die Hilfe eines „colossal alphabet"[967] mit ihrem Heimatplaneten in Gedankenaustausch treten zu können, als ein unerwartetes Ereignis – hier ist es die unfreiwillige und todbringende Rückkehr auf die Erde (siehe Kapitel 7.1) – diesem Vorhaben einen Riegel vorschiebt.

In Camille Flammarions (ansonsten eher auf telepathische Kräfte bauenden) Roman *Uranie* von 1889 wird erzählt, dass die hoch entwickelte Marswelt bereits versucht hat, mit der Erde auf optischem Wege zu kommunizieren, dabei aber nie eine Antwort erhalten hat:

> „Des réflecteurs solaires dessinant sur nos vastes plaines des figures géométriques vous prouvent que nous existons. Vous pourriez nous répondre par des figures semblables [...]. Mais vous n'y songez même pas, et si quelqu'un d'entre vous proposait de l'essayer, vos juges le mettraient en interdit"[968].

---

965   P. de Sélènes (1886), S. 150ff.

966   P. de Sélènes (1886), S. 153.

967   C. Guyon (1888), S. 149.

968   C. Flammarion (1893), S. 298f.

Neben dem Morsealphabet und der Projektion von Buchstaben stellt hier also die Darstellung geometrischer Figuren einen weiteren Vorschlag zur interplanetarischen Verständigung dar, wobei davon ausgegangen wird, dass die Gesetze der Geometrie im ganzen Universum dieselben sind. Das bereits erwähnte Motiv eines der interplanetarischen Kommunikation dienenden Kanonenschusses ist im übrigen ein weiterer Gemeinplatz der in der vorliegenden Arbeit behandelten Literatur, findet er sich doch beispielsweise in den Romanen von Charlemagne-Ischir Defontenay (1854), Alexandre Cathelineau (1865), Charles Guyon (1888) und Jerzy Zulawski (1903).

10.1.3 Die Frage nach der Bewohnbarkeit des Mondes

Die allgemeinverständlich gehaltenen astronomischen Schriften des Franzosen Camille Flammarion haben große Teile der in dieser Arbeit untersuchten Literatur nachhaltig beeinflusst, wobei die explizite Nennung des Astronomen - z.T. durch die Erwähnung in Fußnoten – in Kapitel 10.2 behandelt werden soll. Wie sich Flammarions Theorien aber auch implizit in literarischen Werken wieder finden, soll hier an einem Vergleich von Jules Vernes berühmtem diskussionsartigen Kapitel *Attaque et riposte* (in dem der heitere Franzose Michel Ardan mit dem nüchternen Denker Nicholl über eine eventuelle Bewohnbarkeit des Mondes streitet) und Camille Flammarions erstem astronomischen Hauptwerk *La pluralité des mondes habités* aufgezeigt werden. Die Erstausgabe dieser Schrift erschien im Jahre 1862, kann also somit Jules Vernes 1865 erschienenen Roman *De la Terre à la Lune*, der das besagte Kapitel enthält, durchaus beeinflusst haben; die vielen späteren Auflagen von Flammarions Buch – bis ins Jahr 1884 hinein erschienen beispielsweise mehr als 18 Auflagen, ferner wurde der Text u.a. auch ins Spanische und ins Deutsche übersetzt – sowie die anderen populärwissenschaftlichen Werke des Autors, wie z.B. *Les Terres du ciel* (ab 1877), stellen gegenüber der erwähnten und im Rahmen der vorliegenden Arbeit auch benutzten Erstausgabe lediglich eine überarbeitete und erweiterte Neuauflage dar; die im Folgenden dargestellten Grundgedanken sind hierbei aber stets die gleichen.

Nach der Bewohnbarkeit der Planeten im Hinblick auf die vermeintlichen großen Temperaturunterschiede im Sonnensystem hin befragt, antwortet Michel Ardan beispielsweise:

„Si j'étais physicien, je dirais que, s'il y a moins de calorique mis en mouvement dans les planètes voisines du Soleil, et plus, au contraire, dans les planètes éloignés, ce simple phénomène suffit pour équilibrer la chaleur [= du soleil]"[969].

Jules Verne bemüht also hier die – von der Physik des späten 19. Jahrhunderts widerlegte – Theorie eines (hier *calorique* genannten) materiellen Wärmestoffes, um die unterschiedliche Sonnenferne der Planeten im Hinblick auf ihre Temperatur auszugleichen, wohingegen Camille Flammarion zu diesem Zweck das Argument der inneren Wärme eines Himmelskörpers anführt[970]. Darüber hinaus berichtet Michel Ardan von der Anpassungsfähigkeit gewisser irdischer Lebewesen:

„Si j'étais naturaliste, je lui dirais, après beaucoup de savants illustres, que la nature nous fournit sur la terre des exemples d'animaux vivant dans des conditions bien diverses d'habitabilité"[971],

was auch Camille Flammarion als Argument für die *Pluralité des mondes* geltend macht:

„que dirons-nous de ces couches immenses de terrain crétacé [...] dont chaque once renferme des millions de Foraminifères? Que dirons-nous de ces Polypes cent fois centenaires, qui forment des îles entières du Grand Océan, de ces milliards d'animaux et de végétaux microscopiques qui, à eux seuls, ont construit des chaînes de montagnes [...]? Que dirons-nous de cette vie cachée dans les plaines et dans les forêts de l'Océan?"[972].

Ferner ist beiden Texten die Bemerkung gemeinsam, in Meteoriten sei Kohle als Beweis für außerirdische Lebensformen gefunden worden; auch hier leitet Michel Ardan sein Argument mit den refrainartigen Worten „Si j'étais [chimiste]" ein[973]. Schließlich ist auch in beiden Werken das Argument einer für das gesamte Universum gleichen Schöpfung Gottes zu finden; liefert Jules Verne hierbei lediglich eine nüchterne Referenz an die Bibel („si j'étais théologien"[974]), so entwickelt Camille Flammarion hierbei voller Leidenschaft den Begriff der *Vie universelle*, nach dem sich das Leben im Universum an allen Stellen entwickelt, da den göttlichen Möglichkeiten keine Grenzen gesetzt sind.

---

969   J. Verne (1966, b), S. 244.

970   C. Flammarion (1864), S. 84f.

971   J. Verne (1966, b), S. 244f.

972   C. Flammarion (1862), S. 42.

973   C. Flammarion (1864), S. 185 und J. Verne (1966, b), S. 245.

974   J. Verne (1966, b), S. 245f.

In Jules Vernes Roman nimmt Michel Ardan allerdings seinen Aussagen gegenüber – dem publikatorischen Auftrag seines Autors gerecht werdend – lediglich eine referierende Haltung ein, und so endet er, auf die sich leitmotivisch durch seine Rede ziehenden *si*-Sätze Bezug nehmend: „Mais je ne suis ni théologien, ni chimiste, ni naturaliste, ni physicien. [...] Je ne sais pas si les mondes sont habités, et, comme je ne le sais pas, je vais y voir!"[975]. Absolut identisch ist in beiden Werken auch das Ende der Argumentation: Michel Ardan führt – auf die von der *philosophie naturelle* deklarierten Nützlichkeit der Schöpfung verweisend – an: „si les mondes sont habitables, ou ils sont habités, ou ils l'ont été, ou ils le seront"[976]; eine Art Dreiteilung der Zeit, die sich genauso auch in Camille Flammarions *Pluralité des mondes habités* findet: „Ou elle [= la Lune] est habitée, ou elle a été habitée, ou elle sera habitée"[977].

10.1.4 Das Verhalten des Gefährts am *point neutre*

Das narrative Element, das wohl am häufigsten in den zu behandelnden Werken auftaucht, stellt das Verhalten des Raumschiffs an dem Punkt dar, an dem sich die Anziehungskräfte von Erde und Mond gerade die Waage halten. Dieser *point neutre* liegt aufgrund der unterschiedlichen Massen der beiden Himmelskörper bereits recht nahe an unserem Erdtrabanten und ist bei fast allen Mondreisen von besonderem Interesse, wobei im 18. Jahrhundert noch nicht einmal in der, ansonsten für diese Zeit so auffällig realistisch und detailgetreu geschilderten, *Histoire intéressante* von 1784 auf diesen besonderen Punkt der Reise eingegangen wird. Ein Herumdrehen des Reisegefährtes an der besagten Stelle findet sich erstmals in der auch in anderer Hinsicht bereits als innovativ aufgefallenen Monderzählung von Edgar Allan Poe. Die Drehbewegung in dieser Erzählung zieht sich allerdings über Tage hinweg:

> „For the *bouleversement* in itself was not only natural and inevitable, but had been long actually anticipated, as a circumstance to be expected whenever I should arrive at that exact point of my voyage where the attraction of the planet should be superseded by the attraction of the satellite – or, more precisely, where the gravitation of the balloon towards the earth should be less powerful than its gravitation towards the moon. [...] The revolution itself must, of course, have taken place in an easy and gradual manner"[978].

975   J. Verne (1966, b), S. 246.

976   J. Verne (1966, b), S. 243.

977   C. Flammarion (1864), S. 89.

978   E. A. Poe (1990), S. 580f.

In der Realität würde ein solches Herumdrehen (bei Edgar Allan Poe *bouleversement* genannt) nicht stattfinden, da es zwischen den verschiedenen Himmelskörpern mangels einer Atmosphäre keinen Luftwiderstand gibt. Im Folgenden wird allerdings deutlich werden, wie wenig genau selbst bei einem wissenschaftsliebenden Autor wie Jules Verne die physikalischen Aspekte eines Fluges zum Mond durchdacht worden sind. Genauso wie einige andere Motive (siehe Kapitel 10.1.1) taucht auch ein schnelles Herumdrehen am *point neutre* erstmals in der zwischen 1835 und 1836 erschienenen Monderzählung von Louis Desnoyers auf: Als der Ballon des Reisenden hier aufgrund der sich ausgleichenden Anziehungskräfte stehen bleibt, gelingt es dem Protagonisten seine Reise durch heftiges Hin- und Herschaukeln wieder in Gang zu setzen:

> „L'attraction de la boule supérieure l'emporta aussitôt sur celle de la boule inférieure. [...] seulement, il y eut un revirement complet: le dessus devint le dessous, et ce fut un grandissime bonheur que, dans ce changement, mon cousin Laroutine se cramponnât fortement aux parois intérieures de sa nacelle. [...] Or donc, le tout se remit en marche, encore plus vite qu'auparavant, car le ballon n'avait plus à monter cette fois: il n'avait qu'à descendre"[979].

Auch in der 1841 anonym in der Wochenzeitschrift *Caricature* erschienenen *Voyage dans la lune* wird sich der Reisende schlagartig dieser Bewegung des Herumdrehens bewusst: „j'ouvris les yeux et je m'aperçus que mon ballon avait tourné sur lui-même...."[980]; ähnlich heißt es auch in der drei Jahre später in Vers- und Dialogform anonym erschienenen *Voyage dans la Lune*: „Un orage subit, plus affreux que la grêle, / Mit sens dessus dessous ma chétive nacelle"[981]. Nachdem auch in den 1856 erschienenen *Aventures d'un aéronaute parisien* dieses „mouvement de conversion de bas en haut"[982] beschrieben wird, lässt auch Jules Verne im zweiten Teil seiner Mondtrilogie diesen Gemeinplatz nicht aus, ergänzt allerdings einige hochinteressante, wenn auch nicht ganz korrekte, Überlegungen zum Thema Schwerelosigkeit. In *Autour de la Lune* wird hierbei zunächst einmal beschrieben, wie die von den Reisenden subjektiv wahrgenommene Schwerkraft im Kabineninneren nach und nach abnimmt, je mehr sich das *obus* dem kritischen Punkt nähert und plötzlich, als ein fallen gelassenes Glas nicht zu Boden fällt, gänzlich aussetzt. In Wirklichkeit herrscht allerdings zu jedem antriebslosen Zeitpunkt eines Raumfluges Schwerelosigkeit, und Georg Breuer macht in seinem Buch *Triumph der Phantasten, die Väter der Raumfahrt* zurecht darauf aufmerksam, dass die-

979   L. Desnoyers (1839), Bd. II, S. 71.

980   Anonym (1841, b), S. 159.

981   Anonym (1844), S. 9.

982   A. Driou (1856), S. 164.

ser Fehler Jules Vernes nach dem Kenntnisstand des 19. Jahrhunderts durchaus hätte vermieden werden können[983]. Der fröhliche Franzose Michel Ardan begrüßt diese – von ihm zunächst als „un peu de physique amusante"[984] bezeichnete - Freiheit von der Erdenschwere mit den Worten : „Alors faisons comme les marins qui passent l'Équateur. Arrosons notre passage!"[985], woraufhin Wein aus Gläsern getrunken wird, was im Zustand der Schwerelosigkeit ebenfalls nicht möglich gewesen wäre, denn unter diesen Umständen lässt sich eine Flüssigkeit nicht aus einer Flasche in ein Glas gießen[986]. Auch das übliche Herumdrehen des *obus* an diesem *point neutre* wird beschrieben, geht hier allerdings sehr langsam vonstatten, worauf Barbicane hinweist: „le projectile, dont le centre de gravité est très bas, se retournera peu à peu"[987]. Obwohl Jules Verne zwar - wie in Kapitel 8.4 gesehen – das Prinzip der Schwerelosigkeit in der Episode mit dem toten Hund richtig erklärt, wendet er dieses Prinzip hier nicht folgerichtig auf das Verhalten des *obus* am *point neutre* an. Das Trinken aus Gläsern hätte er sonst genauso wenig beschrieben wie das Herumdrehen des Raumschiffs, welches deutlich vom Fallverhalten von Körpern unter Bedingungen des Luftwiderstandes inspiriert ist.

14 Jahre später, also im Jahre 1883, beinhaltet auch eine der Fortsetzungen der Verneschen Mondtrilogie, Alexandre Lamothes Roman *Quinze mois dans la Lune*, diese Episode des hier *point mort* genannten Punktes: Deutlich nehmen die Reisenden dabei ein „Tressaillement dans le projectile, un balancement qu'on eût dit causé par l'indécision"[988] wahr, woraufhin der *obus* nicht mehr in Richtung Mond zu steigen, sondern vielmehr auf ihn zuzufallen scheint.

Wie nicht anders zu erwarten, finden sich die entsprechenden Passagen auch in Georges le Faures 1893 erschienenem Mondroman *Les Robinsons lunaires*; auch hier dreht sich das Raumschiff am *point neutre* herum („le ballon pivoitait sur lui-même [...]. Bref, le Gigas avait fait sur lui-même une évolution complète"[989]), und auch hier tritt der Zustand der Schwerelosigkeit nur an dieser einen Stelle ein. Im Gegensatz zu Jules Vernes

---

[983]   G. Breuer (1967), S. 55. Bereits aus den 1686 von Newton aufgestellten drei Axiomen der Mechanik folgt der Zustand der Schwerelosigkeit zu jedem antriebslosen Moment bei einem Flug im luftleeren Raum unweigerlich.

[984]   J. Verne (1966,a), S. 126.

[985]   J. Verne (1966, a), S. 128.

[986]   G. Breuer (1967), S. 55.

[987]   J. Verne (1966, a), S. 127.

[988]   A. de Lamothe (1883), S. 58.

[989]   G. le Faure (1893), S. 177.

Mondromanen, wird diese Freiheit von der Erdenschwere hier allerdings recht realistisch beschrieben: Wie wenn George le Faure den berühmten Autor bewusst belehren wollte, versuchen auch hier die Protagonisten, zur Feier der Stunde, eine Flasche Wein zu leeren, korrekterweise bleibt in diesem Roman aber die Flüssigkeit in der Flasche: „Voici un quart d'heure que nous tirons la langue, et ce vin ne coule pas plus que si c'était une masse de plomb!"[990]. Als der Lehrer diese Flasche dann voller Wut über diesen Zustand in eine Ecke schleudert, zerbricht diese in Scherben und Georges le Faure beschreibt das – an lustige Bilder von modernen Weltraumflügen erinnernde – Verhalten der darin enthaltenen Flüssigkeit absolut korrekt:

> „le vin, après avoir formé en l'air une nappe liquide se transforma en sphéroïde qui se mit à rouler d'un bout à l'autre de la nacelle sous le souffle des petits passagers, distraits de leur faim par cet incident bizarre"[991].

10.2 Explizite Intertextualität

Unter *expliziter Intertextualität* soll im Folgenden eine Beziehung zwischen zwei Texten verstanden werden, bei der der *texte d'origine* explizit genannt wird. Dabei kann der entsprechende Text durch seinen Titel, durch den Namen des Autors oder durch eine kurze Inhaltsangabe ersetzt werden[992], ein Verfahren, das Daniel Compère als *métonymie* bezeichnet. Es kann aber auch ein Stück des Textes zitiert werden. Zu all diesen Möglichkeiten finden sich Beispiele in den zu untersuchenden Werken. Gegliedert werden soll dieses Unterkapitel nach der Art der Texte, die aufeinander verweisen, wobei Bezüge zwischen rein wissenschaftlichen Texten nicht verwundern und daher hier außer Acht gelassen werden. Von Interesse ist im Zusammenhang dieser Arbeit lediglich die Rolle der erzählenden Literatur in einem durchaus interessanten intertextuellen Geflecht.

10.2.1 Verweise aus erzählenden Werken auf populärwissenschaftliche Schriften

In seinem Buch *Jules Verne écrivain* macht Daniel Compère mit Nachdruck darauf aufmerksam, welch zentrale Rolle Verweise aus Jules Vernes Romanen auf populärwissenschaftliche Schriften spielen:

---

[990]   G. le Faure (1893), S. 175.

[991]   G. le Faure (1893), S. 175.

[992]   D. Compère (1991), S. 162.

„La référence scientifique est l'un des moyens par lesquels le texte vernien entre en rapport avec le réel et se donne une certaine vraisemblance. La fiction s'appuie sur la réalité pour exister. [...] Par la référence, Verne produit ce que l'on pourrait appeler un effet d'autorité ou un effet testimonial. [...] Le texte introduit ici le critère du vérifiable"[993].

So finden sich in *De la Terre à la Lune* (1865) in einem Kapitel, das die Geschichte der Mondforschung erzählt, Verweise auf viele Astronomen. Ferner wird der Leser, was Kopernikus betrifft, in einer Fußnote darauf aufmerksam gemacht, wo er weitere Informationen finden kann: „Voir *Les Fondateurs de l'Astronomie moderne*, un livre admirable de M. J. Bertrand, de l'Institut"[994]. Jules Verne gibt also nicht nur eine Referenz an, er unterstreicht durch seinen Kommentar *admirable* auch noch den Wert der angegebenen Quelle[995]. Eine weitere wichtige Art, Wissen zu vulgarisieren, besteht in gewissen Personen, die in Dialogen ständig Wissen vermitteln. So bezeichnet Daniel Compère den Ingenieur Barbicane in *De la Terre à la Lune* (1865) als eine „véritable incarnation de l'information dans le texte: il permet parfois de supprimer la référence proprement dite, car il la remplace"[996]; im Zusammenhang mit der Vermittlung von Wissen (Kapitel 8) sind bereits mehrere Beispiele hierfür erwähnt worden. Natürlich finden sich auch bei anderen Autoren Verweise auf populärwissenschaftliche Schriften, wobei vor allem auf drei Texte besonders häufig verwiesen wird: Es sind dies zum einen die *Entretiens sur la pluralité des mondes* (1686) von Fontenelle, zum anderen die bereits erwähnte angebliche Beobachtung des Astronomen Herschel (1835) und schließlich auch die astronomischen Schriften des Franzosen Camille Flammarion (ab 1862). Auf diese drei Referenzen soll nun im Detail eingegangen werden.

Mit den Worten „cela aurait fait le plüs [sic] grand plaisir à *Fontenelle*, ainsi qu' à sa *Marquise*"[997] bejubelt die Briefempfängerin in Nicolas-Edme Réstif de la Bretonnes Roman *Les posthumes* von 1802 einen kleinen, von der Erde aus nicht sichtbaren Mond des Planeten Mars, den der Duc de Multiplindre auf seinem Rundflug durch das Sonnensytem entdeckt; voller Enttäuschung hatte die Marquise bei Fontenelle ja festgestellt, dass der Mars als einziger Planet außerhalb der Erdumlaufbahn keinen Mond hat, und als mögliche Beleuchtung der sonnenfernen Nächte dieses Himmelskörpers hatte ihr Begleiter phosphorizierende Steine und

---

993   D. Compère (1996), S. 140f.

994   J. Verne (1966, b), Fußnote 1, S. 60.

995   Vgl. hierzu: D. Compère (1996), S. 141.

996   D. Compère (1996), S. 140.

997   N.-E. Réstif de la Bretonne (1988), Bd. II, S. 230.

leuchtende Vögel vorgeschlagen[998]. Auch die Reisende in der 1808 anonym erschienenen *Voyage dans la nouvelle planète* behauptet voller Begeisterung stets ein großes Interesse an der *Pluralité des mondes* gehabt und „une reconnaissance particulière pour Fontenelle"[999] empfunden zu haben. Genauso erwähnt Jules Verne diese Schrift in seinem Roman *De la Terre à la Lune* (1865) als „un chef-d'œuvre en son temps"[1000], merkt aber auch - der Fortschrittsliebe des 19. Jahrhunderts treu – an: „la science, en marchant, écrase même les chefs-d'œuvre"[1001].

Direkt im Anschluss an die gerade erwähnte Aussage über Fontenelle referiert Barbicane in seinem Plädoyer für den Mond auch die 1835 auftauchende Falschmeldung der von dem Astronomen Herschel angeblich beobachteten, fliegenden Mondmenschen; der Autor geht dabei auch auf die Rezeption dieser Schrift in Frankreich ein: „Mais bientôt on reconnut que c'était une mystification scientifique, et les Français furent les premiers à en rire"[1002]. Dass sich Jules Verne mit dieser Schrift beschäftigt hat, beweist u.a. auch ein Interview, das er einem anonym gebliebenen Journalisten gegeben hat. Der Autor sagt hierin:

> „mon livre, *De la Terre à la Lune* n'est-il pas plus scientifique que la célèbre histoire américaine connue sous le nom de *Moon Hoax* qui prétend faire une description élaborée des hommes et des animaux découverts sur la Lune par Sir John Herschel?"[1003].

---

[998] B. de Fontenelle (1998), S. 136f. Interessanterweise antizipiert – vermutlich aus dem selben Grunde einer nächtlichen Beleuchtung für die möglichen Marsianer – Jonathan Swift in seinen 1726 erschienenen *Gulliver's Travels* „two lesser Stars, or *Satellites*, which revolve about *Mars*" (J, Swift (1995), S. 164), eine Idee, die sich – vielleicht nicht ganz zufälligerweise - auch in Voltaires *Micromégas* von 1752 findet. Der Autor kokettiert hierbei erneut mit Analogieüberlegungen, diesmal mit jener, nach der der von der Erde aus gesehen sonnenferne Planet Mars mindestens zwei Monde zur Beleuchtung braucht: „je m'en rapporte à ceux qui raisonnent par analogie. Ces bons philosophes-là savent combien il serait difficile que Mars, qui est si loin su soleil, se passât à moins de deux lunes" (Voltaire (1970), S. 32). Dass im Jahre 1877 tatsächlich zwei, sehr kleine, Marsmonde – Deimos und Phobos – entdeckt wurden, ist in diesem Zusammenhang allerdings als ein reiner – aber durchaus amüsanter! - Zufall zu werten.

[999] Anonym (1808), S. 6.

[1000] J. Verne (1966, b), S. 28.

[1001] J. Verne (1966, b), S. 28.

[1002] J. Verne (1966, b), S. 29.

[1003] Jules Verne in einem Interview: *Jules Verne's Hundreth Book. Deals with the Klondyke and is full of Strange Facts and Fancies – To be published after his*

Auch in Louis Desnoyers Monderzählung (1835-1836) klingt diese Falschmeldung an, als Laroutine seinen Zuhörern verkündet: „Il y a, depuis quelque temps, une société de farceurs qui se sont amusés à conter toutes sortes de facéties sur la Lune qu'ils prétendent avoir vue au bout de leur lorgnette. Ce sont des gosses"[1004]. Direkt an diese Falschmeldung angelehnt und auch gleich im Folgejahr 1836 erschienen, ist ein von A. Lefranc und E. Chauffer verfasster *À-propos-vaudeville en deux actes* mit dem Titel *L'habitant de la lune*. Der Kneipier Gobard beobachtet in dieser heiteren Heiratskomödie stets in Begleitung des Astronomen Gibraltar den Himmel, „pour découvrir dans la lune les habitants dont M. Herschell a parlé"[1005], wie seine Tochter kommentiert. Der listige Polyte, der diese Tochter heiraten will, erscheint im Folgenden als Mondmensch verkleidet auf der Bühne, um den Kneipier Gobard zu beeindrucken, dabei trägt er, wie die vermeintlich von Herschel beobachteten Mondwesen auch, Flügel; in der Regieanweisung hierzu ist zu lesen: *„Il a des ailes, une longue barbe et une chevelure qui retombe sur ses ailes"*[1006]. Nicht auf die häufig zitierte Falschmeldung, sondern auf eine echte Schrift Herschels verweist in den Jahren 1838 bis 1840 Pierre Boitard in seiner *Voyage dans le Soleil*, in der der Reisende mit den Worten „Voici ce qu'il [=Herschel] en dit"[1007] ein eine ganze Buchseite füllendes Zitat von Herschel über die Mondbeschaffenheit einleitet.

Ein ähnlich langes Zitat – diesmal von Camille Flammarion - findet sich auch in Jules Vernes Roman *Hector Servadac*, in dem es an einer Stelle heißt:

> „Un jour, la conversation porta sur l'âge que ces diverses planètes, qui circulent autour du soleil, devaient avoir, et le lieutenant Procope ne put mieux répondre qu'en lisant ce passage des *Récits de l'infini* de Flammarion, dont il avait la traduction russe"[1008].

Was folgt ist ein langes Zitat aus dem angegebenen Werk, das die Planeten des Sonnensytems vorstellt, wobei Arthur Evans hierbei in seinem Artikel *L'étrange cas de la planète disparu* darauf hinweist, dass Jules Verne den Teil des Zitats, welcher den Planeten Saturn beschreibt, ausgelassen

---

Death, das er einem anonymen Journalisten gab. Veröffentlicht am 30.11.1902 in *The Commercial Appeal*, Memphis Tennessee. Zitiert nach: D. Compère; J.-M. Margot (1998), S. 194.

1004   L. Desnoyers (1839), Bd. II, S. 127.

1005   A. Lefranc; E. Chauffer (1836), S. 7.

1006   A. Lefranc; E. Chauffer (1836), S. 26.

1007   P. Boitard (1838-1840), IV, S. 134.

1008   J. Verne (o.J.), S. 291.

hat[1009]. Ferner macht Arthur Evans darauf aufmerksam, dass sich diese Auslassung konstant durch alle Ausgaben, bis hin zur modernen *Livre de poche* Ausgabe durchzieht, wobei die im Romantext erwähnte russische Übersetzung vielleicht über die Gründe dieses Fehlens Auskunft geben könnte[1010]; der implizite Einfluss Camille Flammarions auf Jules Verne war ja bereits im Hinblick auf das Bild der Planeten gezeigt worden und auch Charles-Noël Martin[1011] und Ghislain de Diesbach[1012] weisen darauf hin, dass der Autor die Schriften dieses Autors gelesen hat. Auf gleich zweifache Weise macht Pierre de Sélènes in seinem Roman *Un monde inconnu* (1886) auf Flammarion aufmerksam, indem er zum einen in einer Fußnote auf den Astronomen verweist und ihn zum anderen noch im Text als „un des plus célèbres astronomes de la Terre qui seul a entrevu la vérité"[1013] bezeichnet. Auch in Georges le Faures Roman *Les Robinsons lunaires* (1893) wird Camille Flammarion gleich zu Beginn des Romans namentlich erwähnt, als es um die – im Hinblick auf den geplanten Flug in einem Ballon wichtige – Höhe der Erdatmosphäre geht[1014]. Sogar die genauen Seitenangaben gibt Charles Guyon in seinem Roman *Voyage dans la planète Vénus* (1888) an, als er im Text ein in Anführungszeichen gesetztes Zitat aus Camille Flammarions *Les Terres du ciel* wiedergibt[1015].

Neben diesen auffallend häufig erwähnten Namen werden selbstverständlich auch noch andere Wissenschaftler zitiert, so z.B. der französische Astronom François Arago (1786-1853), der beispielsweise von Georges le Faure als „le grand Arago"[1016] bezeichnet wird. Durchaus kritisch über dessen Werk äußert sich Henri de Parville in seinem *Habitant de la planète Mars* (1865), als er schreibt:

> „le savant François Arago, tant d'autres après lui, qui plaçaient des habitants partout, même dans le soleil, n'avaient aucune notion des véritables lois qui président à la destinée des mondes"[1017].

Auf jeden Fall zu erwähnen ist aber auch die *Mappa selenographica* (1834-1836), eine berühmte und sehr genaue Mondkarte, die der Astronom Wilhelm Beer (1797-1850) zusammen mit dem Astronomen Johann Hein-

---

[1009] A. Evans (1985), S. 233.

[1010] A. Evans (1985), S. 233.

[1011] C.-N. Martin (1978), S. 148.

[1012] G. de Diesbach (1969), S. 186.

[1013] P. de Sélènes (1886), S. 343.

[1014] G. le Faure (1893), S. 17.

[1015] C. Guyon (1888), S. 54.

[1016] G. le Faure (1893), S. 70.

[1017] H. de Parville (1865), S. 94.

rich von Mädler[1018] (1794-1874) erstellt hat und die in den 40 auf ihr Erscheinen folgenden Jahren als Standardwerk galt[1019]. Diese Karte wird daher auch in vielen der hier untersuchten literarischen Texte erwähnt, so z.B. bei Henri de Parville[1020] und bei Jules Verne[1021]. Mit der beginnenden Marseuphorie am Ende des 19. Jahrhunderts werden aber dann auch andere Astronomen in der Literatur interessant, so erwähnt beispielsweise Guy de Maupassant in seiner Erzählung *L'homme de Mars* (1887-1888) den Italiener Schiaparelli in Bezug auf die von ihm entdeckten Marskanäle lobend als „un des plus éminents astronomes de notre siècle et un des observateurs les plus sûrs"[1022].

10.2.2 Verweise aus populärwissenschaftlichen Schriften auf erzählende Werke

Die bereits in Kapitel 8 beschriebene Wissensvermittlung in den literarischen Werken lässt es plausibel erscheinen, dass diese erzählenden Texte auf Wissenschaftler und deren Veröffentlichungen hinweisen. Umgekehrt – und das ist eher überraschend - finden sich aber auch in wissenschaftlichen Texten Verweise auf erzählende Texte, was im Folgenden dargestellt werden soll.

In den Werken Flammarions ist der Beschreibung literarischer und philosophischer Texte ein großer Platz eingeräumt, so beginnt seine berühmte Studie *La Pluralité des mondes habités* (1862) mit einer *Étude historique*, in der ein Überblick über die geschichtliche Entwicklung der menschlichen Ansichten über den Kosmos und über mögliche Bewohner anderer Planeten gegeben wird[1023]. Hierbei werden neben den Philosophen der Antike und den Astronomen und Philosophen der Neuzeit auch Verfasser erzählender Texte, wie z.B. Fontenelle oder Cyrano de Bergerac, erwähnt. Aber auch in der folgenden *Étude astronomique* werden die *Entretiens* von Fontenelle gleich zwei Mal zitiert, als es z.B. um den Größenvergleich zwischen Erde und Jupiter geht[1024]. Genauso wird mit den Worten: „Nous le [= Cyrano de Bergerac] citerons plus d'une fois si nous ne craignerions d'abuser du temps que le lecteur aura bien

---

1018   Französische Schreibweise: Mœdler.

1019   R. Sauermost (1995), S. 389.

1020   P. de Sélènes (1886), S. 6.

1021   J. Verne (1966, b), S. 61f.

1022   G. de Maupassant (1976), S. 349.

1023   C. Flammarion (1862), S. 7–18.

1024   C. Flammarion (1862), S. 27ff.

voulu prêter à nos considérations"[1025] ein langes Zitat aus Cyrano de Bergeracs Monderzählung eingeleitet. Die späteren Auflagen von Fontenelles Schrift haben in der Folgezeit auch vor allem durch den Ausbau dieses ideengeschichtlichen Teils deutlich an Umfang gewonnen.

Die beschriebene Synthese zwischen astronomischen und literarischen Aspekten in den Werken Flammarions findet in den 1865 erschienenen *Les mondes imaginaires et les mondes réels* bereits im Titel einen expliziten Ausdruck. Hier ist die *première partie: Voyage astronomique pittoresque dans le ciel* im Hinblick auf eine eventuelle Bewohnbarkeit der Planeten der astronomischen Beschreibung des Sonnensystems, also den *mondes réels*, gewidmet. Die *deuxième partie: Revue critique des théories humaines, scientifiques et romanesques, anciennes et modernes, sur les habitants des astres* widmet sich allerdings mit ideengeschichtlichen Gedanken zum hier interessierenden Motiv voll und ganz den *mondes imaginaires*. In diesem zweiten Teil findet man neben der Behandlung der „gängigen" Erzählungen (wie z.B. Cyrano de Bergerac, Fontenelle, etc.) auch Einträge zu – heutzutage - weniger rezipierten Werken, so z.B. auch zu den *Voyages d'Hyperbolus dans les planètes* (1808) von André-Jacques Coffin-Rony, der *Voyage dans le Soleil* (1838 – 1840) von Pierre Boitard, dem Roman *Star, ou Psi de Cassiopé* (1854) von Charlemagne-Ischir Defontenay, der *Voyage dans les planètes, et découvertes des véritables destinées de l'homme* (1864) von G. Descottes oder der *Voyage à la Lune d'après un manuscrit authentique projeté d'un volcan lunaire* (1865) von Alexandre Cathelineau. Beschränkt sich Camille Flammarion bei all diesen Werken auf eine reine Inhaltsangabe, so wagt er über andere seiner Zeitgenossen eine z.T. recht deutliche Kritik: Henri de Parvilles Marsroman z.B. scheint der Astronom, genauso wie das Publikum, nicht gut aufgenommen zu haben, denn er schreibt:

> „Au mois de mai fut exibé un *Habitant de la planète Mars*, déterré dans un sarcophage, tombé jadis du ciel en Amérique. On s'est demandé pourquoi l'auteur s'était donné la peine de l'exhumer"[1026].

Auch Jules Verne wird auf recht ironische Weise, aber trotz seiner Berühmtheit nicht namentlich erwähnt:

[1025] C. Flammarion (1862), S. 29.

[1026] C. Flammarion (1865), S. 569. N.B.: Der Name Henri de Parville wird im Text von Flammarion nicht explizit erwähnt.

230

„Au mois de juin, le touriste ingénieux qui était à peine de retour de son *Voyage au centre de la terre*, fit, lui aussi, son voyage à la Lune, dont il publia la relation sous ce titre: *De la Terre à la Lune*"[1027].

Nicht besser ergeht es Alexandre Dumas, über dessen Motivation zu seiner 1865 erschienenen *Voyage à la Lune* Camille Flammarion lediglich schreibt: „le célèbre romancier n'a pas eu d'autres prétentions que celle de montrer qu'il lui était loisible d'exercer sa plume dans tous les genres"[1028]. Möglicherweise fallen diese Einträge deshalb oft recht kurz aus, weil diese Romane erst 1865, also im selben Jahr wie Flammarions Kritik, erschienen sind.

In *Les Terres du ciel* (1877) lässt sich die für Flammarions Werk typische Dialektik erneut feststellen, denn hier findet sich beispielsweise ein etwas längerer Kommentar über die *ressemblance* (siehe Kapitel 6.2), die den *Habitant de la planète Mars* im Roman von Henri de Parville (1865) auszeichnet:

„Nous ne pouvons pas *créer* de formes étrangères à celles que nous connaissons: c'est encore là un animal qui ressemble plus ou moins aux être terrestres. Il ne faut considérer ces romans astronomiques que comme des œuvres d'imagination"[1029].

Aber auch viele andere Werke werden in einer Art Bibliographie im laufenden Text[1030] erwähnt, was deutlich macht, wie viele Veröffentlichungen der Zeit die *pluralité des mondes* zum Thema haben. Auch aus den bereits erwähnten *Harmonies de la Nature* (1815) von Bernardin de Saint-Pierre ist ein langes Zitat über die Natur der Venusianer in Flammarions Text eingebunden[1031], genauso wie eine Textpassage aus der 1750 erschienenen *Relation du monde de Mercure*[1032].

1027 C. Flammarion (1865), S. 570. N.B.: Der Name Jules Verne wird im Text von Flammarion nicht explizit erwähnt.

1028 C. Flammarion (1865), S. 569.

1029 C. Flammarion (1884), S. 182. In Flammarions Text folgt an dieser Stelle das Bild des Marsianers, das auch in der Abbildung auf S. 273 zu sehen ist.

1030 C. Flammarion (1884), S. 180f.

1031 C. Flammarion (1884), S. 318f.

1032 C. Flammarion (1884), S. 379f. N.B.: Im Text Flammarions wird diese Erzählung allerdings *Voyage au monde de Mercure* genannt. Recht häufig findet man aber auch in vielen Texten der Sekundärliteratur (nicht bei Camille Flammarion) den Titel *Voyage à la Lune* für die Mondromane Jules Vernes, was ebenfalls nicht korrekt ist.

Die *Populäre Astronomie* des Astronomen François Arago erwähnt lediglich was die Sonne betrifft mögliche Bewohner und beschränkt sich auch ansonsten auf eine rein astronomische Behandlung der Thematik. Dennoch schreibt Arago: „Schon Fontenelle hat bei Gelegenheit des Berichtes über Cassini's Beobachtungen der eigenen Bewegungen der Sterne, folgenden Ausspruch gethan: [Es folgt ein Zitat]"[1033].

Die erwähnte Dialektik von populärwissenschaftlichen und erzählenden Texten findet sich nicht nur im 19., sondern auch im 20. Jahrhundert. Der Franzose Henri de Graffigny z.B. hat neben seinem Roman *De la Terre aux étoiles* von 1882 auch ein Sachbuch mit dem Titel *Irons-Nous dans la Lune?* (1932) veröffentlicht. Zu diesem Zeitpunkt war die Weltraumfahrt schon etwas mehr zum Gegenstand ernsthafter Überlegungen geworden, was T. Moreux im Vorwort zu diesem Werk folgendermaßen kommentiert:

> „grâce à une science toute nouvelle, l'Astronautique, ce qui était impossible hier pourrait fort bien devenir la réalité de demain. […] C'est la première fois qu'un auteur français vulgarise ces notions extrêmement intéressantes sur l'Astronautique"[1034].

Henri de Graffigny behandelt im Folgenden, vom Standpunkt seiner Zeit aus gesehen, die physikalischen, astronomischen und technischen Aspekte eines Fluges zum Mond. Auch er gibt eine Art Bibliographie vieler literarischer Werke an, die eine Reise zu den Planeten beinhalten[1035]. Diese Literaturangaben finden sich im laufenden Text, und nicht etwa am Ende des Werkes; er vermerkt diesbezüglich: „ce sont des œuvres romanesques où l'on ne rencontre aucune idée pratique méritant d'être prise au sérieux"[1036]. Neben den „gängigen" Werken findet hier z.B. auch die *Voyage à Vénus* (1865) von Achille Eyraud Erwähnung:

> „Achille Eyraud est le premier auteur qui ait songé à employer la puissance de réaction des fusées […] pour envoyer ses personnages dans la planète Vénus, procédé qui a été conservé avec certaines variantes par d'autres romanciers"[1037].

Auch der Marsianer von Henri de Parville wird erwähnt:

[1033] F. Arago (1865), Bd. II, S. 28.

[1034] R. Marquis (1932), S. 5ff.

[1035] R. Marquis (1932), S. 15f.

[1036] R. Marquis (1932), S. 14f.

[1037] R. Marquis (1932), S. 19. Besonders genau scheint Henri de Graffigny diesen Roman nicht gelesen zu haben, schreibt er doch in der zitierten Textstelle von *ses personnages*, obwohl der Protagonist Volfrang in Wirklichkeit allein auf seine Reise zur Venus geht.

„Les écrivains et romanciers [...], depuis Lucien de Samosate jusqu'aux feuilletonistes modernes [...] n'ont pas fait preuve de
beaucoup d'invention et tout ce qu'ils ont pu faire a été de défor-
mer peu ou prou les aspects des êtres terrestres pour en faire des
habitants de la Lune, de Mars ou d'autres systèmes de mondes
lointains. [...] les Martiens [chez Henri de Parville] sont des hu-
mains peu différents de ceux peuplant la Terre"[1038].

Erinnert schon dieses Urteil an bereits erwähnte Meinungen, so macht
Henri de Graffigny auch mit den bereits bekannten Argumenten (Luft-
widerstand, etc.) auf die Nichtrealisierbarkeit der *Columbiad* von Jules
Verne aufmerksam; dennoch hebt auch er eine gewisse Sonderrolle des
Autors hervor, als er schreibt: „Seul, le canon monstrueux de Jules Verne
a une apparence un peu moins déraisonnable"[1039].

Der erzählende Texte und wissenschaftliche Informationen in angeneh-
mer Weise miteinander zu verknüpfen wissende Autor Jules Verne hat
oft auch Werke von anderen Autoren kommentiert und dabei – wie nicht
anders zu erwarten - ein gewisses Augenmerk auf wissenschaftliche
Aspekte gelegt; im *Musée des Familles* schreibt der Autor somit über die
auf technische Details großen Wert legende Erzählung *The Unparalleled
Adventure of one Hans Pfaal* von Edgar Allan Poe voller Begeisterung:
„voyez quelles magnifiques pages Edgar Poe eût écrites sur ces faits
étranges!"[1040].

10.2.3 Verweise aus erzählenden Werken auf andere
erzählende Werke

Eine weitere interessante Art des Verweisens auf andere Texte besteht
darin, dass aus erzählenden Texten, also aus fiktiven Wirklichkeiten, auf
andere erzählende Texte, also wiederum auf fiktive Wirklichkeiten, verwiesen wird. Wie bereits im Hinblick auf populärwissenschaftliche
Schriften angeklungen ist, wird hierbei häufig auf Klassiker, wie z.B. die
Monderzählungen von Cyrano de Bergerac oder die *Entretiens* (1686)
von Fontenelle, verwiesen; ein weiteres häufig erwähntes Werk ist Voltaires Erzählung *Micromégas* (1752), die sogar in dem ansonsten rein wissenschaftlichen *Habitant de la planète Mars* (1865) von Henri de Parville
angesprochen wird[1041] und die im selben Jahr dem Raumschiff in Alexandre Cathelineaus *Voyage à la Lune* (1865) seinen Namen verlieh. Sehr

---

1038   R. Marquis (1932), S. 86.

1039   R. Marquis (1932), S. 21.

1040   Jules Verne in: *Musée des Familles*, April 1864, S. 193-208. Zitiert nach: C.-
N. Martin (1978), S. 149.

1041   H. de Parville (1865), S. 63.

schön wird an diesem Beispiel auch deutlich, wie sehr der Verweis auf andere fiktive Wirklichkeiten dazu benutzt werden kann, die eigene beschriebene Welt als Realität erscheinen zu lassen: „Nous le [= le véhicule] baptisâmes *le Micromégas* du nom du géant fameux qui dans la fable enjambe d'une planète à l'autre. Cette fois la réalité prenait la place de la fiction"[1042].

Ähnlich verhält es sich auch in dem ebenfalls 1865 erschienenen Roman *De la Terre à la Lune* von Jules Verne, was Daniel Compère damit begründet, dass es sich hierbei um einen „roman à dominante fantaisiste"[1043] handelt. In diesem Roman berichtet Barbicane, der Präsident des *Gun-Club*, seinen Kollegen von mehreren literarischen Werken, so z.B. von einer Monderzählung von David Fabricius aus dem 17. Jahrhundert, von Jean Baudoin mit seiner *Voyage fait au monde de la Lune par Dominique Gonzalès, aventurier espagnol*[1044], von Cyrano de Bergeracs Mondreise und schließlich auch von Fontenelles *Entretiens*[1045]. Ferner wird aber nicht nur die vermeintliche Entdeckung des Astronomen Herschel erwähnt, sondern auch ein besonderes Gewicht auf die Monderzählung von Edgar Allan Poe gelegt:

> „Ce voyage, comme les tentatives précédentes, était simplement imaginaire, mais ce fut l'œuvre d'un écrivain populaire en Amérique, d'un génie étrange et contemplatif. J'ai nommé Poe!"[1046].

Dennoch macht Simone Vierne darauf aufmerksam, dass der Autor von *De la Terre à la Lune* (1865) die in dieser Erzählung beschriebenen Hilfsmittel recht unrealistisch findet[1047]. Jules Vernes explizite Bezeichnung all dieser Werke als „voyages imaginaires"[1048] lässt die fiktive Wirklichkeit in seinen eigenen Romanen als Realität erscheinen und so endet der Präsident:

[1042]   A. Cathelineau (1865), S. 89.

[1043]   D. Compère (1996), S. 139.

[1044]   Simone Vierne drückt ihr Bedauern darüber aus, dass dieser Zeitgenosse Cyrano de Bergeracs recht unbekannt ist: S. Vierne (1970), Fußnote 1, S. 150. In Wirklichkeit handelt es sich bei der Erzählung von Baudoin um die französische Ausgabe der Monderzählung von Francis Godwin, was man allerdings im 19. Jahrhundert in Frankreich noch nicht wusste.

[1045]   J. Verne (1966, b), S. 28f.

[1046]   J. Verne (1966, b), S. 29f.

[1047]   S. Vierne (1970), S. 142.

[1048]   J. Verne (1966, b), S. 28.

„J'en ai fini [...] avec ces tentatives que j'appellerai purement littéraires, et parfaitement insuffisantes pour établir des relations sérieuses avec l'astre des nuits"[1049].

Nicht nur, was die eigentliche Reise zum Mond, sondern auch, was die Bewohner ferner Planeten betrifft, verweist Jules Verne auf seine Vorgänger; so antwortet Michel Ardan, danach befragt, ob die Planeten bewohnt seien oder nicht: „des hommes de grande intelligence, Plutarque, Swedenborg, Bernardin de Saint-Pierre et beaucoup d'autres se sont prononcés pour l'affirmative"[1050].

Interessant in diesem Zusammenhang ist auch die *Voyage à Vénus* (1865) von Achille Eyraud, in der der Reisende Volfrang gefragt wird, wie er denn seine Reise bewerkstelligt habe: „Est-ce comme Cyrano de Bergerac ou comme Hans Pfaall[1051] sont allés dans la Lune?"[1052]. Der Protagonist antwortet, dass Cyranos mit Morgentau gefüllten Flaschen ungeeignet seien, eine Reise zum Mond durchzuführen und dass auch Hans Pfaals Ballon nicht im luftleeren Raum aufsteigen könne[1053]; die beiden erwähnten Romanfiguren werden somit also als nicht literarisch dargestellt.

Als ein verkaufstüchtiger Autor erweist sich in diesem Zusammenhang Georges le Faure, der in seinen *Robinsons lunaires* (1893) auf einen Roman verweist, den er selbst (mit Henri de Graffigny zusammen) geschrieben hat. So fasst einer der Schüler die *Aventures extraordinaires d'un savant russe* dieser beiden Autoren als authentischen Reisebericht auf, der die Bewohnbarkeit des Mondes beweist. Der Ex-Schüler des Lehrers klärt dieses Missverständnis aber schnell auf: „Mais c'est un ouvrage d'imagination, très amusant, très spirituel même, [...] et il n'y a là dedans pas un mot de vrai, excepté le côté scientifique"[1054]. Unter dieser Prämisse führt er dann noch weitere Monderzählungen an, so beispielsweise auch die seltener erwähnte *Voyage de milord Céton dans les sept planètes* (1787) von Marie-Anne Robert oder aber auch die Monderzäh-

---

[1049]   J. Verne (1966, b), S. 30.

[1050]   J. Verne (1966, b), S. 243.

[1051]   Die Französische Schreibweise dieses Namens beinhaltet ein zweites l.

[1052]   A. Eyraud (1865), S. 14.

[1053]   A. Eyraud (1865), S. 15. Somit erkennt Eyraud das in Kapitel 4 erwähnte Problem der Fortbewegung im Weltall, was er ja – zumindest im Prinzip – durch den Einsatz von Raketen richtig löst. Obwohl allerdings den Fortbewegungsmitteln der Vordenker ein Funktionieren abgesprochen wird, fällt die Beschreibung von Eyrauds Rakete knapp aus (siehe Kapitel 4.8).

[1054]   G. le Faure (1893), S. 158f.

lung des Engländers Francis Godwin (1638)[1055]. Dadurch, dass literarische Werke hier explizit als fiktive Wirklichkeiten dargestellt werden, erscheint die in den *Robinsons lunaires* selbst dargestellte Welt als reale Wirklichkeit, bevor sie ja (wie in Kapitel 7.2 gesehen) durch das Erwachen des Protagonisten als ein Traum entlarvt wird.

Ein hochinteressantes intertextuelles Geflecht stellt auch eine wahre Reihe von „Fortsetzungen" der Mondromane von Jules Verne dar, denn über den vom Autor selbst verfassten dritten Teil der Mondtrilogie (*Sans Dessus Dessous* von 1889) hinaus, ließen auch andere Autoren die gigantische Mondkanone *Columbiad* des *Gun-Club* zu neuem Leben erwachen. Im Jahre 1883, also rund 14 Jahre nach dem Erscheinen von *Autour de la Lune*, erschien mit Alexandre de Lamothes *Quinze mois dans la Lune* ein Roman, der die beiden ersten Mondromane Jules Vernes regelrecht in eine neue Handlung einbettet, indem er diesen fortzusetzenden Schriften Handlung vorausgehen und auch Handlung folgen lässt. Dabei greift er nicht nur die bereits existierende Figurenkonstellation auf („le Gun-Club dont un écrivain d'un immense talent a popularisé le nom"[1056]), Alexandre de Lamothe übernimmt vielmehr auch die bereits existierende Handlung als einen Teil seiner Erzählung:

> „Le départ de ces voyageurs et l'erreur astronomique par suite de laquelle l'obus conique [...] retomba dans l'Océan, a été tracé de main de maître par M. Jules Verne dans un intéressant volume que tout le monde a lu. Il n'y donc pas à y revenir"[1057].

Der *Gun-Club* – in der Interpretation von Alexandre de Lamothe nun ein Reiseunternehmen aus den Südstaaten – entschließt sich im Folgenden, mit der bereits vorhandenen Kanone *Columbiad* einen zweiten und diesmal auch erfolgreichen Schuss zum Mond zu wagen, der dann die neue Handlung des Romans darstellt. Aus den Romanen Jules Vernes übernommen ist auch die Karikatur der kriegslustigen und kriegsversehrten Mitglieder des *Gun-Club*, von denen es heißt: „il n'en était pas un seul dont une partie plus ou moins considérable du corps ne fût en argent, en bois ou en caoutchouc"[1058].

Eine vergleichbare Fortsetzung der Vernschen Mondromane stellt auch der drei Jahre später, also im Jahre 1886, erschienene Roman *Un monde inconnu, deux ans sur la Lune* von Pierre de Sélènes dar, was sich bereits

[1055]   G. le Faure (1893), S. 159.

[1056]   A. de Lamothe (1883), S. 12.

[1057]   A. de Lamothe (1883), S. 15f.

[1058]   A. de Lamothe (1883), S. 14.

an der Widmung „À JULES VERNE"[1059] und an der Bezeichnung des geschilderten Unternehmens als „voyage extraordinaire"[1060] erahnen lässt. In der Terminolgie Daniel Compères liegt hier also eindeutig der Fall einer *éloge* vor. Vom Verneschen Vorbild übernommen ist auch hier die Figurenkonstellation, bei der die heitere Frohnatur Michel Ardan durch den fröhlichen Marcel de Rouzé ersetzt wird; die Rolle des Skeptikers Nicholl übernimmt Lord Rodilan, der die Reise eigentlich nur auf sich nimmt, um dabei zu sterben[1061]; der Dritte im Bunde, Barbicane bei Jules Verne und Jacques Deligny bei Pierre de Sélènes, spielt jeweils eine ausgleichende Rolle. Darüber hinaus finden sich auch (wie bereits in Kapitel 10.1.4 erwähnt) gewisse Episoden aus Jules Vernes Mondromanen in *Un monde inconnu, deux ans sur la Lune* wieder, so entspricht z.B. dem Franzosen Michel Ardan, der nach dem Rückstoß des Abschusses als erster aus der Ohmacht erwacht[1062], der fröhliche Marcel, der nach dem Aufschlagen auf dem Mond als erster wieder zu sich kommt[1063]. Auch hier wird der Authentizitätsanspruch des Geschilderten dadurch erhöht, dass literarische Werke deutlich als Phantasie, das beschriebene Projekt allerdings als Realität deklariert wird, und so heißt es, als die Reisenden endlich auf der Oberfläche des Mondes stehen:

> „ce que les imaginations les plus audacieuses avaient à peine osé concevoir était réalisé. Les fictions des poètes et des romanciers se trouvaient distancées; le rêve était maintenant un fait accompli"[1064].

Lediglich für die Mondromane Jules Vernes wird hierbei eine Ausnahme gemacht, denn die Geschichte des *Gun-Club* wird innerhalb des Romans von Pierre de Sélènes als reales Geschehen angesehen; Jules Verne wird hierbei sogar die Rolle eines Geschichtsschreibers zugewiesen:

> „il a fallu, pour qu'on en gardât le souvenir, qu'un illustre écrivain français (1) se fit l'historien de cette incroyableépopée [sic] et en décrivit , avec son talent habituel, les émouvantes péripéties. Sans lui, toute cette fantastique histoire serait promptement re-

---

1059   P. de Sélènes (1886), zwei Seiten vor Seite 1. Diese Seite ist nicht nummeriert.

1060   P. de Sélènes (1886), S. 313. So ja der Titel der Schriftenreihe, in denen u.a. auch die Mondromane Jules Vernes erschienen sind.

1061   P. de Sélènes (1886), S. 16.

1062   J. Verne (1966, a), S. 22.

1063   P. de Sélènes (1886), S. 63f. In dem 1954 erschienenen Comic *On a marché sur la Lune* von Hergé übernimmt diese Rolle Tintin.

1064   P. de Sélènes (1886), S. 221.

tombée dans l'oubli et aujourd'hui elle serait complètement igno-
rée"[1065].

Die Fußnote (1), die in diesem Text den *illustre écrivain français* näher erläutert, lautet – an eine wissenschaftliche Arbeit erinnernd – :„M. J. Verne. *De la Terre à la Lune. – Autour de la Lune*". In diesem Sinne beginnt
auch der Roman damit, dass zwei Freunde einen amerikanischen Zeitungsartikel lesen, der auf eine baldige Versteigerung der Mondkanone
Columbiad, des *obus* und der sonstigen Utensilien des *Gun-Club* hinweist.
Der Protagonist Marcel schenkt dabei dieser Meldung besondere Aufmerksamkeit, da er bei einer geologischen Exkursion eine Plakette aus-
gegraben hatte, die – vom Mond zum Zwecke der Kontaktaufnahme auf
die Erde geschossen – symbolisch die Reise der Protagonisten des *Gun-
Club* bei Jules Verne darstellt: „ce que tu as sous les yeux est un message
envoyé de notre satellite à la terre, la réponse à l'audacieux voyage des
immortels Barbicane, Ardan et Nicholl"[1066].

Stellen die erwähnten Beispiele bis jetzt immer (außer im Fall von Georges le Faure[1067]) einen Verweis auf Werke anderer Schriftsteller dar, so
macht Daniel Compère auf so genannte *autoréférences* im Werk von Jules
Verne aufmerksam. Hierunter versteht er Anspielungen zwischen verschiedenen Romanen des Autors untereinander. So enthält zum Beispiel
das Manuskript des Romans *La chasse au météore* (posthum veröffentlicht
im Jahre 1908) eine Anspielung auf *De la Terre à la Lune* von 1865:

> „Pourquoi ne construirait-on pas un canon aussi puissant que
> celui qui, il y a quelques années, envoya un boulet dans la Lune
> ou celui qui, plus tard, tenta par un recul formidable de modifier
> l'inclinaison de l'axe terrestre[1068]? ... Oui, mais ces deux expérien-
> ces, on ne l'ignorait pas, n'étaient que de pure fantaisie, due à la
> plume d'un écrivain français un peu trop imaginatif peut-
> être!"[1069].

[1065] P. de Sélènes (1886), S. 276.

[1066] P. de Sélènes (1886), S. 19. Als reine Phantasie werden die Erzählungen
Jules Vernes in dem im Jahre 1903 erschienenen Roman *Auf dem Silbermond* von Jerzy Zulawski dargestellt, in dem es heißt: „Die phantastische Idee Jules Vernes sollte endlich Wirklichkeit werden – mehr als
hundert Jahre nach dem Tod des Schriftstellers" (J. Zulawski (1983), S.
9).

[1067] In *Les Robinsons lunaires* verweist der Autor auf die *Aventures d'un savant
russe*, welche er mit Henri de Graffigny zusammen verfasst hat.

[1068] Anspielung auf Jules Vernes Roman *Sans Dessus Dessous* (1889).

[1069] Jules Verne: *La chasse au météore* (Manuskript). Zitiert nach: D. Compère
(1991), S. 109.

Daniel Compère vermutet, dass die zu große Evidenz dieser Verweise dazu geführt hat, dass diese Textstelle in der veröffentlichten Version fehlt. Zusammenfassend kommentiert er dieses Phänomen der *autoréférences*, für das es noch viele Beispiele im Werk von Jules Verne gibt, folgendermaßen:

> „En renvoyant à un roman antérieur et supposé connu du lecteur, le nouveau récit cherche à s'accréditer de sa réalité. La cohérence dans l'imaginaire devient l'équivalent du vraisemblable: Verne met ainsi sa propre création sur le même plan que la réalité. N'est-ce pas le rêve de tout artiste?"[1070]

10.3 Fazit

Im Verlauf dieses Kapitels ist deutlich geworden, wie wenig die hier behandelten literarischen Werke für sich allein betrachtet werden können, sondern wie wichtig vielmehr der intertextuelle Blick auf ähnliche Texte ist. Bereits an den in Kapitel 5 dargestellten Planetenbildern in der Literatur war ein deutlicher Einfluss der Schriften Camille Flammarions deutlich geworden, was sich beispielsweise an dem (in Kapitel 5.2.2 dargestellten) Venusbild in Achille Eyrauds Roman *Voyage à Vénus* (1865) deutlich gezeigt hat. Sind hier allerdings lediglich astronomische Fakten, wie z.B. die Größe und die Oberflächenbeschaffenheit des Planeten, von dem pariser Astronomen übernommen, so geht Jules Verne bereits einen Schritt weiter, indem er in seinem ebenfalls 1865 erschienenen Roman *De la Terre à la Lune* ein ganzes Argumentationsschema aus Camille Flammarions *La pluralité des mondse habités* von 1862 referiert. Interessant hierbei ist, wie der pariser Astronom, als einer der letzten Mondoptimisten des 19. Jahrhunderts, zu einer möglichen Bewohnbarkeit dieses Himmelskörpers steht, Jules Verne dahingegen aber nur sehr vorsichtig und nur referierend vorgeht und dabei alle diese Thesen seiner - nicht als wissenschaftlich dargestellten - Frohnatur Michel Ardan in den Mund legt.

Aber nicht nur astronomische Fakten und Thesen finden sich in mehreren Büchern wieder, sondern auch narrative Elemente der Handlung: Am deutlichsten ist dies am Beispiel des *point neutre* geworden, auf den sehr viele Autoren im Rahmen ihrer Reisebeschreibung einen besonderen Wert gelegt haben; nicht weniger häufig tauchen aber auch in den auf den Planeten angesiedelten utopischen Gesellschaften gewisse Elemente immer wieder auf. Bereits auf die griechischen Dichtungen von Lukian geht hierbei die von Cyrano de Bergerac aufgegriffene Ernährung vom

---

[1070] D. Compère (1996), S. 145.

Dampf der Speisen zurück, einen weiteren Gemeinplatz stellt eine Ernährung dar, die den Menschen keinerlei Anstrengung kostet, weil entweder die Luft als Nahrung dient (wie z.B. in den beiden Marsromanen Camille Flammarions) oder aber der Planet für jede auf ihm lebende Gattung eine spezielle Pflanzenart im Überfluss hervorbringt, und es somit kein Töten um der Nahrung willen gibt. Denkt man ferner noch daran, wie häufig eine utopische Gesellschaft aus nur einer einzigen Nation besteht und sich darüber hinaus durch eine wohlklingende und logische Sprache auszeichnet, so wird klar, dass diese Übereinstimmungen zu deutlich und zu häufig sind, um Zufall sein zu können.

Neben diesen impliziten Beziehungen zwischen mehreren Texten gibt es allerdings auch Situationen, in denen explizit auf andere Autoren und ihre Werke verwiesen wird. Dass ein literarischer Text hierbei die Quellen der in ihm enthaltenen astronomischen Informationen enthält, mag – gerade im Hinblick auf die in Kapitel 8 behandelte Wissensvermittlung – plausibel erscheinen, überraschend ist dahingegen, wie häufig auch populärwissenschaftliche Texte auf literarische Fiktionen verweisen (Kapitel 10.2.2). Wie nahe sich diese beiden Textsorten im 19. Jahrhundert also noch waren, belegt ferner auch die Tatsache, dass viele Autoren, wie beispielsweise Henri de Parville, Marquis Raoul und natürlich auch Camille Flammarion, Schriften beider Gattungen veröffentlichten. Interessant sind aber auch Verweise, bei der ein literarischer Text auf einen anderen literarischen Text verweist. Dabei kann - wie z.B. in *De la Terre à la Lune* (1865) von Jules Verne - die in einem Roman dargestellte Wirklichkeit dadurch an Authentizität gewinnen, dass andere literarische Werke explizit als *purement littéraires* bezeichnet werden. Speziell im Bezug auf Jules Verne hat Daniel Compère auch auf so genannte *autoréférences* hingewiesen, welche aus Verweisen innerhalb des Romanwerks des Autors bestehen; in Compères Deutung kreiert Jules Verne auf diese Weise ein Stück Realität innerhalb seiner eigenen Fiktion.

Von besonderer Bedeutung sind aber auch Situationen, in denen eine ganze Figurenkonstellation aus einem Roman übernommen wird und somit Handlung quasi „weitererzählt" wird. War ein solcher Fall bereits im Bezug auf C. J. Rougemaitres Roman *La lune ou le pays des coqs* von 1819 geschildert worden, in dem das Himmelspferd aus Ludovico Ariostos *Orlando furioso* zu neuem Leben erwacht (Kapitel 4.2), so stechen in dieser Hinsicht deutlich die Weitererzählungen der Verneschen Mondromane durch Pierre de Sélènes (1886) und Alexandre de Lamothe (1883) heraus. Nicht nur, dass in diesen beiden Romanen die Handlung Jules Vernes als Realität beschrieben wird (Pierre de Sélènes weist dem berühmten Autor hierbei sogar die Rolle eines Geschichtsschreibers zu), auch die berühmte Mondkanone *Columbiad* kommt in diesen beiden Fällen ein weiteres Mal – und nun mit Erfolg – zum Einsatz.

Wie wenig die sagenumwobene Gestalt des Cyrano de Bergerac im Laufe der Zeit an Faszination verloren hat, belegt ferner eine von Edmond Rostand (1868-1918) verfasste, 1897 uraufgeführte *Comédie héroïque* in fünf Akten mit dem Titel *Cyrano de Bergerac*, in der der als Haudegen bekannte Autor mit der großen Nase selbst zu einer literarischen Gestalt wird. Diese Liebesgeschichte spielt gänzlich auf der Erde und nur an einer Stelle bemüht der Autor die Thematik des Mondes: Um die laufende Hochzeit von Roxane und Christian zu schützen, muss Cyrano den Konkurrenten de Guiche einige Minuten aufhalten, was ihm dadurch gelingt, dass er behauptet, vom Mond gefallen zu sein. Zunächst hält de Guiche sein Gegenüber für einen Dilettanten, erst als dieser anfängt, sechs verschiedene – größtenteils der *Histoire comique* von 1657 entnommene – interplanetarische Reisemöglichkeiten aufzuzählen, erwacht das Interesse de Guiches und die Trauung kann ungestört vollzogen werden[1071].

[1071] Diese Mondepisode fehlt leider in der exzellenten Verfilmung von Jean-Paul Rappenau (1990) mit Gérard Dépardieu (Cyrano de Bergerac), Anne Brochet (Roxane) und Vincent Pérez (Christian) in den Hauprollen.

11 Zusammenfassung

Wie im Verlauf der vorliegenden Arbeit deutlich geworden ist, gibt es in der französischen Literatur des 19. Jahrhunderts über die bekannten Mondromane von Jules Verne hinaus eine Vielzahl an erzählenden Texten, die eine interplanetarische Reise zum Thema haben. Auffallend viele Werke sind hierbei in der Zeit zwischen 1865 und 1870 erschienen, und im Hinblick auf die Intertextualität (Kapitel 10) ist ersichtlich geworden, wie wenig man ein einzelnes Werk dabei allein für sich betrachten kann, sondern wie viele erzählerische Elemente vielmehr häufig aus anderen Texten entnommen sind. Damit stellen diese Episoden oft eine Art Verweis, ja sogar eine Art Antwort auf einen anderen Autor dar, man denke hierbei nur an Georges le Faure, der auch seine Protagonisten versuchen lässt, im Zustand der Schwerelosigkeit Wein trinken zu lassen, der aber – anders als das große Vorbild Jules Verne – erkennt, dass dies unter den beschriebenen Bedingungen nicht möglich ist. In Kapitel 3 ist angeklungen, wie wenig diese Literatur heutzutage noch rezipiert wird; ein implizites Ziel dieser Arbeit ist es daher auch gewesen, zu zeigen, welchen Charme diese literarischen Werke oft haben, was in einem gewissen Widerspruch steht zu doch oft recht vernichtend ausfallenden Kritiken, wie z.B. jener von Jean-Jacques Bridenne, der die liebevolle Schilderung einer friedlichen Venuswelt bei Achille Eyraud als eine „reprise sans originalité de ‚L'Autre Monde'"[1072] bezeichnet.

Die Vielfältigkeit der hier interessierenden Literatur ist dabei – wie dargestellt – allein schon an der Reichhaltigkeit der in Kapitel 4 geschilderten Reisemittel abzulesen: Geister und Fabeltiere haben dabei noch genauso ihren festen Platz in den Köpfen der Schriftsteller, wie die okkulte Kraft der Telepathie, die der berühmte französische Astronom Camille Flammarion in seinen Marsromanen *Uranie* (1889) und *Stella* (1897) für seine interplanetarischen Reisen bemüht. Auffällig ist hierbei allerdings, wie sehr in quantitativer Hinsicht der Ballon (als einziges real existierendes Flugmittel des 19. Jahrhunderts) das Textcorpus bestimmt, und so schicken Autoren, denen der Reiseaspekt in ihren Werken nicht allzu wichtig ist, ihre Protagonisten oft in einem „ganz normalen", also nicht weiter erläuterten Ballon auf die Reise (siehe Kapitel 4.6.1), wohingegen andere Schriftsteller das im 19. Jahrhundert aktuelle Problem der Lenkbarkeit dieser Flugapparate aufgreifen und aus dessen Lösung – fälschlicherweise! – die Verwendbarkeit eines Ballons für einen interplanetarischen Flug folgern. Auffallend ist ferner, dass Jules Verne als einziger

---

[1072]   J.-J. Bridenne (1950), S. 109. *L'autre monde* ist der Titel einer späteren Ausgabe, die sowohl Cyranos Mondreise, als auch seine Reise zur Sonne beinhaltete.

Autor des 19. Jahrhunderts in seinem Roman *Autour de la Lune* (1869) ein widerspruchsfreies Raketenprinzip beschreibt, welches aber in seinem Text lediglich eine untergeordnete Rolle spielt. Da der Raketenantrieb in Achille Eyrauds Roman *Voyage à Vénus* (1865) – hier zwar das einzige Reisemittel darstellend – einen elementaren Fehler beinhaltet, und auch Cyrano de Bergerac die wahre Funktionsweise seiner – nur zufällig benutzten! - Feuerwerksraketen nicht verstanden hat, bleibt die Eroberung der Literatur durch das Raketenprinzip dem 20. Jahrhundert vorbehalten. Technisch und wissenschaftlich angehauchte Romane des hier interessierenden Zeitraums bemühen entweder einen weiterentwickelten Ballon, die imaginäre Kraft der Antigravitation oder die – in den Köpfen der Phantasten immer gigantischere Ausmaße annehmende – Kanone, was von einer Wissenschafts- und Fortschrittsgläubigkeit des 19. Jahrhunderts zeugt, die sich sehr schön auch in Victor Hugos Gedicht *Plein Ciel* zeigt, in dem es heißt:

> „Les temps sont venus. L'homme a pris possession
>
> De l'air, comme du flot la grèbe et l'alcyon. [...]
>
> Le vrai champ enfin s'offre aux puissantes algèbres;
>
> L'homme vainqueur, tirant le verrou des ténèbres,
>
> Dédaigne l'Océan, le vieil infini mort.
>
> La porte noire cède et s'entre-bâille. Il sort!"[1073]

Nachdem im Jahre 1846 mit dem Planeten Neptun der achte Planet des Sonnensystems entdeckt worden war, kannte man im Jahre 1865 genau 26 Planeten und Monde des Sonnensystems (unseren eigenen Mond mitgerechnet). Im Hinblick auf diese große Zahl ist auffallend, wie oft die Autoren in ihren Werken immer wieder dieselben Himmelskörper thematisieren – plausibel könnte ja auch der Wunsch erscheinen, in der Literatur „Neuland zu betreten" und beispielsweise als erster eine utopische Gesellschaft auf dem Saturnmond Mimas zu beschreiben[1074]. Das Gegenteil ist jedoch der Fall: Im Verlauf der vorliegenden Arbeit ist deutlich geworden, wie sehr die einzelnen Planeten in einer ideengeschichtlichen Tradition stehen, und wie sehr dabei die literarischen Rei-

---

[1073] V. Hugo (1977), S. 725f.

[1074] In der *Science-Fiction* Literatur zwischen 1950 und 1960 gewinnen solche Schauplätze an Bedeutung; hier allerdings nicht in dem Sinne, dass Reisenden dort eine bestehende Gesellschaft antreffen, sondern vielmehr in dem Sinne, dass Menschen von der Erde das Sonnensystem bevölkern oder zumindest dessen Rohstoffe ausschlachten. Sehr lohnend im Hinblick auf diesen Zeitraum ist hierbei die damals erschienene Reihe Golmann WELTRAUM Taschenbücher, die Erzählungen und Romane aus der ganzen Welt in deutscher Übersetzung bietet.

sen immer wieder dieselben Himmelskörper zum Ziel haben; Romane wie die 1808 anonym erschienene *Voyage dans la nouvelle planète [=Uranus]* bleiben also eine reine Ausnahme. War der Mond beispielsweise lange Zeit der einzige in der Literatur bereiste Himmelskörper, so erfanden seine Anhänger, als die verbesserten Teleskope des 19. Jahrhunderts nach und nach seinen Wüstencharakter bewiesen, gewisse lunare Schlupfwinkel des Lebens, die zu einer literarischen Tradition wurden (siehe Kapitel 5.1.3). Einheiliger ist dahingegen die Lage im Fall der Venus, die als „monde élyséen"[1075] stets als Welt der Liebe und der Muße galt. Wie sehr eine ideengeschichtliche Vorprägung dabei die Rationalität des 19. Jahrhunderts Lügen straft, zeigt jedoch folgende Überlegung: Da das Paradies auf der Venus durch das reichlich auf diesen Himmelskörper auftreffende Sonnenlicht gerechtfertigt wird, müsste eigentlich der Planet Merkur diese Rolle des Paradieses innehaben, was er vereinzelt ja auch hat, man denke hierbei z.B. an die positiven Schilderungen in der *Relation du monde de Mercure* von 1750. Für die Venus spricht in diesem Zusammenhang allerdings ihre lange Tradition als Morgen- und Abendstern und ihr glänzendes, hell leuchtendes Auftreten am Himmel, nicht umsonst ist dieser Himmelskörper ja auch nach der römischen Liebesgöttin benannt. Der Planet Merkur ist dahingegen immer nur kurz zu sehen und leuchtet dabei nur sehr schwach. Aus heutiger Sicht überraschend ist auch, wie lange der Planet Mars in der Literatur völlig bedeutungslos war, erst die Zeit ab 1877 machte diesen Himmelskörper zu der „plus grande vedette de l'espace qui ait jamais existée"[1076]. Komplett gegensätzliche literarische Bilder findet man dahingegen, was den Planeten Jupiter betrifft: Macht ihn seine senkrecht auf der Ekliptik stehende Rotationsachse in Jules Vernes Roman *De la Terre à la Lune* (1865) zu einem Paradies der Ausgeglichenheit (selbstverständlich versteckt sich der auf wissenschaftliche Exaktheit bedachte Autor bei solchen Hypothesen stets hinter der heiteren Gestalt des Michel Ardan), so hält Henri de Parville dahingegen in seinem, ebenfalls 1865 erschienenen Roman *Un habitant de la planète Mars* auf diesem Planeten aufgrund dessen großer Masse lediglich „les organismes les plus inférieurs"[1077] für möglich.

Was die Bewohner der Planeten betrifft, lässt sich sagen, dass diese größtenteils wie wir Menschen auf der Erde aussehen, was auch die Protagonisten in Alexandre Cathelineaus Mondroman von 1865 – etwas enttäuscht – feststellen:

[1075] G. Descottes (1864), S. 302.

[1076] L. Boia (1987), S. 41.

[1077] H. de Parville (1865), S. 134.

„Nous pensions que nous trouverions peut-être des gens qui auraient la tête au milieu du corps, manquant des sens que nous
possédions, et possédant des sens inconnus pour nous; [...]
éprouvant des plaisirs et souffrant des peines absolument différents de ceux de l'humanité terrestre"[1078].

Die Tatsache, dass es allerdings in den meisten literarischen Beschreibungen oft sehr menschenähnliche Bilder gibt, erklärt Lucian Boia mit
der Vorbildfunktion, die andere Gesellschaften für die Leser der Romane
haben: „on n'avait pas de leçons à recevoir de quelque être gélatineux
vivant au fond de l'océan primordial!"[1079]. Typisch für das – von den
Darwinschen Evolutionstheorien geprägte – 19. Jahrhundert ist ferner,
dass es auf den beschriebenen Welten stets eine genau definierte Gattung gibt, die die Rolle des Menschen spielt, so setzt Pierre de Sélènes in
seinem Roman *Un monde inconnu, deux ans sur la Lune* (1886) den Begriff
„les hommes" in expliziten Gegensatz zu dem Begriff der „êtres inférieurs"[1080], und auch G. Descottes bezeichnet in seinem 1864 erschienenen
Roman *Voyages dans les planètes et découverte des véritables destinée de
l'homme* den Menschen als „le couronnement de l'œuvre, le roi des êtres
créés"[1081].

Ähnlich vorsichtig wie bei der Beschreibung der Bewohner der einzelnen
Planeten zeigen sich viele Autoren auch, was die Darstellungsweise des
Erzählten betrifft, und in vielen Werken wird daher die Handlung lediglich als ein – vom Realitätsanspruch befreiender – Traum dargestellt. Eine interplanetarische Erweiterung fand die Klimatheorie der Aufklärung
ja bereits darin, dass der Charakter und die Gestalt der Geschöpfe in
vielen der hier behandelten Werke von der Entfernung zur wärmenden
Sonne abhingen. Eine interplanetarische Erweiterung findet hierbei aber
auch die - ebenfalls in der Aufklärung sehr beliebte - Herausgeberfiktion,
da sich das Editieren eines durch eine Kanone oder einen Vulkan auf die
Erde geschossenen Manuskripts zu einem wahren Gemeinplatz der hier
interessierenden Literatur entwickelt hat, was im Laufe dieser Arbeit
viele Beispiele belegt haben. Ein etwaiger Zusammenhang zwischen der
gewählten Erzählperspektive und der Extravaganz des Geschilderten ist
hierbei aber nicht festzustellen, denn so breitet beispielsweise der anonym gebliebene Autor der *Voyage tout récent dans la Lune* (1845) über
seine Erzählung einer Mondwelt, die sich rein äußerlich nicht von der
Erde unterscheidet, den Deckmantel einer Traumschilderung; Guy de
Maupassant dahingegen ist mutig und schildert mit seinen Marsianern

---

[1078]   A. Cathelineau (1865), S. 193.

[1079]   L. Boia (1987), S. 63.

[1080]   P. de Sélènes (1886), S. 108.

[1081]   G. Descottes (1864), S. 168.

in der Novelle *L'homme de Mars* (1887-1888) Lebewesen aus der Kategorie der *différence* und setzt dabei den die Novelle umfassenden Rahmen sogar noch zu einer Authentizitätssteigerung ein. Dass die Schilderung einer Gesellschaft auf einem anderen Planeten Mut kostet, hat Jules Verne explizit angesprochen: In Edgar Allan Poes Monderzählung von 1835 endet nämlich der - die Binnenhandlung darstellende - Brief des irdischen Reisenden mit der Ankündigung einer detaillierten Beschreibung der Mondwelt:

> „my adventures yet remain to be related. And indeed your Excellencies may well imagine that, after a residence of five years upon a planet not only deeply interesting in its own peculiar character, [...] I may have intelligence for the private ear of the States' College of Astronomers of far more importance than the details, however wonderful, of the mere *voyage* which so happy concluded"[1082].

Im April 1864 merkt nun Jules Verne im *Musée des Familles* an, dass die auf diese Weise versprochene genauere Schilderung der Mondwelt noch aussteht:

> „Il [= Edgar Allan Poe] regrette donc, et nous regrettons ensemble, cette histoire ethnographique, physique et morale de la Lune, qui reste encore à faire aujourd'hui. Jusqu'à ce qu'un plus inspiré ou plus audacieux l'entreprenne"[1083].

Doch auch Jules Verne selbst wird dieser *audacieux* in seinen kurz darauf erschienenen Mondromanen nicht sein: Vor der Notwendigkeit, zum einen die Frage nach einer eventuellen Bewohnbarkeit des Mondes, und zum anderen die – noch heiklere! – Frage nach dem Wesen der Mondbewohner zu beantworten, schützt sich der Autor durch das Scheitern seines Projekts, da der Mond nur umrundet werden kann. Dennoch scheint Jules Verne in Sachen Mond hin- und hergerissen zu sein, denn als seine Reisenden sich, nach dem Umfliegen des Erdtrabanten, ein zweites Mal dem *point neutre* nähern, beschließen sie, obwohl sie sich kurz zuvor auf die aktuelle Unbewohnbarkeit des Mondes geeinigt hatten, ihren Sturz auf den Erdtrabanten durch Raketen einzuleiten: „Non! la Lune n'est pas habitée. Non! la Lune n'est probablement pas habitable! Et cependant, ils allaient tout tenter pour l'atteindre!"[1084]. Bewahrt der zufällige Fehler beim Abschuss und die zufällige Ablenkung des *obus* durch einen Meteoriten Jules Verne vor einer Mondlandung seiner drei Protagonisten, so ist es auch das zufällige Explodieren eines anderen

---

1082   E. A. Poe (1990), S. 583.

1083   Jules Verne: In: *Musée des Familles*, April 1864, S. 193-208. Zitiert nach: C.-N. Martin (1978), S. 148f.

1084   J. Verne (1966, a), S. 274.

Meteoriten, das den Reisenden an einer zentralen - aber oft übersehenen! - Stelle dieses Romans einen kurzen Blick auf die, davor im Dunkeln liegende, von der Erde aus stets unsichtbare Rückseite des Mondes erlaubt. Jules Vernes Unfähigkeit, der Bewohnbarkeit des Mondes eine definitive Absage zu erteilen, zeigt sich auch an dieser Stelle, beobachten doch hier seine Reisenden:

> „des espaces immenses, non plus des plaines arides, mais des mers véritables, des océans largement distribués [...]. Enfin, à la surface des continents , de vastes masses sombres, telles qu'apparaîtraient des forêts immenses sous la rapide illumination d'un éclair... Était-ce une illusion, une erreur des yeux, une tromperie de l'optique? Pouvaient-ils donner une affirmation scientifique à cette observation si superficiellement obtenue?"[1085].

Überhaupt sind solche versteckten Elemente in den Romanen des Autors nicht selten, wie es auch schon die utopischen Aspekte gezeigt haben (Kapitel 9.5). Zu Recht findet Jules Vernes Werk daher immer mehr Eingang in die Literaturkritik, nachdem es lange Zeit – zu Unrecht! – als Kinderliteratur abgestempelt und ignoriert worden war. Im Laufe der vorliegenden Arbeit ist außerdem deutlich geworden, wie falsch es wäre, Jules Verne - wie es oft getan wurde - ausschließlich in diachronischer Perspektive auf das 20. Jahrhundert hin zu lesen: Eine genaue Lektüre seiner Texte zeigt vielmehr, wie sehr das Werk sich in eine Tradition eingliedert, und wie sehr es dabei Elemente aus früheren literarischen Werken weiterführt (so z.B. das Element einer Kontaktaufnahme mit den Seleniten, das Herumdrehen am *point neutre*, die an Camille Flammarion angelehnte Diskussion um die *Pluralité des mondes*, etc.). Interessante Gesichter des Autors sind also lange Zeit übersehen worden, wohingegen Elemente seiner Fiktion, die sich im 20. Jahrhundert realisiert haben, überbewertet wurden: So wählt Jules Verne z.B. aus einer fehlerhaften Argumentation heraus den „richtigen" Startpunkt Florida für seine Mondexpedition (siehe Kapitel 7.7.1), und auch die Wasserung im Pazifik ist in gewisser Hinsicht ein „Zufallstreffer" (siehe Abbildung S. 276). Andere – großartige! – Antizipationen des Autors wurden dahingegen im Schatten dieser Auffälligkeiten leider noch nicht ausreichend gewürdigt, schildert doch Jules Verne als erster Autor des 19. Jahrhunderts einen absolut widerspruchsfreien Raketenantrieb und erkennt er doch als erster das Prinzip eines „Startfensters", d.h. der Tatsache, dass der Startzeitpunkt für eine Reise zum Mond nicht frei wählbar ist. Wie gesehen gilt es Jules Verne aber auch dafür zu loben, dass er gewisse Probleme – im Gegensatz zu seinen Vorgängern – überhaupt erst erkannt hat, wie z.B. den Rückstoß beim Abschuss oder den Luftwiderstand der Erdat-

---

[1085]   J. Verne (1966, a), S. 227f.

mosphäre. Da er diese Probleme nicht lösen konnte, musste er sie – mit Sicherheit schweren Herzens! - verharmlosen, wollte er doch einen Roman schreiben.

Diese Überlegungen belegen erneut, wie wichtig in der hier dargestellten Literatur wissenschaftliche Themen und deren Vermittlung an den Leser sind; wie unterschiedlich die literarischen Verfahren hierbei sind, wurde in Kapitel 8 dargelegt. Diese Vulgarisation kann dabei auf recht trockene Weise, wie beispielsweise in Henri de Parvilles Roman *Un Habitant de la planète Mars* (1865) geschehen, sie kann aber auch auf sehr heitere und unterhaltsame Art und Weise geschehen, wie beispielsweise in George le Faures Roman *Les Robinsons lunaires* (1893): Hier nehmen die Schüler auf dem Mond – und damit die jugendlichen Leser auf der Erde – ihre rein rezipierende Haltung sehr bewusst wahr: „c'est une conférence qu'il prépare et que nous allons être obligés d'avaler... peut-être avant le déjeuner"[1086].

Was die Schilderungen von Gesellschaften auf den Planeten betrifft (Kapitel 9), so konnte im Verlauf der vorliegenden Untersuchung die Aussage Hans Freyers bestätigt werden, nach der sich die Utopien des 19. Jahrhunderts (nach den märchenhaften und allegorischen Planetenbildern der vorangehenden Jahrhunderte) durch kommunistische und technische Züge auszeichnen. Auffällig hierbei ist, dass kommunistische Züge noch häufiger geschildert werden, als technische, was z.B. Alexandre Cathelineaus friedliche Mondwelt in seiner *Voyage à la Lune* (1865) beweist, die zwar – auch wenn dies explizit geleugnet wird – kommunistische Züge trägt, ansonsten aber die Schäferidylle einer ohne technischen Fortschritt auskommenden Gesellschaft beschreibt. Umgekehrt sind allerdings alle Gesellschaften, die der Erde in technischer Hinsicht überlegen sind, deutlich von kommunistischen Zügen geprägt. Interessant ist auch, dass die eigentlich dem 20. Jahrhundert vorbehaltene Gattung der Antiutopie nicht nur bereits in Alexandre de Lamothes Roman *Quinze mois dans la Lune* von 1883 ein frühes Beispiel erlebt (Kapitel 9.4.3), sondern dass auch durchaus positive Gesellschaftsbilder - sozusagen als Wermutstropfen – z.T. negative Elemente beinhalten (siehe Kapitel 9.4.2).

In intertextueller Hinsicht sind es – über die bereits erwähnten impliziten und expliziten Übereinstimmungen hinaus (siehe Kapitel 10) – vor allem moralische und theologische Gedanken, die sich in vielen der behandelten Werken immer wieder finden und die somit erneut unterstreichen, in welchem engen intertextuellen Verhältnis die einzelnen Texte zueinander stehen. Die bereits an mehreren Stellen angeklungene Got-

---

[1086]   G. le Faure (1893), S. 211.

testhematik bringt gerade im Hinblick auf interplanetarische Reisen sehr schön Camille Flammarion zum Ausdruck, dessen als Sprachrohr fungierender Protagonist in dem Marsroman *Uranie* (1889) bemerkt: „Que nous habitons ici ou à côté, nous sommes, non les citoyens d'un pays ou d'un monde, mais, en vérité, les CITOYENS DU CIEL [sic]"[1087]. Eine ähnliche Aussage des Autors betrifft die *vie universelle* und hat – wie gesehen – breiten Eingang in die hier interessierende Literatur gefunden:

> „Où trouver alors une limite à la fécondité de la Nature, comment circonscrire sa puissance à notre pauvre séjour, lorsque nous savons que la Vie universelle est son éternelle devise [...]? [L]a nature, non contente de répandre les espèces partout où la matière existe, les entasse encore les unes sur les autres, [...] elle est la même pour ces mondes que pour le nôtre"[1088].

Abschließend lässt sich also feststellen, dass die interplanetarischen Reisen im 19. Jahrhundert an einem Wendepunkt standen: Die Zeit der von Camille Flammarion als „rien moins que scientifique"[1089] bezeichneten, aber doch so bezaubernden Mondreisen des 17. Jahrhunderts war vorbei. Eine Doktorarbeit zum Thema der Weltraumfahrt hatte aber auch noch in den zwanziger Jahren des folgenden Jahrhunderts keine Akzeptanz zu erwarten. So versuchten manche Autoren des 19. Jahrhunderts in ihren Werken eine „synthèse entre rêve et réalité, entre science et illusion"[1090]. Hierbei ist vor allem Jules Verne zu nennen, der einen ganzen Roman mit Vorbereitungen einer Reise füllt und den eigentlichen Flug einer Fortsetzung überlässt.

Leider raubten die Apollo-Mondlandungen des 20. Jahrhunderts unserem Trabanten weitestgehend seine literarische Attraktivität, und so macht Pierre Poix darauf aufmerksam, dass der 21. Juli 1969 den einst so lebhaften, imaginären Reisen innerhalb unseres Sonnensystems ein jähes Ende bereitet hat[1091], denn die heutige *Science-Fiction* gibt sich nicht mehr allzu häufig mit dem „guten alten Mond" oder der Venus zufrieden. In diesem Sinne bemerkt auch Lucian Boia über den Umzug der heutigen *Science-Fiction* in ferne Galaxien:

> „Bon nombre d'extraterrestres furent transportés, sans modifications essentielles, plus loin, beaucoup plus loin: dans l'espace galactique. Ils sont enfin en sûreté. La vérification de leur présence

---

[1087] C. Flammarion (1893), S. 266.

[1088] C. Flammarion (1862), S. 42f.

[1089] C. Flammarion (1862), S. 29.

[1090] L. Boia (1987), S. 6.

[1091] P. Poix (1992), S. 163.

est cette fois moins facile à faire que dans le cas de Mars et de Vénus"[1092].

Eine Ausnahme hierbei bildet allerdings als literarischer Dauerbrenner
der Planet Mars, über den Lucien Boia bemerkt:

> „Mars est désert, mais on croit encore aux Martiens. Un mythe a
> toujours raison de la Raison"[1093].

In der aktuellen Planetenforschung ist der Planet Mars von größtem Interesse, wobei die Suche nach Spuren von – aktuellem oder auch nur
vergangenem - Leben auf Hochtouren läuft. Es bleibt abzuwarten, inwiefern weitere wissenschaftliche Erkenntnisse die – zur Zeit noch recht
guten - literarischen Lebensverhältnisse auf diesem Himmelskörper be-
einflussen werden.

[1092] L. Boia (1987), S. 7.

[1093] L. Boia (1987), S. 7.

12 Anhang

12.1 Tabellen

12.1.1 Das Sonnensystem: Die Wissensstände der Jahre 1862 und 2002 im Vergleich

Alle Angaben in diesem Kapitel sind entnommen aus der *Pluralité des mondes habités* von Camille Flammarion (für das Jahr 1862)[1094] und der *Einführung in Astronomie und Astrophysik* von Arnold Hanslmeier (für das Jahr 2002)[1095].

12.1.1.1 Merkur

	1862	2002
Abstand zur Sonne*	0,387	0,39
Durchmesser*	0,391	0,38
Masse*	0,175	0,055
Dichte*	2,95	0,98
Beschleunigung an der Oberfläche*	1,15	0,4

	1862	2002
Neigung der Rotationsachse (gegen die Bahnebene)	75°	0°
Dauer eines Tages	24 h 5 min 28 s	58,65 d
Dauer eines Jahres	87 d 23 h 14 min	87,9 d
Zahl der Monde	0	0

Zu den Zeitangaben:

a: ein Jahr (auf der Erde)

d: ein Tag (auf der Erde)

h: eine Stunde

min: eine Minute

s: eine Sekunde

N.B.: Die mit * gekennzeichnete Größen sind jeweils in Einheiten des entsprechenden Wertes der Erde angegeben.

[1094]   Alle Werte entnommen aus: C. Flammarion (1862), im hinteren Buchdeckel befindet sich eine Tabelle zum Ausklappen, welche allerdings keine Seitenzahl trägt.

[1095]   A. Hanslmeier (2002), S.107 – S. 178.

12.1.1.2 Venus

	1862	2002
Abstand zur Sonne*	0,723	0,72
Durchmesser *	0,985	0,95
Masse*	0,885	0,815
Dichte*	0,92	0,95
Beschleunigung an der Oberfläche*	0,95	0,9

	1862	2002
Neigung der Rotationsachse (gegen die Bahnebene)	75° [sic]	2,01°
Dauer eines Tages	23 h 21 min 7 s	243,01 d
Dauer eines Jahres	224 d 16 h 41 min	224,7 d
Zahl der Monde	0	0

12.1.1.3 Erde

	1862	2002
Abstand zur Sonne*	38230000 lieues	149600000 km
Durchmesser*	12732 km	12756 km
Masse*	Keine Angaben	$5{,}97 \times 10^{24}$ kg
Dichte*	5,48 g/cm³	5,52 g/cm³
Beschleunigung an der Oberfläche*	9,8 m/sec²	9,81 m/sec²

	1862	2002
Neigung der Rotationsachse (gegen die Bahnebene)	23° 27′	23,5°
Dauer eines Tages	23 h 56 min 4 s	23 h 56 min
Dauer eines Jahres	365 d 5 h 48 min	1a
Zahl der Monde	1	1

12.1.1.4 Mars

	1862	2002
Abstand zur Sonne*	1,524	1,52
Durchmesser*	0,519	0,53
Masse*	0,132	0,107
Dichte*	0,95	0,71
Beschleunigung an der Oberfläche*	0,44	0,4

	1862	2002
Neigung der Rotationsachse (gegen die Bahnebene)	30,18°	24°
Dauer eines Tages	24 h 39 min 21 s	24 h 37 min
Dauer eines Jahres	686 d 22 h 18 min	1,88a
Zahl der Monde	0	2

12.1.1.5 Jupiter

	1862	2002
Abstand zur Sonne*	5,203	5,21
Durchmesser*	11,225	11,19
Masse*	338,034	317,8
Dichte*	0,24	0,24
Beschleunigung an der Oberfläche*	2,55	2,4

	1862	2002
Neigung der Rotationsachse (gegen die Bahnebene)	3,5°	3°
Dauer eines Tages	9 h 55 min 45 s	9 h 50 min
Dauer eines Jahres	11 A 315 d 12 h	11,87 a
Zahl der Monde	4	28

12.1.1.6 Saturn

	1862	2002
Abstand zur Sonne*	9,539	9,57
Durchmesser*	9,022	9,41
Masse*	101,411	95,15
Dichte*	0,14	0,13
Beschleunigung an der Oberfläche*	1,09	0,9

	1862	2002
Neigung der Rotationsachse (gegen die Bahnebene)	31° 19′	24°
Dauer eines Tages	10 h 18 min	10 h 14 min
Dauer eines Jahres	29 a 181 d 4 h	29,63 a
Zahl der Monde	8	30

12.1.1.7 Uranus

	1862	2002
Abstand zur Sonne*	19,183	19,30
Durchmesser*	4,344	3,98
Masse*	14,789	14,56
Dichte*	0,18	0,23
Beschleunigung an der Oberfläche*	11,1	0,9

	1862	2002
Neigung der Rotationsachse (gegen die Bahnebene)	69°	98°
Dauer eines Tages	Nicht be-kannt	17 h 6 min
Dauer eines Jahres	84 a 89 d 9 h	84,66 a
Zahl der Monde	8	21

12.1.1.8 Neptun

	1862	2002
Abstand zur Sonne*	30,040	30,14
Durchmesser*	4,719	3,81
Masse*	20,879	17,2
Dichte*	0,22	0,31
Beschleunigung an der Oberfläche*	1,02	1,2

	1862	2002
Neigung der Rotationsachse (gegen die Bahnebene)	Nicht bekannt	29°
Dauer eines Tages	Nicht bekannt	15 h 48 min
Dauer eines Jahres	164 a 226 d	165,49 a
Zahl der Monde	1	8

12.1.1.9 Pluto

Der Planet Pluto wurde erst im Jahre 1930 entdeckt, er war den Schriftstellern des 19. Jahrhunderts folglich unbekannt.

	1862	2002
Abstand zur Sonne*	--	39,88
Durchmesser*	--	0,17
Masse*	--	0,0021
Dichte*	--	0,38
Beschleunigung an der Oberfläche*	--	0,04[1096]

	1862	2002
Neigung der Rotationsachse (gegen die Bahnebene)	--	122,5°
Dauer eines Tages	--	6,3 d
Dauer eines Jahres	--	251,86 a
Zahl der Monde	--	1

[1096]   C. Stott ; C. Twist (1996), S. 108f.

12.1.2 Unterschiede zwischen dem Apollo-Raumschiffs und dem *obus* von Jules Verne

„Quant aux différences – énormes – qui séparent la fictive et rudimentaire cabine vernienne de la réelle et complexe cabine Apollo, elles ne sont pas moins frappantes que les similitudes. Un bref tableau en fera ressortir quelques-unes:

	Obus de la Columbiad	Cabine Apollo
Protection thermique	Néant	Triple coquille, bouclier de résine époxy
Stabilisation, contrôle d'attitude	Néant	Couchettes à sangles, conditionnement des aliments, etc…
Systèmes de sécurité	Néant	Tour de sauvetage, etc…
Télécommunications	Néant	Divers!
Moteurs	Néant[1097]	Moteur principal + 16 auxiliaires

"[1098]

[1097] Sous réserve d'un équipement en „rétro-fusée" […]. (Fußnote von F. Bussière).

[1098] Zitat und Tabelle entnommen aus: F. Bussière (1969), S. 229.

12.1.3 Gemeinsamkeiten des Apollo-Raumschiffs mit dem *obus* von Jules Verne

Tableau comparé des caractéristiques[1099]

	Obus de la Columbiad	*Cabine Apollo*
Forme:	Cylindro-conique	Cylindro-conique
Matériau:	Aluminium massif	Aluminium, recouvert d'acier, avec interposition de fibre de quartz
Dimensions extérieures:		
hauteur:	12 pieds	3, 93 m (plus module de service)
Diamètre:	9 pieds (à la base)	3, 97 m (à la base)
Dimensions intérieures:		Hauteur habitacle:
Hauteur:	10 pieds	2 m
Surface:	54 pieds carrés (base)	4 m² (base)
Poids:	20.000 livres (plus 11.500 livres d'eau, évacuées dès la première seconde)	10,8 tonnes (plus 17,7 tonnes de carburant, consommées en route)
Orifice:	„trou d'homme" fermé par vis de pression	Porte à verrouillage spécial (modifiée depuis l'accident du 27-1-67)
Visibilité:	Hublots	Hublots
Instruments d'observation:	Lunettes, thermomètres, baromètres, etc…	Télescope d'observation, sextant spatial, etc…
Éclairage et chauffage:	Au gaz	À l'électricité
Ventilation:	Absorption gaz carb. par potasse caustique +	Absorption gaz carb. par hydroxyde de li-

---

[1099] Diese Tabelle ist samt ihrer Überschrift entnommen aus: F. Bussière (1969), S. 239f.

	régénération oxygène par chlorate de potasse	thium + fourniture oxygène par oxygène liquide stocké[1100]
Eau:	Stockée	Stockée
Nourriture:	Conserves de viande, légumes écrasés par presse hydraulique	Aliments déshydratés en sachets, réhydratés pour la consommation
Équipage:	3 hommes	3 hommes

[1100]   La solution soviétique, différente, se rapproche davantage de l'anticipation vernienne: *régénération* de l'oxygène par peroxyde de sodium, qui en même temps *absorbe* le gaz carbonique (Fußnote von François Bussière).

12.2 Abbildungen und Illustrationen

N.B.: Die folgenden Abbildungen sind chronologisch nach den Erscheinungsdaten der Erstausgaben der Werke, zu denen sie gehören, geordnet.

12.2.1 Cyrano de Bergerac (1657)[1101]

„J'avais attaché autour de moi quantité de fioles pleines de rosée, sur lesquelles le Soleil dardait ses rayons si violemment, que la chaleur qui les attirait, comme elle fait les plus grosses nuées, m'éleva si haut, qu'enfin je me trouvai au-dessus de la moyenne région"[1102].

[1101]   Diese Abbildung ist entnommen aus: C. de Bergerac (1968), S. 25.

[1102]   C. de Bergerac (1968), S. 20.

12.2.2 Fontenelles Entretiens sur la pluralité des mondes (1686)[1103]

„Nous allâmes donc un soir après souper nous promener dans le parc. [...] La Lune était levée [...] [et il] n'y avait pas un nuage qui dérobât ou qui obscurcît la moindre étoile, elles étaient toutes d'un or pur et éclatant"[1104].

[1103]   Diese Abbildung ist entnommen aus: L. Boia (1987), S. 17.
[1104]   B. de Fontenelle (1998), S. 59.

12.2.3 Die Venus in den Augen von Bernardin de Saint-Pierre (1815)[1105]

„Ses habitants, d'une taille semblable à la nôtre, puisqu'ils habitent une planète de même diamètre, mais sous une zone céleste plus fortunée, doivent donner tout leur temps aux amours"[1106].

[1105]   Diese Abbildung ist entnommen aus: L. Boia (1987), S. 34.

[1106]   J.-H.-B. de Saint-Pierre (1826), Bd. X, S. 314f.

12.2.4 Die Sonnenbewohner in Pierre Boitards
Voyage dans le Soleil (1838-1840)[1107]

„Figurez-vous deux personnages hauts de quatre pieds, ayant les jambes courtes et très-grêles, des pieds très-gros et sans doits [...]. Quant à leurs mains, c'était tout à fait différent: elles avaient six doigts longs et forts à peu près comme les nôtres. Ce qui m'étonna le plus dans ces singulières créatures, c'est leur tête; elle eût fait tomber dans le ravissement un phrénologue parisien. [...] Quant au reste, je ne saurais vous donner une idée plus nette des hommes du soleil qu'en les comparant à certaines caricatures *à forte tête* de Dantan"[1108].

[1107]   Diese Abbildung ist entnommen aus: P. Boitard (1838-1840), Bd. I, S. 77.
[1108]   P. Boitard (1838-1840), Bd. I, S. 77f.

12.2.5 Die Bewohner des Planeten Uranus in Pierre Boitards
Voyage dans le Soleil (1838-1840)[1109]

„En approchant, je vis que ces oies différaient des nôtres par la grosseur de leur tête et l'absence d'un long cou. [...] [E]lle leva vers moi sa tête blanche parée d'une magnifique aigrette de longues plumes, et me montra le plus joli visage de jeune fille que j'aie vu de ma vie. [...] [D]ans un pays froid comme Uranus, la nature avait bien fait de couvrir de plumes l'espèce humaine"[1110].

[1109] Diese Abbildung ist entnommen aus: P. Boitard (1838-1840), Bd. IV, S. 132.

[1110] P. Boitard (1838-1840), Bd. IV, S. 132.

12.2.6 Die theoretische Erklärung einer Ellipse in Pierre Boitards *Voyage dans le Soleil* (1838-1840)[1111]

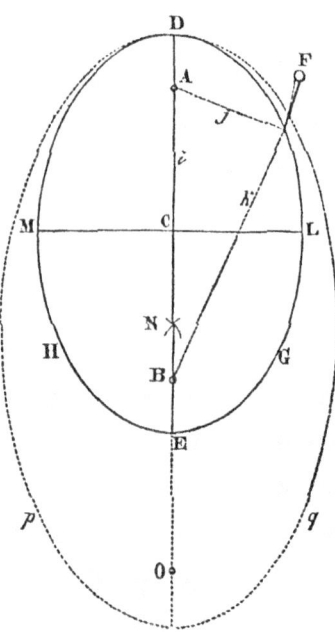

„Si je veux tracer l'ellipse D H E G, je plante une épingle en A et une autre en B; je prends un fil plus long que deux fois la longeur A B, je l'attache par les deux bouts et je le passe dans mes deux épingles; puis avec une petite pointe F, je tends le fil comme en *i, j, k*, et faisant marcher ma pointe, toujours avec le fil tendu, je décris la courbe G E H D qui est une ellipse. Les points A et B se nomment les foyers de l'ellipse; la ligne D E est le *grand axe*"[1112].

[1111] Diese Abbildung ist entnommen aus: P. Boitard (1838-1840), Bd. II, S. 139.

[1112] P. Boitard (1838-1840), Bd. II, S. 139.

12.2.7 Das auf der Antigravitation beruhende Antriebssystem in Alexandre Cathelineaus Roman *Voyage à la lune* (1865)[1113]

N.B.: Die von den beiden Kugeln ausgehende, abstoßende Kraft der *répulsion* ist durch die beiden, mit B und D gekennzeichneten, Metallplatten abschirmbar, was den *Micromégas* in Alexandre Cathelineaus Roman lenkbar macht.

„A représente le courant principal de répulsion qui, à cause de l'inclinaison du bouclier B, ne peut atteindre la terre, E, qu'obliquement, ce qui a pour effet de pousser le Micromégas d'un côté; C représente la partie du courant répulsif qui, en raison de notre élévation encore modérée, passe par-dessus les bords du bouclier D et atteint la terre plus ou moins perpendiculairement"[1114].

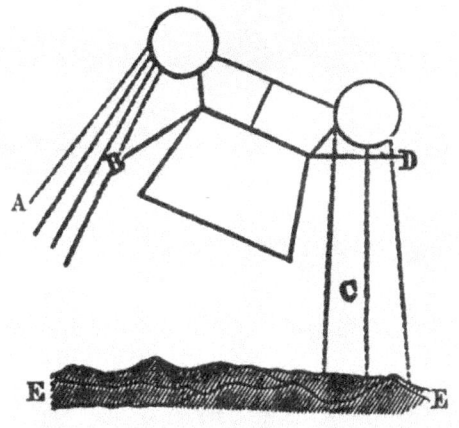

[1113]   Diese Abbildung ist entnommen aus: A. Cathelineau (1865), S. 122.
[1114]   A. Cathelineau (1865), S. 122.

12.2.8 Das Raumschiff *Micromégas* in Alexandre Cathelineaus Roman *Voyage à la lune* von 1865[1115]

„le *Micromégas* quitta lentement le sol, et nous fûmes emportés dans l'espace. […] Nous nous élevâmes, lentement d'abord, mais notre vitesse s'accrut rapidement, et lorsque nous jetâmes nos regards par la fenêtre percée dans le plancher, nos compagnons, le visage tourné dans notre direction, avaient l'air de Lilliputiens, et les arbres ressemblaient à des brins d'herbe."[1116]

[1115] Diese Abbildung ist entnommen aus: A. Cathelineau (1865), innere Umschlagseite.

[1116] A. Cathelineau (1865), S. 116f.

12.2.9 Der Marsinaner in Henri de Parvilles Roman
Un habitant de la planète Mars (1865) [1117]

„Il semble au premier coup d'œil que l'on ait devant soi un gros singe de 1 mètre 35 centimètres de hauteur couché tout au long et à moitié blanchi à la chaux. [...] Il n'est en effet, rien de si étrange que la figure. Cela tient à la fois du singe, de l'homme et de l'éléphant. Prenez une tête humaine; frappez le derrière du crâne avec un battoir jusqu'a ce qu'il s'aplatisse [...]; c'est là très-exactement la conformation de la tête. [...] Bras de 80 centimètres. Mains de 30 centimètres. Doigts effilés et pointus, le quatrième plus court que les autres. [...] elle [= la trompe] a été très-endommagée; elle me-

sure encore 15 centimètres sur 4 à 5 de diamètre. Elle recouvre à moitié une toute petite bouche à très-grosses lèvres"[1118].

[1117]   Diese Abbildung ist entnommen aus: H. de Parville (1865), zwischen den Seiten 46 und 47. In diesem Buch werden die Illustrationen nicht zu den Seitenzahlen gezählt.

[1118]   H. de Parville (1865), S. 24ff.

12.2.10 *Un peu d'algèbre*[1119] in dem Roman *Autour de la Lune* von Jules Verne (1869)[1120]

$$\frac{1}{2}\left(v^2 - v_0{}^2\right) = gr\left\{\frac{r}{x} - 1 + \frac{m'}{m}\left(\frac{r}{d-x} - \frac{r}{d-r}\right)\right\}$$

„Et cela signifie?.... demanda Michel

- Cela signifie, répondit Nicholl, que: un demi de v [carré][1121] moins v zéro carré, égale gr multiplié par r sur x moins un, plus m prime sur m multiplié par r sur d moins x, moins r sur d moins r....- X sur y monté sur z et chevauchant sur p, s'écria Michel Ardan en éclatant de rire. Et tu comprends cela, capitaine?

- Rien n'est plus clair"[1122].

[1119]   So der Titel des Kapitels, aus dem diese Episode entnommen ist.

[1120]   Diese Abbildung ist entnommen aus: J. Verne (1966, a), S. 68. Der algebraische Ausdruck ist entnommen aus J. Verne (1966, a), S. 63.

[1121]   Fälschlicherweise steht anstelle von *carré* hier *deux* im Text.

[1122]   J. Verne (1966, a), S. 63f.

12.2.11 Der Zustand der Schwerelosigkeit in Jules Vernes Roman *Autour de la Lune* (1869)[1123]

„Ah! s'écria Michel Ardan, voilà donc un peu de physique amusante!"
[...] Eux-mêmes, surpris, stupéfaits, en dépit de leurs raisonnements
scientifiques, ils sentaient, ces trois aventureux compagnons emportés
dans le domaine du merveilleux, ils sentaient que la pesanteur manquait
à leur [sic] corps. Leurs bras, qu'ils étendaient, ne cherchaient plus à
s'abaisser. Leur tête vacillait sur leurs épaules. Leurs pieds ne tenaient
plus au fond du projectile"[1124].

[1123]   Diese Abbildung ist entnommen aus: J. Verne (1966, a), S. 125.
[1124]   J. Verne (1966, a), S. 126.

12.2.12 Die Wasserung im Pazifik in Jules Vernes Roman
Autour de la Lune (1869)

„- […] le boulet ne pèse que dix-neuf mille deux cent cinquante livres!

- Eh bien !

- Et […] il déplace vingt-huit tonneaux, autrement dit cinquante-six mille livres, et […], par conséquent, *il surnage* ! " [1125]

[1125]   J. Verne (1966, a), S. 316.

12.2.13 Der Ballon in Jules Vernes Roman
Hector Servadac (1877)[1126]

„Un ballon! [...] Mais c'est bien usé, votre ballon! Mème [sic] dans les romans, on n'ose plus s'en servir!"[1127].

[1126]   Diese Abbildung ist entnommen aus: C.-N. Martin (1978), S. 207.

12.2.14 Der Mondbewohner Rugel in Pierre de Sélènes Roman
Un monde inconnu, deux ans sur la Lune (1886)[1128]

„Le personnage qui venait d'apparaître sur la terasse offrait toutes les apparences extérieures d'un membre de l'humanité terrestre [...]. Sa taille était bien prise; tous ses membres, bien proportionnés, décelaient la souplesse et la vigueur; sa démarche aisée et libre trahissait l'harmonie d'une nature bien équilibrée. Son visage, qu'encadraient de longs cheveux noirs brillants et bouclés et une barbe de la même couleur, fine et naturellement frisée, était empreint de douceur et de gravité. Son front développé, ses yeux vifs et pénétrants dénotaient une intelligence large et prompte"[1129].

[1127]   J. Verne (o.J.), S. 369. Vgl. hierzu auch: V. Dehs (1993), S. 78.

[1128]   Diese Abbildung ist entnommen aus: P. de Sélènes (1886), S. 99.

[1129]   P. de Sélènes (1886), S. 98.

12.2.15 Ein Blick auf die Erde in Pierre de Sélènes Roman *Un monde inconnu, deux ans sur la Lune* (1886)[1130]

„Ils ne pouvaient que balbutier, comme sous l'impression d'une indicible angoisse: ‚La Terre! La Terre!' Dans le ciel d'un noir profond, sous un angle de 1''54' [sic], s'arrondissait un globe immense, brillant comme quatorze pleines lunes, qui deversait sur les campagnes lunaires les ondes d'une lumière intense, mais douce et tranquille. C'était le monde qu'ils avaient quitté il y avait déjà six mois. La Terre, à ce moment pleine, tournait vers la Lune l'hémisphère contenant l'ancien continent"[1131].

[1130] Diese Abbildung ist entnommen aus: L. Boia (1987), S. 91. Sie findet sich auch bei: P. de Sélènes (1886), S. 195.

[1131] P. de Sélènes (1886), S. 194.

12.2.16 Die interplanetarische Kommunikation in Pierre de Sélènes Roman *Un monde inconnu, deux ans sur la Lune* (1886)[1132]

„La nuit profonde qui enveloppait les plaines lunaires s'éclaira brusquement: un J enflammé se dessina gigantesque sur le sol"[1133].

1132   Diese Abbildung ist entnommen aus: L. Boia (1987), S. 106. Sie findet sich auch bei: P. de Sélènes (1886), S. 279.

12.2.17 Der Ballon *Franklin* in Charles Guyons Roman *Voyage dans la planète Vénus* (1888)[1134]

„ce jour-là devait avoir lieu l'ascension du Franklin, le plus puissant aé-rostat qu'on eût encore vu dans les Etats de l'Union. [...] Enfin le ballon fut prêt : [...] Les voyageurs prirent place dans l'aérostat aux acclama-tions de la foule qui poussait des hurrahs frénétiques. La nacelle était une jolie petite pièce carrée, mollement captionnée et entourée d'une balustrade d'un mètre de hauteur environ. Le solennel – lâchez tout – retentit, et le ballon s'élève avec une rapidité vertigineuse dans les cou-ches supérieures de l'air. Quel splendide panorama se déroule aux yeux des voyageurs !"[1135]

[1133] P. de Sélènes (1886), S. 278.

[1134] Diese Abbildung ist entnommen aus: C. Guyon (1888), S. 4.

[1135] C. Guyon (1888), S. 8 und 16.

12.2.18 Der Ballon in Georges le Faures Roman
Les Robinsons lunaires (1893)[1136]

„La forme de cette nacelle n'approchait en rien de celle des esquifs ordi-
nairement suspendus au-dessous des ballons: c'était un véritable navire,
une barque à l'arrière évidé; l'avant, effilé en forme de proue, était garni
de son ancre et des différents engins indispensables à la navigation aérienne: guide-rops perfectionnés, cône-ancre à soupape de délestage
pour les descentes en mer"[1137].

[1136]   Diese Abbildung ist entnommen aus: G. le Faure (1893), S. 141.
[1137]   G. le Faure (1893), S. 48.

12.2.19 Zwei Arten der Wissensvermittlung in Georges le Faures Roman *Les Robinsons lunaires* (1893)[1138]

Die Wissensvermittlung in *Les Robinsons lunaires* von Georges le Faure erfolgt...

... mal eher auf theoretische...

„étant opaque, il [=le globe de la Terre] ne peut être traversé par la lumière, ce qui fait qu'il projette derrière lui, c'est-à-dire constamment à l'opposé du soleil, une ombre épaisse... Cette ombre, qui est forcément circulaire et a le même diamètre que la terre, affecte la forme d'un cône, car elle va sans cesse se rétrécissant...

- C'est ce qui explique le pourquoi des éclipses de lune, n'est-ce pas, monsieur? Demanda Marco Crispini.

- Sans doute, puisque les éclipses se produisent lorsque le satellite traverse le panache d'ombre que notre planète projette derrière elle"[1139].

...und dann wieder auf eher heitere Weise.

„Vous avez paru tout à l'heure surpris de l'agilité avec laquelle votre camarade Annibal bondissait à la poursuite de ce quadrupède, et vous n'avez pas été moins stupéfait de la force qu'il a employée pour le rapporter ici sur ses épaules... Quand vous saurez à quoi tient ce que vous n'étiez pas loin de considérer comme un miracle, votre étonnement cessera... [...] Je m'en vais vous parler de la pesanteur et de la gravitation universelle"[1140].

[1138]   Diese Abbildungen sind entnommen aus: G. le Faure (1893), S. 104 (Mondfinsternis) und S. 211 (Annibal trägt eine Kuh).

[1139]   G. le Faure (1893), S. 104.

[1140]   G. le Faure (1893), S. 212.

12.2.20 Jules Vernes *Columbiad* als Vorbild für Ingenieure des frühen 20. Jahrhunderts[1141]

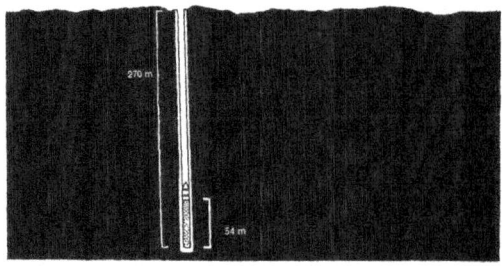

Die Mondkanone Jules Vernes – 270 m tief in den Erdboden eingegossen und mit einer 54 m dicken Pulverschicht ausgestattet -wurde von einigen Technikern weitergedacht, ...

... so z.B. von Oberth und Valier, die vorschlugen, ein 1000 m langes Geschützrohr in einen 5000 m hohen Berg einzulassen ...

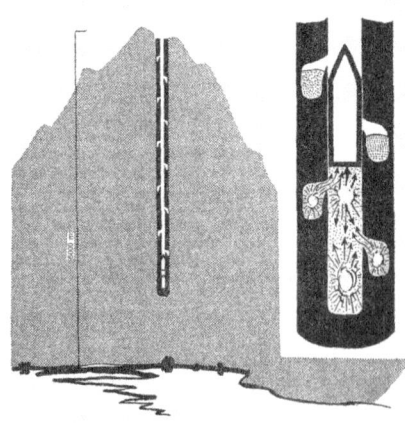

... und später auch von Pirquet, der vorschlug, die 3000 bis 5000 m lange Kanone in einen 6000 m hohen Berg zu gießen und dabei das zur Verfügung stehende Pulver beim Vorbeiflug des Geschosses „nach und nach" zu zünden.

[1141]   Alle Daten und Abbildungen sind entnommen aus: G. Breuer (1967), S. 19-23.

13 Register

A

B

C

D

E

F

G

H

K

L

W

Z

14 Bibliographie

14.1 Primärliteratur

14.1.1 Erzählende Literatur (Romane, Erzählungen, Novellen, ...)

Anonym (o.J.): *Un habitant de la lune, arrivé sur la terre dans un ballon. Relation d'un voyageur anglais*, Imprimerie de P. Coudert, Bordeaux.

Anonym (o.J.): *Le voyage dans la Lune du Docteur Isambart raconté par lui même. Scène comique interprétée dans les cafés-concerts*, De Soye et Boucher, imprimeurs, Paris.

Anonym (1751, a): *Première relation du voyage fait dans la lune, par Monsieur ****, o.O.

Anonym (1751, b): *Deuxième relation du voyage fait dans la lune, par Monsieur ****, o.O.

Anonym (1751, c): *Troisième relation du voyage fait dans la lune, par Monsieur ****, o.O.

Anonym (1783): *Le char volant ou voyage dans la Lune*, Chez La veuve Ballard & Fils, Mérigot l'aîné, Mérigot, le jeune, la Veuve Duchesne, Renault, [angeblich:] London.

Anonym (1784): *Histoire intéressante d'un nouveau voyage à la Lune, et de la descente à Paris d'une jolie dame de cette terre étrangère*, chez F.-G. Deschamps et chez les Libraires qui vendent les Nouveautés, [angeblich:] Whiteland.

Anonym (1790): *Voyage de Trauttmansdorff et de d'Alton dans la Lune*, [angeblich:] De l'imprimerie de la lune.

Anonym (1808): *Voyage dans la nouvelle planète, ou Description d'un Paradis nouveau, faite par une Femme habitante d'une Région céleste, pour son Amie, qui est encore sur la planète de la terre; suivi de différens essais littéraires, par Mme S. D.*, Levallois, Imprimeur – Libraire, Martinet, Libraire, Paris.

Anonym (1841, a): *Voyage dans la lune, par l'illustre Jacquemart (d'Aubagne)* [gezeichnet: M. M.]. In: *La Caricature, revue morale, judiciaire, littéraire, artistique, fashionable et scénique, Le Rédacteur en chef Louis Huart*, Deuxième série, 3e année, Nr. 40, 5.10.1841, Paris. (S. 157).

Anonym (1841, b): *Voyage dans la lune, A monsieur M.-M. rédacteur de la Caricature, pour la partie scientifique, aérostatique et lunatique*. In: *La Caricature, revue morale, judiciaire, littéraire, artistique, fashionable et scénique, Le Rédacteur en chef Louis Huart*, Deuxième série, 3e année, Nr. 41, 10.10.1841, Paris. (S. 159).

Anonym (1844): *Voyage dans la Lune, dialogue en vers français, par un professeur du collège du Buis* (Drôme), Imprimerie de L. Devillabio, Carpentras.

Anonym (1845): *Voyage tout récent dans la Lune, suivi de diverses réflexions reli-gieuses et morales*, Vagner, Imprimeur-Libraire, Nancy.

Astor, John Jacob (1894): *A journey in other worlds, a romance of the future*, Carl Ulrich & CO., Berlin.

Bassewitz, Gerdt von (1995): *Peterchens Mondfahrt*, Arena Verlag, Würzburg. (Arena Kinderbuch-Klassiker)

Bürger, Gottfried August (1984): *Wunderbare Reisen zu Wasser und zu Lande. Feldzüge und lustige Abenteuer des Freiherrn von Münchhausen, wie er diesel-ben bei der Flasche im Zirkel seiner Freunde selbst zu erzählen pflegt.*, Insel Verlag Frankfurt am Main, Frankfurt am Main. (Insel Taschenbuch, 790).

Beffroy de Reigny, L.-A. [Pseudonym: Le Cousin-Jacques] (1983): *Nicodème dans la Lune ou la révolution pacifique,* folie en prose et en trois actes, texte établie, annoté et présenté par Michele Sajous, Schena, Puglia und Nizet, Paris. (Biblioteca della ricerca, testi stranieri – 3)

Bergerac, Cyrano de (1968*): Les états et empires de la lune et du soleil. Lettres Pour les sorciers - Contre les sorciers, extraits, avec une Notice biographique, une No-tice historique et littéraire, des Notes explicatives, des Jugements, un Question-naire et des Sujets de devoirs, par Jean-Paul Collet* [et] *Madeleine Alcover*, Li-brairie Larousse, Paris. (Nouveaux classiques Larousse).

Berthoud, Samuel-Henri (1841): *Voyage au Ciel, histoire anecdotique du XIXe siè-cle (La Presse).* In: Société de Gens de lettres (Hg.): *Revue des feuilletons. Journal littéraire composé de romans, nouvelles, anecdotes historiques, etc., ex-traits de la presse contemporaine*, Première Année, Paris.

Boitard, Pierre (1838-1840): *Voyage dans le soleil.* In: *Musée des familles*, (Rubrik: *Études astronomiques*) (Dezember 1838 = I, Februar 1839 = II, November 1839 = III, Februar 1840 = IV).

Boucher de Perthes, Jacques (1832): *Nouvelles*, Treuttel et Würtz, Paris.

Bujault, Jacques (1845): *Œuvres de Jacques Bujault, recueillies et précédées d'une introduction de Jules Rieffel*, Félix Malteste, Imprimeur, Paris.

Cathelineau, Alexandre (1865): *Voyage à la lune, d'après un manuscrit authentique projeté d'un volcan lunaire*, A. Faure, Paris.

Coffin-Rony, André-Jacques (1808): *Voyages d'Hyperbolus dans les planètes, ou la Revue générale du monde, histoire véridique, comique et tragique*, Léopold Collin, Paris. (5 Bände)

Defontenay, Charlemagne-Ischir (1972): *Star ou psi de Cassiopée, histoire mer-veilleuse de l'un des mondes de l'espace*, Éditions Denoël, Paris. (Présence du futur – 145)

Descottes, G. (1864): *Voyages dans les planètes et découverte des véritables destinées de l'homme*, chez Amable Rigaud, Libraire-Éditeur, Paris.

Desnoyers, Louis (1839): *Aventures de Robert-Robert et de son fidèle compagnon Toussaint-Lavenette*, Hortet et Ozanne, éditeurs, Paris. (2 Bände)

Driou, Alfred [Pseudonym: Charles de Folleville, A. de Villeneuve] (1856): *Aventures d'un aéronaute parisien dans les mondes inconnus, à travers les soleils, les étoiles, les planètes, leurs satellites et les comètes, croquis des phénomènes et des beautés de la nature*, Barbou frères, imprimeurs libraires, Limoges

Dulaure, Jacques-Antoine (1784): *Le retour de mon pauvre oncle, ou relation de son voyage dans la Lune, écrite par lui-même & mise au jour par son cher neveu*, chez Lejay, [angeblich:] Ballomanipolis.

Eyraud, Achille [Pseudonym: Lafont, Achille] (1865): *Voyage à Vénus*, Michel Lévy Frères, Paris.

Flammarion, Camille [Pseudonym: Hermès] (o.J.): *Stella*, Ernest Flammarion, Éditeur, Paris. [Erscheinungsjahr ist 1897 laut Stempel *dépôt légal*]

_____ (1893): *Uranie*, Ernest Flammarion, Éditeur, Paris. (Collection Guillaume).

_____ (1898): *Préface*. In: Le Faure, Georges; Marquis, Raoul [Pseudonym: Graffigny, Henry [auch Henri] de] (1898): *Aventures extraordinaires d'un savant russe*, Fayard, Paris.

La Folie, M. D. (1775): *Le philosophe sans prétention ou l'homme rare. Ouvrage physique, chymique, politique et moral, Dédié aux Savans*, chez Clousier, Imprimeur – Libraire, Paris.

Fontenelle, Bernard Le Bouyer de (o.J.): *La pluralité des mondes, par Fontenelle de l'Académie française. Edition revue et augmentée d'une Préface, de Notes et de nouveaux Entretiens sur le même sujet par M. l'abbé Orse*, Bureau de souscription chez Adrien le Clere et Ce, Libraires, Paris. (Bibliothèque de la famille) [Erscheinungsjahr ist 1859 laut Stempel *dépôt légal*]

Fontenelle, Bernard Le Bouyer de (1982): *Histoire des Ajaoiens, kritische Textedition mit einer Dokumentation zur Entstehungs-, Gattungs- und Rezeptionsgeschichte des Werkes von Hans-Günther Funke*, Carl Winter, Universitätsverlag, Heidelberg. (Reihe Siegen, Beiträge zur Literatur- und Sprachwissenschaft, Editionen – 3)

Fontenelle, Bernard Le Bouyer de (1998): *Entretiens sur la pluralité des mondes, Chronologie, présentation, notes, dossier, bibliographie par Christophe Martin*, Flammarion, Paris. (G.F., 1024). Zitiert: B. de Fontenelle (1998). N.B.: Der Titel *de* ist nicht einheitlich in der Literatur zu finden.

Gallet, P. (1803): *Voyage d'un habitant de la Lune à Paris, à la fin du XVIIIe siècle*, chez Levrault, frères, Libraires, Paris.

Gherardi, Evaristo (1969): *Le théâtre italien ou Le recueil général de toutes les comédies et scènes françaises jouées par les comédiens italiens du roi, Tome I*, Slatkine reprints, Genf. (Oeuvres choisies français)

Godwin, Francis (1972): *The Man in the Moone: or a discovers of a Voyage thither by Domingo Gonsales, the speedy Messenger*, Theatrrvm Orbis Terrarvm Ltd, Amsterdam und Da Capo Prsess, New York. (The english experience, its record in early printed books published in facsimile – 459).

Gourdet, Alfred (1868): *L'Habitant de la lune à Paris, personnage rond, caractère carré, rédacteur unique Alfred Gourdet*, Typ Jules-Juteau et fils, Paris. [Nr 1 vom 24.10.1868, sollte jeden Samsatg erscheinen]

Graffigny, Henry [auch Henri] de, siehe: Marquis, Raoul.

Grant, Andrew (1836): *Découvertes dans la Lune, faite au cap de bonne-espérance par Sir John Herschel*, G. Silbermann, Strasbourg.

Graniville, M. de (1805): *Le dernier homme*, chez Deterville, libraire, Paris. (2 Bände)

Guyon, Charles (1888): *Voyage dans la planète Vénus*, H. Lecène et H. Oudin, Éditeurs, Paris.

Harbou, Thea von (1989): *Frau im Mond, mit einem Bildteil und einem Nachwort anläßlich des zwanzigsten Jahrestages der ersten Mondlandung am 20. Juli 1969, herausgegeben von Rainer Eisfeld*, Wilhelm Heyne Verlag, München. (Heyne Science Fiction & Fantasy – 06/4676)

Heinisch, Klaus J. (2001): *Der utopische Staat. Morus – Utopia, Campanella – Sonnenstaat, Bacon – Neu-Atlantis*, Rowohlt, Reinbek bei Hamburg. (Rowohlts Klassiker, 45068).

Hergé (1953): *Objectif Lune*, Casterman, s.a., Tournai (Belgique). (Les aventures de Tintin).

_____(1982): *On a marché sur la Lune*, Casterman, s.a., Tournai (Belgique). (Les aventures de Tintin).

Hugo, Victor (1977): *La légende des siècles, La fin de Satan, Dieu, édition établie et annotée par Jacques Truchet*, Gallimard, o.O.. (Bibliothèque de la Pléiade)

Krauss, Werner (Hrsg.) (1964): *Reise nach Utopia : Französische Utopien aus 3 Jahrhunderten (Übersetzt von Wolfgang Techtmeier)*, Rütten & Loening, Berlin.

Lamothe, A. de (1883): *Quinze mois dans la Lune*, Blériot et Gautier, Libraires Éditeurs, Paris.

Le Faure, Georges (1893): *Les Robinsons lunaires*, E. Dentu, Paris.

_____; Marquis, Raoul [Pseudonym: Graffigny, Henry [auch Henri] de] (1898): *Aventures extraordinaires d'un savant russe*, mit einem Vorwort von Camille Flammarion, Fayard, Paris.

Lefranc, A.; Chauffer, E. (1836): *L'Habitant de la lune, à-propos-vaudeville en deux actes, représenté pour la première fois, à Paris, sur le théâtre du Panthéon le 16 avril 1836*, Marchant Éditeur, Paris. (Nouveau répertoire dramatique)

Leroy, Félix (1842): *Le Nouveau Bonardin, ou Retour d'un voyage dans la lune, pièce féerie en deux actes et six tableaux, avec prologue, représentée, pour la première fois, à Châlons, le 16 avril 1842, à l'occasion de l'ouverture de la salle de spectacle*, Imprimerie de Boniez-Lambert, Châlons.

Leterrier, E.; Mortier, A; Vanloo, A. (1877): *Le voyage dans la lune, opéra-féerie en quatre actes et vingt-trois tableaux, musique de M. Jacques Offenbach, représenté pour la première fois à Paris, sur le théâtre de la Gaîté, le 26 octobre 1875*, Tresse, libraire-éditeur, Paris

Mader, W. (o.J.): *Wunderwelten. Wie Lord Flitmore eine seltsame Reise zu den Planeten unternimmt und durch einen Kometen in die Fixsternwelt entführt wird. Erzählung für Deutschlands Söhne und Töchter*, Verlag für Volkskunst, Rich. Keutel, Stuttgart.

Marquis, Raoul [Pseudonym: Graffigny, Henry [auch Henri] de] (o.J.): *De la Terre aux étoiles*, A. Fayard , Paris. (2 Bände) [Erscheinungsjahr ist 1892 laut Stempel *dépôt légal*]

Mathieu, P.-F. (1840): *Voyage dans la Lune*. In: *L'Écho du Nord*, 20.03.1840.

Maupassant, Guy de (1976): *L'homme de Mars*. In: Maupassant, Guy de: *Contes fantastiques complets, Édition établie* [sic], *présentée et annotée par Anne Richter*, Éditions Gérard & C°, 1973 et marabout [sic], s.a., Verviers (Belgique). (bibliothèque [sic] marabout, 464). S. 345-354.

_____ (1989): *Le Horla et autres contes cruels et fabtastiques, introduction, chronologie, bibliographie, notes et dossier de l'œuvre par Marie-Claire Bancquart*, Garnier, Paris. (Classiques Garnier)

Nagrien, X. (o.J.): *Prodigieuse découverte et ses incalculables conséquences sur les destinées du monde par X. Nagrien*, J. Hetzel, Libraire-Éditeur, Paris.

Paracelse (1870): *Voyage à Sirius*, Librairie de la publication et chez les bons libraires, Paris.

Parville, Henri de [vollständiger Name: Peudefer de Parville, François-Henri] (1865): *Un habitant de la planète Mars*, J. Hetzel, Paris.

Poe, Edgar Allan (1990): *The short fiction of Edgar Allan Poe: an annotated edition edited by Stuart Levine and Susan Levine*, University of Illinois Press, Urbana and Chicago.

Rétif de la Bretonne (1986): *Der fliegende Mensch, ein philosophischer Roman, mit 24 Abbildungen*, herausgegeben von Klaus Völker, Ullstein, Frankfurt / M, Berlin. (Ullstein Materialien – 35244)

Réstif de la Bretonne, Nicolas-Edme (1988*): Les posthumes, Lettres reçues après la mort du Mari, par sa femme qui le croit à Florence*, Slatkine Reprints, Genève, Paris. (2 Bände)

Robert, Marie-Anne (1787): *Voyages de Milord Céton dans les sept planètes, ou Le nouveau Mentor*, Amsterdam, Paris. (Voyages imaginaires, songes, visions et romans cabalistiques – 17 und 18)

Rostand, Edmond (1999): *Cyrano de Bergerac, édition présentée, établie et anntée par Patrick Besnier*, Éditions Gallimard, Paris. (folio classique – 3246)

Rougemaitre, C.-J. (1819): *La Lune ou le Pays des coqs, histoire merveilleuse, incroyable et véridique, contenant les principaux traits de la vie de Pélican XXXI, papa des coqs et de casoar son mignon, par un homme qui a voyagé dans la lune*, Germain Mathiot, Libraire, Paris.

Rouquette, Jules (1880): *Voyage sur la terre d'un habitant de Vénus*, imprimerie Grollier et fils, Montpellier.

Saint-Pierre, Jacques-Henri-Bernardin de (1826): *Œuvres complètes de Jacques-Henri-Bernardin de Saint Pierre, nouvelle édition revue, corrigée et augnentée par L. Aimé-Martin*, chez P. Dupont, Libraire, Paris. (12 Bände)

Sélènes, Pierre de (1886): *Un monde inconnu, deux ans sur la Lune*, Ernest Flammarion, Paris.

Swift, Jonathan (1995): *Gulliver's Travels, Complete, Authoritative Text with Biographical an Historical Contexts, Critical History, and Essays from Five Contemporary Critical Perspectives, edited by Christopher Fox*, Bedford Books of St. Martin's Press, Boston New York. (Case Studies in Contemporary Criticism)

Swoboda, Helmut (Hg.) (1969): *Dichter reisen zum Mond, Utopische Reiseberichte aus zwei Jahrhunderten*, Fischer Bücherei GmbH, Frankfurt am Main und Hamburg. (Fischer Bücherei – 1040)

Tucker, George [Pseudonym: Joseph Atterley] (1975): *A Voyage to the Moon, with a new Preface by David G. Hartwell, reprinz of the 1827 ed. Published by E. Bliss, New York*, Gregg Press, a division of G.K. Hall & Co, Boston.

Verne, Jules (o.J.): *Hector Servadac. Voyages et aventures à travers le monde solaire*, J. Hetzel, Paris. (Les voyages extraordinaires).

_____ (1966, a): *Autour de la lune (Les voyages extraordinaires)*, Librairie Hachette, Paris. (Le livre de poche, 2035).

_____ (1966, b): *De la terre à la lune, Trajet direct en 97 heures 20 minutes (Les voyages extraordinaires)*, Librairie Hachette, Paris. (Le livre de poche).

_____ (1966, c): *Cinq semaines en ballon. Voyage de découvertes en Afrique par trois anglais*, Librairie Hachette, Paris. (Le livre de poche).

_____ (1994): *Sans Dessus Dessous, Postface du Professeur* Robert Pourvoyeur, Grama, Bruxelles. (Le passé du futur)

Voltaire (1970): *Micromégas, L'ingénu, avec une Notice biographique, une Notice historique et littéraire, des Notes explicatives, une Documentation thématique, des Jugements, un Questionnaire et des Sujets de devoirs, par Guillaume Picot*, Larousse, Paris. (Classiques Larousse).

_____ (1998): *Candide ou l'optimisme, Édition présentée, annotée et commentée par Michelle Béguin et Jean Goldzink*, Larousse-Bordas, Paris. (Petits classiques Larousse – 19)

Wells, H. G. (2002): *The First Men in the Moon*, House of Stratus, New York.

Zulawski, Jerzy (1983): *Auf dem Silbermond*, Science-fiction-Roman, *mit einem Nachwort von Stanislaw Lem*, Suhrkamp, Frankfurt am Main. (Suhrkamp Taschenbuch, 865) (Phantastische Bibliothek, 88).

14.1.2 Populärwissenschaftliche Veröffentlichungen des 19. und 20. Jahrhundert

Arago, François (1865): *Populäre Astronomie von Franz Arago, (Nach der von J.A. Barral besorgten französischen Ausgabe), Deutsche Original-Ausgabe*. Hrsg.: Hankel, Dr. W. H., Verlag von Otto Wigand, Leipzig. (4 Bände).

Cros, Charles (1869): *Étude sur les moyens de communication avec les planètes*, Gauthier-Villars, Paris. Auszüge aus: Cosmos. *Revue encyclopédique hebdomadaire des progrès des sciences et de leurs applications aux arts et à l'industrie*, 7., 14. und 21. August 1869.

Flammarion, Camille [Pseudonym: Hermès] (1862): *La Pluralité des mondes habités, étude où l'on expose les conditions d'habitabilité des terres célestes, discutés au point de vue de l'astronomie et de la physiologie*, Mallet – Bachelier, Paris.

_____ (1864): *La Pluralité des mondes habités, étude où l'on expose les conditions d'habitabilité des terres célestes, discutés au point de vue de l'astronomie et de la physiologie*, Didier, Paris.

_____ (1865): *Les mondes imaginaires et les mondes réels, voyage astronomique pittoresque dans le ciel et revue critique des théories humaines scientifiques et romanesques, anciennes et modernes sur les habitants des astres*, Librairie académique, Didier et Cie, Paris.

_____ (1884): *Les Terres du ciel, voyage astronomique sur les autres mondes et description des conditions actuelles de la vie sur les diverses planètes du système solaire*, C. Marpon et E. Flammarion, Paris.

_____ (o.J.): *Komet und Erde. Eine astronomische Erzählung von Camille Flammarion. Autorosierte Übersetzung aus dem Französischen von J. Cassirer*, Druck und Verlag von Philipp Reclam jun., Leipzig.

Guillemin, Amédée (1863): *Les Mondes, causeries astronomiques, Michel Lévy frères, Libraires Éditeurs à la librairie nouvelle*, Paris. (Bibliothèque contemporaine)

_____ (1866): *La Lune*, Librairie de L. Hachette et Ce, Paris.

Hugo, Sylvio (o.J.): *Camille Flammarion, sa vie et son œuvre, à propos des fêtes de Montigny-le-Roi*, Librairie Marpon & Flammarion, E. Flammarion, Éditeur, Paris. [Veröffentlichungsjahr ist 1891 laut Stempel *dépôt légal*]

Ley, Willy (1928): *Die Möglichkeit der Weltraumfahrt, Allgemeinverständliche Beiträge zum Raumschiffahrtsproblem*, Verlag von Hachmeister & Thal in Leipzig, Leipzig.

Marquis, Raoul [Pseudonym: Graffigny, Henry [auch Henri] de] (1932): *Irons-nous dans la lune?*, mit einem Vorwort von Th. Moreux, Éditions „Spes", Paris. (Savoir, 5).

Reynaud, Jean (1858): *Philosophie religieuse, Terre et Ciel*. Furnez et Cie, Éditeurs, Paris.

14.2 Sekundärliteratur

14.2.1 Literaturwissenschaft allgemein

Daemmrich, Ingrid G. ; Daemmrich, Horst S. (1995): *Themen und Motive in der Literatur – Ein Handbuch*, UTB Große Reihe, Stuttgart.

Schulte-Sasse, Jochen; Werner, Renate (1990): *Einführung in die Literaturwissenschaft*, Wilhelm Fink Verlag München (UTB für Wissenschaft), München. (Uni-Taschenbücher, 640).

Wilpert, Gero von (1989): *Sachwörterbuch der Literatur*, Alfred Kröner Verlag Stuttgart, Stuttgart. (Kröners Taschenausgabe, 231).

14.2.2 Bibliographien / Enzyklopädien / Gesamtdarstellungen der Thematik

Bailey, J. O. (1947): *Pilgrims Through Space ans Time, Trends and Patterns in Scientific and Utopian Fiction*, Argus Books, New York.

Boia, Lucian (1987): *L'exploration imaginaire de l'espace*, Éditions La Découverte, Paris.

Clareson, Thomas (1973): *Science Fiction Criticism. An Annotated Checklist*, The Kent State University Press, o.O. . (The Serif Series. Bibliographies and Checklists, 23).

Locke, George (1975): *Voyages in Space, A Bibliography of interplanetary fiction 1801-1914*, Ferret Fabtasy Ltd, London.

Nicolson, Marjorie Hope (1960): *Voyages to the Moon*, The Macmillan Company, New York.

Poix, Pierre (1992): *Ils ont rêvé l'espace: de Plutarque au space art*, Hatier, Paris. (Regards sur l'espace).

Versins, Pierre (1972): *L'encyclopédie de l'utopie, des voyages extraordinaires et de la science-fiction*, l'Age des hommes, Lausanne.

14.2.3 Speziellere Darstellungen

Abret, Helga; Boia, Lucian (1984): *Das Jahrhundert der Marsianer, der Planet Mars in der Science Fiction bis zur Landung der Viking-Sonden 1976*, Wilhelm Heyne Verlag, München. (Heyne-Buch – 06/32)

Angenot, Marc (1978): *Science Fiction in France before Jules Verne*. In: *Science-Fiction Studies*, vol. V, Nr. 1, März, S. 58-66.

Bridenne, Jean-Jacques (1950): *La littérature française d'imagination scientifique*, Gustave Arthur Dassonville, Paris.

Freyer, Hans (2000): *Die politische Insel. Eine Geschichte der Utopien von Platon bis zur Gegenwart. Herausgegeben von Elfriede Üner*, Karolinger Verlag, Wien.

Gattégno, Jean (1971): *La science-fiction*, Presses universitaires de France, Paris. (Que sais-je?, 1426).

Gnüg, Hiltrud (Hg.) (1982): *Literarische Utopie-Entwürfe*, Suhrkamp Taschenbuch Verlag, Frankfurt am Main. (suhrkamp taschenbuch materialien – 2012)

Gouanvic, Jean-Marc (1994): *La science-fiction française au XXe siècle (1900-1968). Essai de socio-poétique d'un genre en émergence*, Hrsg.: Busby, Keith; Freeman, M.J. [sic]; Houppermans, Sjef; Pelckmans, Paul; Vet, Co; Éditions Rodopi B.V., Amsterdam – Atlanta. (Faux titre. Études de langue et littérature françaises publiées, 91).

Günther, Gotthard (1952): *Die Entdeckung Amerikas und die Sache der Weltraum-Literatur (Science Fiction), aus dem Amerikanischen übersetzt von Dr. Otto Schrag*, Karl Rauch Verlag, Düsseldorf und Bad Salzig.

Hönncher, Dr. E. (o.J.): *Fahrten nach Mond und Sonne. Studien insbesondere zur französischen Literaturgeschichte des XVII. Jahrhunderts*, Verlag von Wilhelm Gronau, W. Agricola, Jena und Leipzig.

Koch, Howard (1973): *The panic broadcast, portrait of an event*, Avon Books, New York.

Nathan, Michel (1981): *Le ciel des fouriéristes – habitants des étoiles et réincarnations de l'âme*, Presses Universitaires de Lyon, Lyon.

Neuschäfer, Hans-Jörg (1976): *Populärromane im 19. Jahrhundert, von Dumas bis Zola*, Wilhelm Fink Verlag, München. (Uni-Taschenbücher, 524).

Schwonke, Dr. Martin (1957): *Vom Staatsroman zur Science Fiction. Eine Untersuchung über Geschichte und Funktion der naturwissenschaftlich-technischen Utopie*, Plessner, Prof. Dr. H. (Hrsg.), Ferdinand Enke Verlag, Stuttgart. (Göttinger Abhandlungen zur Soziologie, 2).

Servier, Jean (1993): *L'utopie*, Presses universitaires de France, Paris. (Que sais-je?, 1757).

14.2.4 Über Jules Verne

Angenot, Marc (1979): *Jules Verne - the last happy utopianist*. In: Parrinder, Patrick (Hrsg.): *Science Fiction: a critical Guide*, Longman, New York. S. 18-33.

Bottin, André (1971): *Lettres inédites de Jules Verne au lieutenant-colonel Hennebert*. In: Société Jules Verne (Hrsg.): *Bulletin de la société Jules Verne*, Nr. 18 (nouvelle série), S. 36-44.

Breuer, Georg (1967): *Triumph der Phantasten. Die Väter der Raumfahrt*, Schwann, Düsseldorf.

Burgaud, Philippe (1996): *La bibliothèque scientifique de Jules Verne*. In: Jacquart, Danielle (Hrsg.): *De la science en littérature à la science-fiction: actes du 119. congrès national des sociétés historiques et scientifiques, section d'histoire des sciences et des techniques*, 26-30 oct. 1994, Amiens, Éditions du Comité des travaux historiques et scientifiques, Paris. S. 129-136.

Bussière, François: siehe: Raymond, François.

Chelebourg, Christian (1987): *Chronique galienne: imaginaire et fantastique dans Hector Servadac*. In: Raymond, François (Hrsg.): *La revue des lettres modernes (textes réunis par François Raymond), émergences du fantastique*, Éditions Lettres modernes, Minard, Paris. (Jules Verne, 5). S. 131-154.

Compère, Daniel (1991): *Jules Verne écrivain*, Librairie Droz, Genève. (Histoire des idées et critique littéraire, 294).

_____ (1996): *Le jeu avec les références scientifiques dans les romans de Jules Verne*. In: Jacquart, Danielle (Hrsg.): *De la science en littérature à la science-fiction: actes du 119. congrès national des sociétés historiques et scientifiques, section d'histoire des sciences et des techniques*, 26-30 oct. 1994, Amiens, Éditions du Comité des travaux historiques et scientifiques, Paris. S. 137-146.

_____; Margot, Jean-Michel (Hrsg.) (1998): *Entretiens avec Jules Verne*, Textes anglais traduits par Sylvie Malbrancq, Éditions Slatkine, Genève.

Dehs, Volker (1985): *Pourquoi Jules Verne a écrit Hector Servadac*. In: Société Jules Verne (Hrsg.): *Bulletin de la société Jules Verne*, Nr. 75 (nouvelle série), 3. trimestre 1985, Paris. S. 234-236.

_____ (1993): *Jules Verne*, Rowohlt, Reinbeck bei Hamburg. (Rowohlts Monographien, 358).

Diesbach, Ghislain de (1969): *Le tour de Jules Verne en quatre-vingts livres*, Julliard, Paris.

Durand-Dessert, Liliane; Guise, René (1978): *Le voyage dans la lune en France, au début du XIXe siècle – l'originalité de Jules Verne*. In: Colloque Jules Verne, écrivain du XIXe siècle (1977; Amiens) (Hrsg.): *Nouvelles recherches sur Jules Verne et le voyage. Colloque d'Amiens (11-13 novembre 1977)*, Minard, Paris. S. 17-36. (La Thésothèque).

Evans, Arthur (1985): *L'étrange cas de la planète disparu*. In: Société Jules Verne (Hrsg.): *Bulletin de la société Jules Verne*, Nr. 75 (nouvelle série), 3. trimestre 1985, Paris. S. 233 [sic].

Evans, Arthur B. (1988): *Jules Verne rediscovered. Didactism and the Scientific Novel*, Greenwood Press, New York, Westport/Connecticut, London. (Contributions to the Study of World Literature, 27).

Jules-Verne, Jean [sic] (1973): *Jules Verne*, Librairie Hachette, Paris.

Martin, Charles-Noël (1978): *La vie et l'œuvre de Jules Verne*, Michel de l'ormeraie, Paris.

Parménie, A.; Bonnier de La Chapelle, C. (1953): *Histoire d'un éditeur et de ses auteurs, P.-J. Hetzel (Stahl)*, Éditions Albin Michel, Paris.

Raymond, François (1969): *A propos du vol d'Apollo, Jules Verne ou la vérité du roman*. In: Comité d'Europe (Hrsg.): *Europe, revue mensuelle*, Nr. 482, 47e année, Europe et les Éditeurs Français Réunis, Paris. S. 225-240. N.B.: Im Inhaltsverzeichnis dieser Ausgabe von *Europe* ist für den Autor François Raymond angegeben, der eigentliche Artikel ist allerdings mit dem Namen François Bussière unterschrieben. Dieser Artikel ist in der vorliegenden Arbeit wie folgt zitiert: F. Bussière (1969).

Taussat, R. (1969): *Autour de la Lune, de la Columbiad à Apollo VIII* . In: Société Jules Verne (Hrsg.): *Bulletin de la société Jules Verne*, Nr. 11 (nouvelle série), 3. trimestre 1969, Paris. S. 43-47.

Tomasi, Jean-Paul; Deligne, Michel (1998): *Tintin chez Jules Verne*, Lefrancq Littérature, Bruxelles.

Vierne, Simone (1967): *A propos des œuvres de X. NAGRIEN.* In: Société Jules Verne (Hrsg.): *Bulletin de la société Jules Verne*, Nr. 4 (nouvelle série), Paris. S. 7-11.

Vierne, Simone (1970): *Mais où sont les Lunes d'antan? ... ou la Lune et l'Imaginaire chez Jules Verne.* In: Société Jules Verne (Hrsg.): *Bulletin de la société Jules Verne*, Nr. 15 (nouvelle série), Paris. S. 142-151.

_____ (1993): *Postface.* In: Jules Verne (1993): *Robur-le-conquérant*, Librairie générale française, Paris. (Le livre de poche, 2027). S. 249-271.

Wolfzettel, Friedrich (1988): *Jules Verne*, Artemis Verlag München und Zürich, München. (Artemis Einführungen, 36).

14.2.5 Aktuelle Nachschlagewerke aus der Astronomie

Hanslmeier, Arnold (2002): *Einführung in Astronomie und Astrophysik*, Spektrum Akademischer Verlag GmbH, Heidelberg, Berlin.

Sauermost, Rolf (Hrsg.) (1995): *Lexikon der Astronomie. Die große Enzyklopädie der Weltraumforschung in zwei Bänden*, Spektrum Akademischer Verlag, Heidelberg, Berlin, Oxford. (2 Bände).

Stott, Carole; Twist, Clint (1996): *Space facts*, Dorling Kindersley, London, New York, Stuttgart. (Pockets).

Stephan Edinger, geboren am 31.05.1974 in Freiburg im Breisgau, studierte nach dem Abitur Französisch, Physik, Mathematik und Pädagogik an der Universität Heidelberg. Im Rahmen seines Studiums verbrachte er auch ein Auslandssemester an der *Université de Nantes*. Nach dem ersten Staatsexamen promovierte er an der Neuphilologischen Fakultät der Universität Heidelberg, wobei ein Forschungsaufenthalt an der Französischen Nationalbibliothek (BNF) im Herbst 2002 maßgeblich zu der Entstehung dieser Arbeit beigetragen hat.

Nach der Referendarszeit am Staatlichen Seminar für Didaktik und Lehrerbildung in Heidelberg (2003-2005) ist der Autor nun als Lehrer für Französisch, Physik und Mathematik am Helmholtz-Gymnasium Heidelberg tätig.